Methoden der empirischen Sozialforschung

Von
Professor Dr. Dr. h. c. Peter Atteslander

Unter Mitarbeit von

Professor Dr. Dr. Jürgen Cromm
Dr. Busso Grabow
Dr. Harald Klein
Professor Dr. Andrea Maurer
Professor Dr. Gabriele Siegert

13., neu bearbeitete und erweiterte Auflage

ERICH SCHMIDT VERLAG

Bibliografische Information der Deutschen Nationalbibliothek
Die Deutsche Nationalbibliothek verzeichnet diese Publikation
in der Deutschen Nationalbibliografie; detaillierte bibliografische Daten
sind im Internet über dnb.d-nb.de abrufbar.

Weitere Informationen zu diesem Titel finden Sie im Internet unter
ESV.info/978 3 503 12618 7

1. Auflage 1969
2. Auflage 1971
3. Auflage 1974
4. Auflage 1975
5. Auflage 1984
6. Auflage 1991
7. Auflage 1993
8. Auflage 1995
9. Auflage 2000
10. Auflage 2003
11. Auflage 2006
12. Auflage 2008
13. Auflage 2010

Die 1. bis 10. Auflage erschienen im Verlag Walter de Gruyter, Berlin, zuerst in der Sammlung Göschen, Bd. 2100.

ISBN 978 3 503 12618 7

Alle Rechte vorbehalten
© Erich Schmidt Verlag GmbH & Co. KG, Berlin 2010
www.ESV.info

Dieses Papier erfüllt die Frankfurter Forderungen der
Deutschen Nationalbibliothek und der Gesellschaft für das Buch
bezüglich der Alterungsbeständigkeit und entspricht sowohl den
strengen Bestimmungen der US Norm Ansi/Niso Z 39.48-1992
als auch der ISO Norm 9706.

Satz: Andreas Quednau, Haan
Druck und Bindung: Danuvia Druckhaus, Neuburg a.d. Donau

Vorwort zur 13. Auflage

Gegenwärtig erleben wir weltweite, tief greifende Veränderungen gesellschaftlicher Strukturen. Der durch die Globalisierung erwirkte soziale Wandel ist nicht nur äusserst dynamisch, sondern auch ausserordentlich vielfältig. Gibt es einfache Instrumente, die rasch und zuverlässig Daten liefern, die der Orientierung betroffener Menschen dienen und verantwortlichen Entscheidungsträger hilfreich sind? Die stets wachsende Zahl von Umfragen aller Art entspricht offensichtlich einem ebenfalls wachsenden Bedarf. Empirische Sozialforschung gewinnt zweifellos an Bedeutung.

Die Frage ist offen, ob der ‚Königsweg', wie die Anwendung von Befragungen einmal genannt wurde, den Erwartungen auch zu genügen vermag. Der vorliegende Band bietet eine fundierte Orientierung über Möglichkeiten und Grenzen der Methoden der empirischen Sozialforschung. Diese ist zweifellos mehr als ein oft simples Aufstellen und Anwenden von Fragebögen: *Empirische Sozialforschung ist von Theorie geleitete und nachvollziehbare Anwendung von Erhebungsmethoden.* In vermehrtem Masse stellt sich auch die Frage, wie erhobene soziale Daten zu interpretieren sind, wie Gewissheit darüber entsteht, was sie auszusagen vermögen und was nicht.

Eine Einführung in ein Fachgebiet ist stets als Dienstleistung zu verstehen: Es geht nicht um die Vorlieben des Autors, sondern es ist der Verpflichtung zu genügen, objektiv über den Stand des Faches zu berichten, dem Leser nicht nur handwerkliche Kenntnisse zu vermitteln, sondern ihm vielmehr eine weiterreichende Orientierung zu ermöglichen. Dass die 12. Auflage in unerwartet kurzer Zeit ausgeliefert war und die nachgeführte 13. in Druck ging, macht deutlich, dass für unsere Einführung offensichtlich nachhaltiger Bedarf besteht.

Die in der Praxis anzuwenden Methoden und Instrumente zielen zunächst auf wissenschaftliche Erkenntnis und auf objektive Diagnose gesellschaftlicher Strukturen und Prozesse. Die Unterscheidung in „universitäre" und „kommerzielle Forschung" ist unsinnig. Es gibt nur gute und schlechte Forschung. Letztere ist die Folge, wenn Erkenntnisse der Grundlagenforschung missachtet werden. Es sind drei Prinzipien zu beachten:

1. Das Prinzip der *Angemessenheit*. Darunter ist zu verstehen, dass Methoden der Zielsetzung der Forschung gemäss einzusetzen sind, wofür ausreichende Mittel und Zeit zur Verfügung stehen müssen.

2. Das Prinzip des *Messens*. Es gilt ein ausgeglichenes, Objekt bezogenes und zutreffendes Verhältnis zu finden zwischen qualitativen und quantitativen Methoden. Lokale direkte Beobachtung auf der einen und standardisierte

umfassende Befragung auf der anderen Seite sind nicht gegeneinander, sondern in Ergänzung zu verwenden. Weder die eine noch die andere Form der Tatsachenerfassung ist wissenschaftlicher als die andere. Schliesslich ist

3. das Prinzip des *Ermessens* zu beachten. Was bedeuten erhobene Daten angesichts der zu erforschenden und möglicherweise zu behebenden sozialen Krisen? Wie sind vorliegende Befunde zu bewerten und welchen Beitrag leisten sie für gesellschaftsbezogene Entscheidungen? Eine Professionalisierung bei der Umsetzung in Medienberichte ist dabei dringend geboten.

Erste Fassungen dieses Lehrbuches entstanden bereits in den 1960er Jahren an der Universität Bern, Schweiz. Nachdem die Vorlesung „Empirische Sozialforschung" zur Pflicht erhoben wurde, die Zahl der Studenten hochschoss, genügte das bisherige Skript nicht mehr. Ein einigermassen bezahlbarer Einführungsband war damals nicht auf dem Markt. Unter den 180 Seiten mal 400 Exemplare brach schliesslich die alte, mit Alkohol getriebene und von Hand zu bedienende Vervielfältigungsmaschine zusammen. Das dennoch irgendwie zu Stande gebrachte Manuskript wurde dem de Gruyter Verlag Berlin-New York zugeschickt, der unverzüglich dessen Herausgabe in der Reihe ‚Göschen' beschloss. Damit erst begann eine gründliche Überarbeitung des Textes. Mitarbeiter und Studenten überprüften jede Zeile auf Verständlichkeit. Der Erste in einer langen Reihe war der damalige Hospitant Bernd Hamm, heute em. Ordinarius für Soziologie in Trier. Seit seiner unvergesslichen Randbemerkung ‚Blödsinn' sind wir einander freundschaftlich verbunden: Er hatte recht.

Eine Einführung in ein Fachgebiet bedeutet, dass bei den Lesern keine Fachkenntnisse vorausgesetzt werden dürfen. Diesem Prinzip untersteht auch die vorliegende Ausgabe. Von Anfang an führte dies dazu, dass die Verbreitung dieses Lehrbuches über die Soziologie hinaus in vielen unterschiedlichen Lehrgängen verwendet wurde. Diesem offensichtlichen Bedarf versuchen wir erneut zu genügen. Dabei hilft die langjährige Erfahrung an der einstig als Reformuniversität geplanten Universität Augsburg. Im Bereich der Sozialwissenschaften wurde sie nach angelsächsischem Muster aufgebaut.

Magistralvorlesungen gab es zu Beginn nicht, sondern ausschliesslich Gruppenunterricht. Die reichliche Ausstattung mit Lehrassistenten erlaubte es uns, in regelmässigen Teamsitzungen einerseits Lehrinhalte zu koordinieren und auf einen gemeinsamen Stand zu bringen. Vielleicht wichtiger und interessanter war die Möglichkeit, Rückmeldungen von den Studenten systematisch aufzunehmen und in neue Texte einzuarbeiten.

Ein oft geäusserter Wunsch ist, zu einzelnen Abschnitte weitere Fallbeispiele auszuführen. Dies hätte den Umfang dieser Einführung, die bereits an eine handhabbare Grenze stösst, weit gesprengt. Wo sinnvoll, sind praktische Beispiele angewendet worden, so etwa bei der Operationalisierung von

Begriffen, was zu eigenen Übungen anspornen soll. Es hat sich, wie uns berichtet wurde, als Vorteil erwiesen, wenn Dozenten eigene Beispiele und Erfahrungen im Unterricht einbringen und zur Diskussion stellen. Für das Selbststudium wird auf problemspezifische Fallstudien in der empfohlenen Literatur hingewiesen. Gelegentlich ist auch ein Blick in die Orientierungshilfen, Abschnitt V. empfohlen.

Die goldenen Zeiten anfangs der 70er-Jahre wichen auch in Augsburg bald einem normalen Universitätsbetrieb mit rasch wachsenden Studentenzahlen. Massenveranstaltungen wurden wieder üblich. Was allerdings noch einige Jahre funktionierte, war das HDZ, das damals gut besetzte ‚Hochschuldidaktische Zentrum'. Die regelmässig durchgeführten Befragungen der Studenten ergaben weitere hilfreiche, wenn auch gelegentlich kritische Ergebnisse. Die am Ende der Kapitel angeführten ‚Anregung zur Selbstkontrolle für die aktiven Leser' stammen unter anderem aus dieser engen Zusammenarbeit. Ein neuer und allgemeiner Orientierungs-Raster am Ende dieses Bandes folgt dieser Tradition. Er hilft dem interessierten Leser, sich ein eigenes Bild zu machen, welche Art empirischer Forschung er vor sich hat angesichts der immer zahlreicheren, vornehmlich quantitativ ausgerichteten Sozialberichten.

Die in der vorliegenden 13. Auflage genannten Mitarbeiter sind mit einer Ausnahme (Harald Klein) ehemalige Studierende, spätere Assistentinnen und Assistenten am Lehrstuhl für Methoden der empirischen Sozialforschung während jenen „goldenen Zeiten" in Augsburg. Mittlerweile sind sie selbst an verschiedenen Universitäten geschätzte Kolleginnen und Kollegen. Ein Lehrmittel, wie das vorliegende, lebt geradezu durch die kritische Begleitung durch Kolleginnen und Kollegen, die mit Anregungen aus ihrer Erfahrungen zu dessen steten Verbesserung gereichen. Dafür ist verbindlich zu danken. Die grafischen Darstellungen verdanke ich Daniel von Burg, Grafik-Redaktor beim Schweizerischen Bundesamt für Statistik, Mithilfe beim Erstellen des Druckmanuskripts, des Sachregisters und Literaturverzeichnis leistete wiederum mein Sohn Per Atteslander. Dankend verbunden bleibe ich dem Erich Schmidt Verlag und dem fachkundigen Lektorat von Frau Claudia Splittgerber.

Peter Atteslander

Personalien

Atteslander, Peter, Dr. phil., Dr. rer. pol. h. c., ordentlicher Professor em. für Soziologie und empirische Sozialforschung, Universität Augsburg; Direktor INAST, Forschungsgruppe am Soziologischen Institut der Universität Neuenburg, Schweiz

Cromm, Jürgen, Dr. rer. pol., Dr. rer. pol. habil., M. A., Professor, Universität Augsburg

Grabow, Busso, Dr. rer. pol., Dipl. oec., Koordinator des Arbeitskreises Wirtschaft und Finanzen, Deutsches Institut für Urbanistik, Berlin

Klein, Harald, Dr. phil., M. A., Publizistik- und Kommunikationswissenschaftler, Lehrbeauftragter, Universität Jena

Maurer, Andrea, Dr. rer. pol., ordentliche Professorin für Organisationssoziologie am Institut für Soziologie und Gesellschaftpolitik, Universität der Bundeswehr München

Siegert, Gabriele, Dr. rer. pol., ordentliche Professorin für Publizistikwissenschaft, Institut für Publizistikwissenschaft und Medienforschung, Universität Zürich

Inhalt

Vorwort zur 13. Auflage	V
Personalien	IX

I. Entstehung sozialer Daten	1
1. Grundprobleme empirischer Sozialforschung	3
1.1 Drei Hauptfragen	3
1.2 Erste begriffliche Klärungen	4
1.2.1 Empirie – Empirismus	6
1.2.2 Hauptsächliche Anwendungen	7
1.2.3 Empirisch-analytische oder gesellschaftskritisch-dialektische Sozialforschung?	8
1.3 Historische Entwicklung	8
1.3.1 Pioniere der Quantifizierung und Mathematisierung	9
1.3.2 Qualitatives Vorgehen und die Bedeutung von Monographien	10
1.3.3 Qualitatives versus quantitatives Vorgehen: Krieg der Paradigmen?	12
1.4 Darstellung sozialer Daten	14
1.4.1 Soziale Daten als abstrahierte Wirklichkeit	14
1.4.2 Verkürzte Darstellung sozialer Daten	15
1.4.3 Erste Beurteilungskriterien	18
2. Forschungsablauf	21
2.1 Fünf Phasen des Forschungsablaufes	21
2.2 Theoretische Orientierungen	22
2.2.1 Problembenennung	22
2.2.3 Wissenschaftstheoretische Aspekte und die Funktionen von Theorien	24
2.2.3 Arten von Theorien	34
2.3 Operationalisierungsvorgang	37
2.3.1 Gegenstandsbenennung	37
2.3.2 Definition von Begriffen	40
2.3.3 Formulierung von Hypothesen	43
2.3.4 Begriffe – Variablen – Indikatoren	46
2.4 Forschungsdesign	49
2.4.1 Dimensionen des Forschungsablaufes	50
2.4.2 Methoden und Gegenstandsbereiche	54
2.4.3 Empirische Sozialforschung als sozialer Prozess	55
2.4.4 Einige typische Forschungsdesigns	57

2.5 Systematische Kontrolle des gesamten Forschungsprozesses . 62
    2.5.1 Mutilierte Methodenverwendung 64
    2.5.2 Systematik der Interpretation 65
    2.5.3 Repräsentativität und Zentralität 66
        2.5.3.1 Repräsentativität 66
        5.5.3.2 Zentralität 67

II. Erhebung sozialer Daten 71

3. Beobachtung 73
   3.1 Beobachtung in der Sozialforschung 73
      3.1.1 Begriff 73
      3.1.2 Geschichte 74
      3.1.3 Quantitative und qualitative Beobachtung 75
          3.1.3.1 Quantitativ orientierte Beobachtung 76
          3.1.3.2 Qualitativ orientierte Beobachtung 77
      3.1.4 Anwendungsgebiete 78
   3.2 Bestandteile der Beobachtung 80
      3.2.1 Beobachtungsfeld 80
      3.2.2 Beobachtungseinheiten 82
      3.2.3 Beobachter 83
      3.2.4 Beobachtete 84
   3.3 Formen der Beobachtung 86
      3.3.1 Strukturiertheit 86
      3.3.2 Offenheit 90
      3.3.3 Teilnahme 92
      3.3.4 Klassifikation 93
   3.4 Die qualitativ-teilnehmende Beobachtung 94
      3.4.1 Begriff 94
      3.4.2 Forschungspraxis 96
          3.4.2.1 Forschungsablauf 96
          3.4.2.2 Feldzugang 97
          3.4.2.3 Rollendefinition bzw. Rollenwahl 98
          3.4.2.4 Datenerhebung und -auswertung 99
          3.4.2.5 Feldrückzug 100
      3.4.3 Anwendungsgebiete – Vorzüge – Grenzen 100
   3.5 Probleme und Grenzen wissenschaftlicher Beobachtung 102
      3.5.1 Methodische und forschungspraktische Probleme 102
      3.5.2 Forschungsethische Fragen 103

4. Befragung 109
   4.1 Allgemeines 109
   4.2 Alltägliche Befragung – wissenschaftliche Befragung 110
      4.2.1 Alltagsgespräche als Austausch von Informationen 110

4.2.2 Kriterien der Wissenschaftlichkeit	111
4.3 Interview als soziale Situation	112
4.3.1 Stimulus-Reaktions-Modelle	113
4.3.2 Das „Stimulus-Person-Modell"	113
4.3.3 Verbindliche und unverbindliche Meinungen	119
4.3.4 Meinungen als Artefakte	121
4.3.5 Auswirkungen von als „heikel" empfundenen Fragen	123
4.4 Formen der Befragung	131
4.4.1 Vom wenig strukturierten zum stark strukturierten Interview	134
4.4.2 Kommunikationsart	135
4.4.2.1 Interviewerverhalten: weich, hart, neutral	136
4.4.3 Anwendungsbereiche einzelner Befragungstypen	139
4.4.3.1 Offene Konzepte – wenig strukturierte Befragung	139
4.4.3.2 Befragung in Gruppen	141
4.4.3.3 Leitfaden-Befragungen	141
4.4.3.4 Narratives Interview	143
4.4.3.5 Befragung mit Fragebogen	143
4.4.4 Standardisiertes – nicht-standardisiertes Interview	144
4.4.5 Offene und geschlossene Fragen	146
4.4.6 Direkte und indirekte Fragen	149
4.4.7 Fragen nach unterschiedlicher Zentralität von Meinungen	150
4.4.7.1 Beispiel für hohe Zentralität	152
4.4.7.2 Einstellungsfragen	152
4.4.7.3 Sonntags-Frage	153
4.4.7.4 Bilanzfragen	154
4.4.7.5 Faustregeln bei der Frageformulierung	155
4.5 Weitere Befragungsstrategien	157
4.5.1 Schriftliche Befragung	157
4.5.2 Telefoninterviews	158
4.5.3 Kombinierte Verfahren	159
4.5.3.1 Versand von Fragebogen bei telefonischer Befragung	162
4.5.3.2 Fehlerquellen bei Befragungen	163
4.5.3.3 Die Delphi-Methode	164
4.5.4 Computergestützte Verfahren	165
4.5.4.1 Internet und Online-Befragungen	166
4.5.4.2 Ausblick	170
4.6 Sind Antworten Fakten oder Artefakte?	170

5. Experiment 177
   5.1 Das Experiment in der Sozialforschung 177
      5.1.1 Funktion und allgemeine Begriffsbestimmung des
             Experimentes 179
      5.1.2 Grundbedingungen 180
   5.2 Verschiedene Arten von Experimenten 181
      5.2.1 Laboratoriums- und Feldexperiment 181
      5.2.2 Projektives Experiment und ex-post-facto-Verfahren .. 181
      5.2.3 Simultan- und sukzessives Experiment 182
      5.2.4 Simulation und Planspiel 182
         5.2.4.1 Simulation 182
         5.2.4.2 Planspiel 183
      5.2.5 Beispiel eines Experimentes 184
   5.3 Techniken und Probleme bei der Kontrolle des Experiments 185
      5.3.1 Technik der Kontrolle 185
      5.3.2 Probleme bei der Kontrolle des Experimentes 187
   5.4 Einwände gegen das Experiment in den Sozialwissen-
       schaften 188
      5.4.1 „Self-fulfilling" und „self-destroying prophecy" 188
      5.4.2 Das Experiment ist selektiv 189
      5.4.3 Ethische Vorbehalte 190
      5.4.4 Zusammenfassung und Ausblick 191

6. Inhaltsanalyse 195
   6.1 Gegenstand sozialwissenschaftlicher inhaltsanalytischer
       Verfahren 195
   6.2 Zur Geschichte der Methode 198
   6.3 Gegenstandsbereiche der Inhaltsanalyse 202
   6.4 Kategorienbildung und ihre Probleme 203
   6.5 Typologie inhaltsanalytischer Verfahren nach Zielen und
       Mitteln 206
   6.6 Forschungsablauf 208
      6.6.1 Grundlagen qualitativer Verfahren 211
      6.6.2 Unterschiede zwischen quantitativen und qualitativen
             Ansätzen 214
   6.7 Inhaltsanalyse mit Computerprogrammen 215
      6.7.1 Computerunterstützte Inhaltsanalyse 216
      6.7.2 Qualitative Datenanalysen (QDA) mittels Computer .. 221

III. Auswertung sozialer Daten 225

7. Skalierungsverfahren 227
   7.1 Funktion und Begriffsbestimmungen 227
      7.1.1 Begriffe 227

Inhalt XV

7.1.2 Indikator als Grundelement der Skalierung 228
7.2 Gültigkeit (Validität) und Verlässlichkeit (Reliabilität) 228
7.3 Klassifizierung der Skalierungsverfahren 229
　　7.3.1 Messniveau der Verfahren 229
　　7.3.2 Was wird gemessen? 231
7.4 Wichtige Skalierungsverfahren 232
　　7.4.1 Rangordnung und Paarvergleich 232
　　7.4.2 Polaritätsprofil 234
　　7.4.3 Verfahren der gleich erscheinenden Abstände nach
　　　　　Thurstone 236
　　7.4.4 Verfahren der summierten Einschätzungen nach Likert 236
　　7.4.5 Skalogramm-Analyse nach Guttman 237
　　7.4.6 Hinweise auf weitere Skalierungsverfahren für
　　　　　komplexere Problemstellungen 240
7.5 Zusammenfassung und Ausblick 240

8. Verwendung mathematischer und statistischer Verfahren in der
　 empirischen Sozialforschung 245
　8.1 Bemerkungen zur Bedeutung mathematischer und
　　　statistischer Verfahren in der Sozialforschung 245
　8.2 Mathematische Ansätze 248
　　　8.2.1 Wahrscheinlichkeitstheorie 248
　　　8.2.2 Matrizenrechnung 251
　　　8.2.3 Andere mathematische Ansätze 253
　　　　　8.2.3.1 Funktionen 253
　　　　　8.2.3.2 Spieltheorie 256
　8.3 Statistik in der Sozialforschung 258
　　　8.3.1 Einteilung der Statistik 258
　　　8.3.2 Statistische Merkmale und Messniveau 259
　8.4 Beschreibende Statistik 261
　　　8.4.1 Darstellung von Häufigkeiten 261
　　　8.4.2 Statistische Maßzahlen 262
　　　8.4.3 Korrelation und Regression 265
　　　　　8.4.3.1 Korrelation 266
　　　　　8.4.3.2 Regression 268
　　　8.4.4 Theoretische Häufigkeitsverteilungen 270
　8.5 Stichproben 273
　　　8.5.1 Stichprobenarten 274
　　　　　8.5.1.1 Zufallsstichproben 274
　　　　　8.5.1.2 Systematische Stichproben 276
　　　8.5.2 Systematische Fehlerquellen 277
　　　8.5.3 Stichprobenschätzwerte 278
　　　8.5.4 Bestimmung der Stichprobengröße 281

8.6 Prüfung von Hypothesen 283
    8.6.1 Hypothesentests 283
    8.6.2 χ^2-Test (Chi-Quadrat-Test) 285
8.7 Varianzanalyse und multivariate Methoden 287
9. Auswertung der erhobenen Daten 291
    9.1 Vorbereitung der Erhebung 292
        9.1.1 Hypothesen und Operationalisierung 292
        9.1.2 Erhebungsinstrument und EDV-Unterstützung 293
            9.1.2.1 Wahl der EDV-Instrumente 293
            9.1.2.2 Angemessenheit des Erhebungsinstrumentes ... 295
            9.1.2.3 Berücksichtigung von anderen Untersuchungen 295
        9.1.3 Gütekriterien und Pretest 295
            9.1.3.1 Zuverlässigkeit (Reliabilität) und Gültigkeit
                  (Validität) 296
            9.1.3.2 Verständlichkeit von Fragen 296
            9.1.3.3 Klarheit von Kategorien und Kategorien-
                  bildung 297
            9.1.3.4 Probleme der Erhebung 298
            9.1.3.5 Der Umgang mit Restriktionen 299
    9.2 Aufbereitung der erhobenen Daten 300
    9.3 Analyse der aufbereiteten Daten 304
        9.3.1 Auswertung einzelner Merkmale 306
            9.3.1.1 Beschreibende Auswertungen 306
            9.3.1.2 Analytische Verfahren 308
        9.3.2 Auswertungen mehrerer Merkmale im Zusammenhang 309
    9.4 Interpretation und Forschungsbericht 316

IV. Zukunftsaussichten 321

10. Entwicklung der empirischen Sozialforschung in Deutschland
    seit 1945 – Aufgaben in der Zukunft 323
    10.1 Vorbemerkung: Perspektive eines Zeitzeugen 323
    10.2 Empirische Daten zwischen Wissen und Nichtwissen 324
    10.3 Wiedereinführung der empirischen Sozialforschung in der
         Bundesrepublik 329
    10.4 Überwindung gegensätzlicher Annahmen über das
         Verhältnis von Theorie und Empirie 332
    10.5 Exaktheit bis ins Bedeutungslose? 335
    10.6 Zukunftsaussichten 337
        10.6.1 Die Verantwortung der Forscher wächst 337
        10.6.2 Neue Herausforderungen durch Globalisierung ... 341

10.6.3 Wachsender Aufwand für repräsentative Auswahl
von zu Befragenden durch die Verbreitung von
Mobiltelefonen 344

V. Orientierungshilfen 347

11. Wer, wann, wo und wie? 349
   11.1 „Qualis", „Quantis" und ihr Kampf ums letzte Wort 349
   11.2 Tendenzen bei qualitativen und quantitativen Erhebungen 350
   11.3 Kulturelle Validierung von Fragebögen 350
   11.4 Bedingungen von Wissenschaftlichkeit empirischer
       Erhebungen 353
   11.5 Hauptkriterien für eine Evaluation sozialer Daten 354
   11.6 Orientierung ist ein schwieriges Unterfangen 358
       11.6.1 Das verwirrende Spiel mit „Umfragen" aller Art ... 358
       11.6.2 Woher kommen die verführerisch exakten Hoch-
           rechnungen am Wahlabend? 358
       11.6.3 Missbrauch von Sozialforschung entsteht nicht
           durch bewusste Fälschung von Befunden, sondern
           durch Mängel bei deren Interpretation 360

Literaturverzeichnis 361
Stichwortverzeichnis 381

I. Entstehung sozialer Daten

Wie sich für den Historiker Quellen nie aus sich selbst verstehen, so gibt es für den Sozialwissenschaftler keine sozialen Daten an und für sich: Sie bedürfen der Analyse und der Interpretation.

Gerade weil es für Menschen durch eigenes Erleben verschiedene soziale Wahrheiten gibt, ist es Aufgabe von Theorie und Methodik, höchstmögliche Wahrhaftigkeit bei der Erhebung sozialer Daten zu erreichen und systematische und kontrollierbare Interpretation der Befunde zu ermöglichen.

Viele Leser und Nutzer des vorliegenden Bandes fanden es hilfreich, das Vorwort (S. V ff.) und die Orientierungshilfen (S. 349) zu lesen, bevor sie sich in einzelne Kapitel vertieften.

1. Grundprobleme empirischer Sozialforschung

1.1 Drei Hauptfragen

Unser Alltag wird durch Verwendung der Daten empirischer Sozialforschung stärker geprägt, als uns bewusst wird: Fast jede Ware, die wir kaufen, wird mittels auf Marktforschung gestützte Werbung an uns herangetragen. Jede Zeitung, die wir aufschlagen, enthält jene Seitenzahl an Sport, Wirtschaft oder Feuilleton, wie sie Leseranalysen zwingend vorgeben, weil sich Anzeigenaufträge nach Struktur der Leserschaft und Höhe der Auflage richten. Wir müssen deshalb spätabends lange auf einen uns höchst interessierenden Beitrag warten, weil für Sendungen mit geringer Sehbeteiligung lediglich Randzeiten verbleiben.

Keine Partei wird ohne politische Meinungsumfragen in den Wahlkampf ziehen, kein Parlament erlässt wichtige Gesetze, ohne vorher die Einstellung der Bürger durch Umfragen zu erkunden. Unternehmen, Gewerkschaften, Kirchen und Verbände bedienen sich in steigendem Maße repräsentativer Meinungsforschung. Weder Politik noch Markt sind heute ohne empirische Sozialforschung denkbar: Sie ist zu einem bedeutenden Faktor gesellschaftlicher Entscheidungsfindung geworden.

Empirische Sozialforschung ist die systematische Erfassung und Deutung sozialer Tatbestände.

Diese Definition bleibt allerdings so lange unverbindlich, bis Antwort auf drei Fragen gegeben ist:

1. Was bedeutet empirisch?
2. Was bedeutet systematisch?
3. Was sind soziale Tatbestände?

Empirisch bedeutet erfahrungsgemäß. Wir nehmen unsere Umwelt durch Sinnesorgane wahr. Soziologie ist im Wesentlichen Erfahrungswissenschaft. *Systematisch* bedeutet, dass die Erfahrung der Umwelt nach Regeln zu geschehen hat: Der gesamte Forschungsverlauf muss nach bestimmten Voraussetzungen geplant und in jeder einzelnen Phase nachvollziehbar sein. Das Erfassen von Aspekten der sozialen Wirklichkeit ist theoriebezogen:

Theorien sind Erklärungen gesellschaftlicher Zusammenhänge. Es gibt Theorien, deren Aussagen nicht in allen Teilen an sozialer Realität überprüfbar sind. Empirische Sozialforschung umfasst jenen Bereich theoretischer Aussagen, die an realen Erfahrungen geprüft werden können.

Zu den empirisch wahrnehmbaren *sozialen Tatbeständen* gehören: beobachtbares menschliches Verhalten, von Menschen geschaffene Gegenstände sowie durch Sprache vermittelte Meinungen, Informationen über Erfahrungen, Einstellungen, Werturteile, Absichten.

Angenommen, eine Gruppe von Studierenden erhält die Aufforderung: „Beobachtet die soziale Wirklichkeit!" – ein Beispiel, das *Popper* oft verwendete –, dann stellen sie sofort Fragen: „Was sollen wir beobachten?" „Wie sollen wir beobachten?" „Zu welchem Zweck soll beobachtet werden?"

Es ist unmöglich, die soziale Wirklichkeit insgesamt sinnesmäßig wahrzunehmen. *Fassbar sind immer nur Ausschnitte, und die Ausschnitte werden erst sinnvoll, wenn sie systematisch und theorieorientiert erhoben werden.* Das Ziel schließlich des gesamten Vorganges ist Schöpfen neuer Erkenntnis.

Das Buch behandelt folgende wesentliche Zusammenhänge:

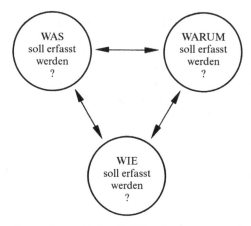

Abbildung 1-1: Grundfragen der empirischen Sozialforschung

- Die erste Frage umfasst die Spezifizierung des Untersuchungsgegenstandes „welcher Ausschnitt der sozialen Wirklichkeit?". Schwerpunktmäßig wird sie in Teil I: Entstehung sozialer Daten behandelt.
- Die zweite Frage bezieht sich auf den „Entstehungs- und Verwertungszusammenhang". Sie wird in unterschiedlichem Maße in allen Abschnitten dieses Buches behandelt. Besondere Hinweise finden wir in Teil I und IV.
- Die *dritte Frage* wird schwerpunktmäßig in II: Erhebung sozialer Daten und III: Auswertung sozialer Daten behandelt.

1.2 Erste begriffliche Klärungen

Empirische Sozialforschung ist die systematische Erfassung und Deutung sozialer Erscheinungen. Empirisch bedeutet, dass theoretisch formulierte Annahmen an spezifischen Wirklichkeiten überprüft werden. „Systematisch"

1. Grundprobleme empirischer Sozialforschung

weist darauf hin, dass dies nach Regeln vor sich gehen muss. Theoretische Annahmen und die Beschaffenheit der zu untersuchenden sozialen Realität sowie die zur Verfügung stehenden Mittel bedingen den Forschungsablauf (siehe Kap. 2).

Unter *Methoden der empirischen Sozialforschung* verstehen wir die geregelte und nachvollziehbare Anwendung von Erfassungsinstrumenten wie Befragung, Beobachtung, Inhaltsanalyse. Je nach dem Grad der Kontrolle des Forschungsablaufes spricht man von Experimenten.

Empirische Sozialforschung steht im Schnittpunkt und in der Anwendung verschiedener Disziplinen der Sozialwissenschaften. Außer der Soziologie bedienen sich ihrer: Sozialanthropologie, Sozialpsychologie, Ökonomie und Sozialökologie; sie findet wachsende Beachtung in Sprach- und Literaturwissenschaften und in Geschichte. Ihre Methoden werden im großen Umfang in der Marktforschung und bei politischen Meinungsumfragen verwendet.

In der Anwendung überwiegen die so genannten quantitativen Methoden, d.h. Messvorgänge. Die meist als repräsentative Umfragen gekennzeichneten Anwendungen sind nicht wissenschaftlicher als die immer bedeutender werdenden qualitativen Erhebungsmethoden. Beide schließen sich keineswegs aus, sondern bedingen sich oft gegenseitig. Ihr Einsatz hängt neben theoretischen Annahmen vor allem vom Forschungsziel, der Beschaffenheit des Forschungsgegenstandes und von den jeweils aktuellen Gegebenheiten ab. So sind Fragen zu klären: Stehen genügend ausgebildete Forscher zur Verfügung? Ist auch ausreichend Zeit gegeben? Lassen die Menschen eine Untersuchung zu?

Die empirische Sozialforschung entwickelte sich bereits im 17. und 18. Jh. aus verschiedenen Versuchen, versuchte mit sozialstatistischen Methoden und Beschreibungen die gesellschaftliche Massenerscheinungen zu erklären. Im 19. Jh. versuchte man mit Enquêten soziale Missstände, die sich im Gefolge der Industrialisierung ergeben hatten, quantitativ zu erfassen. Insbesondere wurden die Lebensverhältnisse der Arbeiter und ihrer Familien und vor allem Aspekte industrieller Verstädterung untersucht (siehe S. 11 ff.).

Die Survey-Methode wurde zu Beginn des 20. Jh. verwendet, um Querschnittstudien über geographisch abgrenzbare Bevölkerungsgruppen zu erreichen.

Die wachsende Komplexität moderner Gesellschaften erhöht den Bedarf an Informationen über ihre Funktionen und Strukturen. Der Einzelne erfährt zwar seine primäre Umwelt direkt, ist aber immer mehr Informationen über Vorgänge ausgesetzt, die er selbst nicht mehr kontrollieren kann. Diese sind immer häufiger durch Umfrageergebnisse gestützt, erreichen den Empfänger durch Medien verkürzt und vermittelt. Dergestalt vorstrukturiert erschweren sie die soziale Orientierung. Besondere Bedeutung in der Informationsvermittlung kommt deshalb den Massenmedien zu. Mittels der empirischen Sozialforschung soll die Unübersichtlichkeit komplexer Vorgänge durch Reduktion auf wesentliche Zusammenhänge wenigstens teilweise behoben werden.

1.2.1 Empirie – Empirismus

Unter empirischer Sozialforschung sind nicht bloße subjektive Beschreibung von sozialen Verhältnissen, nicht einfach Erlebnisberichte einzelner Menschen zu verstehen, sondern sie muss bestimmten Kriterien der Wissenschaftlichkeit genügen. Angestrebt wird Objektivität. Das Erfassen gesellschaftlicher Daten muss intersubjektiv nachvollziehbar sein. Unabhängig von Neigungen und Fähigkeiten einzelner Forscher sind die einzelnen Schritte der Erforschung sozialer Tatbestände sowie ihre Deutung durch Dritte kontrollierbar zu gestalten.

Im Grunde wird soziale Wirklichkeit durch die empirische Sozialforschung nach bestimmten Regeln abgebildet und abstrahiert. Die Anwendung der Forschungsmethoden erfolgt aufgrund abstrakter Vorstellungen über Strukturen und Funktionieren der Gesellschaft.

Der Einsatz empirischer Methoden vollzieht sich somit im Spannungsfeld zwischen Theorie und Praxis. Der Grad der Wissenschaftlichkeit und damit der Objektivierung, ist nicht an der Zielformulierung oder der exakten Datenauswertung allein zu messen, sondern auch am Grad der Kontrolle sozialer Situationen, in denen diese Methoden angewendet werden, mithin an der logischen Konsistenz der gesamten Forschungsstrategie.

Wer lediglich einzelne Instrumente der empirischen Sozialforschung, etwa einen Fragebogen, verwendet, wird wohl Antworten erhalten, die er auch auszählen kann. Liegen der Befragung aber keine theoretischen Konzepte zugrunde, sind die so gewonnenen Ergebnisse im Grunde willkürlich, sind weder verlässlich noch gültig. Ein Befragungsinstrument ist dann *verlässlich* (reliabel), wenn es so exakt misst, dass bei Wiederholungen unter gleichen Bedingungen identische Ergebnisse erzielt werden. Die *Gültigkeit* (Validität) betrifft die Frage, ob ein Messinstrument auch das misst, was es messen soll. Sind diese beiden Kriterien nicht gewährleistet, muss von Empirismus gesprochen werden.

Empirismus in diesem Sinne ist entweder Unverständnis der Kriterien der empirischen Sozialforschung oder mehr oder minder bewusster Missbrauch. Er liegt immer dann vor, wenn ein Theoriebezug nicht nachvollziehbar ist, knappe Mittel entscheidende Erhebungen verhindern und wenn empiristisch zusammengestellte Daten fälschlicherweise unter dem Etikett der Wissenschaftlichkeit verwertet werden.

Empirismus ist das Ignorieren von theoriegeleitetem Forschen.

1. Grundprobleme empirischer Sozialforschung

Von Empirismus muss bei Anwendungen politischer Meinungsforschung gesprochen werden, wenn das Forschungsinstrument, etwa der Fragebogen, nicht validiert wurde. Ein Beispiel war die unkontrollierte Übernahme von Fragebögen aus der Bundesrepublik Deutschland für Befragungen von DDR-Bürgern kurz vor den ersten freien Wahlen 1990. Die unterschiedliche geschichtliche Entwicklung führte dazu, dass einzelnen Begriffen unterschiedliche Bedeutung zugemessen wurde. Es ist fraglich – dies geschieht häufig –, ob man Antworten auf Fragen, die vor Jahrzehnten gestellt wurden, mit heute Erfragtem ohne weiteres vergleichen kann. In jedem Falle entscheidet der theoretische Bezug und die Nachvollziehbarkeit der Analyse darüber, ob Empirie oder Empirismus vorliegt.

1.2.2 Hauptsächliche Anwendungen

Weltweit werden die meisten Mittel in die *Marktforschung* im umfassenden Sinne investiert. Im überwiegenden Maße wird diese auch von wirtschaftlich orientierten Instituten durchgeführt. Forschungsziele und Forschungsumfang werden weitgehend durch Kriterien der Wirtschaftlichkeit geprägt. Zu nennen sind die immer wichtiger werdenden Forschungsinstitute, die sich der Nutzungsforschung von Massenmedien, vor allem dem Fernsehen, widmen. Einschaltquoten bestimmen über Werbeaufträge und diese mittelbar über Programme. Langfristige Auswirkungen auf das Sozialverhalten der Menschen werden dagegen nur ungenügend erforscht, weil solche allgemeinen und langfristigen Interessen kurzfristigen, aber mächtigen Partikularinteressen unterliegen.

Es gibt demgegenüber relativ wenige Forschungsinstitutionen, die, öffentlich-rechtlich organisiert, von äußeren Interessen weitgehend unabhängig forschen können.

Als ein weiterer wichtiger Anwendungsbereich ist die *Meinungsforschung* (Demoskopie) zu betrachten. Sowohl Regierungen als auch Parteien sichern sich regelmäßig die Dienste von Meinungsforschungsinstituten.

Demgegenüber ist die unabhängige empirische Sozialforschung beispielsweise an den Universitäten vergleichsweise ungenügend entwickelt. Als Kontrollinstanz fällt sie im Gegensatz etwa zu den USA weitgehend aus.

Es wäre indes falsch, grob zu unterscheiden zwischen kommerzieller empirischer Sozialforschung, die in Abhängigkeit vom Auftraggeber durchgeführt werden muss, und „unabhängiger" Grundlagenforschung an Hochschulen. Auch die „unabhängigen Forscher" arbeiten interessengeleitet durch ihre eigenen wissenschaftlichen oder gesellschaftspolitischen Perspektiven.

Grundlagenforschung und damit die „wissenschaftliche" Forschung ist keineswegs lediglich an den Universitäten zu finden. Etablierte kommerzielle

Forschungsinstitute arbeiten in der Regel auf hohem wissenschaftlichen Standard. Empirismus ist dagegen in nicht wenigen Universitätsberichten dokumentiert. Über die Qualität der Forschung entscheidet allein der Nachweis wissenschaftlicher Systematik und die Klarlegung der Forschungsbedingungen.

1.2.3 Empirisch-analytische oder gesellschaftskritisch-dialektische Sozialforschung?

Gegenwärtig sind auf verschiedenen Ebenen Kontroversen über Sinn und Notwendigkeit der empirischen Sozialforschung zu vermerken. Obwohl gerade Grundlagenforschung als Voraussetzung für die Anwendung von Untersuchungsmethoden zu prognostischen Zwecken unabdingbar notwendig wäre, gerät die Anwendung einzelner Methoden in bedenkliche Nähe eines unverantwortbaren Empirismus.

Die Kontroverse zwischen qualitativen und quantitativen, zwischen explorativen und repräsentativen Forschungsstrategien ist innerhalb der Wissenschaft noch keineswegs entschieden. Selbst bei der Förderung von Grundlagenforschung wird oft eher auf die Anwendbarkeit bestimmter Methoden der empirischen Sozialforschung abgestellt als auf die wissenschaftliche Relevanz von Fragestellungen.

Unfruchtbar schließlich ist der bis heute unüberbrückte Gegensatz zwischen empirisch-analytischen Ansätzen und ihren gesellschaftskritisch-dialektischen Kontrahenten. Dieser (künstliche) Gegensatz entsteht aus der Annahme völlig gegensätzlicher Bestimmungen des Verhältnisses von Theorie und Empirie (siehe insbesondere Kap. 10, S. 332).

1.3 Historische Entwicklung

Das 19. Jahrhundert war Zeuge beispielloser Erfolge naturwissenschaftlicher Forschung. Die Wissenschaftsgläubigkeit nahm ganz allgemein überhand. So erstaunt es nicht, dass zahlreiche Versuche unternommen wurden, nicht nur die Natur, sondern auch die *Kultur* und nicht nur das Materielle, sondern auch das *Soziale* auf Gesetzmäßigkeiten zu untersuchen, die mit Methoden der exakten Wissenschaft zu ergründen seien.

Seit dieser Zeit tun sich die Sozialwissenschaften schwer, nicht stets den Kriterien der Naturwissenschaften nachzueifern, wobei sie die Rigidität der Methoden, die Strenge der Prüfungsmechanismen und schließlich die mathematischen Regeln oft zum Selbstzweck werden ließen. Mit anderen Worten: Es wird im Bereich des Sozialen allzu oft und ohne theoretische Notwendigkeit quantifiziert, es wird selbst Qualitatives umgemünzt in Zählbares, obwohl gerade die Naturwissenschaften sich des ‚Quantifizierungs- und Methodenfetischismus' längst entledigt haben und das Diktum „Wissenschaft heißt Messen" längst seine Ausschließlichkeit verloren hat.

1.3.1 Pioniere der Quantifizierung und Mathematisierung

Das 1835 erschienene Buch „Soziale Physik" von *Quetelet* gilt heute als klassischer Versuch, mithilfe der „Moralstatistik" kausale Abhängigkeiten des gesellschaftlichen Menschen von bestimmten allgemeinen Faktoren nachzuweisen. Er wollte die Entwicklung des „geistigen Menschen" nicht spekulativ, sondern durch Erfahrung darstellen, wozu er alles zählte, was immer sich in statistischen Tabellen vereinigte. Er glaubte, dass allein eine Vergrößerung der Zahl von Beobachtungen typische Erscheinungen und Strukturen ergebe und dass individuelle Besonderheiten, sich dem Gesetz der großen Zahl unterordnend, bedeutungslos würden. Eine große Zahl von Beobachtungen setzt aber die Möglichkeit umfassender Quantifizierung voraus. *Quetelet* sah die Chance für eine Mathematisierung gesellschaftlichen Lebens. Er abstrahierte von individuellen Lebensläufen und maß den Wuchs vieler Menschen, weil er durch solche anthropometrischen Zahlen zu Regelhaftigkeiten vorstoßen wollte.

Er sammelte letztlich Material über alle möglichen Faktoren und registrierte Regelmäßigkeiten, wo immer sie auftraten.

Aber: „Nicht jedes Muster, das in statistischem Material erkennbar ist, sagt Wesentliches über die Gesellschaft aus, auf die sich die statistischen Daten beziehen. Um ein banales Beispiel zu nehmen: Die Tatsache, daß im Regelfall bei Großbränden eine größere Anzahl von Feuerwehrleuten eingesetzt wird als bei Kleinbränden, sagt weniger über unsere Gesellschaft aus, als die Feststellung, daß Frühinvalidität bei Fabrikarbeitern im Schnitt häufiger vorkommt als in anderen Bevölkerungsgruppen. ... In dem, was er zusammenträgt, landet er gelegentlich einen Treffer. Doch muß man diese aus einer Lostrommel ziehen, die reich an Nieten ist" (Kern, 1982, S. 43 ff.).

Auch *Comte*, der als Erster die Bezeichnung „Soziologie" verwendete, verstand die neue Disziplin als „soziale Naturwissenschaft". Auch er plädierte dafür, die soziale Wirklichkeit durch Beobachtung, Experimente und vergleichende Methoden zu erforschen. *Quetelet* warf er vor, seine „positive Philosophie" völlig missverstanden zu haben. Nach *Comte* ist Empirie ohne Theorie nicht möglich: „Bei jeder Art von Erscheinungen, selbst den einfachsten gegenüber, ist eine wahrhafte Beobachtung nur insoweit möglich, als sie durch irgendeine Theorie zuerst geleitet und schließlich erläutert wird. Das ist in der Tat das logische Bedürfnis, das während der Kindheit der menschlichen Vernunft die erste Entwicklung der theologischen Philosophie bestimmt hat. ... Die positive Philosophie will von dieser wesentlichen Verpflichtung keineswegs befreien, sondern entwickelt sie und erfüllt sie im Gegenteil nur immer mehr in dem Maße, als die Beziehungen der Erscheinungen vervielfältigt und vervollkommnet. Es ist demnach vom wirklich wissenschaftlichen Standpunkt aus klar, daß jede isolierte, völlig empirische Beobachtung wesentlich müßig und sogar von Grund aus unzuverlässig ist" (Comte, 1923, S. 4 f.).

Comte selbst hat sich nicht immer an seine eigenen methodischen Überlegungen gehalten. Die von ihm angenommenen Grundprinzipien von sozialer Statik und Dynamik entbehren nachvollziehbarer Rückführung auf die soziale Wirklichkeit und sind vornehmlich geschichtsphilosophisch begründet. So stehen die Namen *Comte* und *Quetelet*, deren wissenschaftliches Werk hier nur angedeutet werden kann, für den bis heute nicht überwundenen Bruch zwischen Empirie und Empirismus, aber auch zwischen Quantifizierung und geisteswissenschaftlicher Spekulation. Weder hat sich die Hoffnung erfüllt, über Beobachten und Sammeln und Quantifizieren von sozialen Erscheinungen schließlich zur umfassenden Theorie zu gelangen, noch werden die Bemühungen erfüllt, eine alles erklärende Gesellschaftstheorie zu konzipieren, in die beliebige empirische Tatbestände einzuordnen wären. Der am Ende dieses Buches kurz dargestellte „Positivismusstreit" wird belegen, dass sich bis heute an dieser grundsätzlichen Auseinandersetzung nicht viel geändert hat (siehe Kap. 10, S. 332).

1.3.2 Qualitatives Vorgehen und die Bedeutung von Monographien

Bedeutet Quantifizierung nicht zu rasche und theoretisch ungenügend abgestützte Abstraktion sozialer Gegebenheiten? Hat es nicht frühzeitig schon Vertreter der qualitativen Erfassung sozialen Lebens gegeben? Während *Comte* seinem Zeitgenossen *Quetelet* mangelnde Theorie vorwarf, kritisierte *Le Play* dessen quasi blinde Quantifizierung: „Noch weniger glücklich sind die Statistiker bei solchen Untersuchungen gewesen, die sich speziell auf die innere Natur des Menschen beziehen, auf die Einschätzung der sozialen Verhältnisse, auf den Vergleich der moralischen und intellektuellen Eigenschaften und, allgemeiner, auf die Elemente, die man betrachten muß, wenn man die Lage der arbeitenden Bevölkerung ermitteln will" (Le Play, 1855, S. 11, zitiert bei Kern, 1982, S. 53).

Le Play setzte deshalb auf direkte Beobachtung sozialer Wirklichkeit. Er kannte die zur gleichen Zeit in England durchgeführten „Social Surveys". Von der Manchester Statistical Society wurden zum Zwecke der Sozialreform zum ersten Mal Lebensbedingungen durch systematische Befragungen erhoben (1830–1850). Während *Quetelet* danach trachtete, so viele Zahlen über gesellschaftliches Leben wie überhaupt möglich zu erfassen, suchte *Le Play* zur Erstellung von Monographien für jede einzelne so viele Details wie immer möglich zu erheben. So strebten im Grunde beide nach Totalität: *Quetelet* in Bezug auf die Gesellschaft, *Le Play* in Bezug auf individuelle Fälle.

1. Grundprobleme empirischer Sozialforschung

Er stand damit vor dem Problem, dass es ihm nur möglich war, eine geringe Zahl solcher umfassenden Monographien zu erstellen. Problematisch war dies insofern, dass er selbst die Daten über das Leben der Arbeiterfamilien erkunden wollte. Für ihn war die Familie die elementare soziale Einheit. Er hat die Familien nicht untersucht, um daraus Erkenntnisse für gesellschaftliche Zusammenhänge zu gewinnen, sondern er suchte soziale Tatbestände, die in seine theoretischen Vorstellungen passten.

Bei seinen Untersuchungen ging er davon aus, dass es drei grundsätzliche Arten von Gesellschaften gibt, denen sich jeweils ein Familientyp zuordnen lässt: 1. die einfache und glückliche, 2. die komplizierte, aber noch leidlich glückliche und 3. die komplizierte und leidige Gesellschaft.

Le Play quantifizierte, indem er wesentlich vom Familienbudget ausging und dieses durch Existenzmittel, Lebensweisen und Geschichte der Familie ergänzte. Er beobachtete und befragte die Familien, hat aber nicht mit ihnen zusammengelebt. Dabei hat er nur jene Details aufgenommen, verzeichnet und miteinander in Beziehung gesetzt, die *er* für wesentlich hielt.

Le Play kann als Vorläufer der heute wieder verstärkt durchgeführten Zeitstudien über einzelne Menschen und Familien gesehen werden. Er hat als Erster die Bedeutung der biographischen Details erkannt. War *Quetelets* Beweggrund die Theorie der großen Zahl, die ihn alles Quantifizierbare sammeln ließ, war bei *Le Play* Kriterium für Auswahl und Vorgehen ein im Grunde spekulatives Bild, das er sich von der Gesellschaft machte. Während der Verfasser der „Sozialen Physik" ohne theoretische Annahme sammelte, nahm *Le Play* soziale Wirklichkeit nur wahr, wenn sie seiner spekulativen, konservativen „Stufentheorie" entsprach. Die gewonnene Lebensnähe, wie sie sich in der einzelnen Monographie durchaus auch heute noch nachempfinden lässt, mag wohl *Le Play's* Ansichten stützen, ist auch von großem historischen Interesse, lässt aber theoretische Schlussfolgerungen nicht zu. Die von ihm stark beeinflusste Methode der *Soziographie als Beschreibung von Lebensverhältnissen* eröffnet mehr Fragestellungen, als sie der Erklärung gesellschaftlicher Zusammenhänge dient.

Inwieweit wurde unsere Forderung nach systematischem Vorgehen bereits von *Quetelet* und *Le Play* erfüllt? Bei *Quetelet* sollten die Daten selbst und deren mathematische Aufbereitung erst eine Theorie der Gesellschaft ergeben. *Le Play* nahm nur das an Gesellschaftlichem wahr, was er theoretisch bereits postuliert hatte. Der Beweis für die Richtigkeit seiner Aussage stand damit von vornherein fest. Bei beiden haben die Methoden der Forschung nicht einer Überprüfung der Theorie durch Erfassen sozialer Wirklichkeit gedient. Die Methoden haben sich bei beiden gleichsam verselbständigt.

Ein monumentales Werk moderner monographischer Methoden bildet die Untersuchung von *Thomas* und *Znaniezcki* über die polnischen Bauern.

Unübersehbar blieb aber auch bei ihnen die Schwierigkeit, Auswahl und Auswertung theoretisch zu begründen (Thomas/Znaniezcki, 1919/21).

Andererseits sind die ersten empirischen Untersuchungen über die Entwicklung der städtischen Siedlungen in modernen Industriestaaten von *Park*, dem Begründer der Sozialökologie, geprägt durch Versuche, einheitliche theoretische Aussagen in empirischen Erhebungen zu überprüfen (Park, 1974). Die daraus entwickelte „Human Ecology", die bis in die 50er Jahre dieses Jahrhunderts an amerikanischen Universitäten mehr Lehrstühle aufwies als die Soziologie selbst, hat die ursprünglichen qualitativen Aspekte der Theorienansätze von *Park* in den Hintergrund treten lassen (Atteslander, 1976). Die Stadtökologie wurde nicht zuletzt deshalb erfolgreich, weil sie Methoden entwickelte, die komplexe Tatbestände zu quantifizieren vermochten, wobei die erhobenen Daten gleichzeitig in politische und administrative Maßnahmen umsetzbar waren.

Quetelet und *Le Play* hatten erheblichen Einfluss auf die Politik ihrer Zeit, wobei weniger ihre Fragestellungen und Schlussfolgerungen, wohl aber die von ihnen entwickelten Methoden der Quantifizierung Verwendung fanden, weil sie in der Praxis sofort verwertbar schienen. Die „Verselbständigung" der Methoden der empirischen Sozialforschung ist auch heute noch ein ungelöstes Problem, vielleicht das bedeutendste: *Nicht die Verwendbarkeit von Methoden darf über das Ausmaß ihrer Anwendung entscheiden, sondern lediglich Forschungsziel und Forschungslogik.*

1.3.3 Qualitatives versus quantitatives Vorgehen: Krieg der Paradigmen?

Seit den sechziger Jahren des vergangenen Jahrhunderts ist nach geraumer Verspätung auch im deutschsprachigen Raum eine zuweilen unerbittliche und unversöhnliche Diskussion zwischen Anhängern qualitativer Vorgehensweisen und Anwendern quantitativer Messinstrumente zu verzeichnen. Dies hat Udo Kelle in seinem Band ‚Die Integration qualitativer und quantitativer Methoden in der empirischen Sozialforschung – Theoretische Grundlagen und methodologische Konzepte' ausführlich beschreibt (Kelle 2007). Er analysiert die scheinbar inkompatiblen Paradigmen einer phänomenologischen Soziologie, die ihren Schwerpunkt auf „Beschreibung der Sinndeutungsvorgänge, welche die in der Sozialwelt Lebenden vollziehen" (Schütz 147 S. 348), und jenen 'Quantis', die bei den ‚Qualis' keine genügenden methodischen Standards „jenseits subjektiver Evidenzerlebnisse formulier- und überprüfbar" seien (Schnell, Hill und Esser,1999, S. 335).

Kelle weist zu Recht darauf hin, dass die in den USA schon nach dem zweiten Weltkrieg eine Renaissance qualitativer Ansätze vorhanden waren und unter anderem von Interaktionstheoretikern wie George C. Homans, William Foote Whytes, Robert K. Merton, Elliot D. Chappel, K. Arensberg sich in ihrer empirischen Arbeit auf sozialanthropologische Vorgehensweise anwendeten. Sie allesamt waren Mitglieder der Society of Applied Anthropology, und in dieser Reihenfolge auch Präsidenten der American Sociological Society. Dieser Hinweis nur, weil es z. B. in Deutschland Jahrzehnte brauchte, bis die Deutsche Gesellschaft für Soziologie eine Arbeitsgruppe „Qualitative Methoden" zuliess, ohne freilich, dass ein ansatzweiser Austausch mit der ‚Sektion Methoden' stattfand (Kelle 2007, S. 9 ff.).

Wie noch ausführlich zu beschreiben bleibt, ist der gesamte Forschungsvorgang ein Prozess, bei dem qualitative und quantitative Kriterien in steter Interaktion stehen. In welchem Masse hängt u. a. vom Gegenstand der einzelnen Forschung ab. Zugang zum zu Erforschenden kann entscheidend sein, ob qualitative Methoden allein praktikabel und sinnvoll sind. Die Abklärung was und unter welchen Bedingungen quantifiziert erfasst werden kann oder darf, steht am Beginn jeder Erhebung, die u. a. den Kriterien der Repräsentativität untersteht. In beiden Fällen sind Zielsetzung, Theorie und Mittelrelation, die das Forschungsdesign definieren. Gegenseite Abhängigkeiten und Interaktionen zu kontrollieren gehört dabei zur zentralen Aufgabe. Nicht nur beim symbolischen Interaktionismus ist soziales Handeln und soziale Interaktion als stete wechselseitige Interpretation zu verstehen. Ebenfalls ist zu beachten, ob quantitative, qualitative oder beide im Forschungsablauf angewendet werden. Das auch im Forschungsprozess die Akteure, also Interviewer oder Beobachter und Probanden ihre gemeinsam geteilten Symbolwelten nutzen und gestalten, wissen wir spätestens seit Blumer (Blumer 1981).

Wie der Methodendualismus (qualitativ-quantitativ), der lange als Krisenerscheinung der empirischen Sozialforschung wahrgenommen wurde, zu überwinden ist, zeigt Kelle in Kapitel 12 auf (Kelle, 2007, S. 393 ff). Seine 5 Thesen, die er einzeln begründet, ist programmatisches Schwergewicht und wiederspiegeln die Arbeit einer ganzen Gruppe eines DFG Sonderforschungsprogramms:

1. Der Methodendualismus ist die Folge spezifischer Anforderungen des Gegenstandsbereichs der empirischen Sozialwissenschaften (S. 293)

2. Strukturen begrenzter Reichweite führen sowohl zu sozialen Phänomene, die sich nur mit qualitativen Verfahren untersuchen lassen, als auch zu Sachverhalten, deren Beschreibung unbedingt qualitative Verfahren erfordert (S. 295)

3. Strukturen begrenzter Reichweite erzeugen im Kontext beider Methodentraditionen jeweils spezifische Methodenprobleme und Validitätsbedrohungen (S. 296)

4. Schwächen qualitativer und quantitativer Sozialforschung lassen sich im Kontext eines integrativen methodologischen Programms oftmals durch die Stärken der jeweils anderen Methodentradition ausgleichen (S. 296).

5. Ein akteurstheoretischer Ansatz und ein integratives methodologisches Programm fördern ein nicht-hierachisches Verhältnis zwischen sozialwissenschaftlichen Experten und Laien (S. 298).

Das Ziel zukünftiger Sozialforschung ist in der 5. These eindeutig formuliert. Ohne gesellschaftliche Akzeptanz wird sie in Zukunft immer schwieriger, mithin aufwendiger. Sozialforschung beruht geradezu auf einem besseren Alltagsverständnis in der „Laiengesellschaft". Ohne Feldzugang, d. h. Akzeptanz, entsteht schwer überwindbare Ablehnung. Diese wächst spürbar. Forscher können nicht nur Einzelne beobachten und befragen, ohne gleichzeitig eine Bringschuld an der Gesellschaft zu befriedigen, die darin besteht, in klarer und verständlicher Sprache wissenschaftliche Befunde zu kommunizieren. Nur dadurch erkennt die Gesellschaft deren Nützlichkeit. Eine der Wegbereiter der angewandten Sozialforschung, René König, wurde nicht müde, diese Bringschuld immer wieder einzufordern.

Inhaltliche Theoriedebatten sind auch in Zukunft dienlich, insofern sie sich um Inhalte und deren empirische Überprüfung bemühen. Seit der Veröffentlichung von Kelle ist dagegen abgehobener Paradigmen-Streit untauglich geworden- selbst für Profilierungsversuche an wissenschaftlichen Kongressen.

1.4 Darstellung sozialer Daten

1.4.1 Soziale Daten als abstrahierte Wirklichkeit

Unter sozialen Daten im engeren Sinne verstehen wir systematisch erhobene Aspekte gesellschaftlicher Wirklichkeit. Sie können in verbaler Form oder Messzahlen ausgedrückt werden. Es handelt sich also dabei immer um Abstraktionen spezifischer Wirklichkeiten. Ihre Beurteilung hängt von Informationen über die Abstraktionsvorgänge, denen sie entstammen, ab. Individuell Erlebtes und persönlich verwendete Daten des Alltags unterscheiden sich von sozialen Daten empirischer Sozialforschung, auch wenn sie denselben Ursprung haben: Der Subjektivität des Erlebens steht die Objektivierung von Erlebtem gegenüber.

Die soziale Wirklichkeit insgesamt ist weder vorstellbar noch total erfassbar. Objektiv Feststellbares bedeutet andererseits nicht subjektive Wirklichkeit für den Einzelnen. Der Ausdruck Tatbestand lässt Ähnlichkeit vermuten mit der polizeilichen Feststellung eines nach Gesetz zu erfassenden Ablaufes, eines Verbrechens, eines Unglücksfalls. Ebenso wie es in solchen Fällen unmöglich ist, alles zu beschreiben, was tatsächlich ablief, und nur das zum Protokoll gerinnt, was verfahrensmäßig oder nach Gesetz relevant ist, *sind in der empirischen Sozialforschung soziale Tatbestände jene Ausschnitte sozialer Wirklichkeit, die im Blickfeld theoretischer Annahme festzuhalten sind.* Dabei handelt es sich ausdrücklich um empirisch tatsächlich feststellbare Erscheinungen, nicht zu verwechseln mit sozialen Tatsachen im Sinne *Durkheims*,

1. Grundprobleme empirischer Sozialforschung

der damit eine Wirklichkeit eigener Art bezeichnete im Sinne von kollektiver Vorstellung einer Gruppe.

Theoretische Annahmen gehen oft über das hinaus, was durch die Methoden der empirischen Sozialforschung feststellbar ist. Als Beispiel dafür können etwa Theorien der sozialen Norm oder der Rolle dienen. Empirisch feststellbar sind Normen in ihrem ganzen Ausmaß praktisch nie. Beobachtbar sind lediglich Verletzungen von Normen, erfragbar allenfalls bewusste Aspekte und Vorstellungen über Erwartungen. So können wir beispielsweise Kleinkinder in ihrem Verhalten zwar beobachten und dieses Verhalten durch Normentheorien erklären. Auf Befragung müssen wir weitgehend verzichten, weil sie größtenteils nichtverbal kommunizieren. Jede Reduktion ist theoretisch zu begründen, wobei die immer begrenzte Anwendung von Forschungsmethoden über den Bereich der empirischen Überprüfbarkeit entscheidet.

Was sagen die Daten aus, was können sie nicht aussagen? Handelt es sich möglicherweise um einen Artefakt? Um diese Frage zu beantworten ist zunächst abzuklären, ob und in welchem Masse sie einer realen gesellschaftlichen Wirklichkeit entsprechen. Der Nachweis zur spezifischen sozialen Realität ist Gegenstand von Kapitel 2, Kriterien des gesamten Forschungsablaufes. Ein Artefakt liegt dann vor, wenn Daten nicht objektiv nachvollziehbar auf entsprechende Wirklichkeiten dokumentiert werden. Dies ist ebenso wichtig, wie die Klärung der Zusammenhänge mit den theoretischen Forschungshypothesen.

„Sachverhalte, über die der Forscher keine Vorstellung hat, weil er den betreffenden Wirklichkeitsbereich nicht umfassend kennt, können nämlich in seinen Hypothesen gar nicht auftauchen (…). Sind solche Sachverhalte konstitutiv für den untersuchten Bereich, bleibt die wissenschaftliche Darstellung ohne ausreichenden Bezug zur Wirklichkeit – und zwar dann, wenn sie ausschliesslich auf empirisch bestätigte Hypothesen stützen kann." (Gerdes 1979, S. 5).

1.4.2 Verkürzte Darstellung sozialer Daten

Kaum eine andere wissenschaftliche Disziplin findet in den Medien eine ähnlich große Verbreitung der Ergebnisse wie die empirische Sozialforschung. Es gibt keine Zeitung, die nicht in irgendeiner Spalte Umfragedaten verwendet. Im Fernsehen werden regelmäßig Sendungen über die politische Stimmungslage produziert. Soziale Daten sind Medienalltag – demoskopische Wettläufe vor Wahlen üblich geworden. Jede politische Institution, die etwas auf sich hält, lässt Meinungsstrukturen nicht nur periodisch erheben, sondern bringt kommentierte Analysen auch unters Volk. Dabei sei die EU in Brüssel nicht ausgenommen, die regelmäßig ihren „Eurobarometer" vertreibt.

Selbstverständlich ist es in der Wirtschaft üblich geworden, Forschungsberichte dieser Art als tägliches Instrument modernen Managements zu verwenden. Nicht selten werden Umfrageergebnisse direkt in der Werbung verwendet.

Meist ist in den uns zugänglichen Darstellungen von sog. Ergebnissen empirischer Sozialforschung nicht erkenntlich, in welchem Maße theoretische Reduktion der Wirklichkeit vorliegt: Davon zu unterscheiden ist die *publizistische Verkürzung*.

Ein Beispiel: In der Presse wird berichtet, dass *48 %* aller in der Bundesrepublik Befragten eine Arbeitszeitverkürzung grundsätzlich für richtig halten, 8 % halten sie unter bestimmten Voraussetzungen für richtig, während 32 % gegen Arbeitszeitverkürzung sind und 12 % keine Antwort geben.

Diese Meldung wurde in der Presse mit der Schlagzeile versehen: „Die Mehrheit für kürzere Arbeitszeit". Klein gedruckt steht noch zu lesen, dass die Umfrage bei 2000 Menschen durchgeführt wurde, die repräsentativ ausgewählt wurden.

So klar die Aussage auf den ersten Blick erscheint, so wenig geben diese Zeilen im Grunde her. Wie haben die Fragen tatsächlich gelautet? Eine allgemein gestellte Frage ist völlig unverbindlich: Arbeitszeitverkürzung ist etwas, das man eigentlich jedem und auch sich selber gönnt. Wie haben die Alten geantwortet, die schon aus dem Arbeitsprozess ausgeschieden sind – wie die Jungen, die noch in der Ausbildung stecken? Wie haben der 45-jährige gehobene Angestellte, wie der 52-jährige Hilfsarbeiter, dem möglicherweise ein Arbeitsplatzverlust droht, sich entschieden? Wurde die Frage gestellt, wie man zur Arbeitszeitverkürzung steht, wenn Kürzungen des Lohns damit verbunden sind? Gibt es Unterschiede zwischen den Antworten verschiedener Soziallagen, verschiedener Erwartungshorizonte? Was eigentlich wollte man wissen? Dass im Paradies oder im Schlaraffenland die Arbeitszeit gegen Null tendiert, weiß jeder auch ohne den erheblichen Aufwand einer repräsentativen Meinungsumfrage. Kurzum, es fehlt die Darstellung des Konzeptes, um die Ergebnisse überhaupt würdigen zu können. Die publizistisch verkürzte Darstellung verweist auf den Problembereich der Wirkung der publizierten Ergebnisse in der Öffentlichkeit.

Zur publizistischen Verkürzung hinzu tritt der *Missbrauch* empirischer Daten. Einerseits sollen Unentschlossene noch mobilisiert werden, andererseits verfügen die Auftraggeber über wesentliches unpubliziertes Material, das sie strategisch umzusetzen trachten.

Zur missbräuchlichen Verwendung von Umfragedaten gehört nicht nur die oft unumgängliche publizistische Verkürzung, sondern auch der Umstand, dass der Zeitpunkt der Erhebung verschwiegen wird, bisweilen alte

1. Grundprobleme empirischer Sozialforschung 17

Zahlen als brandfrisch deklariert in den publizistischen Wahlkampf geworfen werden. Ein Verfahren, das geeignet ist Misstrauen zu schüren.

Sehr oft ist das, was wir über eine Erhebung in der Presse lesen, weniger als die halbe Wahrheit, aber Anlass für ganze Missverständnisse. Ein weiteres Mal sind nicht die globalen Zahlen interessant, sondern Zusammenhänge. Sie zu erheben ist möglich, weil über das ganze Wahlverhalten, über Meinungsstrukturen umfangreiche theoretische Konzepte vorliegen, die durch jahrzehntelange empirische Forschung als gesichert gelten.

Halten wir an dieser Stelle fest: Aus den in den Medien meist verkürzt wiedergegebenen Daten ist ein direkter Rückschluss auf die theoriegeleitete Reduktion der sozialen Wirklichkeit nicht möglich. Während – wie später aufzuzeigen bleibt – theoretische Reduktion offen gelegten und nachvollziehbaren Regeln entspricht, ist die publizistische Verkürzung oft willkürlich. Die Frage nach Theorie ist wesentlich, damit durch erhobene Sozialdaten nicht unangemessene und unerwünschte Wirkungen entstehen.

Liegt eine gründliche theoretische Konzeption nicht vor, handelt es sich im Grunde nicht um Empirie, sondern um Empirismus. Regelmäßigkeiten und Auffälligkeiten, die festgestellt werden, geben noch keinen Aufschluss darüber, in welchem Zusammenhang sie untereinander stehen.

Nehmen wir an, in Schweden sei im Jahre 1982 eine außerordentlich starke Zunahme von Störchen bei gleichzeitiger Erhöhung der Geburten festgestellt worden. Mathematische Korrelation zwischen Störchen und Babys ist möglich, aber nicht besonders sinnvoll (siehe S. 27 ff.).

Merten nennt ein anderes Beispiel: „Offensichtlich gibt es bei Bränden eine sehr hohe Korrelation zwischen der Zahl der eingesetzten Wehren (Variable 1) und dem entstandenen Schaden (Variable 2), woraus man leicht den Schluß ziehen könnte, daß die Feuerwehren den Schaden verursachen und am besten fernbleiben sollten. Diese Korrelation ist jedoch eine Scheinkorrelation, die verschwindet, wenn man die erklärende Drittvariable „Größe des Brandes" einführt (Variable 3). Diese Größe des Brandes korreliert einerseits hoch mit der Zahl der herbeigerufenen Feuerwehren, andererseits mit dem entstehenden Schaden" (Merten, 1983b, S. 461).

Die Beispiele verdeutlichen, dass bei Planung und Durchführung empirischer Sozialforschung die Festsetzung des Erkenntnisziels und die Formulierung theoretischer Aussagen das Wesentlichste sind.

Es gibt viele Möglichkeiten, sich in dieser Welt zu orientieren. Die Methoden der empirischen Sozialforschung sind davon nur eine, deren Bedeutung aber stetig wächst: „Der Zweck von Forschung ist, durch die Anwendung wissenschaftlicher Verfahren sinnvolle Antworten auf sinnvolle Fragen zu finden. Jene Verfahren wurden entwickelt, um die Wahrscheinlichkeit zu erhöhen, daß die gewonnenen Informationen für die jeweils gestellte Frage auch relevant sind, verlässlich und ohne systematische Fehler. Gewiß, es gibt keine Garantie dafür, daß ein bestimmtes Forschungsvorhaben auch wirklich relevante, verläßliche und unverzerrte Ergebnisse liefert, aber bei wissenschaftlichen Forschungsmethoden ist dies doch eher anzunehmen, als bei jeder anderen denkbaren Methode" (Selltiz et al., 1972, S. 9).

1.4.3 Erste Beurteilungskriterien

In überwiegendem Maße werden die Ergebnisse empirischer Sozialforschung auch in wissenschaftlichen Veröffentlichungen in Form von quantifizierten statistischen, mehr oder weniger ausführlich kommentierten Tabellen dargeboten. Um Ergebnisse in den Medien oder in Berichten mit wissenschaftlichem Anspruch beurteilen zu können, sind eine Reihe von Fragen zu beantworten. Isolierte Daten sagen nichts Verlässliches aus.

Es ist ebenso wichtig, Hinweise auf das Entstehen von Daten zu erhalten wie auch Hinweise auf die Art und Weise ihrer Aufbereitung:

- In welcher Situation, mit welchem Ziel, von wem beauftragt ist empirische Sozialforschung durchgeführt worden?
- Welche theoretischen Grundannahmen wurden empirisch überprüft? Wie wurden die Begriffe definiert?
- Gibt es Hinweise auf den Operationalisierungsvorgang (Art der Verwendung von Begriffen)?
- In welchem Zusammenhang stehen die Daten? Welche sind notwendig?

Weist eine Veröffentlichung sozialer Daten wesentliche Lücken in der Beantwortung dieser Fragen auf, ist der Aussagewert erheblich zu relativieren.

Weitere Kriterien der Bewertung sind die Analysen von Entdeckungs-, Begründungs- und Verwertungszusammenhang.

Entdeckungszusammenhang heißt:
- Ziel der Untersuchung, Motivation, Auftrag;

Begründungszusammenhang heißt:
- Angewandte Forschungsregeln, Einsatz der Instrumente, Datenverarbeitung;

Verwertungszusammenhang heißt:
- Publikation, Pressebericht oder unveröffentlichte Handlungsanweisungen z.B. für Unternehmensführung oder Wahlstrategien.

Nur bei Klärung dieser Zusammenhänge ist ein Urteil über soziale Daten möglich. Alle drei Bereiche sind im Zusammenhang zu analysieren.

1. Grundprobleme empirischer Sozialforschung

In vielen Fällen wird im Verwertungszusammenhang nicht wichtig sein, was dargestellt resp. hervorgehoben wird, sondern was gerade nicht erwähnt wird. Andererseits ist beim Entdeckungszusammenhang wesentlich Bereiche festzustellen, die nicht erfasst worden sind. Entweder weil sie nicht erfasst werden konnten oder weil man sie nicht erfassen wollte.

Über die Wissenschaftlichkeit einer empirischen Untersuchung entscheidet also nicht nur die Einhaltung von Forschungsregeln, sondern auch der Forschungsverlauf insgesamt.

Anregung zur Selbstkontrolle für die aktiven Leser

1. Wie lauten die drei Grundfragen der empirischen Sozialforschung?
2. Was unterscheidet Empirie von Empirismus?
3. Welches bis heute ungelöste Problem ist schon bei den Pionieren der empirischen Sozialforschung zu beobachten?
4. Welchen Bedingungen unterliegen Darstellungen sozialer Daten, die der empirischen Sozialforschung entstammen?
5. Wodurch lässt sich das wachsende Bedürfnis nach empirischen sozialwissenschaftlichen Analysen erklären?

Weiterführende Literatur

Homans, G. C. (1972): Was ist Sozialwissenschaft? Opladen.

König, R. (Hrsg.): Handbuch der empirischen Sozialforschung (1973 ff.); als Taschenbuch 14 Bde. Stuttgart, davon insbesondere Bd. 1.

Kern, H. (1982): Empirische Sozialforschung. Ursprünge, Ansätze, Entwicklungslinien. München.

2. Forschungsablauf

2.1 Fünf Phasen des Forschungsablaufes

Über unsere soziale Umwelt hegen wir bestimmte Vorstellungen. Sie beruhen auf Erfahrung, entspringen unserer Phantasie, können verschiedene Grade der Bewusstwerdung erlangen. Sie mögen allgemeiner oder partikularer Natur sein, sich aus dem Alltag ergeben oder Resultat langjähriger intensiver Erarbeitung wissenschaftlicher Darstellungen sein.

Die soziale Umwelt kann für den Einzelnen noch einsichtig sein und mit seinen Erwartungen übereinstimmen. Es wird ihm gelingen, über die Zusammenhänge Aussagen zu machen. In diesem Fall erlebt er die soziale Wirklichkeit als erklärbar. Sehr oft sind ihm aber Teile der sozialen Umwelt nicht mehr durchschaubar; damit werden Zusammenhänge zwischen sozialen Phänomenen unerklärlich und problematisch.

Hier setzt Sozialforschung ein: mit der Erfahrung und dem Bewusstwerden der Problematik sozialer Phänomene. Sie ist ein Versuch, diese Probleme zu erklären.

Selbstverständlich erfährt nicht nur der Sozialforscher seine Umwelt als erklärungsbedürftig. Wirtschaftliche und politische Institutionen, kulturelle Organisationen möchten bestimmte Fragen, die sie existentiell betreffen, durch Sozialforschung erhellt wissen. So erteilen z.B. Kirchen, politische Parteien und Unternehmungen Aufträge an Sozialforschungsinstitute. Dabei mag es sich um Fragen gesellschaftlicher Entwicklung oder um eine engere Fragestellung zur Marktlage oder Einstellungen zu begrenzten Sachfragen handeln.

Ob es sich um Betreten von Neuland und den Versuch einer Feststellung komplexer Zusammenhänge handelt oder um relative Routineuntersuchungen, die ähnlich schon oft durchgeführt worden sind und die lediglich auf spezifische Zeit und örtliche Verhältnisse zielen: Für alle Vorhaben der empirischen Sozialforschung gelten im Grunde die gleichen Regeln.

Es sind grundsätzlich fünf Phasen zu unterscheiden:

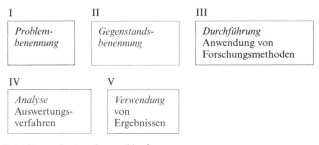

Abbildung 2-1: Phasen des Forschungsablaufes

Unter Problembenennung verstehen wir die Formulierung sozialer Probleme in Form wissenschaftlicher Fragestellungen. Dazu gehören die Abgrenzung des Problems, der Nachweis seiner Erklärungsbedürftigkeit und des Bedarfs empirischer Untersuchung.

Der Forscher muss zu Beginn eine Vorstellung darüber haben, in welchen theoretischen Zusammenhängen er die soziale Wirklichkeit untersuchen möchte. Eine allgemeine Idee genügt nicht, sondern diese Idee muss nach bestimmten logischen Erfordernissen als Aussage formuliert und mündlich oder schriftlich ausgedrückt werden (siehe S. 43). Eine solche Aussage wird als *Hypothese* bezeichnet. Wir können nur anhand von Hypothesen systematisch beobachten oder befragen. Die „klärende Idee" ist demnach nicht Resultat der Forschung, sondern deren Voraussetzung.

In diesem Sinne sind Hypothesen Erklärungsversuche der unerklärten Umwelt. Die Beweggründe, die uns zum Forschen verleiten, sind für die Richtigkeit der aufgestellten Hypothesen unerheblich. Wir können aus Neugier nach einer Erklärung suchen oder weil wir unser Handeln möglichst rational gestalten möchten oder wenn ein Problem unserem Handeln im Wege steht. Der häufigste Einsatz empirischer Sozialforschung geschieht im Auftrag Dritter, die auch die nötigen Mittel zu deren Durchführung bereitstellen.

Schwerpunktmäßig werden in Abschnitt 2.2 die Phasen *Problembenennung, Definition des Forschungsgegenstandes* und die *Bedingungen der Durchführung der Forschungsmethoden* dargestellt.

Ohne theoretische Vorarbeit, ohne systematische Sozialforschung bleiben Ad-hoc-Erklärungen über tatsächliche Zusammenhänge meist vorwissenschaftliche Mutmaßungen.

Die Notwendigkeit der Erklärung gesellschaftlicher Zusammenhänge mag persönlicher Initiative entspringen, sie kann Auftrag gesellschaftlicher Institutionen sein, schließlich aufgrund übergeordneter erkenntnistheoretischer Notwendigkeiten zur Ursache empirischer Sozialforschung werden. Das Erklären ist ohne Übereinkunft darüber, was Begriffe, Hypothesen und Theorien sind, nicht möglich.

2.2 Theoretische Orientierungen

2.2.1 Problembenennung

Nehmen wir an, dass uns dauernde Arbeitslosigkeit in unserer Gesellschaft beschäftigt. Wir möchten deren Verursachung ergründen, weil wir die Wirkung auf Menschen und Gesellschaft als krisenhafte Erscheinung erleben. Wüssten wir mehr und Verlässlicheres über Ursache und Wirkung, wären wir eventuell in der Lage, nach Mitteln zu suchen um Schaden zu mindern.

2. Forschungsablauf

Beweggrund zum Forschen mag Neugier, Betroffenheit oder beides sein. Die Betroffenheit kann aus den periodisch erscheinenden Zahlen von Arbeitslosen, die in die Millionen gehen, stammen oder aus eigener Erfahrung. Arbeitslosigkeit trifft u. a. Absolventen der Universität, die zunächst keine Arbeit finden, die verheiratete, ehemals berufstätige Frau, der ein Wiedereinstieg nicht glückt, trifft den kaum über 50-jährigen kaufmännischen Angestellten, dessen Firma Bankrott ging und der nunmehr keine neue Stelle findet.

Durchaus denkbar ist, dass ein Wissenschaftler sich dermaßen über die Forschung eines Kollegen ärgert, dass er unbedingt eine Gegenuntersuchung durchführen muss. Oft war in der allgemeinen öffentlichen Diskussion zu hören, dass die von der Bundesanstalt für Arbeiten erfassten Arbeitslosenzahlen (vgl. Bundesminister für Arbeit und Sozialordnung, 1980, S. 61 f.) keineswegs alle Arbeitslosen in der Bundesrepublik umfassen. Zu den Arbeitslosen gehören verschiedene Gruppen, so jene, die in Schulung, Umschulung und Arbeitsbeschaffungsmaßnahmen – zum Teil von der Bundesanstalt für Arbeit mitfinanziert – sind, es gehören all jene Arbeitslosen dazu, die keine Arbeitslosenunterstützung mehr erhalten und somit zum größten Teil auf Sozialhilfe angewiesen sind. Ferner sind nicht gemeldete Arbeitswillige (Arbeitsscheue?), möglicherweise Frührentner dazuzurechnen (Abb. 2-2).

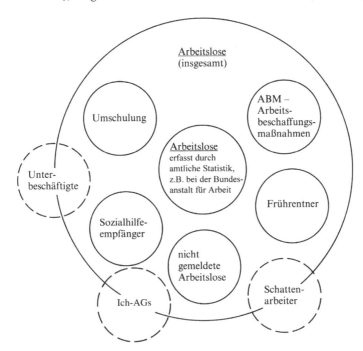

Abbildung 2-2: Verschiedene Gruppen von Arbeitslosen

Bei der Problembenennung kann es sich als sinnvoll erweisen, nach folgenden Kriterien vorzugehen:

- Auf welchen Ausschnitt der sozialen Wirklichkeit beschränken wir uns (Arbeitslose im Sinne des Gesetzes, Arbeitslose insgesamt)?
- Um welche Gruppen von Menschen handelt es sich (Frauen, Jugendliche, Ältere, Gelernte, Ungelernte, hoch Qualifizierte)?
- Welche Zeit bzw. örtlichen Bereiche sollen erfasst werden (Geltungsbereich des Grundgesetzes, städtische oder ländliche Gebiete, typische Gebiete mit hoher resp. geringer Arbeitslosigkeit; Langzeitstudie über 10 – 20 Jahre oder Momentaufnahme)?
- Soll Arbeitslosigkeit umfassend nach Ursachen und Folgen untersucht werden oder stehen Einzelfragen im Vordergrund (Schwierigkeiten der Wiedereingliederung von Langzeitarbeitslosen, Diskriminierung weiblicher Arbeitsuchender, Verringerung des Selbstwertgefühles bei hoch Qualifizierten und dadurch schlechte Ausnützung tatsächlicher Chancen)?
- In welchen weiteren Zusammenhängen soll untersucht werden (weitere wissenschaftliche Disziplinen, die sich gleicher Problemfelder annehmen, Vergleiche mit anderen Bevölkerungen)?
- Welche wissenschaftlichen Erkenntnisse liegen vor (Widerlegung oder Bestätigung von Befunden, Erfassung neuer Tatbestände, explorative Untersuchung bislang unbekannter Zusammenhänge)?

Jede Problembenennung hat zunächst vorläufigen Charakter. In der Regel verändert sie sich im Verlaufe des Forschungsprozesses, wobei diese Veränderungen besonders dann sichtbar sind, wenn sie im Sinne eines Forschungstagebuches systematisch formuliert und festgehalten werden. Dadurch ergibt sich die Möglichkeit, „Lernprozesse" nachzuvollziehen. Jede Forschung im Bereich der empirischen Sozialforschung ist im Grunde genommen ein Lernprozess.

Die Klärung dieser Fragen führt unweigerlich zur Suche nach geeigneten Theorien. Was steht als gesichertes Wissen bereits zur Verfügung? Es stellt sich ebenso unausweichlich die Frage nach der Art und Weise, wie dieses Wissen erworben wurde.

2.2.3 Wissenschaftstheoretische Aspekte und die Funktionen von Theorien

Unter Theorie wird im Allgemeinen ein System logisch widerspruchsfreier Aussagen über soziale Phänomene verstanden. Theorien über Theorien werden allgemein als Metatheorie bezeichnet. In der empirischen Sozialforschung müssen Theorien sich auf Aussagen beschränken, die empirisch überprüfbar sind.

2. Forschungsablauf

Da diese Aussagen über singuläre Erscheinungen hinausweisen müssen, sind sie von der Wirklichkeit abstrahierte verbale Formulierungen. Bei aller Sorgfalt, die man theoretischen Erörterungen angedeihen lassen kann, sind Theorien im Grunde Entscheidungen über die Bedeutung und Bedingungen von erfassbaren Erscheinungen der sozialen Wirklichkeit.

Jede Theoriebildung hat eine eigene Geschichte und hängt von Zurechnungen, Verfahren und Gewohnheiten in einem höheren Maße ab, als dies gemeinhin angenommen wird. In diesem Sinne stellt Theorie nicht den Anfangspunkt des Forschungsablaufes dar, sondern ist in sich selbst ein Prozess und wird, wie verschiedentlich noch festzustellen sein wird, durch den Forschungsverlauf selber beeinflusst.

Jedes Beispiel empirischer Sozialforschung ist in wissenschaftstheoretische Bezüge eingebettet. Grundfragen und Entwicklungen erkenntnistheoretischer Natur müssen praktisch in jedem einzelnen Fall berücksichtigt werden.

Die empirische Sozialforschung ist diesbezüglich kein Einzelfall: „Jede Wissenschaft bemüht sich darum, die vielfältigen Ereignisse in der Natur oder im menschlichen Zusammenleben zu sammeln, zu ordnen und Aussagen über ihre innere Verbundenheit zu machen. Auf der Grundlage des Wissens über die Vielfalt, Ordnung und Verbundenheit von empirischen Fakten ist eine planende Gestaltung des Lebens möglich. Diese Tätigkeit unterscheidet sich zunächst nicht vom alltäglichen menschlichen Handeln. Wissenschaft erhebt jedoch darüber hinaus den Anspruch, daß die Resultate dieser Tätigkeit nicht nur von demjenigen als richtig anerkannt werden, der sie erbringt, sondern sie sollen für alle Beteiligten und Interessierten akzeptierbar sein, d.h. sie sollen ‚wahr' sein. Werden Wissenschaftsaussagen über Realität gemacht, dann bedeutet ‚Wahrheit' die Übereinstimmung dieser Aussagen mit der Realität" (Schnell et al., 1988, S. 38 f.). Wenn im Titel dieses Buches „Methoden" steht, bedeutet dies, dass Wissenschaftstheorie Grundlage zum Erreichen des genannten Zieles ist.

Unter Methodologie verstehen wir die Vorgehensweise wissenschaftlichen Denkens – unter Forschungsablauf die Umsetzung dieses Denkens in einzelne systematisch ausgerichtete und nachvollziehbare Forschungsschritte (siehe S. 55 ff.).

Wenn in den vorangegangenen Abschnitten von der problemhaften Erfahrung menschlicher Umwelt gesprochen wurde, ist an dieser Stelle zu bemerken, dass erkenntnistheoretische Denkvorgänge auf Beobachtung und Sinneswahrnehmung beruhen, jedoch darüber hinausgehen.

So stellt *Madge* fest: „All modern science is rooted in observation and, as every scientist knows, observations at first hand are the most satisfactory. In practice, however, our knowledge of the world is built up principally of other people's observations, and not of our own. It is inevitable that we should admit secondhand knowledge, but we must recognise that in doing so we accept not only other investigators' careful observations, but also a whole mass of careless and casual popular impressions and legends whose reliability we have generally no means of checking" (Madge, 1957, S. 117).

Goode und *Hatt* erklären lapidar: „Science begins with observation and must ultimately return to observation for its final validation. The sociologist must, then, train himself to observe carefully. If he can become a good observer, he will start his investigation with more data at his disposal, be less likely to forget that his object of study is social behavior, and be able to maintain a continual check of his conclusions more easily" (Goode/Hatt, 1952, S. 119).

Der englische Terminus „observation" ist weiter gefasst als ‚Beobachtung'. Er umfasst auch theoretische Feststellungen, Urteile, logische Schlüsse.

Hypothesenbildung – Operationalisierung – Datenerhebung bezeichnen in der Regel die Schritte zur Erhebung von Beobachtungs- und Befragungsdaten (Mayntz et al., 1974, Grümer, 1974, König, 1969). Davon werden die folgenden Abschnitte handeln.

An dieser Stelle sei soviel festgehalten: Offensichtlich reicht der Vorgang der Problembenennung nicht aus. Weitere Schritte sind notwendig. Ebenso offensichtlich ist, dass es die eine umfassende Theorie nicht gibt, auch nicht erstrebbar ist, die für die empirische Sozialforschung alle Orientierungsfunktionen zu leisten vermag. Unabdingbar für die Methodologie der Forschungsprogramme ist Theorienpluralismus: „Die gleichzeitige progressive Forschung an Kerntheorien, abgeleiteten Hypothesen und Instrumententheorien. Theorienpluralismus heißt aber auch Theorientoleranz. Neue Programme, die in Konkurrenz zu bewährten „alten" stehen, müssen sich entwickeln können, ohne dabei schon zu Beginn ihrer Erarbeitung den alten überlegen zu sein; aber sie sollen interne Progressivität aufweisen" (Schnell et al., 2005, S. 107).

Die Skizzierung wissenschaftstheoretischer Aspekte und der Hinweis vor allem auf Erkenntnisfortschritt bei den Naturwissenschaften geschieht in voller Übereinstimmung mit der Aussage von *Schnell et al.:* „Die Debatte um den Wissenschaftsfortschritt ist zwar auch für die Sozialwissenschaften von großem Interesse, jedoch sollte nicht übersehen werden, daß sie für die Praxis der Sozialwissenschaften von eher geringer Relevanz ist. Den Hintergrund dieser Diskussion bilden im wesentlichen die Theorien der Physik und ihre historische Abfolge. Diese Theorien zeigen aber alle (auch die ‚frühen' von Kopernikus, Keppler u. a.) einen unvergleichbar größeren Grad an Reife als die derzeitigen sozial-wissenschaftlichen Theorien" (Schnell et al., 2005, S. 107).

2. Forschungsablauf

Ein von der empirischen Forschung abgehobener Methodenstreit ist oft unfruchtbar, andererseits ergeben auch unterschiedliche Ausgangspositionen beim Versuch der empirischen Erprobung erstaunliche Übereinstimmungen.

Nach den anstrengenden wissenschaftstheoretischen Reflexionen möge eine Darstellung über den Umgang mit Theorien den Leser und die Leserin motivieren, das trockene Thema sowohl mit Respektlosigkeit als auch mit angemessener wissenschaftlicher Ernsthaftigkeit anzugehen. Theorien, insbesondere in den Sozialwissenschaften, haben eminent menschliche Züge. Dass dies ausgerechnet ein Geograph, nämlich *Gerhard Hard*, auf unnachahmliche Weise illustriert, sollen Textausschnitte belegen, die einem nicht allgemein zugänglichen Privatdruck entstammen. Er handelt von Störchen, Hebammen, Raben und Kindern (Hard, 1987, S. 4 ff.):

Exkurs

„Das Motiv, das der folgenden ‚albernen Geschichte' oder paradoxen Anekdote zugrundeliegt, ist überhaupt nicht originell; es ist fast jedermann aus der einführenden Statistik als abschreckendes Beispiel bekannt (und muß meistens den Begriff ‚Scheinkorrelation' illustrieren); ich setze es nur etwas anders ein.

Eine Gruppe kritischer Bevölkerungsgeographen hat sich das Ziel gesetzt, die Dogmen des Kinderglaubens und die Mythen des Volkes kritisch zu hinterfragen. Es geht um die Theorie, daß die Störche die Kinder bringen.

Diese Storchentheorie soll nun einer strengen empirischen Prüfung unterzogen werden. Gemäß dem hypothetico-deduktiven Verfahren des kritischen Rationalismus werden aus der Theorie empirische Prüfungshypothesen abgeleitet, z.B.: je mehr Störche, um so höher die Geburtenrate. Eine Pilotstudie in 21 zufällig ausgewählten ostelbischen Kreisen ergibt, daß die Storchendichte einen erstaunlich hohen Teil der Varianz in den Geburtenraten erklärt. Die Theorie hat dem Falsifikationsversuch getrotzt und sich bewährt.

Aus jeder Theorie, und so auch aus der Storchentheorie, kann man unendlich viele operationale Prüfungshypothesen ableiten, z.B.: je mehr Storchennester, um so höher die Geburtenrate; je mehr Feuchtbiotope, um so höher die Geburtenrate; je mehr Frösche, um so höher die Geburtenrate ... Auch das wird untersucht, und jedesmal ist der Befund positiv. (Auf der empirischen Ebene ist oder war das vermutlich ja auch wirklich so.)

Das interessante Ergebnis macht Forschungsgelder locker. Eine großangelegte Enquote über fast ganz Mitteleuropa hin ergibt folgendes Resultat (Tabelle 1): Bei niedriger Storchendichte ist der Anteil der geburtenstarken Raumeinheiten deutlich geringer als bei hoher Storchendichte. Die Wissenschaftler haben allen Grund, ihre Skepsis zu stornieren. Sie beginnen von der intuitiven Weisheit des Volkes und der Kinder zu raunen. – Schon jetzt erkennen wir drei weitere Theorieleistungen:

- die Hypothesenerzeugungsfunktion der Theorie: Jede Theorie ist ein unendlicher Hypothesengenerator, ein intellektuelles perpetuum mobile;
- die Forschungserzeugungsfunktion der Theorie: Ohne Glauben oder Unglauben an eine Theorie liefe gar nichts; jede Theorie ist die Quelle eines potentiell unendlichen Forschungsprogramms;
- die Datenerzeugungsfunktion der Theorie: Bei den fehlgeschlagenen Versuchen, die Storchentheorie zu widerlegen, hat sich ja eine Unmasse wertvoller Daten über Störche, Storchennester, Frösche, Feuchtbiotope und Geburtenraten angesammelt, die auch in ganz anderen Zusammenhängen interessant sind.

Trotz der schönen Ergebnisse der Enquête sind die Wissenschaftler doch noch ein wenig über die hohe Restvarianz beunruhigt: die Korrelation ist nicht vollkommen. Aus dem Rauschen der Restvarianz folgt, dass noch andere Faktoren eine Rolle spielen und daß die Theorie multivariat ausgebaut werden muß.

Tabelle 1: Zusammenhang zwischen Storchendichte und Geburtenrate; Ergebnis einer Enquête über den größten Teil Mitteleuropas (2 150 Raumeinheiten)

		Storchendichte		
		hoch	niedrig	
Geburtenrate	hoch	450	400	850
	niedrig	400	900	1 300
		850	1 300	2 150

Die Bevölkerungswissenschaftler sind von der Aktionsforschung inspiriert. Sie wollen die Betroffenen, die Objekte ihrer Forschung, als Subjekte ernst nehmen und in ein dialogisches Verhältnis mit ihnen eintreten. Eine der Früchte eines Dialogs ist die Erkenntnis, daß es nach Auffassung der Betroffenen (nämlich der Kinder) nicht nur die Störche, sondern auch Hebammen, Eulen, Krähen, Raben, Wassermänner und Nikoläuse, übrigens auch noch viele andere, seltene Tiere gibt, welche Kinder bringen können: Sehen Sie selber im ‚Atlas der deutschen Volkskunde' nach! Weite Forschungsperspektiven tun sich auf, allgemeine wie regionale.

Während das Forschungsprogramm sich normalwissenschaftlich entfaltet, gibt es die üblichen kleinen Irritationen. Ein Doktorand findet in Ostpreußen keine Korrelation zwischen Storchendichte und Geburtenrate (Abb. 1a). Sein Doktorvater interpretiert die Nullkorrelation weg, und zwar ebenso kenntnisreich wie rational. In Ostpreußen liegen die Dinge eben kompliziert. Zwar

2. Forschungsablauf

liege auf der Erscheinungsebene eine Nullkorrelation vor. Wahrscheinlich setze sich die untersuchte Population von Gemeinden aber aus zwei ganz unterschiedlichen Populationen zusammen, und in beiden gebe es dann je für sich genommen eine deutliche Korrelation, z.B. so (Abb. 1b): Das eine sind die Gemeinden, wo ausschließlich Störche agieren (Kreise), das andere sind wahrscheinlich die abgelegenen Gemeinden, wo es außerdem noch ungewöhnlich viele Raben, Krähen, Eulen und andere, z.T. seltene kinderbringende Tiere gibt (Käuze), die andernorts schon verschollen sind. Hier liegt die Geburtenrate insgesamt höher. Kurz: ein typischer Fall von Multikausalität, in jedem Statistik-Anfängerlehrbuch behandelt.

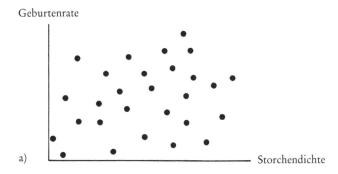

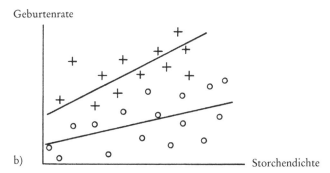

Abbildung 1: Ostpreußische Studie über 27 Raumeinheiten. a: negativer Befund (Nullkorrelation zwischen Geburtsrate und Storchendichte), b: Erklärung des negativen Befundes und Aufrechterhaltung der Storchentheorie durch Unterscheidung zweier Subpopulationen.

Der Doktorand prüft die Hilfshypothese nach, und siehe, es stimmt. Wo nicht nur Störche, sondern auch noch andere kinderbringende Tiere z.T. seltener Art vorkommen, sind die Geburtenraten insgesamt höher, und die entsprechenden Raumeinheiten bilden eine besondere geburtenstarke Subpopulation. Die scheinbar bedrohte Theorie hat sich so im zweiten Schritt glänzend bewährt und zugleich ihren empirischen Gehalt erhöht: eine typische ‚progressive Theorieentwicklung'.

Dies ist eine weitere Funktion der Theorie: ihre unendliche Hilfshypothesenerzeugungsfunktion. Nicht nur aus ihren Erfolgen, auch aus ihren Mißerfolgen schlägt sie ein potentiell unendliches Kapital.

Ein origineller Nachwuchsforscher publiziert eine Studie, in der er zeigt, daß die Geburtenrate im Rheinland sehr eng mit dem Grad der (sorgfältig operationalisierten) Urbanisierung/Industrialisierung zusammenhängt (Abb. 2a). Der Storch komme vermutlich erst in zweiter Linie in Frage ...

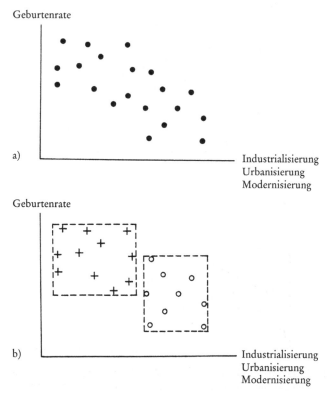

Abbildung 2: Zusammenhang von Geburtenrate und Urbanisierung/Industrialisierung in der Rheinlandstudie (20 Raumeinheiten). a: Rohergebnis, das einen Ausblick auf eine neue Theorie des generativen Verhaltens eröffnet. Bei Unterscheidung zweier Subpopulationen (Raumeinheiten mit hoher und Raumeinheiten niedriger Storchendichte) ergibt sich das Diagramm b (links oben: hohe, rechts unten: niedrige Storchendichte). Die Korrelation von Geburtenrate und Urbanisierung ist verschwunden, die Storchentheorie exhauriert.

2. Forschungsablauf

Die führenden Vertreter der Storchentheorie rezensieren ihn vernichtend. Das Ergebnis sei absolut trivial und spreche nicht gegen, sondern für die Storchentheorie. Die Urbanisierung/Industrialisierung des flachen Landes reduziere natürlich die Zahl der Störche, was seinerseits zum Sinken der Geburtenrate führe.

Der junge Mann habe unbegreiflicherweise versäumt, die Storchendichte zu kontrollieren bzw. konstant zu halten. Zu vermuten sei folgendes: Wenn man die Gemeinden mit hoher Storchendichte und die mit niedriger Storchendichte jeweils für sich betrachte, dann werde die Korrelation zwischen Urbanisierungsgrad und Geburtenrate verschwinden. Der junge Mann habe nicht erkannt, daß ein typischer Fall von Intervention vorliege, was um so unbegreiflicher sei, weil jedes einführende Methodenlehrbuch diese behandle.

Der junge Mann stellt eine Nachuntersuchung an, und siehe da, die Kritiker haben recht: die Korrelation zwischen Urbanisierungsgrad und Geburtenrate ist tatsächlich verschwunden (Abb. 2b). Er gibt auf.

In diesem Stil könnte ich noch eine Weile fortfahren. Keine noch so sorgfältige Erhebung kann einer Theorie gefährlich werden, selbst wenn diese Theorie ein Ammenmärchen ist und wenn alle Beteiligten sich rational verhalten. Nennen wir dies die Immunisierungsfunktion der Theorie. *Die Forschung ist eben kein Kampf zwischen Theorie und Empirie; einfach deshalb nicht, weil dieser Kampf für die Empirie fast hoffnungslos wäre.*

Wer aber vermag etwas gegen eine Theorie, wenn nicht die Erfahrung? Nur eine andere Theorie. Um einen alten philosophischen Satz über Gott zu variieren: Nihil contra theoriam nisi theoria; nichts vermag etwas gegen eine Theorie, es sei denn eine Theorie.

Spinnen wir die Geschichte weiter. Die Karriere des besagten Nachwuchsforschers ist beendet, er muß das Fach wechseln. Er wechselt in die Biologie. Dort lernt er die neuesten Theorien über die Physiologie der menschlichen Fortpflanzung und die Ökologie der Störche kennen. In seinem alten Fach hat er davon nie etwas gehört; die wissenschaftliche Spezialisierung ist schon zu weit fortgeschritten. Im Lichte dieser Theorien fällt es ihm nun wie Schuppen von den Augen.

Versuchen wir diesen Theorien-Sprung im Kopf eines Forschers auf ein einfaches Modell zu bringen (Abb. 3): Die gestrichelten Linien bezeichnen empirische Zusammenhänge, die ausgezogenen Linien die theoretischen Deutungen.

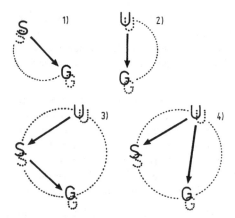

Abbildung 3: Empirisch festgestellte Korrelationen (gestrichelte Linie) und erschlossene Zusammenhänge (ausgezogene Linien) zwischen S Storchendichte, G Geburtenrate und U Urbanisierung/Industrialisierung. 1 klassische Storchtheorie, 2 gescheiterte Alternativtheorie, 3 verbesserte Storchtheorie, 4 neue Alternativtheorie.

Oben links: die alte Theorie für einen unzweifelhaft empirischen Zusammenhang (,Die Störche bringen die Kinder'); oben rechts: die gescheiterte Gegentheorie (,Der Urbanisierungsgrad steuert das generative Verhalten'); unten links: die verbesserte Storchentheorie (,Die Urbanisierung beeinflußt die Störche, und die Störche bringen die Kinder'); unten rechts: die neue Theorie, die die genau gleichen empirischen Befunde völlig neu interpretiert (,Die Urbanisierung beeinflußt Geburtenrate und Storchendichte'). *Alle diese Theorien schmarotzen auf den gleichen Daten, und die Pointe ist es ja, daß auf der Ebene der Empirie die Entscheidung (noch) unmöglich ist.*

Der Alternativtheoretiker kann nun von seiner Alternativtheorie her eben jene Strategie, mit der die Storchentheoretiker ihn einst kritisierten, gegen die Storchentheoretiker wenden. Er re-analysiert die große Enquête, von der anfangs die Rede war, hält die entscheidende Variable seiner Theorie (den Urbanisierungsgrad) konstant, und siehe da, die Korrelation von Storchendichte und Geburtenrate ist spurlos verschwunden (Tabelle 2).

Der junge Mann schreibt nun zwei Artikel und versucht sie zu publizieren, den einen mit dem Titel ,Are we retrogressing in Science?', den andern unter der Überschrift: ,Ist die Geographie zu schwierig für uns Geographen?' ...

Hier breche ich zeitgedrungen ab. Die Geschichte ist unendlich ausbaufähig, denn das alte Paradigma ist noch lange nicht erledigt. Man braucht nicht viel Phantasie, um zu sehen, wie gut diese Geschichte fortgesetzt und dramatisiert werden kann. (Diesen Exkurs verdanken wir Gerhard Hard, veröffentlicht als Privatdruck mit dem Titel „Die Störche und die Kinder, die

2. Forschungsablauf

Orchideen und die Sonne" des Verlages de Gruyter zum Jahreswechsel 1987/1988.)

Tabelle 2: Zusammenhang zwischen Storchendichte und Geburtenrate bei konstantem Urbanisierungs- bzw. Industrialisierungsgrad. Re-Analyse der großen Enquête (vgl. Tabelle 1)

		Industrialisierungs-, Urbanisierungs u./o. Modernisierungsgrad				
		Storchendichte		Storchendichte		
		hoch	niedrig	hoch	niedrig	
Geburtenrate	hoch	400	200	50	200	850
	niedrig	200	100	200	800	1 300
		600	300	250	1 000	2 150

Wer annehmen wollte, bei Sozialforschern würde Derartiges kaum vorkommen, wird sich eines Besseren belehren lassen müssen. Diese amüsante Illustration soll verdeutlichen, dass zwar Tatsachen Theorien bestätigen oder widerlegen können, aber möglicherweise in vielen Fällen Theorien Tatsachen bestätigen oder widerlegen. *Hard* spricht denn auch zu Recht von der Tatsachen-Erzeugungs- und Tatsachen-Stabilisierungsfunktion und analog natürlich auch von einer Tatsachen-Destruktionsfunktion von Theorien.

Nach der Feststellung, dass für die Sozialforschung Theorienvielfalt zu fordern ist, kann ergänzt werden, dass eine solche Vielfalt nicht Zufälligkeiten zu überlassen, sondern im Forschungsverlauf konkret nach Alternativtheorien zu suchen ist.

Theorien haben insbesondere für den Bereich empirischer Sozialforschung folgende Kriterien zu erfüllen:

1. Eine Theorie in den empirischen Wissenschaften muss eine logische Form haben, die sie als empirische Theorie kennzeichnet.

2. Da erfahrungswissenschaftliche Theorien Aussagen über die Wirklichkeit darstellen, müssen sie mit dieser Wirklichkeit konfrontiert werden können, d.h. sie müssen empirisch überprüfbar sein.

3. Schließlich muss eine neu aufgestellte Theorie gegenüber bereits bestehenden Theorien neue Problemaspekte erklären. Dies scheint selbstverständlich, ist es aber gerade im Bereich der Sozialwissenschaften nicht, in denen Hypothesen und Theorien fast ausschließlich verbal formuliert werden. Theorien können, zunächst kaum erkenntlich, lediglich eine Umformulierung bereits bestehender Theorien sein. Ein Forscher betritt selten Neuland, sondern versucht eher, auf schon vorhandenen Erklärungen aufzubauen, um so die Grenzen des Wissens immer weiter vorzuschieben.

2.2.3 Arten von Theorien

Es ist bis heute vergeblich versucht worden, ein für alle Mal theoretische Ansätze zur Erklärung gesellschaftlicher Phänomene zu ordnen. Es soll diesen Versuchen deshalb kein weiterer folgen. *König* hat eine oft zitierte Einordnung vorgeschlagen, die er nach Maßgabe des wachsenden Abstraktionsgrades der verwendeten Begriffe erstellte. Er unterschied:

- *Beobachtung empirischer Regelmäßigkeiten*
- *Entwicklung von ad-hoc-Theorien*
- *Theorien mittlerer Reichweite*
- *Theorien höherer Komplexität* (König, 1973, S. 4).

Nach *König* ist die bloße *Beobachtung empirischer Regelmäßigkeiten* oft nur deskriptive Feststellung von Erscheinungen, die eine auch teilweise theoretische Erklärung über das Entstehen von Regelmäßigkeiten vermissen lassen.

Ad-hoc-Theorien erlauben eingegrenzte zeiträumliche Aussagen z. B. über das Verhalten einzelner Gruppenmitglieder in einer bestimmten Gruppe, zu bestimmter Zeit, an bestimmtem Ort. Daraus ableitbare Erkenntnisse allgemeiner Art sind nicht möglich.

Die Bezeichnung „*Theorien mittlerer Reichweite*" stammt von *Merton*. Ein Beispiel dafür ist die Theorie der Gruppe von *Homans*, die Gruppenverhalten zumindest in vergleichbaren kulturellen Gesellschaften zu erklären sucht. *Theorien höherer Komplexität* sind relativ selten – Neben Klassikern wie Max Weber und Niklas Luhmann, finden wir beispielsweise Entwürfe bei Robert K. Merton (1995), George C. Homans (1978), Talcott Parsons (1972) und Amitai Etzioni, 1975).

In den überwiegenden Fällen liegen bei Grundlagenforschung Hypothesen in der Form von Theorien mittlerer Reichweite vor, während bei Markt- und Meinungsforschung vornehmlich Hypothesen in Form von sog. ad-hoc-Theorien zu verzeichnen sind.

Je höher der Abstraktionsgrad, desto höher auch die Schwierigkeit der Überprüfung von Hypothesen durch Methoden der empirischen Sozialforschung (Abb. 2-3).

Unabhängig vom Anlass empirischer Sozialforschung stellt sich in jedem einzelnen Falle vor Beginn eines Projektes die Frage nach adäquaten *Theorien*. Adäquat bezieht sich auf das gestellte Problem.

Empirismus liegt vor, wenn Beziehungen zwischen der Theorie und der Art und Weise, wie Hypothesen formuliert sind, entweder nicht vorhanden sind oder zu wenig explizit formuliert wurden. In diesem Falle kann der Forschungsgang nicht nachvollzogen werden, womit eindeutig Grundregeln empirischer Sozialforschung missachtet wurden. So erhobene Daten, seien sie

2. Forschungsablauf

noch so detailliert und mathematisch fundiert ausgewertet, sind als wissenschaftliche Erklärungen nicht verwendbar.

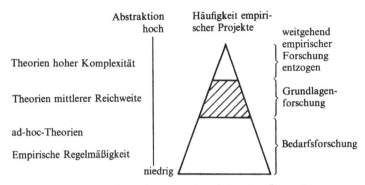

Abbildung 2-3: Abstraktionsgrad von Theorien und Häufigkeit ihrer Überprüfung

Grundsätzlich also ist vor Beginn eines Forschungsprojektes abzuklären, ob aus bisheriger empirischer Sozialforschung Theorien vorliegen, etwa im Sinne der Theorien mittlerer Reichweite, die unserem spezifischen Problem adäquat sind. Insbesondere bei der Grundlagenforschung sind Theorien nur teilweise vorhanden oder müssen vollständig neu entwickelt werden (Abb. 2-4).

Es gibt Bereiche, bei denen Theorien zur Verfügung stehen und auch Hypothesen formuliert sind, die der empirischen Überprüfung unterzogen werden können (A). Dazu gehören die zahlenmäßig umfangreichen Untersuchungen im Bereich der Marktforschung. Selbst wenn an sich Theorien vorhanden sind, kommt es immer wieder vor, dass für den Untersuchungsgegenstand Hypothesen nur teilweise oder überhaupt nicht formuliert sind. Es sind deshalb Begriffe zu definieren, in explorativen Phasen auf ihren Realitätsbezug zu prüfen und auch Vortests mit Hypothesenformulierungen vorzunehmen. Erst dann kann mit der Hauptuntersuchung begonnen werden. Der Fall, dass ein theoretischer Ansatz nur teilweise vorhanden ist (B), ist häufig. Als Beispiel können wir in der politischen Meinungsforschung das Vorhandensein von Theorien über Wahlverhalten beim Fehlen übergeordneter Demokratietheorien nennen. Die empirische Überprüfung der Hypothesen dient deshalb nicht nur ihrer Verifizierung oder Falsifizierung, sondern auch der Ergänzung der Theorie.

Kann empirisch geforscht werden, wenn offensichtlich keine dem Untersuchungsgegenstand angemessene Theorie bekannt ist?

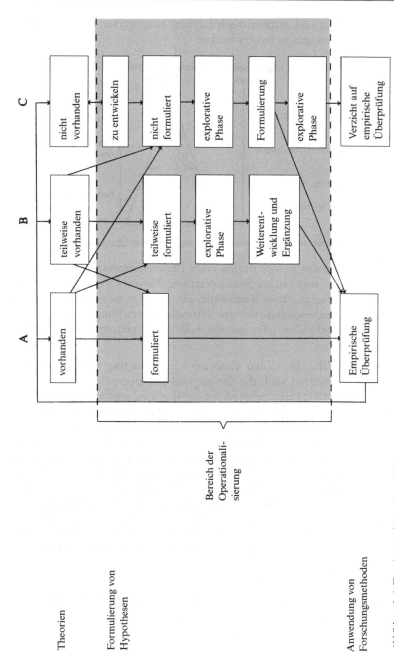

Abbildung 2-4: Theorien- und Hypothesenbildung

2. Forschungsablauf

Drei Möglichkeiten können beobachtet werden (C):

1. Es ist zwar eine Theorie vorhanden, aber sie ist nicht empirisch und entzieht sich deshalb der empirischen Überprüfung.
2. Es bestehen vage Vorstellungen über theoretische Zusammenhänge, diese sind aber nicht formuliert. Einzelne Hypothesen können als vorläufige Aussagen explorativen Tests unterzogen werden. Die Verknüpfung dieser Hypothesen zu theoretischen Entwürfen findet meist gleichzeitig statt.
3. Theoretische Bezüge werden nicht gesucht oder nicht explizit vorgelegt: Dann handelt es sich um ein empiristisches Vorgehen.

Der Hinweis bei Abb. 2-4 auf *explorative Phasen* bedeutet, dass bereits in diesem Stadium direkte und kontrollierte Beziehungen zum Untersuchungsgegenstand aufgenommen werden. Das heißt, die Ergänzung der Theorie und die Entwicklung von Hypothesen sind *abhängig von der Möglichkeit oder Unmöglichkeit des Feldzuganges*. Angenommen, wir möchten ein Erklärungsmodell im Bereich abweichenden Verhaltens anwenden und einige Hypothesen in Extremsituationen mit Methoden der empirischen Sozialforschung überprüfen, so kann das Forschungsprojekt am Feld selbst scheitern. Etwa, wenn wir Insassen einer psychiatrischen Anstalt beobachten oder befragen wollen, wir aber weder Zugang zum Feld erhalten noch diesen aus ethischen Gründen verantworten können.

Beim Versuch, Hypothesenbildung, Operationalisierung und Theoriebezug bildlich darzustellen, ist bewusst ein kybernetisches Schema gewählt worden. Es soll die steten wechselseitigen Abhängigkeiten und Beeinflussungen deutlich machen. Gleichzeitig weist es hin auf die Schwierigkeiten, die mit dem Operationalisierungsvorgang verbunden sind. Schulmäßiges Ableiten von Hypothesen aus vorhandenen Theorien, unproblematische schrittweise Abfolgen sind eher selten. In jeder Phase der Hypothesenbildung, mithin der Operationalisierung insgesamt, sind Überprüfungen und stete Rückbezüge auf theoretische Ansätze notwendig.

Im vorliegenden Abschnitt wurde lediglich der grau unterlegte Bereich behandelt. Der wesentliche Vorgang der *Operationalisierung* ist im Folgenden zu beschreiben.

2.3 Operationalisierungsvorgang

2.3.1 Gegenstandsbenennung

Wenn wir gesagt haben, dass eine systematische Erfassung sozialer Wirklichkeit immer nur Ausschnitte erfassen kann, ist die Begrenzung des Forschungsgegenstandes, d.h. die klare Gegenstandsbenennung, ein wesentlicher Schritt.

Ganz allgemein wird die Gegenstandsbenennung von verschiedenen Bedingungen her beeinflusst:

- *Zeit.* Welcher Zeitabschnitt sozialer Vorgänge soll erfasst werden: Momentaufnahme, Veränderungen über Jahre, Jahrzehnte? Aber auch: wie viel Zeit, respektive wie viel Mittel, stehen für die Forschung zur Verfügung?
- *Gegenstandsbereich.* Welche Gruppen von Erscheinungen oder Menschen wollen/können erfasst werden? Zum Beispiel alle der Bundesanstalt für Arbeit gemeldeten Erwerbslosen? Oder arbeitslose Jugendliche, arbeitslose Frauen?
- *Feldzugang.* Angenommen, wir möchten den Drogenkonsum von Schülern untersuchen – finden wir Zugang zu den Betroffenen? Angenommen, wir möchten Verhaltensweisen von Alkoholikern erfassen: Bevor die Repräsentativität überhaupt möglich ist, müsste man die unbekannte Größe „Alkoholiker" kennen. Welche Bereiche wären überhaupt einer Befragung zugänglich – müssten, wenn überhaupt, nicht die Betroffenen in langwierigen Übungen zu systematischer Aufzeichnung von Eigenbeobachtung angeleitet werden?

Dies sind nur grobe Hinweise, die in jedem einzelnen Forschungsvorhaben durch weitere eingrenzende Bedingungen ergänzt werden können. Es empfiehlt sich, die Erfahrung ähnlicher Untersuchungen, so sie vorhanden sind, zu Rate zu ziehen. Leider finden sich in wissenschaftlichen Veröffentlichungen nur allzu spärliche Hinweise auf Vorgänge der Gegenstandsbenennung.

Es ist denkbar, dass während des Forschungsablaufes Bereiche weiter einzugrenzen sind oder zu erweitern wären. Das „wären" ist mit Bedacht gewählt: Sehr oft erlauben die vorhandenen Mittel oder Richtlinien bezüglich der Verwendung von Mitteln die eigentlich notwendige Flexibilität des Mitteleinsatzes nicht.

Problem- und Gegenstandsbenennung sind miteinander verbunden. Es kann durchaus vorkommen, dass die Problembenennung beim Versuch der Gegenstandsbenennung verändert, ergänzt oder eingegrenzt werden muss. Was im Text hintereinander in Abfolge geschildert wird, geschieht in der Praxis durch stete Gleichzeitigkeit von Überlegungen und Rückkopplungen. Auch über diese Vorgänge wird oft wenig aufgezeichnet. Erfahrungen sind dadurch kaum übertragbar und Nachprüfungen und damit Objektivierungen nahezu verunmöglicht. Operationalisierung beruht auf Lernvorgängen. Auf die „Forschungsmemoiren" und deren systematische Aufarbeit durch *Whyte* ist besonders hinzuweisen (Whyte, 1984).

Der Vorgang der Gegenstandsbenennung wird meist ausschließlich verbal vorgenommen. Es empfiehlt sich unter Umständen, graphische Darstellungen und Symbole zu verwenden: nicht nur formulieren, sondern auch skizzieren.

2. Forschungsablauf

Bei allen Nachteilen empfiehlt es sich, nicht nur beim Erstellen von Software, sondern auch bei Forschungsabläufen Flussdiagramme zu entwerfen. Mithilfe des Computers sollte es möglich sein, die Nachteile zweidimensionaler Darstellungen in Lehrbüchern wie diese durch mehrdimensionale, kybernetisch ausgerüstete Modelle zu ergänzen (Vester/Hesler, 1980).

Im Übergang der Gegenstandsbenennung werden schon bald Merkmale wichtig, die im späteren Forschungsvorgang als Variablen bezeichnet werden, die insbesondere für Messvorgänge von Bedeutung sind (siehe S. 55 ff.).

Bei der Erforschung von Arbeitslosigkeit kann wie folgt vorgegangen werden:

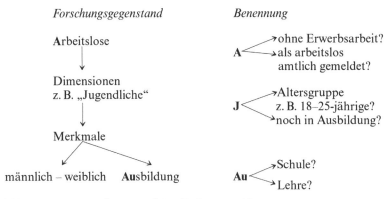

Abbildung 2-5: Operationalisierungsschritte für Gegenstandsbenennung

Bei der Gegenstandsbenennung gehen wir explizit oder implizit von *Modellen* aus.

Modelle sind Abbildungen von Gegenständen und Vorgängen. Um diese theoretischen Abbildungen zu erhalten, müssen wir uns ein Bild der Gegenstände und Vorgänge machen. Dieses entsteht in unseren Gedanken und hat mit „Begriffen" und „Erkenntnis" zu tun (zur Modellbildung in den Sozialwissenschaften siehe Stachowiak, 1973).

Die Gegenstandsbenennung ist ein Vorgang, bei dem beobachtbare Erscheinungen, aber auch abstrakte Vorstellungen und Elemente in Zusammenhang, d.h. in eine systematische Ordnung gebracht werden sollen.

Dabei kann es sich um Symbole, Normen wie Leistungsbereitschaft, Zusammenhänge zwischen Erwerbsarbeit und sozialem Rang oder um beobachtbare Verhaltensweisen wie z.B. das Herumstehen der Arbeitslosen von Marienthal (Jahoda et al., 1960, S. 68 ff.) handeln.

Eine Ordnung kann durch verschiedene Arten der *Klassifikation* geschehen. *Unter Klassifikation wird eine bestimmte Anzahl von Merkmalen oder*

Dimensionen zusammengefasst. Numerische Klassifikationen können z. B. bei der Ordnung von Siedlungen nach Einwohnerzahlen, Summe der Häuser oder auch nach der Zahl von zentralen Funktionen geschehen. Eine Siedlungsgröße mag aber nicht dem Erkenntnisziel entsprechen, sodass möglicherweise weitere Arten von Klassifikationen notwendig sind, z. B. historische Entwicklung, Standort von Siedlungen, die wir unter „Stadt" begreifen.

Ähnliche Ordnungen können durch *Typologien* hergestellt werden. *Typen ordnen eine Vielzahl von Erscheinungen in überschaubare Gruppen und haben das Merkmal, dass die Gruppen voneinander unterscheidbar werden.* Schon *Max Weber* hat mit seinen Idealtypen Ordnungen vorgegeben, die in der sozialen Wirklichkeit in ihrer reinen, eben idealtypischen Ausformung nicht feststellbar sind.

Grundsätzlich erwarten wir von Klassifikationen, dass sie folgenden Anforderungen genügen:

- Eindeutigkeit
- Vollständigkeit
- Ausschließlichkeit.

Eindeutigkeit liegt dann vor, wenn jedem Element unseres Forschungsgegenstandes, also einem empirisch feststellbaren Objekt, die Ausprägung eines Merkmals zugeschrieben werden kann. *Ausschließlichkeit* ist gegeben, wenn nur eine und nicht mehrere Merkmalsausprägungen zutreffen, und eine Klassifikation ist *vollständig*, wenn beim Forschungsgegenstand alle Merkmalsausprägungen zugeordnet werden können.

Klassifikationen und Typologien sind in Zusammenhang mit der Theorienbildung zu setzen. Sie können einer systematischen Theorie vorausgehen, aber auch explizit zu ihrer Veränderung führen. Sie sind sowohl Hilfsmittel zur heuristischen Erklärung als auch Anregung für die Formulierung neuer Hypothesen. Klassifikationen und Typologien können unter Umständen verhindern, dass ein Forscher – im Gedankenkorsett einer Theorie befangen – von der sozialen Wirklichkeit schließlich nur das wahrnimmt, was „seiner" Theorie entspricht.

Die gedanklichen Ordnungen der sozialen Wirklichkeit hängen von der Systematik, der Kontrollierbarkeit und der Sorgfalt der Begriffsbildung ab. Die Logik der Konstruktion von Klassifikationen und Typologien nennt man *Taxonomie* (siehe dazu Hempel, 1965, und v. Kemski, 1972).

2.3.2 Definition von Begriffen

Aussagen der Wissenschaft hängen entscheidend von der Art und Weise der *Begriffsbildung* ab. *Begriffe erlauben Ordnung durch Sprache.* Begriffe sind zu definieren. *Ein Begriff enthält eine offen gelegte Zuordnung bestimmter Merkmale zu Objekten.*

In der empirischen Sozialforschung müssen sich Begriffe auf eine erfahrbare Realität beziehen. Soziale Normen, Stadt, Gruppe, Kultur, Student sind Beispiele für Begriffe. *Dem notwendigen Realitätsbezug muss eine Klärung der Bedeutung innerhalb theoretischer Aussagen und der Gegenstandsbenennung vorausgehen.* So hängt beispielsweise weitgehend vom *Erkenntnisziel, mithin von der Theorie ab, was unter ‚Stadt' zu verstehen ist.* Ist beispielsweise die *Einwohnerzahl* bestimmendes Kriterium, werden viele alte Gemeinwesen mit der Bezeichnung ‚Stadt' nicht unter den verwendeten Begriff fallen. Unter ‚Student' können alle Hochschulimmatrikulierten fallen, wenn beispielsweise die Altersgruppen bei unserer theoretischen Aussage von Wichtigkeit sind. Untersuchen wir dagegen Berufsaussichten von Studenten, kann es zweckdienlich sein, alle Fachhochschüler, Absolventen von Musikakademien u. dgl. nicht unter dem Begriff ‚Student' zu begreifen. Der Begriff ‚Universitätsstudent' ist dann wiederum undeutlich, wenn etwa ein Vergleich zwischen Gesamthochschulen verschiedenen Typs mit Reformuniversitäten angestellt werden soll.

Sowohl die Definition als auch die Verwendung von Begriffen sind weder eindeutig von einer Theorie ableitbar, noch ergeben sie sich aus der Wirklichkeit: *Begriffe in der empirischen Sozialforschung gründen auf einer Übereinkunft der Forscher, die in jedem einzelnen Fall darüber befinden müssen, ob diese Begriffe theoretisch sinnvoll und empirisch praktikabel sind.*

Wesentlich ist dabei die Klarlegung der *Begriffsdimensionen.* Dazu gehören einerseits die *Bedeutungsdimension* – was bezeichnet er in der Theorie? – und *andererseits die Dimension der Wirklichkeit* – welche soziale Wirklichkeit soll erfasst werden? Zum Beispiel: Welche theoretischen Implikationen hat der Begriff ‚Zufriedenheit'? Welche Realität wird angesprochen, wenn wir Zufriedenheit als Bewertung der sozialen Lage, in der sich ein Individuum befindet, verstehen? Wie viele Dimensionen kann der Begriff ‚Lebensqualität' umfassen – welche sind aufgrund theoretischer Überlegungen relevant für uns (Kromrey, 1983, S. 43 f.)? Ohne definierte Begriffe sind Hypothesen nicht formulierbar, ist die Gegenstandsbenennung unmöglich. *Eine Hypothese ist ein mit Begriffen formulierter Satz, der empirisch falsifizierbar ist.* An dieser Stelle sei auf *Opp* verwiesen, der in seiner „Methodologie der Sozialwissenschaften" ausführlich auf die Bedingungen eingeht, die eine wissenschaftliche Hypothese erfüllen muss (Opp, 1976, 1999). Wir begnügen uns hier mit einer knappen Skizzierung einiger wichtiger Kriterien.

Beispiel einer Hypothese:

„In der Bundesrepublik ist die Arbeitslosenquote bei Personen mit Hochschulabschluss niedriger als bei Personen mit anderen beruflichen Qualifikationen."

1. Eine Hypothese ist eine Aussage, keine Frage, kein Befehl.
2. Die Aussage enthält mindestens zwei semantisch gehaltvolle Begriffe: „Arbeitslosenquote", „Hochschulabschluss".
3. Die Begriffe sind durch den *logischen Operator „wenn – dann"* verbunden. Wenn Hochschulabschluss – dann geringere Arbeitslosenquote.
4. Die Aussage ist *nicht tautologisch*, d.h. ein Begriff deckt den anderen semantisch nicht ab. Bei der Definition der Arbeitslosenquote muss darauf geachtet werden, dass auf keinen Fall Erwerbstätigkeit vorkommen darf. Definitionen sind Äquivalenzaussagen.
5. Die Aussage ist *widerspruchsfrei*, d.h. ein Begriff schließt den anderen semantisch nicht aus.
6. Die empirischen *Geltungsbedingungen* sind implizit oder explizit im Einzelnen *aufgezählt*. In unserer Hypothese ist implizit eine Universalaussage enthalten: Die Hypothese bezieht sich auf alle Personen in der Bundesrepublik mit Hochschulabschluss.
7. Die Begriffe sind auf Wirklichkeitsphänomene hin *operationalisierbar*.
8. Die Aussage ist *falsifizierbar*. Im vorliegenden Fall ist der Forschungsgegenstand eingegrenzt. Die amtliche Erfassung der Arbeitslosen durch die Bundesanstalt für Arbeit wird monatlich veröffentlicht. Durch regelmäßige Detailerhebungen wird die Zusammensetzung der als arbeitslos gemeldeten Erwerbsfähigen und Erwerbswilligen nach verschiedenen Personengruppen, nach Dauer der Arbeitslosigkeit und nach der Art der Ausbildung aufgeschlüsselt.

Der von der Bundesanstalt für Arbeit verwendete Begriff Arbeitslosenquote bedeutet: Zahl *registrierter Arbeitsloser* geteilt durch Zahl nichtselbständiger Erwerbstätiger + Zahl registrierter Arbeitsloser.

Möglicherweise jobbt ein als arbeitslos gemeldeter Hochschulabsolvent, was nicht erfasst wird. Hätten wir einen umfassenden Begriff der Arbeitslosigkeit verwendet, nämlich Menschen im erwerbsfähigen Alter, die ohne Erwerbsarbeit sind, wäre des Weiteren zu definieren, ob wir unter Erwerbsarbeit auch gelegentliches Jobben, ja sogar die Schattenarbeit erfassen wollen oder nur Erwerbstätigkeit im gesetzlichen Sinne, d.h. für jede in Industriestaaten durch Lohn entgoltene Tätigkeit. (Die Berufsarbeit der Hausfrau wird bekanntlich immer noch nicht durch Lohn entgolten und nur teilweise in der Sozialgesetzgebung berücksichtigt.)

Sind die in unserer Hypothese verwendeten Begriffe theoretisch sinnvoll definiert und empirisch praktikabel, wird sich sehr rasch erweisen, ob diese Aussage bestätigt oder falsifiziert wird.

In der Tat ist die Arbeitslosenquote von Menschen mit Hochschulabschluss bisher geringer als die Gesamtarbeitslosenquote. Damit ist eine verbreitete Auffassung, es würden zu viele Studenten ausgebildet, die Überfüllung der Hochschulen würde lediglich ein Akademikerproletariat produzieren, zumindest vorläufig widerlegt.

Es ist festzuhalten: „Begriffe an sich" gibt es bei der empirischen Sozialforschung nicht. Sie sind immer im Lichte der Forschungszusammenhänge und der einzelnen Schritte des Forschungsablaufes zu definieren.

2.3.3 Formulierung von Hypothesen

Schon bei der Nennung von Gründen, die zur empirischen Sozialforschung führen, spielen ganz bestimmte Vorstellungen über den zu untersuchenden Gegenstand eine Rolle. Wenn ich die gesellschaftliche Umwelt als problemhaft erfahre, mache ich mir ein Bild, das in der Realität offenbar nicht zutrifft. Ich muss deshalb dieses Bild im bislang angezeigten systematischen Verfahren formulieren, um es an der empirischen Wirklichkeit zu überprüfen. Dieses Bild ist in eine Hypothese zu übersetzen, die den erwähnten Anforderungen genügt.

Auch ein einfacher Auftrag in der Marktforschung, bei dem es etwa darum geht abzuklären, ob für ganz bestimmte Produkte ein Bedarf festgestellt werden kann, beruht auf einer hypothetischen Annahme, die es zu überprüfen gilt. Sie könnte lauten: „Wenn ich mit einem Produkt X zu einem Zeitpunkt Y auf den Markt Z gelange, kann ich den Absatz steigern."

Welche Hypothesen würden wir bei den üblichen demoskopischen Umfragen mit der sattsam bekannten „Sonntags-Frage" – „Wenn morgen Bundestagswahlen wären, welcher Partei würden Sie Ihre Stimme geben?" – vermuten?

Eine einfache Antwort darauf bereitet Schwierigkeiten. *Hypothesen beziehen sich nicht unbedingt auf einzelne Fragen, sondern auf ganze Fragenkomplexe.* In diesem Falle würden eine ganze Reihe von theoretischen Grundannahmen über Wahlverhalten und Parteinähe, über Antwortverhalten und soziale Lage und vieles mehr eine Rolle spielen, um die je gegebene Antwort auf die „Sonntags-Frage" auch auswertbar zu gestalten.

Einzelne Hypothesen sind nicht unbedingt einzelnen Forschungsinstrumenten zuzuordnen, sondern im Forschungsablauf muss den Regeln der Operationalisierung, die noch zu erläutern sind, entsprochen werden. Die in Abb. 2-4 skizzierten Abläufe sind also zu spezifizieren.

Nicht von ungefähr werden die Kriterien, denen eine Hypothese zu genügen hat, in Lehrbüchern meist an recht einfachen Beispielen erläutert. Hypothesen, wie sie in den Humanwissenschaften üblich sind, erschweren die Erfüllung der auf Seite 51 ff. dargelegten Forderungen, wie an folgendem Beispiel dargestellt werden kann.

Nehmen wir Art. 3 des Grundgesetzes: „Alle Menschen sind vor dem Gesetz gleich." Im Kontext des GG ist dieser Artikel eine Richtlinie für die drei Staatsgewalten. Wir können aus diesem Artikel dennoch eine Aussage formulieren: Vor dem Gesetz sind alle Menschen gleich. Kriterien 1 bis 5 (siehe S. 45 f.) sind klar erkennbar erfüllt. Bezüglich der *empirischen Geltungsbedingungen* muss entschieden werden, ob dieser Satz für alle westlichen Demokratien gilt oder nur für den Geltungsbereich des GG, also für die Bundesrepublik.

Das *Kriterium der Falsifizierbarkeit* kann leicht erfüllt werden. Es bedarf nur eines Falles von Ungleichbehandlung.

An dieser Stelle könnte folgende (noch nicht überprüfte) Hypothese formuliert werden: Die Kriterien, die bei der Definition von Begriffen und der Formulierung von Hypothesen erfüllt werden müssen, sind desto einfacher zu erfüllen, je eingegrenzter der Forschungsgegenstand ist.

Aus diesem Grunde werden auch wir das bisher Gesagte an einem stark vereinfachten Beispiel aus der Interaktionstheorie von *Homans* erläutern (Homans, 1978).

Das Kernstück seiner Theorie besteht in Aussagen darüber, dass in einer Gruppe Zusammenhänge zwischen Tätigkeiten, Interaktionen und Gefühlen bestehen. *Homans* geht davon aus, dass man Gefühle nicht unbedingt erfragen muss, sondern aus beobachteten Tätigkeiten und Interaktionen auf sie schließen kann. Insbesondere interessieren ihn Normen und Normverhalten.

Im Folgenden wird gezeigt, wie aus einer der *Homans'schen* Hypothesen *Prüfungshypothesen* abgeleitet werden.

A. Hypothese: Je höher der soziale Rang des Individuums in der Gruppe, desto größer ist seine Übereinstimmung mit den Gruppennormen.

B. Situationsbedingungen:
  1. In der Jugendgruppe X nimmt das Mitglied Peter den höchsten sozialen Rang ein.
  2. In der Arbeitsgruppe Y nimmt das Mitglied Hans den zweittiefsten Rang vor Walter ein.
  3. Im Fußballclub Z nimmt das Mitglied Sepp den Rang in der Mitte ein.

C. Prüfungshypothesen:
1. In der Jugendgruppe X stimmt das Mitglied Peter am stärksten mit den Gruppennormen überein.
2. In der Arbeitsgruppe Y stimmt nur Walter weniger mit den Gruppennormen überein als Hans.
3. Im Fußballclub Z erfüllt Sepp die Gruppennormen besser als jene Mitglieder, die einen tieferen Rang, und schlechter als jene, die einen höheren Rang einnehmen.

Zu A: Die *Hypothese* soll widerspruchsfrei und empirisch überprüfbar sein. Die Hypothese ist allgemein, d.h. sie gilt ohne Einschränkung für alle Gruppen, Gruppenmitglieder, Rangstufen, Gruppennormen. Ein Widerspruch ist nicht festzustellen. Sie ist deshalb empirisch überprüfbar, weil sie weder tautologisch ist noch sonstwie relativiert wurde. Im Forschungsablauf wäre noch zu untersuchen, in welchem Zusammenhang die Hypothese zu anderen Hypothesen der Gruppentheorie von *Homans* steht.

Zu B: Die genannten *Situationsbedingungen* müssen in Wirklichkeit zuerst bestimmt und ausgewählt werden. Schon in dieser Phase klärt sich der Schwierigkeitsgrad der empirischen Überprüfung. Ein Forscher würde sich die Aufgabe zu leicht machen, wenn er sie auf eine Kategorie von Gruppen, z.B. auf Jugendgruppen, beschränkte oder wenn er die Übereinstimmung mit den Gruppennormen nur bei Mitgliedern der höchsten Ränge überprüfte.

Zu C: Die Konfrontation der Prüfungshypothese mit der sozialen Wirklichkeit erfolgt mit den methodischen Mitteln der Sozialforschung. Konkret geht es darum, das Verhalten, die Gruppennormen und die Zusammenhänge zwischen beiden zu erfassen. Führt die empirische Überprüfung zu negativen Ergebnissen, gilt die allgemeine Hypothese in der vorliegenden Form als falsifiziert. Sie ist deshalb entweder zu verwerfen oder anders zu formulieren. Wird dagegen die Aussage bestätigt, gilt die Hypothese als vorläufig verifiziert. Vorläufig deshalb, weil immer die Möglichkeit späterer Falsifizierung besteht. In diesem Sinne ist nur Falsifizierung endgültig, nicht aber die Verifikation.

Forschungsprojekte, die nur eine einzige Hypothese der empirischen Überprüfung aussetzen, sind sehr selten. Meist handelt es sich um komplexe Fragestellungen mit einer Reihe von Hypothesen. So trifft auf das ganze Forschungsdesign zu, was für die einzelne Hypothese gilt: Sie sollte dem Gegenstand angemessen sein und innerhalb der theoretischen Annahmen nichts Widersprüchliches beinhalten.

2.3.4 Begriffe – Variablen – Indikatoren

Unter Operationalisierung versteht man die Schritte der Zuordnung von empirisch erfassbaren, zu beobachtenden oder zu erfragenden Indikatoren zu einem theoretischen Begriff. Durch Operationalisierung werden Messungen der durch einen Begriff bezeichneten empirischen Erscheinungen möglich.

Bevor im Einzelnen diese Schritte unternommen werden können, ist grundsätzlich die Operationalisierbarkeit abzuklären. Darunter wird der optimale Weg zur Widerlegung der Aussage durch Vergleich mit empirischen Phänomenen verstanden.

Wenn wir beispielsweise Art. 3 des Grundgesetzes operationalisieren wollen, sind die relevanten Begriffe zu definieren. Der Begriff der Gleichheit bedarf für unsere empirische Überprüfung einer exakten Definition. Dies wird uns erlauben, Konstellationen zu suchen, bei denen wir begründet vermuten können, dass die Hypothese nicht zutrifft, weil z.B. schon Ungleichheiten in anderen Eigenschaften vorliegen. Solche wären arm – reich, männlich weiblich, Inländer – Ausländer. Auch der Begriff ‚Gesetz' bedürfte einvernehmlicher Begriffsdefinition.

Vor einigen Jahren entbrannte eine Diskussion darüber, ob bestimmte Wohnverhältnisse in Großstädten die Kriminalität Jugendlicher begünstigten. Arme Jugendliche mit geringerer Schulbildung wurden in der Statistik überproportional hoch erfasst, verglichen mit Jugendlichen aus Villenquartieren mit höherer Schulbildung. Wären tatsächlich alle Menschen vor dem Gesetz gleich und wären die statistischen Daten nach den Kriterien der empirischen Sozialforschung erhoben worden, könnte eine solche Aussage tatsächlich als empirisch überprüft gelten. Wir wissen jedoch, dass die in der Aussage zugrunde gelegten Zahlen nicht nach wissenschaftlichen Kriterien erhoben worden sind: In die Kriminalstatistik fanden nur jene Eingang, die polizeilich erfasst, registriert und zum Teil der Verurteilung zugeführt wurden. So sagen die Zahlen nichts über die effektive Kriminalität aus, sondern nur über deren polizeiliche Erfassung. Die Ungleichheit vor dem Gesetz kann gerade dadurch manifestiert werden, dass finanziell Bessergestellte eher in der Lage sind, der Kriminalisierung zu entgehen, beispielsweise durch vorzeitige Einschaltung von Rechtsanwälten oder durch ärztliche Gutachten.

Diese Hinweise und Beispiele verdeutlichen, dass bei Begriffen der Realitätsbezug, bei Hypothesen die Falsifizierbarkeit, mithin ihr Realitätsgehalt von entscheidender Bedeutung sind. *Die Überprüfung von Hypothesen an der sozialen Wirklichkeit setzt einen Übersetzungsvorgang in Forschungsoperationen voraus, die Operationalisierung.*

Auch in Fällen, bei denen qualitativ orientierte Forschung vorliegt, sind Begriffe zu operationalisieren. So ist „unter Operationalisierung eines Begriffs die Angabe derjenigen Vorgehensweisen, derjenigen Forschungsopera-

2. Forschungsablauf

tionen zu verstehen, mit deren Hilfe entscheidbar wird, ob und in welchem Ausmaß der mit dem Begriff bezeichnete Sachverhalt in der Realität vorliegt" (Kromrey, 1983, S. 84).

Es gibt grundsätzlich keine für alle Forschungsvorhaben gültigen Schemata. Die Anzahl und Reihenfolge der Schritte mag variieren. Dazu ein Beispiel: Wir möchten eine Untersuchung über maßgebliche Faktoren, die über Studienerfolg entscheiden, durchführen. Dies gilt für alle Studenten unterschiedlichster Hochschuleinrichtungen der Bundesrepublik. Der Begriff ‚Student' ist zu definieren, die relevanten Variablen sind zu benennen und evtl. in Voruntersuchungen zu ergänzen oder zu verändern. Schließlich sollen Indikatoren gefunden werden, nach denen die Merkmale einzelnen Studenten, die durch Befragungen oder Beobachtung erhoben oder aus der Studentenkartei entnommen sind, zugeordnet werden können.

Folgende Operationalisierungsschritte sind angezeigt:

1. *Formulierung der Hypothese:* Der *Studienerfolg* hängt nicht nur von der individuellen Arbeitsintensität, sondern auch von der sozialen Integration der Studenten ab.
2. *Gegenstandsbenennung:* Die Hypothese gilt für alle Studenten in der Bundesrepublik.
3. *Definition von ‚Student',* relevanten Variablen und Indikatoren.

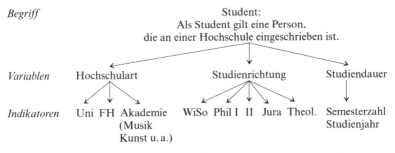

Abbildung 2-6: Operationalisierungsschritte als Übersetzung von Begriffen in Indikatoren

4. *Definition von ‚Studienerfolg':* Zunächst ist offen, ob wir Studienerfolg insgesamt untersuchen wollen, nämlich Abschluss des Studiums, oder ob schon während des Studiums Kriterien für unterschiedlichen Studienerfolg festzustellen sind. Die Zeitdimension, Fragen der Ein- oder Mehrfachwiederholung von Prüfungen, aber auch Studienunterbrechungen wären dann zu operationalisieren.
5. *Definition von individueller Arbeitsintensität.*
6. *Definition von sozialer Integration.*

Die Indikatoren werden in einem späteren Schritt für die Formulierung von Fragen oder Beobachtungselementen verwendet. Direkt beobachtbare (manifeste) Variablen werden als *Indikatoren* bezeichnet. Unter *Variablen* ist zu verstehen, dass unterschiedliche Ausprägungen einer Eigenschaft vorhanden sind. Es wird unterschieden zwischen *dichotomen Variablen* (Prüfung bestanden/Prüfung nicht bestanden), *diskreten Variablen*, die nur wenige unterschiedliche Werte annehmen (Schulbildung/Lehre/Hochschule/Weiterbildung).

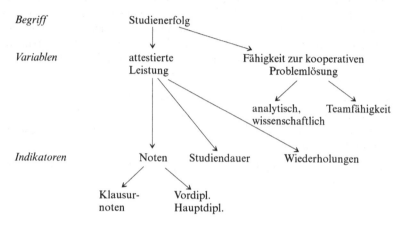

Abbildung 2-7: Operationalisierung des Begriffes ‚Studienerfolg'

Schließlich gibt es *kontinuierliche Variablen*, bei denen jeder beliebige Wert aus einer Menge von reellen Zahlen unterschieden wird, z.B. bei einer Notenskala. Direkt beobachtbare Variablen werden als *manifeste*, nicht beobachtbare als *latente* bezeichnet. In unserem Beispiel: Arbeitsintensität muss offensichtlich erfragt werden, ist in den wenigsten Fällen direkt beobachtbar, ist also latent. Noten dagegen sind manifest, weil sie aus Notenlisten ersichtlich sind.

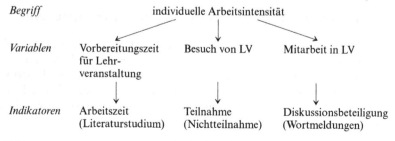

Abbildung 2-8: Operationalisierung des Begriffes ‚individuelle Arbeitsintensität'

2. Forschungsablauf

In der Forschungspraxis werden wiederum Entscheidungen getroffen werden müssen, welche Indikatoren praktikabel sind und welche nicht. Oft wird beim Vorgang der Operationalisierung eine sehr viel größere Anzahl von Indikatoren abgeleitet, die sich dann in ersten Überprüfungen in wenige, aber sinnvolle Gruppen zusammenfassen lassen.

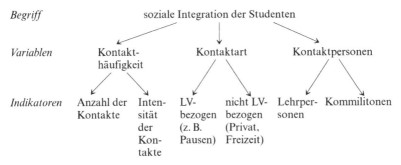

Abbildung 2-9: Operationalisierung des Begriffes ‚soziale Integration der Studenten'

2.4 Forschungsdesign

Mit dem Ausdruck *Forschungsdesign* wird in der Fachliteratur immer häufiger der Vorgang empirischer Überprüfung theoretischer Hypothesen bezeichnet. Darunter fallen Art und Weise des Einsatzes von Forschungsinstrumenten. Es handelt sich dabei um den pragmatischen Aspekt der Methodologie.

Das Forschungsdesign unterscheidet sich nach der Art der Problem- und Gegenstandsbenennung, nach der Schwierigkeit des Feldzuganges und nach der Komplexität der zu prüfenden Hypothesen. Relativ einfache Fragestellungen – sie sind in der Markt- und Meinungsforschung häufig – ergeben weit verbreitete Forschungsdesigns. Die Darstellung in Abb. 2-10 entspricht diesen „klassischen" Forschungsabläufen.

Wesentlich anders wird ein Forschungsdesign aussehen, wenn es darum geht, hochkomplexe Fragestellungen in schwer zugänglichen sozialen Wirklichkeiten zu erforschen. Es ist z.B. einfacher, Einstellungen zu etablierten Parteien zu erfragen, als abzugrenzen, was unter allgemeinem politischen Engagement verstanden wird. Engagement kann nur von Betroffenen selbst definiert werden. Explorative empirische Sozialforschung wird sich weit weniger an repetitiv anzuwendenden schematischen Abläufen orientieren können. Die Einbeziehung der häufigen reaktiven Rückkoppelungen des Untersuchungsgegenstandes, nämlich der beobachteten oder befragten Menschen, verlangt in allen Dimensionen ein hohes Maß an Flexibilität.

Es liegt auf der Hand, dass Messvorgänge eine andere Methodologie voraussetzen als die Feststellung qualitativer Zusammenhänge. Da es unmöglich ist, aus der Fülle der möglichen Forschungsdesigns im Bereich qualitativer empirischer Sozialforschung Abläufe umfassend darzustellen, sei an dieser Stelle besonders auf die reaktiven Elemente in den Kapiteln 3: Beobachtung, 4: Befragung, und 9: Auswertung verwiesen.

2.4.1 Dimensionen des Forschungsablaufes

Es ist sinnvoll, für den Forschungsprozess die soziale Wirklichkeit in zwei Bereiche zu teilen:
1. in aktuelles menschliches Verhalten und
2. in Produkte menschlicher Tätigkeit.

„Was der andere denkt und wie er denkt, ist meinem Zugriff entzogen. Ich habe mich an das zu halten, was er in Worten und durch Handlungen zum Ausdruck bringt", sagt *Geiger* (1953, S. 6). Anzufügen ist: und an das was er geschaffen hat, was als greifbares Objekt der Analyse zugänglich ist.

Über den Forschungsablauf liegen mittlerweile zahlreiche Publikationen vor. Mit Schemata aller Art wird versucht, die einzelnen Schritte in zeitlicher Abfolge auch bildlich darzustellen. Am ausführlichsten hat dies *Schrader* getan, dessen netzplanähnliche Diagramme vor Beginn insbesondere repräsentativer und quantifizierender Projekte praktisch als Checkliste zu verwenden sind (Schrader et al., 1971, S. 12–21). Naturgemäß sind ähnliche Anleitungen für explorative Sozialforschung kaum je schematisch dargestellt worden. Verbale Beschreibungen von geplantem Vorgehen und Erfahrungsberichte sind hier wesentlicher. Leider finden wir sie nur in wenigen Forschungsberichten in der Ausführlichkeit vor, wie dies wünschbar ist. Besonders zu nennen sind „Jugend '81", „Street Corner Society" von *Whyte* und die von *Gerdes* herausgegebene „Explorative Sozialforschung" (Jugendwerk der Deutschen Shell, Band 2, 1992; Whyte, 1996; Gerdes, 1979).

Es können folgende Dimensionen des Forschungsablaufes unterschieden werden:

Die in Abb. 2-10 wiedergegebene schematisierte Darstellung des Forschungsablaufes gibt die zentralen Arbeitsschritte an, die bei der Durchführung eines Forschungsvorhabens zu beobachten sind. Diese Auflistung hat die Funktion einer groben Übersicht, stellt aber keine quasi automatische Vorgehensweise dar.

„Generell soll an dieser Stelle davor gewarnt werden, den Forschungsprozeß einer Untersuchung mit Fragestellungen zu überfrachten. Es scheint sinnvoller, jeweils eingeschränktere Fragestellungen zu behandeln, um so einzelne Kausalfaktoren zu isolieren. Das setzt aber voraus, daß man in einem Forschungsbereich selbst wieder strategisch verfährt, also etwa mit Fallstudien beginnt, anschließend zu Erhebungen übergeht und mit wachsender Kenntnis

2. Forschungsablauf

des Forschungsgebietes allmählich zu experimentellen Verfahren gelangt, wodurch erst die Isolation von Kausalfaktoren schlüssig gelingen kann" (von Alemann, 1977, S. 146).

Die Ablaufdimensionen A–D sind in der Darstellung (vgl. Abl. 2-10, S. 52) aus analytischen Gründen getrennt worden. Im Forschungsvorgang selbst sind enge Verknüpfungen zwischen den einzelnen Dimensionen durchgängig.

Ebenso wird in allen Abschnitten dieses Bandes Bezug auf die einzelnen Dimensionen genommen werden müssen. Schwerpunktmäßig werden Dimension A: Gegenstandsbezug der Forschung und B: Logik der Forschung in Teil I: Entstehung sozialer Daten behandelt. C und D werden in Teil II: Erhebung sozialer Daten und Teil III: Auswertung sozialer Daten ausführlich behandelt.

Keine Forschung kommt ohne Planung, Verwaltung und Finanzierung aus. In Kapitel 10 wird auf die Bedingungen, unter denen Sozialforschung im Allgemeinen stattfindet, hingewiesen. Fragen des Feldzuganges, der Bereitschaft von Menschen, die befragt oder beobachtet werden sollen, Stand der Ausbildung von Mitarbeitern, Sachzwänge aller Art sind wesentliche Faktoren, die es ebenso systematisch zu beachten gilt wie logische Regeln. Die Anforderungen und Gegebenheiten der einzelnen hier nur in Grundzügen dargestellten Dimensionen sind die den Forschungsablauf bedingenden Faktoren.

Gerade weil in der Forschungswirklichkeit sich die Dimensionen stets durchdringen, ist es wichtig, zu jedem Zeitpunkt zu wissen, in welcher Dimension argumentiert wird, in welcher Dimension sich möglicherweise Hindernisse, Schwierigkeiten und Probleme ergeben.

Es ist praktisch unmöglich – insbesondere während der hektischen Feldphasen empirischer Forschung – jeden Schritt zu kontrollieren. Trotzdem bleibt die Forderung bestehen, den Forschungsablauf insgesamt systematischer Kontrolle zu unterziehen. Dazu eignet sich insbesondere die Erstellung eines Forschungsprotokolles, das so genau wie möglich zu führen ist und das einzelne Schritte in jeder Phase des Ablaufes so ausführlich wie möglich festzuhalten hat. Solche Forschungsprotokolle erlauben dem Forscher, Entwicklungen und Veränderungen in seinen Einstellungen und Auffassungen nachzuvollziehen. Sie sind insbesondere bei explorativen Verfahren unumgänglich.

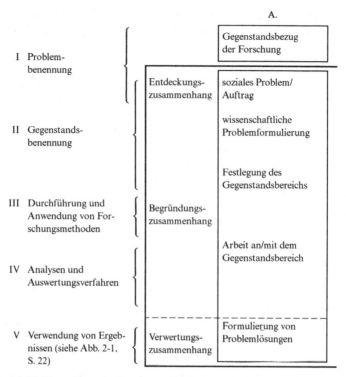

Abbildung 2-10: Dimensionen des Forschungsablaufs

Die einzelnen Schritte dieses Ablaufschemas sind keineswegs zwingend für alle Forschungstypen und Problemstellungen. Je weniger man über einen Gegenstand weiß und je weniger ein Gebiet erforscht ist, desto wichtiger ist es, ausreichende qualitative Abklärungen jedem Versuch des Messens voranzustellen. Man verkennt die Ziele und Aufgaben explorativer Sozialforschung, wenn diese immer nur als Vorstufe, sozusagen als Vorbereitung für „wissenschaftlichere" Anwendung quantitativer Methoden angesehen wird.

Die Bedeutung der *explorativen Forschung* wächst, und es gibt immer mehr Bereiche menschlichen Zusammenlebens, die nur durch qualitative Forschungsmethoden zugänglich sind. In diesem Falle sind qualitative Methoden nicht Vorbereitung oder Vorstadium, sondern durchaus Selbstzweck, und sie sind nicht mit geringeren Erkenntnissen, wenn auch anderen, verbunden als etwa traditionelle quantitative und repräsentative Projekte.

2. Forschungsablauf

B. Logik der Forschung	C. Methode der Forschung	D. Organisation der Forschung
wissenschaftliches Problem	methodologisches Problem	Kontaktaufnahme mit potentiellen Interessenten
Theorie Hypothesen Begriffe Operationalisierung Prüfen der Hypothesen	Wahl des Forschungsdesigns Wahl der Methoden, Untersuchungseinheiten und Erhebungsinstrumente empirische Feldarbeit Aufbereitung der gewonnenen Daten zu Befunden	Abklärung des Feldzugangs Sicherung materieller Ressourcen Einarbeitung, Anwendung der Arbeitstechniken im Feld Schreiben des Forschungsberichts
neue Hypothesen	Evaluation des Forschungsablaufes	Veröffentlichung

Auf einen weiteren Typus von Forschung, nämlich die *Aktionsforschung*, sei hier lediglich verwiesen: Bei Aktionsforschung stellt der Forscher nicht nur einen Teil des Untersuchungsgegenstandes dar, sondern sucht ganz bewusst und kontrolliert diesen Gegenstand im Verlauf der Forschung zu verändern. „Versteht man unter Aktionsforschung einen Typus professionell betriebener Forschung, bei dem Erkenntnisarbeit bewußt und direkt auf die Lösung eines praktischen sozialen Problems ausgerichtet ist und der Forscher selbst sich zeitweilig dem sozialen Feld eingliedert, dem das thematisierte Problem entstammt, so waren wohl die Hawthorne-Studien 1924 –1932 der erste große Fall von Aktionsforschung in der Soziologie bzw. Sozialpsychologie" (Kern, 1982, S. 252). Mittlerweile sind viele Aktionsforschungen durchgeführt worden, und nicht wenige Autoren vermuten, dass sie in den nächsten Jahren wieder an Bedeutung gewinnen könnten (a. a. O., S. 253 f.).

Es wird in der Fachliteratur verschiedentlich von empirischer Sozialforschung im „engeren Sinne" gesprochen: Es handelt sich um den in Abb. 2-10 unter *Begründungszusammenhang* ausgewiesenen Bereich. Empirische Sozialforschung jedoch umfasst den gesamten Entdeckungs-, Begründungs- und Verwertungszusammenhang. Die Art der Kontrolle mag unterschiedlich sein, wenn es darum geht, die eigenen Überlegungen und ihre Veränderung im *Entdeckungszusammenhang* zunächst möglichst umfassend und exakt festzustellen und laufend zu analysieren. Aus Gründen, die im Kap. 10 dieses Buches anzudeuten sind, ist die Kontrolle über den *Verwertungszusammenhang* außerordentlich schwierig, sie ist umso dringlicher.

2.4.2 Methoden und Gegenstandsbereiche

Die systematische Analyse der sozialen Wirklichkeit geschieht anhand von vier Methoden: 1. Beobachtung, 2. Befragung, 3. Experiment, 4. Inhaltsanalyse. Den ausführlichen Beschreibungen der Methoden sind die folgenden Kapitel gewidmet. Versuchen wir, die Methoden mit den Bereichen der sozialen Wirklichkeit zu verbinden, ergeben sich Zusammenhänge, die in Abb. 2-11 dargestellt sind.

Je nach Forschungsinteresse kommen unterschiedliche Gegenstandsbereiche in Betracht und damit auch unterschiedliche Methoden bzw. Kombinationen von Gegenstandsbereichen und der entsprechenden Methoden.

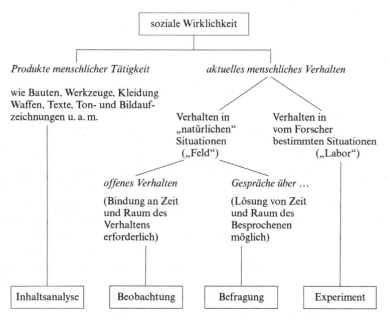

Abbildung 2-11: Gegenstandsbereiche und Methoden empirischer Sozialforschung

2.4.3 Empirische Sozialforschung als sozialer Prozess

Als *Mayo* in den 30er Jahren amerikanische Industriebetriebe zum Gegenstand sozialwissenschaftlicher Forschung machte, ging er vor, als hätte er Menschen einer unbekannten Kultur vor sich. Von Hause aus Anthropologe und mit der Erfahrung des Studiums australischer Ureinwohner, plädierte er dafür, zunächst so zu tun, als verstünde er die Menschen nicht, die sich scheinbar derselben Sprache wie er bedienten. Er sah im vorschnellen Urteilen eine große Gefahr der Übertragung eigener Vorstellungen und Meinungen auf andere. So war es ihm zu Beginn seiner Untersuchung wesentlicher zu beobachten, was Menschen tun, als zu notieren, was sie sagen (Mayo, 1933). Er war Vorläufer einer ganzen Schule von Forschern, die sich bis in die heutigen Tage dem Erfassen menschlicher Interaktionen und dem Verhalten widmen, für die wohl *Homans* der bekannteste Vertreter ist (Homans, 1978).

Ähnliche Gedanken wie *Mayo* hat zwei Jahrzehnte später *Teuscher* geäußert: „Der Feldforscher hat die Gesamterscheinung menschlich-gesellschaftlichen Verhaltens zu ermitteln, ohne sein eigenes Koordinatensystem auf die fremde Gruppe zu projizieren. Er hat sie unabhängig von seinen eigenen kulturellen Selbstverständlichkeiten zu studieren; es ist fast ein Gemeinplatz geworden, muß aber doch immer wiederholt werden, daß der Forscher, der ja selbst einer menschlichen Gruppe angehört, nicht der stets gegenwärtigen Gefahr erliegen darf, Verhalten und Organisationsmerkmale aus in seiner Erziehung erfahrenen Vorstellungen heraus zu deuten und von da aus auf die fremde Gruppe zu schließen" (Teuscher, 1959, S. 250 f.).

Teuscher beschreibt, welche Geduld und welche Umsicht notwendig ist, wenn eine fremde Gruppe, in seinem Falle ein Dorf des Bambara-Stammes im Flussgebiet des Nigers, in teilnehmender Beobachtung erforscht werden soll. „Die Gruppe, unser Untersuchungsgegenstand, sieht den zu ihr gelangten Forscher stets auch als einen Menschen an und gliedert ihn sofort oder zögernd in ihr Schema von Menschen außerhalb ihrer Gruppe ein. Er wird so in ihren Bereich einbezogen. Er kann für sie sein: ein Fremder, ein Gast, ein Angehöriger des herrschenden Kolonialvolkes, der Freund eines Angehörigen der Gruppe usw.

Von dem Augenblick seiner Kontaktaufnahme an ist er in seiner Beziehung zur Gruppe festgelegt, oder es wird eine möglichst schnelle Festlegung nach der Interpretation seines Rollenverhaltens wenigstens versucht. Daraus folgt: Er erhält auf dem Hintergrund der neuen, von ihm zu untersuchenden Gesellschaft einen sozialen Status, der ihn in das Phänomen einschließt, das Gegenstand seiner Untersuchung ist. Die Gruppe reagiert auf das Eindringen eines Fremdlings, indem sie ganz unmittelbar versucht, seinem Dasein aus ihrem System heraus einen übersetzbaren Sinn zu geben. Seine Eingliederung durch Status- und Rollenzuweisung oder durch Interpretation seiner Handlungen zu einem Status und einer Rolle ergeben alles Weitere.

Der Forscher kann zum Beispiel nur an denjenigen Handlungen teilnehmen, die von seinem Status her für seine Augen bestimmt sind. Und man verhält sich ihm gegenüber seiner Rolle gemäß. Alles, was er sieht oder erlebt, erlebt er durch die Optik seiner Rolle. Notwendigerweise entgehen ihm damit ganze Bereiche des Lebens, die für die Deutung des Gesamtverhaltensmusters der beobachteten Gruppen unbedingt in die Betrachtung eingeschlossen werden müssen. Sein Status wird zu einem Gefängnis, über dessen Mauern er nicht zu blicken vermag" (Teuscher, 1959, S. 251 f.).

Freilich gibt es Objekte der empirischen Sozialforschung, die nur mittelbar mit dem Erkunden fremder Stämme vergleichbar sind. So etwa bei der Inhaltsanalyse, bei der nur Aufgezeichnetes analysiert wird und Menschen nicht direkt miteinander in Kontakt stehen. Auch scheint auf den ersten Blick bei einer demoskopischen Umfrage die Statuszuweisung des Forschers durch den Befragten kaum zu bestehen.

Selbstverständlich bestehen erhebliche Unterschiede, ob es sich bei einem Forschungsvorhaben um eine teilnehmende Beobachtung handelt oder etwa um eine Analyse mithilfe schriftlicher Befragung. Es ist dennoch weise anzunehmen, dass in jedem Falle ein Problem des „Dogo" besteht, insbesondere dort, wo es am wenigsten vermutet wird. „Dogo" ist ein Begriff aus der Sprache der Eingeborenen, bei denen *Teuscher* seine Untersuchungen durchgeführt hatte. Es bezeichnet einen Bereich, der vor dem „Fremden" – eben weil er nicht zur Gruppe gehört – zu verdecken ist. „Dogo" ist das „Geheimnis".

Sozialforschung selbst, also der gesamte Forschungsablauf ist ebenfalls Teil des zu erforschenden Gegenstandes. Er beeinflusst den Gegenstand, ob es sich nun um eine Gruppe, die teilnehmend beobachtet wird, handelt oder ob ein Mensch durch einen Fragebogen zu einem ganz bestimmten Verhalten veranlasst wird: Er mag jegliche Antwort und Mitarbeit verweigern; wenn er aber antwortet, so wird er unweigerlich, wenn auch oft unmerklich, durch sein individuelles „Dogo" beeinflusst.

Zur verlangten *Wissenschaftlichkeit* in der empirischen Sozialforschung gehört deshalb entscheidend die systematische Kontrolle des gesamten Verlaufs aller mit Forschung direkt und indirekt zusammenhängenden Aspekte. Über den Feldzugang, über Vorbereitung und Kontrolle der Felderöffnung wird in der wissenschaftlichen Literatur leider viel zu wenig berichtet. Durch diesen Umstand geht der umfangreiche und wesentliche Erfahrungsschatz einzelner Forscher verloren. Der *Forschungsprozess* selbst wird deshalb nicht im notwendigen Maße nachvollziehbar, abgesehen davon, dass sich dadurch unnötigerweise Fehler tradieren.

Rühmliche Ausnahmen sind die bereits erwähnten „Street Corner Society" und die Berichterstattung „Jugend '81" (Whyte, 1996, S. 281 f.; Jugendwerk der Deutschen Shell, 1992, insbesondere Band 2, S. 272 f.).

2. Forschungsablauf

Eigentlich müssten Erfahrungsberichte über den Umgang mit dem Forschungsgegenstand Hinweise auf Probleme im Zugang zum Felde, Irrtümer und Fehler ebenso sorgfältig nachgezeichnet werden, wie die akribisch berechneten Korrelationen quantifizierter Daten. Davon sind wir noch weit entfernt. In erstaunlichem Maße lässt die Sorgfalt auch im Bereiche der theoretischen Vorabklärung zu wünschen übrig, wie schon *Hartmann* andeutete und *Kriz* an sehr „wissenschaftlich" geltenden Fällen empirischer Sozialforschung minutiös nachzeichnete (Hartmann, 1970, S. 19 f.; Kriz, 1981, insbesondere S. 145 f.).

Einmal mehr sei darauf hingewiesen, dass gerade die Prozesshaftigkeit empirischer Forschung laufend pragmatische Entscheidungen durch den Forscher verlangt, die ihrerseits Rückwirkungen auf Theorie und Methoden haben. Die Reaktivität des Forschungsgegenstandes bedarf indessen nicht nur weiterer erkenntnistheoretischer Abklärung, sondern vor allem auch Berücksichtigung beim Einsatz von Forschungsmethoden und Auswertungsmechanismen.

2.4.4 Einige typische Forschungsdesigns

Es gibt zahlreiche Versuche, empirische Sozialforschung zu klassifizieren. Wie immer geartet, kann keiner dieser Versuche voll befriedigen, weil stets nach unterschiedlichen Kriterien eingeordnet werden muss. Eine Klassifizierung im eigentlichen Sinne ist deshalb im Folgenden nicht angestrebt. Vielmehr sollen einige Bereiche analytisch voneinander getrennt werden, wobei Tendenzen und nicht Ausschließlichkeiten maßgebend sind (Abb. 2-12).

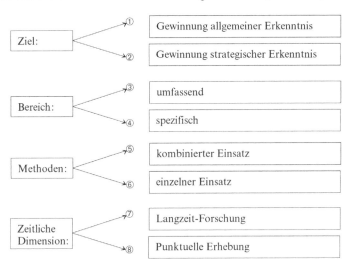

Abbildung 2-12: Merkmale empirischer Forschung

In vielen Lehrbüchern wird unterschieden zwischen wissenschaftlicher Grundlagenforschung und praktischer Bedarfsforschung. Des Weiteren werden Forschungsberichte als klassische Grundlagenforschung von einem Lehrbuch ins andere übertragen. Auch wird gelegentlich unterschieden zwischen Forschung an der Universität und kommerzieller Auftragsforschung. Diese und ähnliche Etiketten taugen nicht allzu viel, insbesondere dann nicht, wenn die „freie" wissenschaftliche Forschung als gut, die „abhängige" Auftragsforschung als zwar notwendig, aber meist unwissenschaftlich gilt, mit der zwar Geld und Einfluss, nicht aber akademisches Renommee und Erkenntnisfortschritt verbunden seien.

Wer etwas näher hinschaut, wird sehen, dass viele der so genannten klassischen Forschungsberichte seinerzeit aus Auftragsforschungen hervorgingen. Nur hat es sich dabei um relevante Forschungsziele und gute Forscher gehandelt. Wenn schließlich unter *Grundlagenforschung* das Gewinnen allgemeiner Erkenntnis verstanden wird, so ist eine Gegenüberstellung von Grundlagenforschung und Bedarfsforschung als Gegensatz wenig hilfreich: Es besteht schließlich auch Bedarf an Grundlagenforschung. Unter *Bedarfsforschung* ist sinnvollerweise empirische Sozialforschung zu verstehen, die zum Ziel hat, vornehmlich Handlungsanweisungen zu entwickeln, etwa für politische Maßnahmen oder für Marktentscheidungen. Bedarfsforschung in diesem Sinne ist ohne Grundlagenforschung undenkbar. Grundlagenforschung, die sich aber jeglicher Anwendung entziehen würde, widerspräche der wahren Aufgabe der empirischen Sozialforschung.

Es ist nicht maßgeblich, wer von wem einen Auftrag erhält, denn schließlich kann sich ein Wissenschaftler selbst Aufträge stellen: Erheblich, und dies in entscheidendem Maße, sind institutionelle und materielle Bedingungen, unter denen geforscht wird. Sind beispielsweise genügend Mittel vorhanden, die das Erreichen des Forschungszieles erlauben? Wird auch der Auftragsforscher genügend Unabhängigkeit besitzen, um die Regeln der Forschungslogik einzuhalten? Andererseits nützt dem Wissenschaftler, der sich selbst eine Aufgabe gestellt hat, seine umfassende theoretische Ausgangslage wenig, wenn ihm nicht ausreichende Mittel für die Erhebungen im Felde zur Verfügung stehen.

Sollte es dennoch sinnvoll sein, zwei Haupttypen empirischer Sozialforschung zu unterscheiden, so herrschen bei *Grundlagenforschung in der Regel folgende Merkmale vor (Abb. 2-12):*

① Gewinnung allgemeiner Erkenntnis
③ umfassende Erhebung
⑤ kombinierter Einsatz von Methoden
⑦ Langzeitforschung

2. Forschungsablauf

Bei Bedarfsforschung herrschen in der Regel folgende Merkmale vor:
② Gewinnung strategischer Erkenntnis
④ Erhebung eingegrenzter Daten
⑥ einzelner Einsatz von Methoden
⑧ Momentaufnahmen durch punktuelle Erhebung.

Selbstverständlich sind viele Kombinationen möglich, die im Einzelnen hier nicht zu erläutern sind.

Über die Verteilung der Mittel, die für die empirische Sozialforschung aufgewendet werden, gibt es nur Schätzungen. Für die Konsum- und Meinungsforschung werden weltweit Milliardenbeträge aufgewendet. Einen bedeutenden Anteil macht somit die Bedarfsforschung aus. Dies ist nicht erstaunlich, denn über das Konsumverhalten der Menschen in industrialisierten Gesellschaften bestehen relativ gesicherte Theorien. Es geht also darum, sie anzuwenden und handfeste strategische Erkenntnisse zur Durchführung der Marketingpolitik zu nutzen. Der Bereich ist spezifisch (4), da der Auftraggeber meist nur an ganz bestimmten Zusammenhängen interessiert ist. In der Regel werden Befragungen zum Zwecke prognostischer Hinweise durchgeführt (6). Ähnlich wie bei der Demoskopie sind Langzeituntersuchungen (7) eher selten, dafür herrscht das Merkmal (8), punktuelle Erhebung, vor.

An einem Beispiel aus dem Bereich der empirischen Politikwissenschaft sollen Zusammenhänge und Kombinationen der acht genannten Merkmale erläutert werden. Es wird unterschieden zwischen *Demokratieforschung, Wahlforschung und Meinungsforschung* (Abb. 2-13, eingekreiste Zahlen beziehen sich auf Abb. 2-12).

Von den drei erwähnten Typen ist die Meinungsforschung überwiegend. Nur zögernd verschiebt sich in der Bundesrepublik Deutschland das Verhältnis zugunsten von Wahlforschung, wohingegen Demokratieforschung noch kaum betrieben wird. Kann aber politische Meinungsforschung – in der Bundesrepublik Demoskopie genannt – sich nicht auf gesicherte theoretische Konzepte von Demokratie- und Wahlforschung stützen, ist die Gefahr der Überbewertung einzelner Daten nicht von der Hand zu weisen.

Meinungsforschung korreliert mit spezifischem politischem Interesse: Jede Partei im und vor dem Wahlkampf ist daran interessiert, wahlstrategische und taktische Angaben über die Meinungsstruktur der Bevölkerung zu erhalten. Es werden deshalb auch entsprechende Mittel bereitgestellt. Demokratieforschung andererseits sollte von allgemeinem Interesse sein, was aber bislang nicht dazu geführt hat, dass die entsprechenden Mittel und die institutionellen Voraussetzungen bereitgestellt wurden.

Die Minderung dieses Ungleichgewichtes wird darüber entscheiden, ob empirische Politikforschung ihren Zielen gerecht werden kann. Davon wird es auch weitgehend abhängen, ob eine fruchtbare Zusammenarbeit zwischen kommerziellen Markt- und Meinungsforschungsinstituten und unabhängigen wissenschaftlichen Instituten und Universitäten in erforderlicher Weise hergestellt werden kann. Anzustreben wären Gewichtungen, wie sie etwa in angelsächsischen Staaten seit langem bestehen: Ergänzung und gegenseitige Kontrolle, wissenschaftliche Konkurrenz und Austausch zwischen privaten und öffentlichen Forschungsinstitutionen.

Art der empirischen Sozialforschung	Gegenstand	Methoden
① Demokratieforschung	③ Erforschung von Funktionen und Strukturen moderner Gesellschaften. Demokratie wird als politisches System erforscht, in dem sich die Bevölkerung regelmäßig zwischen Gruppen entscheidet, die um die Herrschaft konkurrieren, z.B. zu Sachfragen in Abstimmungen Stellung bezieht. *Schwerpunkte*: 1. Kontrolle der Machtträger, 2. Konkurrenz um Machtpositionen, 3. Offenheit für Kandidaturen und Grad der Mitbestimmung.	⑤+⑦ Grundsätzlich alle Methoden der empirischen Sozialforschung.
①+② Wahlforschung	③+④ Wahlforschung ist nur in demokratischen Staaten von Interesse: Erforscht werden allgemeine und spezifische Bedingungen von Wahlen, ihre Wirkungen und die sie hauptsächlich tragenden politischen Parteien und Verbände. Das Hauptgewicht liegt dabei auf nationalen Parlamenten. Erst langsam werden auch Wahlen zu lokalen Körperschaften systematisch erfasst. *Schwerpunkte*: 1. Einflüsse, Erwartungen und Erfahrungen, die Wahlhandlungen präformieren; 2. Wer informiert wann/wie die Wähler und Analyse von Wahlfeldzügen; 3. Struktur und Funktionen von Parteien in der politischen Meinungsbildung; 4. Informiertheit und Wahlverhalten der Bevölkerung.	⑤+⑥+⑦ Schwerpunktmäßig: Sekundäranalysen, repräsentative Umfragen, Expertenbefragungen.
② Meinungsforschung	④ Erhebung von repräsentativen Meinungsstrukturen in der Bevölkerung. Erfassen von Parteien- und Personenpräferenzen. Grundhaltungen zu wesentlichen „Issues".	④+⑥+⑧ Schwerpunktmäßig: Repräsentative strukturierte Befragungen.

Abbildung 2-13: Drei Typen empirischer Politikwissenschaft

Nach ganz anderen Merkmalen – sie sind nicht nummeriert, da im Weiteren die Instrumente und das Vorgehen erst noch zu beschreiben sind – lassen sich Vor- und Nachteile verschiedener Vorgehensweisen darstellen (Abb. 2-14).

2. Forschungsablauf

Typ der empirischen Datenerhebung	Vorteile	Nachteile
Exploratives Vorgehen (Fallstudien, Aktionsforschung u. Ä.)	Erfassen qualitativer Aspekte: Wertungen und Beziehungen von beobachteten und befragten Menschen können in spezifischen sozialen Situationen erhoben werden. Detaillierte Befunde über soziale Prozesse.	Keine statistische Repräsentativität, schwierige Übertragbarkeit von Befunden; emotionale Beeinflussung des Forschers möglich und schwer kontrollierbar; Objektbereich in der Regel stark begrenzt; oft langer persönlicher Einsatz des Forschers Voraussetzung.
Experimentelles Vorgehen (Labor- resp. Feldexperimente)	Hohe Kontrollierbarkeit, detaillierte Daten; Ermitteln von Kausalbeziehungen; Wiederholbarkeit von Tests.	Keine statistische Repräsentativität; komplexe gesellschaftliche Beziehungen können nicht erfasst werden; personalintensiv.
Repräsentatives Vorgehen bei Querschnitt:	Verwendung einer Vielzahl von Variablen; Repräsentativität; relativ kostengünstig.	Geltung der Ergebnisse zeitlich stark begrenzt; Fragestellung und Formulierung auf unterste Bildungsschicht bezogen; begrenzte Detailliertheit.
bei Längsschnitt: – Panel	Verwendung von Kontrollgruppen; Erfassen von Wandel.	Schwierige Rekrutierung für Panelausfälle, da unterschiedliche Stichproben.
– Trend	Zahlreiche unabhängige Variablen möglich.	Probleme der Kontrolle.

Abb. 2-14: Vor- und Nachteile verschiedener Vorgehensweisen

Da insgesamt in der empirischen Politikforschung die Meinungsumfragen vorherrschen, sind bei den Untersuchungstypen repräsentative Auswahlverfahren mit dem Einsatz hoch strukturierter Forschungsinstrumente am weitaus gebräuchlichsten.

Wenn es andererseits darum geht, komplexe Zusammenhänge zu erfassen, wenn Erkenntnis über die qualitativen Aspekte menschlichen Zusammenlebens und menschlicher Verhaltensweisen angestrebt wird, weil gesellschaftspolitische Meinungen insgesamt zum Erklärungsziel der Politikwissenschaften gehören, sind aufwendige explorative Vorgehensweisen und experimentelle Versuche in Zukunft erheblich zu fördern.

Die vorliegenden Versuche, einzelne Forschungsvorhaben zu charakterisieren, wurden aufgrund von Berichten, Tabellen und kommentierten Auswertungen vorgenommen. Gegenstand war das Produkt der Forschung und nicht die Forschung selbst. Wenn bisher einzelne Zusammenhänge nur angedeutet, aus der unermeßlichen Zahl der Forschungsberichte nur einige beispielhaft erwähnt werden konnten, ist doch deutlich geworden, daß das Erkenntnisobjekt der empirischen Sozialforschung außerordentlich vielfältig, kompliziert und schwierig ist. Die soziale Wirklichkeit öffnet sich dem Forscher nicht nach dessen Belieben.

Zusammenfassend wird deutlich, dass empirische Sozialforschung von folgenden Bedingungen abhängig ist:
1. Von der wissenschaftlichen Qualität der theoretischen Annahmen.
2. Von der Angemessenheit der Forschungsmethoden.
3. Vom Zugang zum Objekt, d.h. der Akzeptanz des Forschers durch andere Menschen und
4. von materiellen Bedingungen wie Personal, Zeit, Geld.
5. Von der systematischen Kontrolle des Forschungsablaufes selbst und der Berücksichtigung seiner reaktiven Elemente.

Dies macht deutlich, dass es wohl Unterschiede, aber keine Gegensätze zwischen quantitativem und qualitativem Vorgehen in der empirischen Sozialforschung geben kann, da das eine wie das andere je von Forschungsziel und Forschungsbedingungen abhängig ist. Auch die oft gehörte *Forderung nach Repräsentativität* ist in einem Falle berechtigt, in einem anderen verfehlt. Die Spannung zwischen quantifizierendem und qualitativem Anspruch besteht, seit es empirische Erfassung sozialer Tatbestände gibt.

2.5 Systematische Kontrolle des gesamten Forschungsprozesses

Der Gegenstand empirischer Sozialforschung verlangt grundsätzlich nach einer systematischen Kontrolle des gesamten Forschungsablaufes, ja darüber hinaus der Wirkung, die sie hervorruft. Dies wird im Verlaufe der Ausführungen anhand der Anwendung einzelner Forschungsmethoden an Beispielen zu erläutern sein. Der oder die Forscher müssen sich nicht nur Rechenschaft darüber ablegen, in welchem Umfeld sie Forschung betreiben, sondern haben – soweit es möglich ist – festzuhalten, was im Verlaufe eines dynamischen Einsatzes empirischer Methoden geschieht. Sie erhöhen damit die intersubjektive Überprüfbarkeit, mithin die Objektivität der Befunde.

Es gibt keine grundsätzliche Unterscheidung in Wissenschaftliches und Unwissenschaftliches im Verlaufe eines Forschungsvorganges. Zielsetzungen ergeben sich nicht zufällig, die Forschungsmittel sind als Begrenzung darzustellen. Die Fähigkeiten der Forscher sind ebenfalls ein wesentliches Kriterium, wenn es um die Qualität der erhobenen Daten und deren Bewertung geht. Was inzwischen bei der Vergabe von Forschungsmitteln üblich geworden ist, nämlich Gesuche nach bestimmten Kriterien zu analysieren wie etwa Innovation des Forschungszieles, Verhältnis von Mitteln und dem Erreichen dieser Ziele. Auch Schwierigkeiten des Forschungsobjektes bezüglich des Zugangs zu den Menschen, die ins Forschungsprojekt einbezogen sind, ge-

2. Forschungsablauf

hören zu den Kriterien. Schließlich ist der gesellschaftspolitischen Relevanz von zu erwartenden Ergebnissen besondere Beachtung zu schenken. Dies gilt schließlich als Maßstab der öffentlichen Wirkung von Projekten empirischer Sozialforschung.

Es gibt viele Möglichkeiten, wie die systematische Kontrolle geplant und gehandhabt werden kann. Sie im Einzelnen hier darzustellen würde den Rahmen sprengen. Die Vorgehensweise bei teilnehmender Beobachtung wird sich anders gestalten als beim Einsatz von Umfragetechniken. Es sei deshalb lediglich grundsätzlich auf die unterschiedlichen und zum Teil zu wenig beachteten Felder des Forschungsablaufes hingewiesen. Die Erfahrung hat gezeigt, dass es sich lohnt, ein Forschungstagebuch zu führen. Es ermöglicht eine Analyse des Feldzuganges und des von Entwicklungen der Fragestellung begleiteten Erkenntnisvorganges.

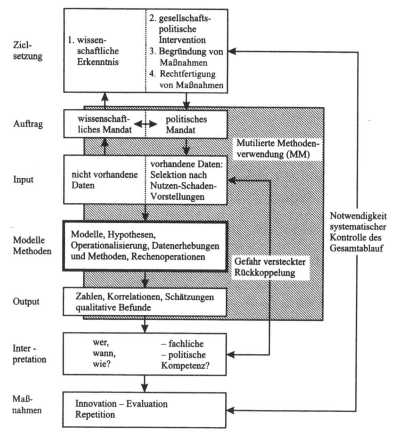

Abbildung 2-15: Systematische Kontrolle des Forschungsablaufes

2.5.1 Mutilierte Methodenverwendung

Zunächst ist zu unterscheiden zwischen der im Forschungsverlauf angewandten Systematik und der in Schriftform vorliegenden Darstellung des Forschungsdesigns. Der Erfahrung, die bei der systematischen Kontrolle des Gesamtablaufes gewonnen werden konnte, wird, wenn überhaupt, zu wenig Platz eingeräumt. Dies besonders dann, wenn Fehler vorgekommen sind oder das Forschungsgebiet sich schwieriger darstellte, als man zu Beginn annahm. Daraus folgt, dass in überwiegendem Maße nur der so genannte wissenschaftliche Bereich Erwähnung findet. Bei Abb. 2-15 beinhaltet das die Bereiche Auftrag bis Output. Insbesondere wenn es sich um den Einsatz quantitativer Methoden handelt, verringern sich bei interkulturellen Fragestellungen nicht nur die Qualität, sondern auch die Vergleichbarkeit der gewonnenen Daten. Wie an anderer Stelle erläutert, trifft dies weniger bei der Marktforschung als bei international vergleichenden Studien, etwa globalen sozialepidemiologischen Erhebungen (Attesländer, 2002) zu. Unterbleibt eine systematische Kontrolle des Forschungsablaufes, muss von einer mutilierten Methodenverwendung gesprochen werden.

Von Mutilation (methodologische „Verstümmelung" – MM) ist dann die Rede, wenn bewusst oder unbewusst, aus mangelnder Sorgfalt oder aus mangelnder Kenntnis, Methoden im Forschungsvorgang nur partiell oder unsystematisch zur Anwendung gelangen. Diese liegt vor, wenn die Auswahl verwendeter Methoden von politischem Interesse geleitet wird. Es wäre durchaus angebracht, wenn die vielen erheblichen Mittel weltweit durchgeführter interkultureller Untersuchungen auch dafür verwendet würden, sie nach Kriterien des „kritischen Rationalismus" (K. Popper) zu durchleuchten.

Zu fordern ist schließlich eine nachvollziehbare Systematik der Interpretation der Daten. So ergibt sich etwa für die Sozial-Epidemiologie, die den Grundlagen für eine gerechte Gesundheitspolitik dienen sollte, die Notwendigkeit, für eine neutrale und systematische wissenschaftliche Gesamtanalyse des Gesundheitswesens zu sorgen.

Es ist dabei zwischen Erhebungen zu unterscheiden, die
1. zur Bedarfsklärung,
2. zur Policy-Definition oder
3. zu Evaluationszwecken

unternommen werden. Eine Klärung dieser Zielsetzungen unterbleibt oft. Dadurch wird eine Bewertung der Befunde schwierig und öffnet Missinterpretationen und Missbrauch von Daten Tür und Tor.

Es ist des Weiteren auf die Gefahr versteckter Rückkoppelung zwischen Input und Interpretation von Untersuchungen hinzuweisen. Von mutilierter Methodenverwendung (MM) muss auch dann gesprochen werden, wenn un-

2. Forschungsablauf

abhängig von verschiedenen wechselwirkenden Beeinflussungen im Forschungsablauf lediglich Auftrag, Input, sozialwissenschaftliche Modelle und Output systematischer Kontrolle unterliegen.

2.5.2 Systematik der Interpretation

Ein ungeschriebenes Kapitel über die gesellschaftliche Wirkung von Befragungen seit Ende des 19. Jahrhunderts müsste „Verwendung sozialer Daten" zum Inhalt haben. In der Praxis bleibt heute die Frage, wie veröffentlichte gesellschaftliche Daten zu interpretieren seien, weitgehend offen. Was sagen sie aus? Auf welchen Gegenstand beziehen sie sich? Für welchen Zeitpunkt sollen sie gelten? Schließlich: In welchem Zusammenhang mit anderen Daten und Befunden stehen sie? Zu fordern wäre eine Systematik der Interpretation, die ihrerseits als Grundlage einer Theorie der Interpretation entsprechen müsste. Auf das einzelne Forschungsprojekt bezogen, könnte dies nur anhand einer nachvollziehenden systematischen Kontrolle des Forschungsablaufes geschehen. Für einige historische und praktische Beispiele sei verwiesen auf Kapitel 10.

Zusammenfassend: Die Aussagekraft empirischer Befunde hängt von drei Kriterien ab:
1. der Qualität der Gesamterhebung,
2. der Qualität der eingesetzten Konzepte und Instrumente und schließlich
3. der Qualität der Interpretation.

Es ist deshalb eine Überprüfung der Qualität der Interpretation (Abb. 2-16) zu fordern, weil ein Urteil über die Aussagekraft erhobener Daten von der Nachvollziehbarkeit des gesamten Forschungsvorgangs abhängt. Die Qualität der Interpretation ist, am Beispiel der Sozial-Epidemiologie belegt, von besonderer Bedeutung, werden doch Daten miteinander in Beziehung gebracht, die aus unterschiedlicher wissenschaftlicher Perspektive stammen: der Medizin, Psychologie, Ökonomie nebst Soziologie.

Bei der systematischen Interpretation geht es darum, den gesamten Forschungsvorgang nachvollziehbar zu gestalten, mithin Dritten ein Urteil darüber zu erlauben, was die erhobenen Daten aussagen, welche Bedeutung ihnen allenfalls nicht beigemessen werden darf.

Da etwa sozial-epidemiologische Untersuchungen meist als Grundlage gesundheitspolitischer Maßnahmen dienen, ist in die Systematik der Analyse auch deren Wirkungsweise einzubeziehen. Fehlinterpretationen sozial-epidemiologischer Daten sind oft auf mangelnde Qualität der Interpretation zurückzuführen.

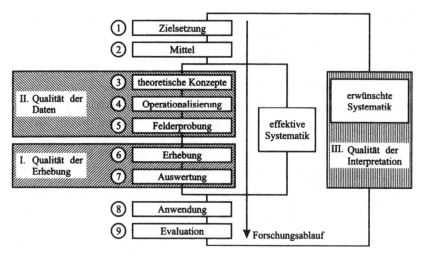

Abbildung 2-16: Qualität der Daten, der Erhebung und der Interpretation

2.5.3 Repräsentativität und Zentralität

Wie bereits ausgeführt, sind diese Abschnitte vornehmlich anwendbar auf Untersuchungen, die den Anspruch auf Repräsentativität erheben, was bedeutet, dass Befunde für Gesellschaften oder genau umschriebene Teile davon gelten sollen.

2.5.3.1 Repräsentativität

Erheben Untersuchungen den Anspruch, Aussagen über die gesamte Gesellschaft zu leisten, wird Repräsentativität vorausgesetzt. Es ist allerdings zu überprüfen, wie diese im Einzelfall belegt werden kann. „Oft genug muss mit aller Eindringlichkeit auf die Folgen hingewiesen werden, die durch Verallgemeinerung von Ergebnissen eintreten können, die nicht den erforderlichen hohen Repräsentationsgrad besitzen" (Eichhorn et al., 1969, S. 388).

Soll eine Umfrage repräsentativ in dem Sinne sein, dass sie reale Einstellungen und Meinungen zu einem Problem widerspiegelt, lassen sich drei mögliche Störbereiche der Repräsentativität identifizieren:

- Auswahl der Probanden (Stichprobenrepräsentativität)
- Erhebung von Daten (Erhebungsart)
- Auswertung der Umfrage und Ergebnisformulierung (d.h. statistisch-mathematische Analyse und Interpretation).

Die statistische Repräsentativität der Auswahl von Probanden allein genügt nicht. Auch bei validierten Fragebogen kann Repräsentativität durch

2. Forschungsablauf

Artefaktprobleme und mangelnde Berücksichtigung der Zentralität verloren gehen. Die Abklärung individueller Relevanz, mit anderen Worten der Zentralität, ist unerlässlich, unterbleibt jedoch meist (Atteslander et al., 1993).

5.5.3.2 Zentralität

Unter Zentralität ist einerseits der Grad der Betroffenheit bei den Befragten zu verstehen, andererseits der Bezug zu wesentlichen existentiellen Überzeugungen und Glaubensvorstellungen. Je höher der Grad der Zentralität, desto wahrscheinlicher ist auch die Übereinstimmung zwischen geäußerter Meinung und effektivem Verhalten.

Beim Beispiel der Sozial-Epidemiologie sind Fragen nach Krankheit, Gesundheit und persönlichen Befindlichkeiten meist von zentraler Bedeutung für den Befragten. Leider bleibt in der empirischen Sozialforschung das Problem weitgehend ungelöst, wie die Zentralität des Befragungsgegenstandes erfasst werden kann. Es ist unbestritten, dass dasselbe Einstellungsobjekt (z.B. die Frage nach der Befindlichkeit) für verschiedene Personen in unterschiedlichen Situationen unterschiedliche Bedeutungen haben kann: Auf eine Frage, die mich im Grunde nicht betrifft, gebe ich eine Antwort, die mich auch nicht zu binden scheint, für die ich mich nicht verantworten muss und deren Folgen für mich und mein Verhalten deshalb ein hohes Maß an Beliebigkeit aufweisen. Stehe ich beispielsweise vor einem chirurgischen Eingriff, ist mein Antwortverhalten von existentieller Betroffenheit geprägt. Jeder ist imstande, einem Befrager zum gleichen Frageobjekt im Verlaufe eines Interviews völlig unterschiedliche, ja gegensätzliche Antworten zu geben. Bei der überwiegenden Zahl sozial-epidemiologischer Untersuchungen finden sich kaum Hinweise bezüglich der Zentralität erhobener Daten.

Anregung zur Selbstkontrolle für die aktiven Leser

1. Welche Kriterien erweisen sich bei der Problembenennung als sinnvoll?
2. Welche Funktionen haben Theorien?
3. In welchem Verhältnis stehen Grundlagenforschung und Bedarfsforschung zueinander?
4. Wodurch unterscheiden sich quantitative und qualitative Methoden?
5. Welches sind die hauptsächlichen Merkmale repräsentativer, welches die explorativer Untersuchungen?
6. Was bedeutet die Aussage, Operationalisierung sei ein Übersetzungsvorgang?
7. Wovon hängen Vor- und Nachteile unterschiedlicher Forschungsstrategien ab, und welche Forderungen ergeben sich ganz allgemein aus solchen Abhängigkeiten?

Weiterführende Literatur

Schnell, R.; Esser, E.; Hill, P. B. (2005): Methoden der empirischen Sozialforschung. 7. Aufl., München/Wien. Insbesondere sei verwiesen auf das Kapitel 1 „Grundlegungen". Das 2. Kapitel behandelt ausführlich Zusammenhänge zwischen Wissenschaftstheorie und empirischer Sozialforschung. In Kapitel 6 sind die Auswahlverfahren detailliert beschrieben und mit Beispielen illustriert. Bei den Datenerhebungstechniken in Kapitel 7 werden schwergewichtig quantitative Instrumente dargestellt.

Jaufmann, D.; Kistler, E.; Meier, K.; Strech, K.-H. (1992): Empirische Sozialforschung im vereinten Deutschland. Bestandsaufnahme und Perspektiven. Frankfurt, New York. In diesem Sammelband wird die unterschiedliche Entwicklung der empirischen Sozialforschung in beiden Teilen Deutschlands bis zur Vereinigung 1989 beschrieben. Es werden ebenfalls das unterschiedliche Entstehen von Daten, die Notwendigkeit ihrer systematischen Interpretation und die unabdingbare Validierung von Forschungsmethoden dargestellt.

Lazarsfeld, P. F. (2007): Empirische Analyse des Handelns. Ausgewählte Schriften, herausgegeben und eingeleitet von *Fleck, Ch.; Stehr, N., Lazarsfeld* war einer der bedeutensten Sozialforscher. Die Sammlung der weitverstreuten heute als klassisch geltenden Arbeiten in deutscher Übersetzung erleichtern die Einführung in Methoden und Strategien in der Erhebung sozialer Daten.

Popper, K. R. (1995): Objektive Erkenntnis. Ein evolutionärer Entwurf. Hamburg. Eine Sammlung von Aufsätzen des Hauptvertreters des kritischen Rationalismus; abgedruckt sind ältere Aufsätze wie „Die Zielsetzung der Erfahrungswissenschaft" und, umgearbeitet, „Naturgesetze und theoretische Systeme", aber ebenso neuere Aufsätze wie „Erkenntnistheorie ohne erkennendes Subjekt", die Weiterentwicklungen dieses Ansatzes beinhalten. Das Buch, obwohl gut verständlich geschrieben, setzt zur fruchtbaren Lektüre einige Kenntnisse auf dem Gebiet der Wissenschaftstheorie und Philosophie voraus.

Dieckmann, A. (Hrsg.) (2006): Methoden der Sozialforschung. Das Sonderheft 44 der Kölner Zeitschrift für Soziologie und Sozialpsychologie vereinigt auf 613 Seiten Beiträge von 31 Autoren, die einen Überblick über den aktuellen Stand der Methodenlehre bieten. Darüber hinaus werden neue Entwicklungen aufgezeigt. Der Band vermittelt in unterschiedlicher Gewichtung Erfahrungen und Anregungen.

Holweg, H. (2005): Methodologie der qualitativen Sozialforschung. Eine Kritik. Der Autor behandelt schwerpunktmäßig methodologische Aspekte. Selbst wer seiner Kritik und gelegentlichen Polemik nicht folgen mag, ist gehalten, sich mit Schwierigkeiten der Interpretation von Befunden aus-

2. Forschungsablauf

einanderzusetzen, die durch Anwendung qualitativer Forschungsmethoden erhoben wurden.

mda – methoden, daten, analysen (Zeitschrift für Empirische Sozialforschung), GESIS, Gesellschaft Sozialwissenschaftlicher Infrastruktureinrichtungen e.V. (Hrsg.) Jahrgang 1 (2007). In Nachfolge der ZUMA-Nachrichten ist die neue Zeitschrift mit 3 Ausgaben pro Jahr mit dem Anspruch, alle Fragestellungen aus dem Bereich der Empirischen Sozialforschung abzudecken, zweifellos zur Orientierung über den aktuellen Stand der Forschung zu empfehlen. Obwohl in den ersten Ausgaben der Schwerpunkt auf Umfragemethoden liegt, sollen zukünftig auch Beiträge aus anderen Bereichen erscheinen. Dies ist beispielhaft gelungen in: Jg.3, Heft 2, 2009.

Weber, M. (2002): Der Aufsatz „Soziologische Grundbegriffe" in: Max Weber, Gesammelte Schriften, ausgewählt von Dirk Kaesler.

Besondere Beachtung verdient nach wie vor Webers Aufsatz „Soziologische Grundbegriffe", a.a.O., S. 653 ff. Insbesondere wenn wir uns an den „Paradigmenstreit" qualitative versus quantitative Methoden erinnern.

Zitat Weber: „Verstehen" heisst in all diesen Fällen: deutende Erfassung: a) des im Einzelfall real gemeinten (bei historischer Betrachtung), oder b) des durchschnittlich und annäherungsweise gemeinten (bei soziologischer Massenbetrachtung), oder c) des für den *reinen* Typus (Idealtypus) einer häufigen Erscheinung wissenschaftlich zu konstruierenden („idealtypischen") Sinnes oder Sinnzusammenhangs. Solche idealtypischen Konstruktionen sind z.B. die von der reinen Theorie der Volkswirtschaftslehre aufgestellten Begriffe und „Gesetze". Sie stellen dar, wie ein bestimmt geartetes, menschliches Handeln ablaufen *würde, wenn* es streng zweckrational, durch Irrtum und Affekte ungestört, und *wenn* es ferner ganz eindeutig nur an einem Zweck (Wirtschaft) orientiert wäre. Das reale Handel verläuft nur in seltenen Fällen (Börse) und auch dann nur annäherungsweise, so wie im Idealtypus konstruiert. (…)

Jede Deutung strebt zwar nach Evidenz. Aber eine sinnhaft noch so evidente Deutung kann als solche und um dieses Evidenzcharakters willen noch nicht beanspruchen: auch die kausal *gültige* Deutung zu sein. Sie ist stets an sich nur eine besonders evidente kausale *Hypothese*. a) Es verhüllen vorgeschobene „Motive" und „Verdrängungen" (d.h. zunächst: nicht eingestandene Motive) oft genug gerade dem Handelnden selbst den wirklichen Zusammenhang der Ausrichtung seines Handelns derart, dass auch subjektiv aufrichtige Selbstzeugnisse nur relativen Wert haben.

II. Erhebung sozialer Daten

3. Beobachtung

3.1 Beobachtung in der Sozialforschung

3.1.1 Begriff

Unter Beobachtung verstehen wir das systematische Erfassen, Festhalten und Deuten sinnlich wahrnehmbaren Verhaltens zum Zeitpunkt seines Geschehens. René König hat ausführlich dargelegt, dass die Beobachtung eine allgemeine Art des Erfahrens von Welt sei und daraus gefolgert, dass die *wissenschaftliche Beobachtung* von der *alltäglichen Beobachtung* zu unterscheiden ist (König, 1973, S. 1).

Während alltägliches Beobachten der Orientierung der Akteure in der Welt dient, ist das Ziel der wissenschaftlichen Beobachtung die Beschreibung bzw. Rekonstruktion sozialer Wirklichkeit vor dem Hintergrund einer leitenden Forschungsfrage. Entsprechend verläuft die alltagsweltliche Beobachtung zumeist routinisiert und unreflektiert im Rückgriff auf eingespielte Praktiken, wohingegen im Rahmen wissenschaftlicher Beobachtung eigene, systematische Verfahrensweisen entwickelt und aufgrund gültiger ‚Standards' verwendet werden. Die wissenschaftliche Beobachtung unterscheidet sich von der alltäglichen weiterhin durch die Anliegen, soziale Realität durch systematische Wahrnehmungsprozesse zu erfassen und die Ergebnisse der Kontrolle wissenschaftlicher Diskussionen zu unterziehen.

Aufgrund welcher Prinzipien die Entwicklung und Anwendung wissenschaftlicher Beobachtung erfolgt und welche Anforderungen an die Kontrolle des Vorgehens und die ‚Güte' der gewonnenen Daten gestellt werden, hängt entscheidend vom theoretischen und methodologischen Standpunkt der Forscher ab. Zwischen den beiden Polen *quantitative* und *qualitative* Sozialforschung werden dafür in Theorie und Praxis sehr unterschiedliche Antworten gegeben (siehe Kap. 3.1.3).

Als Bezugspunkt verschiedener Definitionsversuche kann, vor allem in Abgrenzung zur Befragung, die Erfassung sinnlich wahrnehmbaren Verhaltens zum Zeitpunkt seines Geschehens als Ziel wissenschaftlicher Beobachtung angegeben werden. Viel stärker als die Befragung ist die Beobachtung auch ein prozesshaft-aktiver Vorgang, der hohe soziale und fachliche Anforderungen an die Forscher stellt. Als besonderes Charakteristikum ist denn auch festzuhalten, dass sozialwissenschaftliche Beobachtung auf der einen Seite der *Erfassung* und *Deutung sozialen Handelns* dient, auf der anderen Seite aber *selbst soziales Handeln ist*. Aus diesem ‚Doppelcharakter' ergeben sich die besonderen Probleme und Grenzen, aber auch die Vorzüge, die spezifische Erklärungskraft und die typischen Anwendungsfelder der Beobachtung. Die Geschichte der Beobachtung ist dafür ein beredtes Zeugnis.

3.1.2 Geschichte

Beobachtung als allgemein menschliche Erfahrungsform ist universal, die ‚wissenschaftliche Beobachtung' hat dagegen eine relativ kurze Geschichte. Direkte Vorgänger sozialwissenschaftlicher Beobachtung sind die im 18. Jahrhundert vorgenommenen systematischen Erhebungen zu Haushaltsbudgets und Lebenslagen ärmerer Bevölkerungsschichten. In England, wo ‚Social Surveys' zuerst durchgeführt wurden, lagen diese in den Händen von ‚Royal Commissions' und staatlich bestellten Fabrikinspektoren, waren aber auch ein zentrales Anliegen sozialreformerischer Kräfte; bekannt dafür ist die Studie Friedrich Engels ‚Zur Lage der arbeitenden Klasse in England' (1845). In ‚Social Surveys' werden Beobachtung, Befragung, Expertengespräche, Dokumentenanalysen u. v. a. kombiniert und sozial relevante Daten ‚direkt vor Ort' erhoben.

Eine solche Pionierarbeit unternahm im Jahr 1890 Paul Göhre, Student der evangelischen Theologie, in Deutschland. Teilnehmend-beobachtend verbrachte Göhre drei Monate in einer Werkzeugmaschinenfabrik und untersuchte als ‚Kollege' die Mentalität von Industriearbeitern (vgl. Maus, 1973, S. 35). In England waren die Studien von Charles Booth (1889–1891; 1892–1902) für die methodische Entwicklung und Nutzung empirischer Forschung von entscheidender Bedeutung. Booth wollte soziale Probleme anhand konkreter Erscheinungen beschreiben und analysieren, wobei er die *teilnehmende Beobachtung* (vgl. ausführlich Kap. 3.3.3 und 3.4), die Befragung und die Dokumentenanalyse eingesetzt hat (vgl. Maus, 1973, S. 39; Jonas, 1982, S. 276 ff.).

Teilnehmende Beobachtung und Feldstudien erhielten aber auch durch die Ethnologie – die im 19. Jahrhundert nicht zuletzt aufgrund des Kolonialismus verstärkt und zusehends wissenschaftlicher betrieben wurde – entscheidende Impulse (vgl. Leggewie, 1991, S. 189). Zur Entfaltung kam die Methode der unstrukturierten Feldbeobachtung in den USA zu Beginn des 20. Jahrhunderts durch die Studien der soziologischen Abteilung der Universität von Chicago, heute als ‚Chicagoer Schule' bekannt. Dort wurden theoretische Ansätze zum sozialen Wandel und zur Großstadt, vertreten vor allem von E. Park, in empirische Forschung umgesetzt, wobei nichtquantitativen Verfahren und insbesondere der *qualitativ-teilnehmenden Beobachtung* der Vorzug gegeben wurde. Diese Forschungspraxis war äußerst ergiebig und zeitigte nachhaltige Wirkungen. Exemplarisch hierfür seien nur einige der bekanntesten Studien genannt: W. J. Thomas und F. Znaniecki ‚The Polish Peasant in Europe and Amerika' (1919; 1921), N. Anderson ‚The Hobo' (1923), F. M. Thrasher ‚The Gang' (1927). Heute noch oft rezipierte Studien, die durch die Chicagoer Schule angeregt worden waren und mittels Beobachtung Daten erhoben haben, sind die zwischen 1929 und 1937 entstandenen beiden ‚Middletown-Studies' der Lynds, die ‚Street-Corner-Society' von W. F. Whyte

(1996) und die ‚Hawthorne-Studien' (Roethlisberger, Dickson, Wright, 1949), deren Ergebnisse heute noch für die Industrie- und Organisationssoziologie von Bedeutung sind.

Gingen die Social Surveys noch mit der Frage nach den sozialen Verhältnissen einher und standen in der Chicagoer Schule die Weiterentwicklung wissenschaftlicher Methoden und der Einsatz offener Verfahren im Vordergrund, zeichnet sich Ende der 40er, Anfang der 50er Jahre eine neue Phase der US-amerikanischen Sozialforschung ab: Verwertungsaspekte und quantitative Verfahren werden zunehmend wichtiger. Die quantitativen Methoden fanden in dem im Exil lebenden P. F. Lazarsfeld einen äußerst erfolgreichen Verfechter (vgl. Hinkle/Hinkle, 1960, S. 80).

Mit dem Siegeszug der quantitativen Methoden wird der bereits seit den Anfängen der empirischen Sozialforschung bekannte Konflikt um die Frage Einzelfallstudie oder statistische Verfahren zunächst zugunsten letzterer entschieden. Gleichzeitig wird damit aber die für die neuere Methodendiskussion so wichtige Kontroverse quantitative versus qualitative Verfahren angelegt. Nach dem Zweiten Weltkrieg ist die empirische Sozialforschung durch die Dominanz hochstrukturierter und standardisierter Verfahren auch in der Beobachtung geprägt, die beispielhaft in der ‚Interaction Process Analysis' von Bales (1972), den Arbeiten von Atteslander (1954), Friedrichs (1973), Friedrichs und Lüdtke (1973) sowie in vielen anderen Forschungsarbeiten und Lehrbüchern (vgl. Atteslander 1959; König, 1973; Grümer, 1974) zum Ausdruck kommt. Es ist nicht zu übersehen, dass die Beobachtung nach dem Zweiten Weltkrieg im Vergleich zur Befragung methodologisch und forschungspraktisch zunehmend an Gewicht verlor. Erst mit der Anfang der 80er Jahre aufflammenden Diskussion um qualitative Verfahren kommt auch der Beobachtung, insbesondere der *qualitativ-teilnehmenden Beobachtung* (vgl. Flick, 1995), wieder mehr Bedeutung zu.

3.1.3 Quantitative und qualitative Beobachtung

Beobachtung kann sowohl im Rahmen quantitativer als auch im Kontext qualitativer Sozialforschung Anwendung finden. Der kurze Abriss zur Entstehungsgeschichte zeigt darüber hinaus auch, dass die teilnehmende, unstrukturierte Feld-Beobachtung eine lange Tradition und ein breites Anwendungsfeld hat. Dementsprechend sind die Besonderheiten qualitativ orientierter Beobachtung eingehend zu behandeln; damit soll auch dem bislang noch bestehenden Forschungsdefizit begegnet werden.

Zum besseren Verständnis werden im Folgenden die methodologisch-theoretischen Postulate der quantitativen und der qualitativen Sozialforschung skizziert und die jeweiligen Auswirkungen auf die Beobachtung einander vergleichend gegenübergestellt. Die Darstellung der methodologischen Grundannahmen der qualitativen Sozialforschung nimmt dabei einen etwas breiteren Raum ein, da diese bislang nur am Rande behandelt wurden, während sich die der quantitativen Richtung im zweiten Kapitel ausführlich besprochen finden.

3.1.3.1 Quantitativ orientierte Beobachtung

Quantitative Studien unterscheiden sich von qualitativen in erster Linie durch die wissenschaftstheoretische Grundposition, den Status von Hypothesen und Theorien sowie dem Methodenverständnis. Die quantitative Sozialforschung bezieht sich weitgehend auf den ‚Kritischen Rationalismus' von Popper, woraus das Postulat der *Werturteilsfreiheit* wissenschaftlicher Aussagen, die Trennung von *Entdeckungs-* und *Begründungszusammenhang* und die *Theorieprüfung* folgen. Soziale Realität wird als objektiv gegeben und mittels kontrollierter Methoden erfassbar angesehen. Empirische Forschung soll theoriegeleitet Daten über die soziale Realität sammeln, wobei diese Daten den Kriterien der *Reliabilität*, der *Validität* sowie der *Repräsentativität* und der *intersubjektiven Überprüfbarkeit* zu genügen haben und in erster Linie der Prüfung der vorangestellten Theorien und Hypothesen dienen. Forscher haben den Status unabhängiger wissenschaftlicher Beobachter, die die soziale Realität von außen und möglichst objektiv erfassen sollen (vgl. dazu Kap. 2).

Diese Ansprüche äußern sich in der Entwicklung strukturierter Beobachtungsschemata, in intensiv geführten Diskussionen um Wahrnehmungsverzerrungen und in einer Forschungspraxis, die der Forderung nach intersubjektiver Überprüfbarkeit durch die personelle Trennung von Forschern und ‚Feldarbeitern' sowie der Erhebung großer Fallzahlen gerecht zu werden versucht (vgl. König, 1973; Friedrichs, 1999). *Quantitativ orientierte Beobachtungsstudien sind durch eine hochstrukturierte, theoriegeleitete und kontrollierte Wahrnehmung, Aufzeichnung und Auswertung gekennzeichnet, wobei die Datensammlung und -auswertung meist zeitlich und personell auseinander fallen* (vgl. Friedrichs, 1999, S. 269; Grümer, 1974, S. 24; Huber, 1999, S. 124 f.).

Gegen die quantitative Sozialforschung werden vielfältige und grundsätzliche Einwände erhoben (vgl. z.B. Adorno, 1970; Giddens, 1984): Zentrale Kritikpunkte sind der durch die Theorie stark begrenzte Erfahrungsbereich und der ‚Primat der Methode' vor dem Forschungsgegenstand, womit gemeint ist, dass die Beschäftigung mit der Methode den eigentlichen Gegenstand überlagert. Nicht zuletzt wird auch immer wieder vermerkt, dass durch Standardisierung und Quantifizierung häufig nur noch Scheinobjektivitäten und Messartefakte generiert werden (siehe auch Kap. 4.6).

3.1.3.2 Qualitativ orientierte Beobachtung

Die qualitative Sozialforschung beruft sich demgegenüber auf das *interpretative Paradigma* (Wilson), die Hermeneutik und die Phänomenologie. Zentral ist die Annahme, dass soziale Akteure Objekten Bedeutungen zuschreiben, sich nicht starr nach Normen und Regeln verhalten, sondern soziale Situationen interpretieren und so prozesshaft soziale Wirklichkeit konstituieren. Gegenstand der Forschung sind nach diesem Verständnis die Interpretationsprozesse, die es entsprechend ‚interpretativ' zu erschließen gilt.

Daraus resultieren spezifische Forschungsprinzipien, die trotz aller Unterschiede zwischen den einzelnen Ansätzen als gemeinsame Basis angesehen werden können (vgl. Lamnek, 1993(1); Mayring, 1990 a; Witzel, 1982):

- *Offenheit:* Der Untersuchungsgegenstand und nicht vorab entwickelte Theorien und Hypothesen bestimmen die Forschung *(Gegenstandsorientierung).* Der Forschungsablauf, die Wahl der Methode(n), die Auswahl der Untersuchungspersonen und -situationen werden durch den Untersuchungsgegenstand bestimmt und die Forschung verläuft offen und flexibel entsprechend den ‚Widersprüchlichkeiten sozialer Wirklichkeit'. Hochstrukturierten und standardisierten Verfahrensweisen wird eine Absage erteilt.

- *Prozesscharakter* von Gegenstand und Forschung: Die sozialen Akteure schaffen Wirklichkeit, indem sie diese dauernd interpretieren und neu aushandeln. Ziel der qualitativen Sozialforschung ist die Erfassung dieser Prozesse, wobei der Akt des Forschens selbst als ein Prozess der Kommunikation zwischen Forscher und Beforschten verstanden wird. Empirische Sozialforschung bildet also nicht einfach objektive Realität ab, sondern rekonstruiert Konstitutionsprozesse sozialer Realität.

- *Reflexivität* der Forschung: Es werden keine vorab aus der Theorie abgeleiteten Hypothesen geprüft, sondern Begriffe und Hypothesen werden im laufenden Forschungsprozess generiert, modifiziert und verallgemeinert. Die Wahl konkreter Methoden, die Auswahl der Untersuchungspersonen und die Thesenformulierung erfolgen nicht voneinander getrennt und nacheinander, vielmehr gehen in Analogie zu den sozialen Interpretationsprozessen die verschiedenen Forschungsphasen ineinander über. Es gibt keine Trennung von Entdeckungs- und Begründungszusammenhang.

- *Explikation* des Vorgehens: Qualitative Sozialforschung heißt, das theoretische Vorwissen offen zu legen, die einzelnen Forschungsschritte und -entscheidungen zu beschreiben sowie die Interpretationen nachvollziehbar zu gestalten. Explikation ist in diesem Sinne eine Möglichkeit systematische Kontrolle zu sichern, und Gütekriterien qualitativ gewonnener Daten offen zu legen.

- Forschung ist *Kommunikation:* Forschungsprozesse beruhen wie das Alltagshandeln auf kommunikativen Vorgängen, wobei die alltagsweltlichen Regeln der Kommunikation Anwendung finden und zugleich rekonstruiert werden. Es wird eine Ähnlichkeit zwischen Alltagstheorien und wissenschaftlichen Aussagen unterstellt und nicht deren strikte Trennung.
- *Problemorientierung:* Die Formulierung der Forschungsfrage und die Auswahl des Forschungsfeldes resultieren aus vom Forscher wahrgenommenen gesellschaftlichen Problemen und die Ergebnisse der Forschung wirken ihrerseits auf die gesellschaftliche Praxis zurück. Qualitative Forschung verfolgt ein kritisches und praktisches Erkenntnisziel und nicht ein rein theorieprüfendes.

Für qualitativ-teilnehmende Beobachtungsstudien bedeutet dies den Verzicht auf vorab konstruierte Beobachtungsschemata, standardisierte Verfahrensweisen und -regeln und die Teilnahme der Forscher in der natürlichen Lebenswelt der Untersuchungspersonen. Bei qualitativen Beobachtungsstudien stehen deshalb auch die Fragen des *Feldzugangs*, die Wahl der *Teilnehmerrolle(n)* und das Verhältnis von *Distanz und Teilnahme* im Mittelpunkt (vgl. Girtler, 1992; Lamnek, 1993(1)). Hinzu kommt ein reflexiv-flexibler *Forschungsablauf* und die Neubestimmung des Verhältnisses Forscher – Beobachter: Während in quantitativen Studien beide Funktionen personell getrennt sind (vgl. Friedrichs, 1999, S. 275), wird in qualitativen Studien die personelle Identität und eine zumindest teilweise und zeitweilige Identifikation mit dem Feld vorausgesetzt. Eine ausführliche Darstellung der forschungspraktischen Implikationen und eine Beschreibung des Vorgehens bei qualitativer Beobachtung erfolgt in Kapitel 3.4.

3.1.4 Anwendungsgebiete

Beobachtungsstudien können sicht-, hör- und riechbaren Phänomenen nachgehen, d.h. sinnlich wahrnehmbares soziales Verhalten erfassen, während z.B. die Befragung auf verbale Äußerungen angewiesen ist. Mittels Beobachtung können komplexe Forschungsfelder erschlossen und umfassende Interaktionsmuster und Gruppenbildungsprozesse erfasst werden.

Aus der Vielfalt möglicher Forschungsgegenstände und der Breite der Forschungsfelder ergeben sich aber auch erhebliche Probleme. So stellt die Methode der Beobachtung hohe Ansprüche an die soziale und fachliche Kompetenz der Forscher, die neben ihrer Rolle als Wissenschaftler und Wissenschaftlerinnen meist auch noch soziale Rollen im Feld übernehmen, ausfüllen und im Forschungsverlauf flexibel handhaben müssen. Den Forschern steht dafür ein breites Rollenspektrum zur Verfügung, sie können im Feld aktiv oder passiv teilnehmen, sich als Wissenschaftler zu erkennen geben oder sich mit einer Feldrolle ‚tarnen'. Der Zugang zum Feld und die richtige Posi-

3. Beobachtung

tionierung, d.h. die Wahl einer oder mehrerer Beobachterrollen ist für den praktischen Forschungsablauf eine entscheidende Frage, von deren Lösung die gesamte Forschung abhängt und die nicht unerhebliche forschungsethische Konsequenzen haben kann, die pointiert in der Frage ‚offen' oder ‚verdeckt' zutage treten.

Die typischen Einsatzfelder der Beobachtung ergeben sich aus den beschriebenen Eigenschaften. Da Beobachtung auch nicht-verbalisiertes soziales Handeln zu fassen vermag, fand und findet diese Methode vor allem bei der Untersuchung (noch) unbekannter komplexer Kulturen und Lebenswelten Anwendung, deren Sprache den Forschern häufig nicht geläufig ist. Sehr früh finden sich wissenschaftliche Beobachtungen deshalb in der Ethnologie und bei der Erforschung so genannter ‚Subkulturen'. Aber auch in Situationen, in denen entweder eine Befragung nicht möglich oder nur wenig Erfolg versprechend ist, wie z.B. bei Kindern, bei sozial unerwünschtem bzw. abweichendem Verhalten oder bei Untersuchungen in geschlossenen Institutionen, wie Gefängnissen oder psychiatrischen Anstalten, bietet sich die Beobachtung an.

Obwohl die Beobachtung also ein vielfältig einsetzbares Forschungsverfahren ist, wird sie in der empirischen Sozialforschung heute wenig genutzt. Der Beobachtung kommt bei weitem nicht die Bedeutung wie dem Interview zu, sowohl in quantitativen wie in qualitativen Forschungen, was sich an der geringeren Nutzung in der Forschungspraxis, aber auch an der weitaus schwächeren methodologischen Rezeption und Diskussion ablesen lässt. Und dies, obwohl, wie wir weiter oben gezeigt haben, die Anfänge und die Entwicklung der empirischen Sozialforschung eng mit der Beobachtung verbunden sind.

Erklärbar ist dies, weil Beobachtungen eine sehr voraussetzungsvolle und intensive Forschungspraxis verlangen, hohe soziale und fachliche Anforderungen an die Forscher stellen und Beobachtung nicht immer möglich ist oder im Vergleich zu Befragungen nur geringe Fallzahlen möglich sind. Das lässt wiederum verstehen, dass mit dem Aufbruch der qualitativen Sozialforschung Anfang der 80er Jahre die ‚Wiederentdeckung' der Beobachtung einherging. Diese kommt dem Postulat der ‚Offenheit', wie sie in der qualitativen Sozialforschung, vor allem durch Phänomenologie und Symbolischen Interaktionismus, vertreten werden, entgegen und die Forderung nach großen Fallzahlen entfällt. In der gegenwärtigen Diskussion und Anwendung qualitativer Beobachtung herrschen denn auch Methodenkombinationen und Forschungsfelder vor, die an die Beobachtungsstudien der Chicagoer Schule erinnern und den Charakter von Feldstudien haben. Prominentester Vertreter im deutschen Sprachraum dürfte Roland Girtler mit seinen Studien zur Polizei (1980 a) oder zum Leben von Obdachlosen (1980b) sein, doch zeichnen sich auch in anderen Forschungsmonographien und Lehrbüchern verstärkt Bemühungen um die qualitativ-teilnehmende Beobachtung ab (vgl. Gerdes, 1979; Girtler, 1992; Lamnek, 1993).

3.2 Bestandteile der Beobachtung

Vergegenwärtigt man sich eine Untersuchungssituation, in der mit der Methode der Beobachtung gearbeitet wird, lassen sich vier Elemente erkennen, die die Beobachtungssituation prägen: Die Beobachtung eines Seminarverlaufes beispielsweise lässt sich wie alle anderen Beobachtungen charakterisieren durch die Rahmenbedingungen, unter denen die Beobachtung abläuft (z.B. Seminarort, Seminarzeit, Thema des Seminars u. v. m.), durch die Angabe derjenigen Verhaltensweisen, die erfasst werden sollen (z.B. Interaktionen der Seminarteilnehmer), durch den/die Beobachter und durch die Beobachteten. Die genannten *Bestandteile der Beobachtung* sind wechselseitig miteinander verflochten, lassen sich aber analytisch trennen und werden im Folgenden unter den Begriffen *Beobachtungsfeld, Beobachtungseinheiten, Beobachter* und *Beobachtete* erläutert. Der Grad der Festlegung dieser vier Bestandteile sowie des zeitlichen und räumlichen Einsatzes der Beobachter, des Gebrauches von Aufzeichnungstechniken etc. ermöglicht eine tendenzielle Zuordnung zur qualitativen oder quantitativen Sozialforschung. Je spezifischer – insbesondere in inhaltlicher Hinsicht – die genannten Aspekte vorab festgelegt sind, desto linearer, aber auch weniger offen und flexibel verläuft der Forschungsprozess. Dies weist deutlich auf ein quantitatives Untersuchungsdesign hin. Kann der Untersuchungsgegenstand dagegen auf den Forschungsablauf einwirken und ist die Forschung u.a. flexibel und reflexiv angelegt, entspricht dies dem qualitativen Paradigma (siehe Kap. 3.1.3).

3.2.1 Beobachtungsfeld

Am Anfang jeder Beobachtung müssen Informationen über das *Beobachtungsfeld* gesammelt werden. *Als Beobachtungsfeld kann mit Friedrichs und Lüdtke (1973, S. 51) derjenige räumliche und/oder soziale Bereich bezeichnet werden, in dem die Beobachtung stattfinden soll.* Der Begriff Beobachtungsfeld umfasst meist mehr als nur den räumlichen Bereich, auf den sich eine Beobachtung bezieht. Die Beschreibung des Beobachtungsfeldes gibt vielmehr Antwort auf die Frage: „Wo, wann und unter welchen Rahmenbedingungen wird beobachtet?"

Dabei gilt grundsätzlich folgende Unterscheidung: Eine quantitativ orientierte Beobachtung setzt eine Definition des Beobachtungsfeldes voraus und impliziert, dass sich dieses Feld im Forschungsverlauf nicht oder nur wenig verändert. Bei einer eher qualitativ orientierten Beobachtung kann und muss das Beobachtungsfeld nicht detailliert beschrieben werden, da es sich im Laufe der Forschungsarbeit verändern kann.

3. Beobachtung

Vorkenntnisse über das Forschungsfeld erweisen sich aber bei jeder Beobachtung als ausgesprochen wichtig. Da die Beobachtung Zeitgleichheit und räumliche Nähe voraussetzt, sind Informationen darüber, wann und wo ein bestimmtes soziales Verhalten beobachtet werden kann, unerlässlich. So wären beispielsweise Beobachtungen zum sozialen Verhalten von Studierenden in Seminaren während der vorlesungsfreien Zeit oder nach 20.00 Uhr wenig aussagekräftig bzw. verzerrt. Darüber hinaus können nähere Angaben zur Beschaffenheit des Beobachtungsfeldes – z.B. Anzahl und Beschreibung der im Feld agierenden Personen, Kommunikationsmuster und typische Situationen des Feldes – den Eintritt in das Feld (Feldzugang) und die weitere Feldarbeit erleichtern, wobei insbesondere der Feldzugang maßgeblich das Gelingen einer Untersuchung beeinflusst (vgl. ausführlich Lamnek, 1993(2), S. 284 ff.). Viele der angesprochenen Informationen über das Beobachtungsfeld sind jedoch nicht immer vorab bekannt. Selten lässt sich ein Beobachtungsfeld so eingehend beschreiben wie im folgenden Beispiel.

Eine 1948/49 durchgeführte Untersuchung in einer Großwäscherei sollte ein vorhandenes Konzept zur Analyse und Bewertung von sozialen Fähigkeiten prüfen und verbessern. „Unsere Großwäscherei gehört einer südstaatlichen Universität und wird von ihr betrieben. Zur Zeit der Untersuchung bestand die Belegschaft aus 121 Personen, wovon 68 Schwarze waren. 71 % des weißen und 83 % des farbigen Personals waren Frauen (…). Das Durchschnittsalter betrug etwa 39 Jahre. Hätte man diesen Durchschnitt nach Geschlecht und Rasse getrennt berechnet, so hätten sich keine großen Unterschiede ergeben. Das ganze Personal stammte aus den Südstaaten, die meisten waren sogar in der betreffenden Stadt geboren und dort aufgewachsen, und alle gehörten einer protestantischen Kirche an. Ihre Zugehörigkeit zu einer sozialen Klasse erstreckte sich wahrscheinlich von *Lloyd Warners* „oberer Unterklasse" bis zu irgendeinem nicht näher bezeichneten Punkt innerhalb der Mittelklasse. Während vieler Jahre hatten Weiße und Schwarze gemeinsam im Betrieb gearbeitet; die Rassensituation war also stabil. Der Betrieb war nicht gewerkschaftlich organisiert. Gearbeitet wurde in einem großen, gut beleuchteten und entlüfteten Gebäude auf einem einzigen Stockwerk. Im vorderen Teil des Gebäudes lagen die privaten und halbprivaten Büros der leitenden Angestellten und Schreibkräfte. Die formale Autoritätsstruktur umfaßte folgende Stufen: Betriebsdirektor, Betriebsleiter, Werkmeister, Aufseher und Arbeiter. Tatsächlich hatten jedoch der Betriebsdirektor und der Betriebsleiter etwa die gleiche Autorität, in mancher Hinsicht stand der Betriebsleiter sogar über dem Betriebsdirektor" (Bain, 1972, S. 116).

Nachteilig an einer zu starken Eingrenzung des Beobachtungsfeldes ist der daraus resultierende verengte Blickwinkel der Beobachtung. Für das Untersuchungsziel relevantes Verhalten wird möglicherweise nicht erfasst, weil es nicht im festgelegten Beobachtungsfeld auftritt. Ein Beobachtungsfeld lässt sich daher umso leichter und genauer eingrenzen, je stärker es sich natürlicherweise von anderen Bereichen abgrenzt, d.h. je weniger es mit anderen sozialen Bereichen vernetzt ist. Die Eingrenzung des Beobachtungsfeldes vereinfacht sich, wenn auf ein konkret vorhandenes Territorium oder eine Lokalität Bezug genommen werden kann, erschwert sich dagegen, wenn soziales Verhalten ohne genaue räumliche Zuordnung untersucht werden soll. Soll z. B. soziales Verhalten von Studierenden untersucht werden, wäre es eine grobe Verzerrung, das Beobachtungsfeld räumlich auf die Universität zu beschränken. Andere Lebensbereiche wie Wohnheime, Elternhäuser, Kneipen u. a. m. müssten hier einbezogen werden.

Grundsätzliche Unterschiede hinsichtlich des Beobachtungsfeldes lassen sich zwischen *Feldbeobachtung und Laborbeobachtung* feststellen. Bei der *Laborbeobachtung werden die Beobachtungsbedingungen künstlich festgelegt*. Die zu beobachtenden Akteure handeln also nicht in ihrer natürlichen, sondern in einer künstlichen Umwelt, die von den Forschern konstruiert und kontrolliert wird. *Die Feldbeobachtung dagegen untersucht das soziale Verhalten der Akteure in ihrer natürlichen Umwelt unter den dort herrschenden Bedingungen, ohne diese gezielt zu verändern.* Dementsprechend muss sich der Verlauf der Beobachtung an den üblichen Abläufen, vorgegebenen Zeiten und Räumlichkeiten sowie typischen Situationen orientieren.

3.2.2 Beobachtungseinheiten

Die *Beobachtungseinheiten bezeichnen denjenigen Teilbereich sozialen Geschehens, der konkreter Gegenstand der Beobachtung sein soll.* Sie geben somit Antwort auf die Frage: „Wer und was (z. B. Interaktionen, Prozesse) werden wann beobachtet?" Da nie alles beobachtet werden kann, muss eine theoriegeleitete oder eine, auf den Informationen über das Beobachtungsfeld beruhende, Auswahl der Beobachtungseinheiten vorgenommen werden, die zugleich dem Anspruch der Untersuchung (z. B. Repräsentativität) gerecht wird. Am Anfang einer Untersuchung ist allerdings manchmal nur ungenau bekannt, welche sozialen Situationen bzw. welche ihrer Aspekte in Bezug auf das Untersuchungsziel relevant sind.

„Nehmen wir an, daß der teilnehmende Beobachter wissen möchte, wie in einer fremden Kultur die Kinder aufgezogen werden. Höchstwahrscheinlich wird er zunächst Situationen beobachten, in denen Mutter und Kind beisammen sind. Im Laufe seiner Beobachtungen mag er entdecken, daß solche Situationen weniger häufig auftreten, als er angenommen hat, weil in bestimmten Kulturen die Mütter der Arbeit nachgehen, wogegen sich die Väter oder Geschwister um die Kinder kümmern. Sobald er sich über diese Tatsache klar geworden ist, wird er seine beobachtende Tätigkeit nunmehr auf jene Personen richten, denen die Kinder anvertraut sind. Diese Verlagerung des Brennpunktes geht oft Hand in Hand mit einer Verengung des Beobachtungsfeldes" (Jahoda et al., 1972, S. 83).

Auch bei der Festlegung der Beobachtungseinheiten ist das Definitionsprinzip eher quantitativ orientierter Beobachtung (reduktionistische Definition) von dem eher qualitativ orientierter Beobachtung (funktionale Definition) zu unterscheiden (vgl. Friedrichs/Lüdtke, 1973, S. 53). Bei quantitativen Untersuchungen wird das Verhalten – vornehmlich zeitlich – in Einheiten zerlegt und die kleinste – also kürzeste – als vollständig deutbare Einheit mit dem Begriff Beobachtungseinheit bezeichnet.

In der Interaktionanalyse von Bales, mit der soziale Interaktionen z.B. in beschlussfassenden und problemlösenden Konferenzgruppen untersucht wurden, wird ein Satz (Einheit aus Subjekt und Prädikat) als Beobachtungseinheit verstanden. „Aus der Beschreibung des Aufzeichnungsprozesses geht deutlich hervor, daß jedes Mal, wenn die handelnden Personen wechseln, eine neue Einheit beginnt. Manchmal spricht jedoch jemand während längerer Zeit. Er sagt zum Beispiel: „Ich habe genau 12 Uhr. Allerdings ist meine Uhr in der letzten Zeit gelegentlich stehengeblieben. Ich weiß also nicht, ob meine Zeit genau stimmt." Der Beobachter würde für diese Satzfolge drei Einheiten eintragen, für jeden Satz eine" (Bales, 1972, S. 158).

Qualitative Untersuchungen, die in erster Linie komplexere Situationen und Interaktionen in ihrer Ganzheit erfassen wollen, implizieren auch offenere und umfassendere Beobachtungseinheiten. Dementsprechend werden hier oft Situationen als Beobachtungseinheiten herangezogen. Dabei ist unter einer Situation ein Komplex von Personen, anderen Organismen und materiellen Elementen zu verstehen, der meistens zeitlich und räumlich gebunden eine sinnlich wahrnehmbare Einheit darstellt. In einer Gemeindestudie kann z.B. die komplexe Situation „Volksfest" in Teilsituationen wie „Festumzug", „Festzelt" etc. unterteilt werden (vgl. Friedrichs/Lüdtke, 1973, S. 54 f.).

3.2.3 Beobachter

In Bezug auf den Beobachter muss in erster Linie berücksichtigt werden, welchen Beobachterstatus er/sie in der Beobachtung einnimmt. Dieser Beobachterstatus wird erstens bestimmt durch den Partizipationsgrad im Feld – d.h. inwieweit nimmt der Beobachter an der zu untersuchenden sozialen Situation teil – und wird zweitens bestimmt durch die Beobachterrollen, deren Ausfüllung mit dem Partizipationsgrad korrespondiert. Diesem Element liegt die Frage zugrunde: „Wie verhält sich der Beobachter gegenüber dem und im Feld?"

Grundsätzlich sind für den Beobachter zwei Rollen gegeben: *seine Rolle als forschender Beobachter und seine Teilnehmerrolle im Feld.* Quantitativ orientierte Beobachtungsdesigns betonen die Rolle als forschender Beobachter, was meist mit einem geringen Partizipationsgrad im Feld verbunden ist. Dazu können Forschungsprozess und Erfassungsprozess personell getrennt werden, um eine Objektivierung der Beobachtung zu ermöglichen. Das heißt Forscher und Beobachter müssen bzw. sollen nicht dieselbe Person sein, verschiedene Beobachter sollen vielmehr bei einer parallel verlaufenden Beobachtung zum gleichen Beobachtungsergebnis kommen. Die Beobachtung soll intersubjektiv überprüfbar sein.

Qualitativ orientierte Beobachtungsdesigns betonen dagegen die Teilnehmerrolle, was einen hohen Partizipationsgrad des Forschers im Feld und die Identität von Forscher und Beobachter voraussetzt. Wichtig wird dabei der Bezug zum Beobachtungsfeld, weil Beobachterrollen nur unter den Vorgaben des Feldes gewählt werden können. Oft stehen bestimmte für die Beobachtung bzw. die Beobachter vorteilhafte Rollen nicht zur Verfügung und können auch nicht ins Feld eingebracht werden. In vielen Fällen bestimmen Geschlecht, Hautfarbe oder Alter, welche Beobachterrollen eingenommen werden können. So kann beispielsweise ein männlicher Beobachter nicht teilnehmend in einem Frauenhaus beobachten. Zudem muss bedacht werden, dass sich Beobachterrollen feldbedingt im Laufe der Beobachtung verändern oder dass sie sich aus praktischen Erwägungen heraus manchmal nicht bis zur „letzten Konsequenz" durchhalten lassen (z. B. bei Beobachtungen im kriminellen Milieu).

Sowohl der Partizipationsgrad als auch die gewählte Rolle müssen während der gesamten Feldarbeit kritisch reflektiert werden, um einer *eingeschränkten Wahrnehmung* oder einem *going native*, einer Überidentifikation mit dem Feld und seinen Akteuren, begegnen zu können. So kann z.B. die Einführung des Beobachters in bestimmte Gruppen mittels Kontaktpersonen oder die starke Bindung an bestimmte Schlüsselinformanten der Gruppe (gate-keeper) zu einer einseitigen Wahrnehmung und damit zu einer Verzerrung führen. In einem solchen Fall sollte versucht werden, eine einmal festgelegte Rolle im Verlauf der Feldarbeit zu verändern.

3.2.4 Beobachtete

Eine mehr oder minder genaue Abgrenzung derjenigen Personen, die beobachtet werden, findet bereits bei der Festlegung des Beobachtungsfeldes bzw. der Beobachtungseinheiten statt. *Im Folgenden wird deshalb diskutiert, inwieweit die Beobachtung für die Beobachteten transparent ist.* Eine Betrachtung der Beobachteten als Element der Beobachtung klärt deshalb in erster Linie die Frage: „Wissen die Beobachteten, dass und zu welchem Zweck sie beobachtet werden?"

Dabei kann entweder der Beobachter seine Tätigkeit aktiv offen legen und die Beobachteten darüber informieren oder die Beobachtungssituation kann ohne Information des Beobachters für alle erkennbar sein. Offenheit gegenüber den Beobachteten ermöglicht einen rechtlich unproblematischen Einsatz von Aufzeichnungstechniken, wie z.B. Videokamera, deren Benutzung bei Nichtwissen der Beobachteten nicht nur rechtlich problematisch werden kann.

3. Beobachtung

Soll verdeckt beobachtet werden, sodass die Beobachtung von den Beobachteten weder gewusst noch bemerkt wird, muss eine Tarnung im Rahmen der Feldbedingungen gesucht werden, wie im folgenden Beispiel einer Untersuchung zum Verhalten Jugendlicher.

„Das verdeckte Beobachtungsverfahren mußte in der Durchführung den unterschiedlichen physikalischen Bedingungen der Freizeitorte entsprechend variiert werden. Grundprinzip war, daß sich der Beobachter so unauffällig wie möglich verhielt. Dies wurde zum Teil dadurch erreicht, daß er sich in seinem Verhalten den Ortsprogrammabläufen anpaßte. Beobachter konnten im Einkaufszentrum relativ einfach unbemerkt bleiben, indem sie „so taten", als würden sie am Ort bummeln, sich für konkrete Warenangebote interessieren, also sich ähnlich verhielten wie die zu beobachteten Jugendlichen in ihrer Nähe, oder zumindest wie andere Besuchergruppen. Demgegenüber war es in den von uns untersuchten Diskotheken allein aufgrund der Altersdifferenz zu den jugendlichen Besuchern weitaus schwieriger, als gewöhnlicher Ortsbesucher „durchzugehen". An diesem Ortstyp galt es vor allem zu verhindern, daß die beobachteten Jugendlichen Hinweise erhielten, daß sie selbst Gegenstand des Interesses waren. In den Diskotheken wurden in der Regel zwei Erheber an den Beobachtungsstandpunkten eingesetzt, um zumindest den Anschein einer mit sich selbst beschäftigten Besuchergruppe zu erwecken" (Niemann, 1989, S. 79 f.).

Wird die Beobachtungsintention dennoch entdeckt, und kann die Beobachtung trotzdem weitergeführt werden, so wird den Beobachtern von den Beobachteten häufig eine Rolle zugeschrieben, die deren auffälliges Interesse erklärt. Zum Beispiel die Rolle eines Autors, der über eine bestimmte Lokalität ein Buch schreiben möchte und deshalb recherchiert. Darüber hinaus stehen verschiedene Rollen, die sich natürlicherweise im Feld ergeben, für eine Zuschreibung zur Verfügung.

Bei der Untersuchung von R. Girtler über den Polizei-Alltag wissen die Hauptakteure, die Polizisten, daß sie beobachtet werden. „Von der anderen Seite, von der Seite der Kontaktierten, wurde ich als „Kriminalbeamter", der entweder Sicherheitswachbeamte bei Streifenfahrten unterstützt oder der eben an Kriminalrazzien teilnimmt, definiert. Daß meine Rolle als „Kriminalbeamter" – ich habe mich nie als solcher tatsächlich ausgegeben – den Anschein des „Echten trug", wurde mir oft bestätigt. So stand ich während einer Lokalstreife beim Eingang des Lokals und beobachtete die Kriminalbeamten, mit denen ich unterwegs war, wie sie Personen kontrollierten. Ich hielt mich in der Nähe der Bar auf, wo einige Männer, die deutliche Abneigung gegen die Polizisten zeigten, saßen. Diese schauten mich an und wisperten sich etwas zu, was ich nicht verstand. Ich konnte mir nun ein Lächeln nicht zurückhalten, da ich offensichtlich von den an der Bar sitzenden Männern für einen Kriminalbeamten gehalten wurde" (Girtler, 1980a, S. 144).

3.3 Formen der Beobachtung

Wissenschaftliche Beobachtungen lassen sich anhand unterschiedlicher Dimensionen charakterisieren, wobei diese je einen Bezug zu den Bestandteilen der Beobachtung aufweisen. Eine Typisierung der wichtigsten *Beobachtungsformen* kann nach dem Grad ihrer *Strukturiertheit*, ihrer *Offenheit* und ihrer *Teilnahme* vorgenommen werden. Für jede dieser drei Dimensionen gibt es dabei zwei extreme Ausprägungen, zwischen denen sich ein Kontinuum spannt, auf dem die meisten der praktisch angewandten Beobachtungsverfahren anzusiedeln sind. Quantitative Beobachtungen lassen sich in diesem Rahmen von qualitativen am besten anhand der Dimensionen Strukturiertheit und Teilnahme unterscheiden. Darüber hinaus ist anzumerken, dass neben der Unterscheidung in Feld- und Laborbeobachtung, die in Kapitel 3.2.1 bereits erläutert wurde, zwischen *Selbstbeobachtung und Fremdbeobachtung* differenziert wird (vgl. u. a. Dechmann, 1978, S. 19 f.; Friedrichs, 1999, S. 273; Schnell et al., 1999, S. 357).

3.3.1 Strukturiertheit

Die Dimension Strukturiertheit bezieht sich sowohl auf den Prozess der Wahrnehmung als auch auf den der Aufzeichnung. Wahrnehmung und Aufzeichnung im Beobachtungsprozess können in den Extremfällen strukturiert bzw. unstrukturiert sein. Zum Teil wird in der Literatur anstelle von Strukturiertheit auch der Begriff Standardisierung verwendet (vgl. u. a. Dechmann, 1978; Friedrichs, 1999, S. 273 ff.).

Der strukturierten Beobachtung liegt ein vorab erstelltes Beobachtungsschema zugrunde, das „angibt, was und wie zu beobachten ist. Es definiert die Zahl und Art der Beobachtungseinheiten, deren besondere Dimensionen und gibt Beispiele für die Sprache, in der beobachtet werden soll" (Friedrichs/ Lüdtke, 1973, S. 60). Strukturierte Beobachtung setzt folglich umfassende Kenntnisse über das Beobachtungsfeld voraus. Um ein Beobachtungsschema aufstellen zu können, bedarf es konkreter Forschungshypothesen. Diese, der Untersuchung zugrunde liegenden Hypothesen werden bis zur Ebene empirisch erfassbarer Indikatoren operationalisiert (siehe Kap. 2.3). Um *Beobachtungskategorien* zu entwickeln, müssen die konkreten inhaltlichen Ausprägungen der Indikatoren so formuliert werden, dass für jedes Beobachtungsintervall nur eine Ausprägung zutreffend zugeordnet werden kann. Gelingt dies, können die Beobachtungskategorien als trennscharf bezeichnet werden. Durch Pretests sollte dann überprüft werden, ob die so generierten Kategorien das in der Beobachtungsrealität auftretende Verhalten tatsächlich abdecken und inhaltlich wie sprachlich erfassen. Wenn die für die Beobachtung relevanten Zeitintervalle noch nicht bei der Definition der Beobachtungseinheiten berücksichtigt wurden, müssen sie im Beobachtungsschema

3. Beobachtung

ebenso zusätzlich festgelegt werden, wie die Aufzeichnungs- bzw. Protokollierungstechnik, mit deren Hilfe gearbeitet werden soll.

Bei dem von Flanders entwickelten Kategoriensystem zur Beobachtung von Lehrer-Schüler-Interaktionen muss der Beobachter alle drei Sekunden diejenige Kategorie protokollieren, die am besten die dominante Richtung des Geschehens beschreibt. Zur Auswahl stehen zehn Kategorien, darunter beispielsweise:

„1. *Akzeptiert Gefühle:* Lehrer akzeptiert oder klärt Gefühle der Schüler, ohne negativ zu sanktionieren. Betrifft positive wie negative Gefühle. Antizipation von Gefühlen oder Erinnerung an Gefühle sind eingeschlossen.

2. *Lobt oder ermutigt:* Lobt oder ermutigt Aktionen oder Verhalten der Schüler. Spannungslösende Scherze, sofern sie nicht auf Kosten eines Schülers gehen, bejahendes Kopfnicken, „hm hm" oder „Gut so!", „Weiter so" sind eingeschlossen.

3. *Akzeptiert Ideen der Schüler, greift sie auf:* Klärt, baut aus und entwickelt Ideen und Vorschläge der Schüler. Bringt der Lehrer dabei stärker seine eigenen Ideen ins Spiel, kommt dagegen Kategorie 5 in Frage.

4. *Stellt Fragen:* Stellt Fragen in bezug auf Inhalt und Verfahren mit der Absicht, sie vom Schüler beantworten zu lassen.

5. *Lehrervortrag:* Teilt Fakten oder Meinungen zu Inhalten oder Verfahren mit. Bringt seine eigenen Ideen zum Ausdruck, stellt rhetorische Fragen" (Manz, 1974, S. 35, Hervorh. im Original).

Mit der strukturierten Beobachtung lassen sich die erstellten Hypothesen überprüfen, indem z.B. erfasst wird, ob und wie oft die Verhaltensweisen, die vorab in den Beobachtungskategorien formuliert worden sind, auftreten. Die Verwendung eines Beobachtungsschemas soll einen hohen Grad an Quantifizierbarkeit, Kontrollierbarkeit und Vergleichbarkeit der erfassten Daten gewährleisten, indem sie die Beobachtung der subjektiven Interpretation eines einzelnen Beobachters weitgehend entzieht. Die Beobachtung wird so prinzipiell durch andere Beobachter wiederholbar. Gleichzeitig wird deutlich, dass diese Vorteile der strukturierten Beobachtung auf einer zeitgleichen Protokollierung der beobachteten Ereignisse basieren. Aber eine zeitgleiche Aufzeichnung setzt wiederum eine präzise Protokollierungstechnik und trennscharfe Kategorien voraus.

Beim Interaktiogramm von Atteslander, das zur Erforschung der Aufsichtsfunktion in Arbeitsgruppen erarbeitet wurde und bei dem nur Interaktionen mit einer Mindestdauer von 5 Sekunden aufgezeichnet wurden, kommt eine spezifische Kurzschrift zur Anwendung, die in vorbereitete Beobachtungsblätter eingetragen wurde: Die Art der Interaktion wird durch bestimmte Großbuchstaben symbolisiert, während die beteiligten Personen mit Kleinbuchstaben, verbleibenden Großbuchstaben oder Nummern bezeichnet werden. Zum Beispiel „bei Beobachtungszeit 001 verläßt Arbeiter 5 seinen Arbeitsplatz, um mit dem Meister zu interagieren (kJ5), mit dem er etwa 10 Sekunden spricht (zwei Beobachtungsfelder werden mit einem Pfeil aufgefüllt)." (Atteslander, 1954, S. 156, weitere Details finden sich in: Cranach/Frenz, 1975, S. 318 f. und Bortz, 1984, S. 200 f.).

Die Nachteile der strukturierten Beobachtung lassen sich an dem beschriebenen Vorgehen festmachen: Selbst wenn die Beobachtungskategorien methodisch sauber generiert wurden, ist es doch fraglich, ob sie so trennscharf formuliert werden konnten, dass zwei oder mehrere Beobachter in Sekundenschnelle (im vorher genannten Beispiel von Flanders in 3-Sekunden-Intervallen) zu einer identischen Kategorienzuordnung des beobachteten Verhaltens gelangen. Da darüber hinaus die Beobachtungskategorien schon vor Beginn der Beobachtung fixiert sind, werden Verhaltensweisen, die im Verlauf der Beobachtung auftreten und nicht durch das Kategoriensystem abgedeckt sind, entweder nicht wahrgenommen, oder als nicht beobachtungsrelevant eingeschätzt und folglich nicht aufgezeichnet, selbst wenn sie für die Forschungsfrage aussagekräftig wären. Die Wahrnehmung ist also durch das Beobachtungsschema und die -kategorien eingeschränkt, das Feld kann seine Eigenart nur bedingt einbringen, es sei denn, dass wie beim Interaktiogramm wochenlange Exploration vorausging.

Es besteht dadurch die Gefahr des *Ethnozentrismus*, einer Interpretation des Beobachteten auf der Basis der in der eigenen Lebenswelt gemachten Erfahrungen und des im eigenen Kulturkreis gebundenen Denkens. Zudem setzen sich in der Operationalisierung vorgenommene Verkürzungen bzw. Fehler bis in die Wahrnehmung und Aufzeichnung fort und können nachträglich kaum mehr korrigiert werden. Aus diesen Gründen sollten die, für bestimmte Beobachtungsfelder entwickelten Kategorienschemata vor einer Verwendung in anderen Beobachtungsfeldern Pretests unterzogen werden.

Im Gegensatz zur strukturierten liegen der unstrukturierten Beobachtung keinerlei inhaltliche Beobachtungsschemata zugrunde, sondern lediglich die Leitfragen der Forschung. Dies sichert die Flexibilität und die Offenheit der Beobachtung für die Eigenarten des Feldes. Mit der unstrukturierten Beobachtung werden dementsprechend nicht Hypothesen überprüft, sondern entwickelt. Die Hypothesen stehen also nicht am Anfang der Beobachtung, sondern können während und am Ende der Beobachtung auf der Basis der gewonnenen Informationen formuliert werden. Insofern wurde die unstrukturierte Beobachtung lange Zeit als explorativ und als Vorphase einer strukturierten Beobachtung eingestuft. Mittlerweile hat sie sich jedoch als eigene Beobachtungsform durchgesetzt (siehe ausführlich Kap. 3.4). Der Verlauf einer unstrukturierten Beobachtung wird durch die Vorgänge im Feld bestimmt, um besonders feldnahe und -adäquate Informationen zu erhalten. Weniger die Häufigkeit und Verteilung von Verhalten stehen im Mittelpunkt des Interesses, sondern die Beschreibung der Akteure, ihres Verhaltens, der Situationen und Zusammenhänge sowie die Erfassung ihrer Handlungsmus-

3. Beobachtung

ter. Doch was soll in und von der Komplexität einer sozialen Situation beobachtet und protokolliert werden?

Girtler versucht in seinen Protokollen folgende Aspekte festzuhalten:
- die Teilnehmer an der sozialen Situation
- die Durchführung der sozialen Situation
- die Schaffung der sozialen Situation
- die die Teilnehmer an der Situation determinierenden Normen
- die Regelmäßigkeit der sozialen Situation
- die Reaktionen, wenn die Teilnehmer den an sie gerichteten Erwartungen nicht entsprechen
- den Unterschied zwischen Behauptetem und Getanem

(vgl. Girtler, 1992, S. 133 ff.).

Bereits eine Orientierung an diesen Aspekten lenkt die Wahrnehmung und Aufzeichnung, wenn auch in geringem Maße. Deutlicher Unterschied zur strukturierten Beobachtung ist die inhaltliche Offenheit dieser Aspekte. Obwohl bei der wenig bis unstrukturierten Beobachtung keine sofortige Aufzeichnung nötig ist, sollte nicht allzu viel Zeit, d.h. nicht mehrere Tage, zwischen Beobachtung und Aufzeichnung verstreichen, da Protokolle aus der Erinnerung eine spezifische Selektivität aufweisen. Wenn ein kurzfristiges Verlassen der sozialen Situation (ggfs. des Feldes) oder eine kurzfristige Unterbrechung der Beobachtung als nicht besonders störend einzustufen sind, können auch im Verlauf der Beobachtung Aufzeichnungen in Form kurzer Notizen – entweder schriftlich oder auf ein Aufnahmegerät gesprochen – gemacht werden. Da jedoch eine Protokollierung in der Beobachtungssituation sehr häufig störend wirkt, weil sie die Beobachtungssituation auffällig demonstriert, empfehlen sich Aufzeichnungen unmittelbar nach der Beobachtung.

Deshalb spricht sich Polsky in seiner Untersuchung erwachsener Straftäter explizit für folgendes Vorgehen aus: „1. Man kann gar nicht umhin, allein durch seine Gegenwart die Umgebung des Straftäters in einem gewissen Maße zu verfälschen. Diese Verfälschung läßt sich jedoch weitgehend reduzieren, wenn man einmal keine technischen Hilfsmittel wie Tonbandgeräte oder Fragebögen verwendet und zum anderen sich in der Gegenwart des Probanden keine Notizen macht. Man kann sich recht gut darauf trainieren, Details des Getanen und Gesagten sich gründlich genug einzuprägen, um sie am Ende des Tages (oder wohl eher der Nacht) zu Hause ausführlich und genau aufzuzeichnen" (Polsky, 1973, S. 61).

Die in der Praxis eingesetzten Beobachtungsformen lassen sich allerdings oft nicht eindeutig, sondern eher tendenziell den Extremen strukturiert oder unstrukturiert zuordnen.

3.3.2 Offenheit

Die Dimension Offenheit bezieht sich auf die Transparenz der Beobachtungssituation für die Beobachteten und kann zwischen verdeckt und offen variieren (siehe Kap. 3.2.4).

Bei einer verdeckten Beobachtung wissen die Beobachteten nicht, dass sie beobachtet werden. Ihr Verhalten soll durch die Beobachtung nicht gestört oder verändert werden, sie sollen sich möglichst natürlich verhalten. Da eine Verheimlichung jedoch immer spezifische Nachteile mit sich bringt, wird die verdeckte Beobachtung in der Sozialforschung eher selten und nur in Feldern angewendet, in denen eine offene Beobachtung nicht durchgeführt werden kann. Dies ist dann der Fall, wenn die für die Untersuchung relevanten Verhaltensweisen bei einer Beobachtung zu stark verändert oder gar nicht gezeigt würden bzw. wenn das Feld eine Beobachtung (z. B. aus Misstrauen oder Geheimhaltungsgründen) nicht zuließe. Entsprechend findet sich verdeckte Beobachtung beispielsweise bei der Untersuchung von Sektenaktivitäten (vgl. u. a. Festinger et al., 1964) oder von Sexualverhalten.

> Humphreys führt in seiner Untersuchung über homosexuelle Akte in Toiletten eben diese zwei Gründe für den Einsatz der verdeckten Beobachtung an: „... In eine öffentliche Toilette zu kommen mit einem button am Aufschlag, auf dem steht „Ich bin ein Spitzel und bespitzele Dich", würde zum sofortigen Abbruch aller Aktivitäten führen, man würde nur noch das Spülen der Toiletten hören und dann wären alle verschwunden. ... Der zweite Grund liegt darin, daß es gilt, Verzerrungen zu vermeiden. Lassen Sie uns einmal hypothetisch annehmen, dass einige wenige Männer gefunden werden könnten, die ihre sexuellen Aktivitäten auch unter Beobachtung fortsetzen würden. Wie „normal" könnten solche Aktivitäten wohl sein? Wie könnte der Forscher „show" und „Täuschung" vom Regelverhalten bei Begegnungen dieser Art unterscheiden?" (Humphreys, 1973, S. 255 f.).

Bei der Untersuchung von totalen Institutionen und weitgehend geschlossenen Organisationen, wie z. B. psychiatrischer Kliniken oder der Justiz empfiehlt sich die verdeckte Beobachtung (vgl. u. a. Lautmann, 1973, S. 113). Um die Beobachtung zu verheimlichen, darf der Beobachter nicht als solcher identifiziert werden, was nur über eine Tarnung gelingt. Der Beobachter kann sich entweder durch eine vorhandene oder neu geschaffene soziale Rolle tarnen oder aber durch räumliche Bedingungen, wie z. B. einseitig durchsichtige Spiegel.

> Eine räumliche Tarnung ermöglichte in der Untersuchung über die Arbeitslosen von Marienthal die Beobachtung der Gehgeschwindigkeiten und Pausen. „Von unserem verborgenen Fensterplatz aus versuchten wir mit der Uhr in der Hand die Geschwindigkeit dieser langsamen Dorfstraße zu ermitteln" (Jahoda et al., 1960, S. 69).

3. Beobachtung

Problematischer als eine räumliche Tarnung ist die Tarnung durch die Übernahme einer Rolle im Feld (siehe Kap. 3.3.3 und 3.4). Sie ermöglicht zwar weit reichende Erkenntnisse und Einblicke in die natürliche Lebenswelt der Untersuchungspersonen, stellt aber ausgesprochen hohe Anforderungen an die Person des Beobachters, denn er muss nicht nur neben der Rolle des forschenden Beobachters die eines sozialen Teilnehmers im Feld so einnehmen, dass die anderen Teilnehmer nichts von seinen „Doppelaktivitäten" bemerken, sondern auch diese Täuschung durchgehend aufrechterhalten und für sich selbst legitimieren. Verdeckte Beobachtung birgt die Gefahr einer „Enttarnung" in sich, mit der Folge, dass die Feldarbeit dann in der Regel abgebrochen werden muss. Da verdeckte Beobachtung das Vertrauensverhältnis zwischen Beobachter und Beobachteten missbraucht und „Geheimnisse" des Feldes und der Untersuchungspersonen öffentlich macht, ist ihre Anwendung darüber hinaus forschungsethisch bedenklich.

Bei einer offenen Beobachtung wissen die Beobachteten, dass sie beobachtet werden. Die Beobachter können in ihrer Identität als Forscher offen auftreten und verfügen damit über einen größeren und variableren Verhaltensspielraum. Obwohl eine offene Beobachtung anfänglich Misstrauen und Verhaltensänderung hervorrufen kann, verschwinden diese methodenbedingten Verzerrungen in vielen Beobachtungsfeldern im Laufe der Untersuchung. Meist haben sich die Untersuchungspersonen schon nach kurzer Zeit an den/die Beobachter oder die technischen Aufzeichnungsgeräte gewöhnt und lassen sich im Ablauf ihrer alltäglichen Handlungen nur mehr wenig bzw. nicht stören, solange nicht demonstratives Aufzeichnen die Beobachtung immer wieder ins Gedächtnis ruft. Positiv hervorzuheben ist, dass in einer offenen Beobachtungssituation ein Vertrauensverhältnis zwischen Beobachteten und Beobachtern geschaffen werden kann, das einen Informationsaustausch und ein Verstehen der fremden Lebenswelt ohne Täuschung ermöglicht. Für die Person des Beobachters kann diese Form deshalb angenehmer und unbelastender sein (vgl. Girtler, 1992).

In vielen Feldforschungen variiert die Offenheit. Zum einen kann die Tatsache der Beobachtung zwar bekannt sein, über den spezifischen Zweck der Beobachtung, die Forschungsfrage, sind die Beobachteten jedoch nicht oder nicht alle in gleicher Weise informiert. Das heißt, die Beobachteten wissen zwar, dass sie untersucht werden, wissen jedoch nicht, welche ihrer Verhaltensweisen besonders relevant sind. Diese Art der ‚Informationspolitik' wird z.B. dann gewählt, wenn die eigentliche Forschungsfrage den Zugang zum Feld erschweren würde. Zum anderen kann die Beobachtung nur einer Gruppe von Feldakteuren bekannt sein, während andere Akteure die Beobachter nicht als solche erkennen und ihnen deshalb natürliche Rollen im Feld zuweisen (siehe Kap. 3.2.4). Auch stellt sich die Frage inwieweit eine Beobachtung als offen bezeichnet werden kann, wenn die Beobachter Rollen im Feld übernehmen, die in ihrer alltäglichen Anlage eine Beobachtung bereits zulassen, aber nicht explizit auf ihre wissenschaftliche Beobachtung verweisen. Zu denken ist hier z.B. an Interaktionsanalysen in Gerichtsverhandlungen, wenn Beobachter die Rolle des Publikums einnehmen.

3.3.3 Teilnahme

Die Dimension Teilnahme bezieht sich auf den Partizipationsgrad des Beobachters an der sozialen Situation, die er beobachtet. Da der Beobachter immer über seine Wahrnehmungs- und Interpretationstätigkeit in die übergeordnete Beobachtungssituation integriert ist, kann es bei der Beobachtung nicht zur Nicht-Teilnahme kommen. Zu unterscheiden ist jedoch eine passive Teilnahme (niedriger Partizipationsgrad) von einer aktiven Teilnahme (hoher Partizipationsgrad).

Passiv teilnehmend bedeutet, dass sich der Beobachter ganz auf seine Rolle als forschender Beobachter beschränken kann und wenig bis nicht an den zu untersuchenden Interaktionen bzw. sozialen Konstellationen teilnimmt. Der Beobachter wird deshalb als „complete observer" (Junker, 1960 nach Weidmann, 1974, S. 13) oder auch „reiner Beobachter" (Lamnek, 1993(2), S. 263) bezeichnet. Reines Beobachten kommt bei Interaktionsanalysen in Laborsituationen vor. Durch die Konzentration auf die Beobachtung sind passiv teilnehmende Beobachter in der Lage, sekundenschnell hochstrukturierte Aufzeichnungen zu machen. Der passiv teilnehmenden Beobachtung wurde lange Zeit mehr Objektivität und intersubjektive Überprüfbarkeit zugestanden, da bei ihr quasi von außen, weitgehend unbeteiligt am sozialen Geschehen, beobachtet wird. Passiv teilnehmende Beobachter können sich jedoch nicht in die Lebenswelt der Untersuchungspersonen versetzen und deren Verhalten nachvollziehen, sondern bleiben fremd. Dabei besteht die Gefahr, dass sie aus ihrer eigenen Lebenswelt Erklärungsmuster auf die zu beobachtende Gruppe oder Situation übertragen und so eigentlich fremdes Verhalten am Prüfstein eigener Verhaltensregeln und -erwartungen messen und beurteilen (Ethnozentrismus).

Aktiv teilnehmende Beobachter nehmen im Wortsinn an der natürlichen Lebenswelt der Untersuchungspersonen teil, pflegen zu ihnen z.T. intensiven Kontakt. Das heißt, aktive Teilnahme führt immer dazu, dass der forschende Beobachter eine Teilnehmerrolle im Feld übernimmt. Dies stellt hohe Anforderungen an die Person des Beobachters, da einerseits eine Identifikation mit den Untersuchungspersonen für das Verständnis ihres Verhaltens unerlässlich ist, andererseits ein bedingungsloses, nicht reflektiertes *going native* zu methodischen Problemen führen kann. In diesem Spannungsfeld sind mehrere Stufen der aktiven Teilnahme angesiedelt, die eine je unterschiedliche Intensität der generell hohen Partizipation im Feld bedeuten. Der Beobachter kann entweder „observer-as-participant", Beobachter als Teilnehmer, „participant-as-observer", Teilnehmer als Beobachter oder aber „complete participant" sein, was eine völlige Identifikation mit dem Feld bedeutet (vgl. Weidmann 1974, S. 13 ff.; ausführlich Lamnek, 1993(2), S. 263 ff.). Als „observer-as-participant" kann ein Beobachter z.B. dann bezeichnet werden, wenn er sich zwar überwiegend auf seine Beobachtertätigkeit konzentriert, gelegentlich jedoch „kleine Handreichungen" verrichtet, um sich ins Feld zu integrieren.

Bei einer 1980–1983 auf Intensivstationen durchgeführten Untersuchung über Chancen und Hinderungsfaktoren in therapeutischen Interaktionsprozessen wurde dies folgendermaßen ausgehandelt: „Die Beobachter würden sich in Kleidung und Beobachtungsrhythmus (Schichten) dem Pflegepersonal zuordnen und sich durch „kleine Handreichungen" in das intensivmedizinische Handlungsgeschehen einfädeln, wobei sie sich jederzeit aus dem Geschehen zurückziehen könnten" (Sprenger, 1989, S. 39).

Als „participant-as-observer" kann ein Beobachter dann bezeichnet werden, wenn er in erster Linie Teilnehmer am sozialen Geschehen und in zweiter Linie Beobachter ist, wobei jedoch diese Stufe der aktiven Teilnahme nur schwer vom „observer-as-participant" zu trennen ist. In der Forschungspraxis kann bei wachsender Vertrautheit und andauernder Feldintegration ein anfänglicher „observer-as-participant" leicht zu einem „participant-as-observer" werden oder aber beides kann fließend ineinander übergehen (vgl. u.a. Sprenger, 1989). In beiden Fällen wird die Beobachtung offen durchgeführt. Hierdurch unterscheidet sich der „complete participant", denn er verheimlicht seine Forschungsabsicht (siehe Kap. 3.3.2). Auf diese Weise ist er für die Beobachteten z.B. einer sozialen Gruppe ein vollanerkanntes Mitglied und beeinflusst folglich den Ablauf sozialer Situationen mit. Die dieser Beobachtung zugrunde liegende völlige Identifikation mit dem Feld kann zwar Verständnis durch inneren Nachvollzug der beobachteten Verhaltensweisen ermöglichen, setzt aber auch eine gewisse Empathie des Beobachters zum Feld voraus und kann sowohl zu methodischen als auch zu ethischen Problemen führen (siehe Kap. 3.5).

3.3.4 Klassifikation

Eine Klassifikation der *Beobachtungsformen* nach den Dimensionen *Strukturiertheit, Offenheit und Teilnahme* ergibt acht mögliche Kombinationen, soweit jeweils nur die extremen Ausprägungen berücksichtigt werden. Anzumerken bleibt aber, dass kontinuierliche Übergänge insbesondere in den Dimensionen Strukturiertheit und Teilnahme möglich und üblich sind. In Abbildung 3-1 sollen jedoch zur Klarheit nur die Kombinationen der extremen Ausprägungen dargestellt werden.

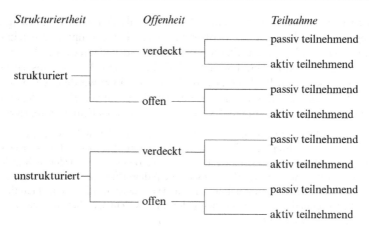

Abbildung 3-1: Klassifikation möglicher Beobachtungsformen

In der qualitativen Sozialforschung wird allgemein von teilnehmender Beobachtung gesprochen, wenn die Forscher im Feld beobachten. Die qualitativ-teilnehmende Beobachtung, deren „Prototyp" unstrukturiert, offen und aktiv teilnehmend ist, soll im Folgenden aufgrund ihrer Bedeutung und Aktualität näher erläutert werden.

3.4 Die qualitativ-teilnehmende Beobachtung

Auch in der qualitativen Sozialforschung gilt das Interview als der ‚Königsweg' der empirischen Forschung, was aber nicht darüber hinweg täuschen sollte, dass auch die qualitativ-teilnehmende Beobachtung den dargestellten theoretisch-methodologischen Prinzipien qualitativer Sozialforschung (siehe Kap. 3.1.3.2, S. 77) in hervorragender Weise gerecht wird.

3.4.1 Begriff

Wir haben eingangs darauf hingewiesen, dass die Beobachtung soziale Handlungsform und wissenschaftliches Verfahren zugleich ist. *So geht mit jeder Beobachtung ein Mindestmaß an sozialer Teilnahme einher.* Bei der teilnehmenden Beobachtung ist die soziale Interaktion der Forscher im Feld sogar ausdrücklicher Bestandteil des methodischen Vorgehens, woraus weit reichende forschungspraktische Implikationen und typische Anwendungsgebiete folgen.

Die teilnehmende Beobachtung ist als Prototyp der Feldforschung als klassisches Instrument der Kulturanthropologie und der Ethnologie bekannt geworden, in die Soziologie wurde diese Methode vor allem durch die Studien der Chicagoer Schule eingeführt (siehe Kap. 3.1).

3. Beobachtung

Teilnehmende Beobachtung definiert sich in erster Linie durch die *besondere Stellung der Beobachter* im Feld (siehe auch Kap. 3.3.3). „*Die teilnehmende Beobachtung* ist charakterisiert durch die unmittelbare Beteiligung des Beobachters an den sozialen Prozessen in dem untersuchten sozio-kulturellen System. Er beteiligt sich, indem er eine oder auch mehrere in diesem System definierte soziale Rollen übernimmt, zum Mitglied des Systems wird und sich den anderen Mitgliedern gegenüber entsprechend verhält. Dies geschieht mit der Absicht, durch unmittelbaren Kontakt Einsichten in das konkrete ('natürliche') Verhalten von Menschen in spezifischen Situationen zu erhalten und sich ihr Sinnverständnis sowie die verhaltensbestimmenden Orientierungsmodelle (Normen, Werte usw.) zu vergegenwärtigen" (Mayntz et al., 1978, S. 100).

Teilnehmende Beobachtung bedeutet, dass die Forscher direkt in das zu untersuchende soziale System gehen und dort in der natürlichen Umgebung Daten sammeln. Sie müssen ein Mindestmaß an sozialer Interaktion (Teilnahme) ausüben und eine oder mehrere soziale Rollen einnehmen, wobei sie immer eine wissenschaftliche Intention verfolgen, die im Feld mehr oder weniger bekannt sein kann. Aus dieser ‚teilnehmenden Anwesenheit' im Forschungsfeld ergibt sich nicht nur die personelle Identität von Forschern und Beobachtern, sondern vielmehr noch die Notwendigkeit, dass die Forscher zwischen der nötigen Empathie und der nötigen Distanz entscheiden, d.h. zwischen sozialer Teilnehmerrolle und Forscherrolle abwägen können. Aus diesem *Spannungsfeld zwischen Distanz und Teilnahme* resultieren hohe Anforderungen an die Forscher. Im Gegensatz zur quantitativen Sozialforschung wird im Rahmen qualitativer Sozialforschung dieses Thema aber nicht negativ problematisiert. Quantitative Forschungen gehen davon aus, dass eine Überidentifikation (going native) mit dem Feld zu Wahrnehmungsverzerrungen und letztendlich zum Verlust der Objektivität führt. Teilnahme und Interaktion mit dem Forschungsfeld entsprechen im Rahmen qualitativer Sozialforschung demgegenüber aber gerade dem Postulat der Offenheit und bieten erst die Chance, die Interpretationsprozesse der Akteure zu verstehen und zu erfassen.

Teilnehmende Beobachtung sagt an sich noch nichts über den Grad an Strukturiertheit und die Frage offen oder verdeckt aus, vielmehr sind unterschiedliche Kombinationen möglich (vgl. Abb. 3-2). Die idealtypische Form qualitativ-teilnehmender Beobachtung ist jedoch *unstrukturiert, aktiv-teilnehmend* und *offen*. Aktiv beinhaltet Interaktion mit Mitgliedern der beobachteten Gruppe.

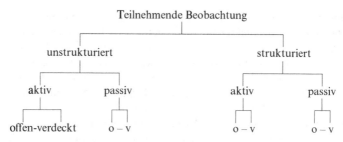

Abbildung 3-2: Formen teilnehmender Beobachtung

Typische Vertreter strukturiert-teilnehmender Beobachtung im Sinne quantitativer Sozialforschung sind Atteslander (1954), Friedrichs und Lüdtke (1973), einen Zwischenweg geht Dechmann (1978), während Girtler (1980a; b) und Flick (1995) als exponierte Vertreter der unstrukturierten, aktiv-teilnehmenden und offenen Beobachtung gelten dürfen. Z.B. wenn sich Rückfragen bei beobachteten Sequenzen notwendig sind.

3.4.2 Forschungspraxis

Aus den dargestellten Prinzipien der qualitativen Sozialforschung (siehe Kapitel 3.1.3) folgen für die Forschungspraxis der qualitativ-teilnehmenden Beobachtung wichtige Konsequenzen. Die konkrete Forschungspraxis qualitativer Beobachtungsstudien unterscheidet sich von dem Vorgehen quantitativ ausgerichteter Arbeiten vor allem durch einen offen-reflexiven Forschungsablauf, eine intensive Feldarbeit, den Wechsel zwischen Datenerhebung und Datenauswertung sowie ein direktes Verhältnis der Forscher zum Feld.

3.4.2.1 Forschungsablauf

Am Beginn qualitativer Forschung stehen keine aus der Theorie abgeleiteten Begriffe und Hypothesen, die durch die empirischen Ergebnisse zu falsifizieren wären. Begriffe und Hypothesen werden vielmehr im laufenden Forschungsprozess generiert, modifiziert und verallgemeinert. So wird auch nicht zwischen Erhebungs- und Begründungszusammenhang getrennt, sondern Hypothesengenerierung und Hypothesenprüfung erfolgen in einem Wechselspiel, das den ganzen Prozess der Datenerhebung und Datenauswertung durchzieht. Im Gegensatz zur quantitativen Beobachtung liegt der qualitativen Beobachtung denn auch kein zu Beginn der Forschung entwickeltes, festes Beobachtungsschema zugrunde.

Der Forschungsablauf verläuft nicht uni-linear sondern reflexiv und vielfach rückkoppelnd. Daraus folgt, dass in den verschiedenen Forschungsphasen der Grund der Teilnahme variiert, ein hoher und ein niedriger Partizipationsgrad wechseln, Teilnehmerrollen flexibel sein müssen und das Verhältnis von Distanz und Teilnahme immer wieder neu zu reflektieren und auszuhandeln ist.

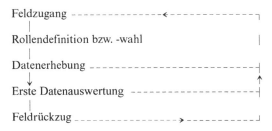

Abbildung 3-3: Forschungsablauf

Ein typisch qualitativer *Forschungsablauf* (vgl. Abb. 3-3) lässt sich anhand der Forschungsphasen: Feldzugang, Rollendefinition bzw. -wahl, Datenerhebung und -auswertung sowie Feldrückzug darstellen. Dies ist aber nur als grober Rahmen, keinesfalls als Pflichtprogramm zu interpretieren. Die verschiedenen Phasen verlaufen nicht voneinander getrennt und nacheinander, sondern parallel und in stetem Bezug aufeinander.

3.4.2.2 Feldzugang

Auch bei teilnehmender Beobachtung wird zu Beginn der Forschungsarbeiten geklärt, in welchem Feld, unter Nutzung welchen Feldzuganges und vermittelt durch welche Kontaktpersonen geforscht werden kann, doch sind diese Informationen während der Forschung laufend zu ergänzen, zu modifizieren oder zu erweitern. Es gibt zwar entsprechend der methodischen Postulate keine Standardregeln, es lassen sich aber dennoch einige Hilfestellungen für die Felderschließung angeben.

Diese Forschungsphase beginnt mit dem Sammeln von Informationen über das Verhältnis zu anderen sozialen Feldern, die räumliche Ausdehnung, Zahl und Typisierung der agierenden Personen, den Organisationsgrad und die wichtigsten Kommunikationskanäle und -muster. Girtler (1992, S. 75) unterscheidet verschiedene Ausgangspunkte bei der Felderschließung: a) unvorbereitet, b) vom Forscher initiierte Kontaktaufnahmen, c) formale Erlaubnis, d) berufliche Eingliederung oder e) Auftrag bzw. Bitte.

Diese Unterscheidungen sind vor allem im Zusammenhang mit der Frage wichtig, handelt es sich um ein offenes (z.B. Biergarten), ein halb offenes (z.B. Universität) oder ein geschlossenes Feld (z.B. Kloster, Gefängnis) (vgl. Leggewie, 1991, S. 191), denn danach richten sich mögliche Zugangsvoraussetzungen und -wege und die Wahl von *Kontaktpersonen*. Bei einem geschlossenen Feld, z.B. einem Gefängnis, ist eine formale Erlaubnis erste Zugangsvoraussetzung, bei einem halb offenen Feld eine Referenz- und Kontaktperson, während bei einem offenen Feld die Wahl der *Teilnehmerrolle* den Feldzugang meist entscheidend prägt.

Das nachfolgende Beispiel von Girtler illustriert mögliche Zugangswege anhand eines sehr schwer zu erschließenden Feldes, nämlich dem der Prostitution:

> „Wie richtig meine Überlegung ist, daß nur über freundschaftliche Kontakte und Empfehlungen zu wirklich relevanten Ergebnissen zu gelangen ist, wurde mir deutlich, als ich mit einer Genehmigung des österreichischen Justizministeriums einige Prostituierte, die in einem Gefängnis einsaßen, dort interviewen durfte. Ich wurde dabei, wie ich später von anderen Prostituierten erfuhr, nach allen ‚Regeln der Kunst' belogen. Die so von mir durchgeführten Interviews waren daher unbrauchbar. Die wichtigsten Zugänge und damit die besten Interviews erhielt ich, wie ich schon angedeutet habe, über meine Kontaktpersonen aus der Wiener Unterwelt, die mich diversen Zuhältern und Prostituierten mit der Bemerkung vorstellten, auf mich sei Verlaß, ich würde niemanden ‚hineinlegen' und einem angesehenen Wiener Ganoven wäre ich ‚sympathisch'" (Girtler 1988, S. 17).

Felderschließung, Feldzugang und *Feldarbeit* setzen bei den Forschern ein hohes Maß an Einfühlungsvermögen, Flexibilität, Empathie und Mut voraus: der Schreibtisch muss zumindest zeitweise mit der Fabrikhalle, der Parkbank, oder dem Gefängnis u.a.m. getauscht werden. Das Postulat der ‚Offenheit' beinhaltet demnach hohe individuelle Anforderungen an die Forscher, die fachliche und soziale Kompetenz genauso aufbringen müssen wie ein hohes Maß an praktischem Engagement.

3.4.2.3 Rollendefinition bzw. Rollenwahl

Mit dem Feldzugang aufs Engste verknüpft und unabdingbarer Bestandteil der Methode ist die Frage nach den im Feld einzunehmenden sozialen Rollen und der Verbindung der Forscherrolle mit der sozialen *Teilnehmerrolle*. Die qualitative Forschung verlangt offene, flexibel zu handhabende Rollen und auch ein Rollenwechsel sollte möglich sein, da teilnehmende Beobachter sich in verschiedenen Situationen und veränderten Handlungskonstellationen (Prozesscharakter) zurechtfinden müssen und Forschung in diesem Sinne nicht standardisierbar ist.

Vier Problemkreise sind damit hauptsächlich verbunden: zum einen müssen die Teilnehmerrollen so offen und flexibel zu handhaben sein, dass der Forscher im Feld agieren und reagieren kann, zum Zweiten müssen die Rollen dem Feld entsprechen bzw. in diesem bereits angelegt sein, damit das Feld durch die Forschung nicht verändert wird, drittens muss überlegt werden, ob die Forscherrolle offen gelegt wird oder teilweise bzw. ganz verdeckt bleibt und viertens muss das Verhältnis zwischen Forscher- und Teilnehmerrolle (Distanz und Teilnahme) geklärt werden.

Qualitativ-teilnehmende Forscher plädieren darüber hinaus für eine Offenlegung der Forscherrolle, da dies einem gleichberechtigten, sozialen Verhältnis zu den Untersuchungspersonen eher entspricht, dem Forscher einen unkomplizierteren Aufenthalt im Feld und einen problemloseren Feldrückzug garantiert, vor allem aber die Gefahr des Entdecktwerdens verringert (vgl. Girtler, 1992; Lamnek, 1993(2)).

„In der Wärmestube Augsburg wurde mir die Rolle eines verdeckten Beobachters angeboten. Ich hätte als Praktikantin oder ehrenamtliche Mitarbeiterin glaubhaft auftreten können. Ich habe dieses Angebot bewußt abgelehnt, da ich von vornherein beabsichtigte, auch in anderen Einrichtungen und auf der Straße nachzuforschen, und vermeiden wollte, in einen Rollenkonflikt zu geraten ... Mein Interesse an den Nichtseßhaften erklärte ich generell damit, ein ‚Buch für die Universität' schreiben zu wollen" (Schmid, 1990, S. 30).

3.4.2.4 Datenerhebung und -auswertung

Für das Aufzeichnen der beobachteten Daten gilt, dass die Forscher selbst Wahrnehmungsinstrumente sind, sie müssen mögliche Wahrnehmungsverzerrungen be- und vermerken und immer wieder entscheiden, wann, wie und was zu beobachten und aufzuzeichnen ist (vgl. Girtler, 1992; Aster et al., 1989). Zwischengeschaltete Aufnahmegeräte sollten nicht verwendet werden, um die Natürlichkeit der Situation zu erhalten. Parallel zur Protokollierung der beobachteten Daten empfiehlt sich das Führen eines Forschungstagebuches, in dem die Forscher auch ihre persönlichen Eindrücke, Widersprüche und sozial unerwünschte Eindrücke fest halten und dies zur eigenen Reflexion nutzen.

Die Protokolle sollten entweder direkt im Anschluss an die Beobachtung oder spätestens nach einer Nacht erstellt werden und möglichst ausführlich sein, wobei maschinengeschriebene Protokolle bei der Auswertung leichter und flexibler zu nutzen sind als handschriftliche Aufzeichnungen. Girtler empfiehlt beim Protokollieren zumindest die Teilnehmer, die abgelaufenen Interaktionen, die soziale Situation, die Einmaligkeit bzw. Regelmäßigkeit der Wahrnehmung, Reaktionen auf außergewöhnliche Ereignisse sowie mögliche Differenzen zwischen Worten und Taten festzuhalten (Girtler 1992, S. 132 ff. vgl. auch Kap. 3.3.1).

Zur Auswertung qualitativer Felddaten bieten sich die im Rahmen qualitativer Sozialforschung entwickelten Verfahren, z.B. objektive Hermeneutik oder qualitative Inhaltsanalyse an. Die methodologisch-theoretischen Postulate verlangen, dass bereits während der Feldarbeit erste Interpretationen und Hypothesenbildungen vorgenommen werden und nicht erst in einer extra Auswertungsphase. Ausgehend von ersten vorläufigen Themenkomplexen und Hypothesen werden im laufenden Forschungsprozess Daten und Hypothesen verknüpft und zunehmend verallgemeinert. „Die gefundene Wirklichkeit wird schließlich interpretiert, theoretisch eingeordnet und entsprechend dargestellt" (Girtler, 1992, S. 149).

Aus dem Prinzip der Offenheit und Gegenstandsorientierung folgt aber auch, dass keine standardisierten Auswertungsverfahren entwickelbar sind und dass in den konkreten Studien eigene Auswertungsformen entwickelt bzw. bereits vorhandene modifiziert werden (vgl. Dechmann, 1978, Bekker/Geer, 1989, Girtler, 1992). Es sei hier nochmals zusammenfassend darauf hingewiesen, dass die Darstellungsform und die Qualität der gewonnenen Daten die zentralen Kritikpunkte vonseiten der quantitativen Sozialforschung sind, die eine mangelnde Repräsentativität und intersubjektive Überprüfbarkeit dieser Studien behauptet (vgl. dazu Aster et al., 1989).

3.4.2.5 Feldrückzug

Die aktive Teilnahme im Feld führt bei Beendigung der Feldarbeit zu der Frage, wie mit den gewonnenen sozialen Kontakten in entsprechender Form umzugehen ist. Wie und in welcher Form ist der Feldrückzug zu gestalten und wie ist er mit den Interaktionspartnern abzuklären? Dies ist ein Thema, das insgesamt für die qualitative Sozialforschung zu klären ist, da die Forscher Realität nicht von einem neutralen Außenstandpunkt zu erfassen suchen, sondern sich auf diese einlassen. Aus dem ‚Eingelassenwerden' ergibt sich immer ein Mindestmaß an sozialem Kontakt und Verantwortung.

Der ‚richtige Umgang' mit den aufgebauten Kontakten und dem erhaltenen Vertrauen ist nicht nur im Hinblick auf weitere Forschungen, den Vertrauensschutz der befragten und beobachteten Personen, sondern auch im Rahmen der Teilnehmerrolle wichtig. Wie schwierig und komplex sich die aufgebauten Beziehungen noch nach Ende der Feldarbeit gestalten können, zeigen folgende Erfahrungen, die *Girtler* bei Forschungen in einer ‚kriminellen Subkultur' mit einer zentralen Untersuchungsfigur machte.

> „Ich hatte mit ihm außerdem vereinbart, daß wir uns das Honorar aus dem Buch teilen. Er versprach sich – zu meinem Leidwesen – eine Art ewige Rente aus diesem Buch, die natürlich nicht zu erreichen ist. Für mich wurde der Mann nun zum Problem, denn er versuchte, mich auch bei meinen Kollegen am Institut anzuschwärzen ... Sein Zorn gegen mich nahm sonderbare Formen an, obwohl ich mich ehrlich um ihn bemüht hatte und er auch aus dem Verkaufserlös des Buches das Versprochene erhielt" (Girtler, 1992, S. 123).

3.4.3 Anwendungsgebiete – Vorzüge – Grenzen

Die qualitativ-teilnehmende Beobachtung hat für sich längst den Status einer explorativen Vorstudie abgelegt. Ihre Vertreter nehmen in Anspruch, eine Deskription sozialen Handelns in natürlichen Situationen, die Erforschung komplexer Handlungssysteme, die Rekonstruktion von Strukturen und sogar

3. Beobachtung

Theoriebildung leisten zu können (vgl. Dechmann, 1978; Girtler, 1992; Lamnek, 1993(1)). Darüber hinaus ist diese Methode nicht allein auf individuelles Handeln beschränkt, sondern auch auf soziales Verhalten in Organisationen, Gemeinschaften und Kulturen anzuwenden.

Das in quantitativen Verfahren stark problematisierte Verhältnis von *Distanz und Teilnahme*, als ‚going native' äußerst negativ beurteilt, wird in qualitativen Verfahren nicht als vermeidbares Problem gesehen. Es wird vielmehr davon ausgegangen, dass die Teilnahme im Feld Empathie und Identifikation mit den Untersuchungspersonen voraussetzt, da erst so die Interpretationsprozesse der Untersuchungspersonen erfasst und verstanden werden können. Ergänzend dazu setzen qualitative Studien einen im Forschungsverlauf wechselnden Grad der durch Teilnahme bedingten Identifikation voraus und fordern eine bewusste Reflexion dieses Identifikationsprozesses. Nachfolgendes Beispiel illustriert dieses Dilemma nochmals, wie es sich für den Forscher häufig als Rollenkonflikt stellt, zeigt aber auch, wie dieses reflektiert werden kann.

„So meinte ein 25jähriger Obdachloser und Nichtseßhafter zu mir: ‚Ich weiß genau, du bist nur darum so freundlich zu mir und den anderen Sandlern, weil du etwas von uns wissen willst'. Ich konnte diesem Manne diese Überlegung nicht verübeln, weil sie irgendwie stimmte. Ich bemühte mich zwar, die Sandler als gleichwertige Partner anzusehen und ihnen wann immer es möglich war auch zu helfen, doch mein Interesse an ihrer Lebenswelt bestimmte grundsätzlich mein Handeln" (Girtler, 1992, S. 125).

Anwendungsrestriktionen der beschriebenen Methoden sind die Grenzen menschlicher Wahrnehmungsfähigkeit, Zeit- und Kostenargumente, die Begrenzung auf beobachtbare Phänomene sowie die enormen sozialen und fachlichen Anforderungen an die Forscher. Überdies lastet auf qualitativ-teilnehmenden Beobachtungen ein besonderer Rechtfertigungsdruck, der aus der Kritik an Beobachtung allgemein und aus dem qualitativen Vorgehen speziell resultiert. Zumeist werden an der Repräsentativität und an der Wissenschaftlichkeit der durch qualitativ-teilnehmende Beobachtung gewonnenen Daten Zweifel erhoben. Eine solche Kritik verkennt aber die genuinen Vorzüge dieser Methode, denn qualitativ-teilnehmende Beobachtungen zeichnen sich gegenüber anderen Methoden ja gerade durch die *Authentizität* der gewonnenen Daten aus. Sie ermöglichen durch ihre Offenheit und die Problemorientierung die Erforschung komplexer sozialer Systeme, über die die Soziologie noch wenig oder nichts weiß, und sie ‚zwingt' die Forscher ins Feld, zur direkten Kontaktnahme mit dem Untersuchungsgegenstand. Das Potential der qualitativ-teilnehmenden Beobachtung scheint uns trotz ihrer Tradition keineswegs voll erschlossen zu sein. Diese Methode bietet wichtige Perspektiven, die sowohl in methodologischen Weiterentwicklungen als auch in der Erforschung neuer Themen liegen.

3.5 Probleme und Grenzen wissenschaftlicher Beobachtung

3.5.1 Methodische und forschungspraktische Probleme

Die grundlegenden *Probleme der wissenschaftlichen Beobachtung* lassen sich unter zwei Bereiche subsumieren: *Probleme, die mit der selektiven Wahrnehmung des Beobachters verbunden sind, und Probleme, die sich aus der Teilnahme des Beobachters im Feld, d.h. aus der Forschungspraxis selbst, ergeben*. Auf Probleme einzelner Beobachtungsformen soll im Folgenden nicht näher eingegangen werden, weil diese bereits in den entsprechenden Abschnitten behandelt wurden.

Selektivität der Wahrnehmung basiert darauf, dass der Beobachter aus der Vielfalt der in einem bestimmten Moment vorhandenen Umweltreize nur einen bestimmten Teil aufnehmen kann. Die Beobachtungsoptik ist allerdings nicht willkürlich und bei allen in gleicher Weise eingeengt, sondern wird vielmehr durch Erfahrung, vorhergehende Beobachtungen durch Ziele, Vorstellungen, aber auch Vorurteile beeinflusst. Beispielsweise decken sich die Aussagen dreier Zeugen eines Verkehrsunfalles nur zum Teil, da jeder Beobachter des Unfalls andere Details wahrnimmt bzw. übersieht (vgl. Friedrichs/Lüdtke, 1973, S. 37 f.). Selektive Wahrnehmung äußert sich u. a. in der Überbetonung von nachvollziehbaren Ereignissen und im Übersehen von Selbstverständlichkeiten. Die Selektivität setzt sich darüber hinaus in der Aufzeichnung der Beobachtungen fort. Damit sei nicht nur auf die häufig lückenhafte Erinnerung verwiesen, sondern auch auf den Übersetzungsprozess der beobachteten Ereignisse in Sprache. Auf der sprachlichen Ebene kann es durch die Auswahl der Begrifflichkeiten zu einer frühzeitigen Mischung der Protokollsprache mit der theoretischen Sprache, zu einer zu frühen Abstraktion, Interpretation und Wertung kommen.

Folgendes Beispiel soll dies verdeutlichen: „Anstelle der Beschreibung ‚Er gab mir die Hand, schüttelte sie lange, lächelte und klopfte mir dann auf die Schulter' wird man meist nur hören ‚Er war freundlich'" (Friedrichs/Lüdtke, 1973, S. 41).

Die Teilnahme des Beobachters im Feld ist mit unterschiedlichen Problemen verbunden. Feldeintritt und Rollendefinition des Beobachters sowie Kontakte zu Schlüsselpersonen wurden bereits angesprochen und sollen nur aufgrund ihrer Wichtigkeit noch einmal erwähnt werden. Diese Aspekte können – ungünstig geplant – die vorhandene Selektivität der Wahrnehmung massiv verstärken. Zum Beispiel können Kontakte und Informationen, die sich überwiegend auf statushohe Personen des Feldes stützen, kein umfassendes Bild des Beobachtungsfeldes liefern, vernachlässigen sie doch die Problemlagen und Sichtweisen statusniedriger Personenkreise. Zudem sind reaktive Effekte, d.h. die Beeinflussung des Beobachtungsfeldes durch den/die Beobachter, als mögliches Problem einer Verzerrung in Beobachtungsverfahren zu nennen.

Die der teilnehmenden Beobachtung zugrunde liegende Problematik besteht jedoch im *Dilemma von Teilnahme (Identifikation) und Distanz* (vgl. ausführlich Girtler, 1992; Lamnek, 1993(2)). Dieses Spannungsfeld wird oft auch unter den Begriffen *going native* versus *Ethnozentrismus* thematisiert (vgl. u. a. Friedrichs/Lüdtke, 1973, S. 48 f.; Grümer, 1974, S. 64). Inwieweit die Identifikation bzw. das *going native* als Problem der teilnehmenden Beobachtung betrachtet wird, hängt wesentlich von der grundlegenden Orientierung – quantitativ versus qualitativ – ab und wurde bereits im Kapitel 3.4 erläutert.

Es kann vermutet werden, dass die Forderung nach Aufrechterhaltung der *Distanz* oft auf Bequemlichkeit und Angst der Beobachter/Forscher zurückzuführen ist, zu tief in die Probleme der Beobachteten bzw. des Feldes verstrickt zu werden (Girtler, 1992, S. 64). Die Gefahr von der Teilnahme zur Anteilnahme und in die Rolle eines Sozialarbeiters zu geraten, ist keineswegs unbegründet und verweist auf die Probleme, die sich aus der Forschungspraxis ergeben. *Girtler* selbst beschreibt anschaulich, wie „seine" Untersuchungspersonen auch in seinem Privatleben mit ihm in Kontakt bleiben und wie sehr die praktische Forschungsarbeit auf die Person des Beobachters bezogen ist (vgl. u. a. Girtler, 1992, S. 65 f.). Das Engagement des Beobachters lässt sich eben nicht ausschließlich auf die Untersuchung und auf den Untersuchungszeitraum beschränken, sondern kann durchaus darüber hinaus nachgefragt werden.

Dieses persönliche Involvement sowie die für alle Formen der Beobachtungen gebotenen Anforderungen an räumliche und zeitliche Nähe machen die Beobachtung zu einer methodisch und persönlich sehr arbeitsintensiven und aufwendigen Methode, was sich u. a. in hohen Kosten niederschlägt. Wir nehmen an, dass dies einer der Gründe – wenn nicht der ausschlaggebende Grund – ist, dass die Beobachtung viel weniger eingesetzt wird als die Befragung. Daneben müssen die in der Verantwortung des einzelnen Forschers/Beobachters liegenden forschungsethischen Probleme bedacht werden.

3.5.2 Forschungsethische Fragen

In Forschungsprozessen haben alltagsweltliche Regeln und ethische Maximen zum Teil keine Gültigkeit, und es ist von einer Ungleichverteilung der Informationen und Ressourcen zwischen Forschern und Beforschten auszugehen. Dies wirft forschungsethische Fragen auf, die insbesondere die Verantwortung der Forscher gegenüber den Untersuchten und den gewonnenen Daten zum Gegenstand haben. Eine solche Diskussion umfasst drei Ebenen: den *Forschungsprozess* selbst, die *Zwecke* der Forschung und durch die Forschung hervorgerufene *Konsequenzen*.

Im *Forschungsprozess* können ‚Eigenbestimmungsrechte' (Leggewie, 1991) beteiligter Personen verletzt werden, z.B. wenn die Teilnahme nicht freiwillig ist oder die Forscher über die Forschungsabsicht bzw. bestimmte Forschungsintentionen täuschen. Aber auch die gezielte Manipulation von Situationen oder einzelnen Situationsmerkmalen kann forschungsethisch bedenklich sein. Dabei sind bewusste Strategien vonseiten der Forscher von unbeabsichtigten Folgen zu unterscheiden, die der einzelne Forscher oft gar nicht übersehen kann. Ein bekanntes Beispiel ist der aus der Ethnologie bekannte Ethnozentrismus, der nicht nur zu einer verzerrten Darstellung und Wahrnehmung der untersuchten Kultur führt, sondern auch deren Lebenswelt verändert.

Für die empirische Sozialforschung und insbesondere für die Beobachtung ist die ‚verdeckte Forschung' von einer erheblichen forschungsethischen Relevanz. Zwar werden der verdeckten Forschung wichtige Funktionen zugeschrieben wie z.B. die Abschwächung reaktiver Effekte, eine unter Umständen notwendige Täuschung über die Forschungsfrage und nicht zuletzt der Zugang zu ‚schwierigen Forschungsfeldern'. Damit sind auch negative Erscheinungen verbunden. Verdeckte Forschung bedeutet immer eine gewisse Täuschung der untersuchten Personen, zudem Ungleichheit zwischen Forschern und Beforschten, und unter Umständen zwingt sie die Forscher zu unmoralischen bzw. strafrechtlichen Handlungen.

Forschungsethik und Forschungszweck sind zwei besonders eng miteinander verbundene Gesichtspunkte, da Forschungsfragen durchaus unmoralisch sein können oder auch eine Form von Kultur- und Sozialspionage darstellen können. Dies trifft nicht nur auf die Ethnologie zu, sondern auch auf Untersuchungen in der industriellen Arbeitswelt, in verschiedenen Organisationen und Institutionen, wo Forschung durchaus zur Stabilisierung von Machtverhältnissen instrumentalisiert werden kann.

Möglichen Forschungskonsequenzen und Folgen einer Publikation sind unter forschungsethischer Sicht besondere Aufmerksamkeit zu schenken, da davon Beforschte, Forscher und Dritte tangiert werden können. Jede Forschung und jede Veröffentlichung kann zu einer Schädigung der Untersuchten führen, z.B. dann, wenn aufgrund einer teilnehmenden Beobachtung in Betrieben Arbeitnehmer identifiziert werden können, die unerlaubt Zigarettenpausen einlegen, oder wenn deren Gewerkschafts- bzw. Parteizugehörigkeit ohne oder gegen ihren Willen aufgedeckt würde.

Bei Beobachtungen stellen sich solche Fragen ganz besonders, da damit sehr ‚weite' Informationen erfasst werden, die den Untersuchten so nicht bewusst sein müssen oder wo bei verdeckter Beobachtung deren Einverständnis gar nicht erst eingeholt wird. Zum anderen ist für die teilnehmende Beobachtung die Entstehung sozialer Beziehungen und sozialer Vertrauensverhältnisse typisch, die weit über ein normales Forscher-Beforschten-Verhältnis

3. Beobachtung

hinausgehen. Aus den Argumenten folgt die Notwendigkeit eines besonderen Vertrauensschutzes für die untersuchten Personen und ein sorgfältiger Umgang mit den gewonnenen Daten.

Bei teilnehmender Beobachtung können darüber hinaus für Forscher und Beforschte auch häufig die Grenzen zwischen Forschungsintention und sozialer Interaktion verwischen, was zum Aufbau sozialer Beziehungen führen kann, die mitunter in Konkurrenz zur Forschungsabsicht und zur Forscherrolle geraten. Was soll ein Forscher z.B. tun, wenn er Straftaten beobachtet, in Gefahr gerät, in solche selbst involviert zu werden oder durch seine Forschungskontakte materielle Vorteile erzielen kann? Auch bei der Gestaltung von Feldzugang und Feldrückzug stehen Forscher mitunter sozialen und ethischen Aspekten gegenüber, so z.B., wenn sie durch die Untersuchten mit der Forderung nach einer Verbesserung ihrer Situation konfrontiert werden.

Auf die hier angedeuteten forschungsethischen Fragen – die bei weitem nicht vollständig sind – gibt es keine allgemeinen und abschließende Antworten. Vieles liegt in der individuellen Verantwortung einzelner Forscher.

Als individuelle Verhaltensstützen und Reflexionsaspekte lassen sich folgende Argumente anführen:

- individuelle Schädigungen durch die Forschung sind zu vermeiden;
- im Zweifel für die Forschungsbeteiligten;
- Offenheit für Menschen und Kulturen;
- Achtung der ‚Selbstbestimmungsrechte' anderer;
- mögliche Folgen von Veröffentlichungen bedenken und mit dem Forschungsanliegen abwägen;
- ständige Selbstreflexion der Forscher über sich und ihre Forschungsabsichten.

Anregung zur Selbstkontrolle für die aktiven Leser

1. Auf welche Aspekte soll bei einer Beschreibung des *Beobachtungsfeldes* eingegangen werden? Warum lässt sich das Beobachtungsfeld bei qualitativ orientierter Beobachtung nicht genau festlegen?
2. Wie unterscheiden sich quantitative und qualitative Beobachtung im Hinblick auf mögliche *Beobachterrollen*?
3. Bei welcher Form von Beobachtung kann es zu einem *going native* kommen und warum?
4. Welche Vorgehensweise sollte bei einer *strukturierten Beobachtung* eingehalten werden und welche Nachteile bringt diese Vorgehensweise mit sich?
5. Welche Stufen einer *aktiven Teilnahme* im Feld gibt es?

6. Welche Bedeutung wird der *qualitativ-teilnehmenden Beobachtung* gegenwärtig in der empirischen Sozialforschung zugeschrieben? War dies schon immer so und welche Entwicklungstendenzen zeichnen sich ab?
7. Was sind die zentralen *Charakteristika* der qualitativ-teilnehmenden Beobachtung und für welche typischen Anwendungsgebiete eignet sich diese Methode besonders gut?
8. Worin liegt die Notwendigkeit *forschungsethischer Überlegungen* begründet und welche ethischen Fragen stellen sich bei der Beobachtung?

Weiterführende Literatur

Aster, R.; Repp, M.; Merkens, H. (Hrsg.) (1989): Teilnehmende Beobachtung. Werkstattberichte und methodologische Reflexionen. Frankfurt/Main, New York. Dieser Tagungsband versammelt konkrete Erfahrungen aus unterschiedlichen Projekten, die mit teilnehmender Beobachtung durchgeführt worden sind.

Flick, U. (1995): Qualitative Forschung. Theorie, Methoden, Anwendung in Psychologie und Sozialwissenschaften. Reinbek bei Hamburg (4. Aufl. 1999).

Friedrichs, J.; Lüdtke, H. (1977): Teilnehmende Beobachtung. Einführung in die sozialwissenschaftliche Feldforschung. 3. Aufl., Weinheim, Basel. Dieses klassische Werk zur quantitativ-teilnehmenden Beobachtung vermittelt wertvolle Grundkenntnisse.

Greve, W.; Wentura, D. (1997): Wissenschaftliche Beobachtung. Eine Einführung. Weinheim. In dieser Einführung wird die Beobachtung als wissenschaftliche Methode aus der Perspektive der Psychologie für Einsteiger aufbereitet.

Girtler, R. (1992): Methoden der qualitativen Sozialforschung, Wien, Köln, Weimar (Neuaufl. 2001: Methoden der Feldforschung). Girtler legt in diesem Buch nicht nur die Methoden der qualitativen Sozialforschung, allen voran die qualitative Beobachtung, dar, sondern illustriert die theoretisch-methodologischen Ausführungen anhand seiner reichen Forschungserfahrung, sodass das Buch sowohl praktisch als auch theoretisch in die qualitative Beobachtung einführt.

Hergesell, B. (1994): Arbeiterkulturen im Betrieb. Interethnische Beziehungen zwischen Produktionsarbeitern. Eine empirische Studie. Frankfurt/Main. Die Studie untersucht in einer betrieblichen Mikroanalyse den alltäglichen Rassismus in Industriebetrieben mit der Methode der teilnehmenden Beobachtung.

Kelle, U. (2007): Die Integration qualitativer und quantitativer Methoden in der empirischen Sozialforschung: Theoretische Grundlagen und methodologische Konzepte, Wiesbaden. Das Buch ist die aktuellste und umfassendste Darstellung des Wissenstandes betreffend die Entwicklung der Zusammenhänge qualitativer und quantitativer Aspekte der empirischen Sozialforschung. Es ist ein Grundlagenwerk auch der Ethnologie, Sozialanthropologie und Sozialpsychologie. Für die Anwendung von Beobachtungsmethoden siehe vor allem Kapitel 10 „Die Integration qualitativer und quantitativer Methoden in der Forschungspraxis" (S. 227 ff.).

Schütz, Alfred, Werkausgabe Band IV; Zur Methodologie der Sozialwissenschaften, Eberle, T. Dreher, J. Sebald, G. (Hg). Konstanz, 2010. Nach dem Klassiker der verstehenden Soziologie ist „die erste Aufgabe der Methodologie der Sozialwissenschaften, die allgemeinen Prinzipien zu erforschen, nach denen der Mensch im Alltag seine Erfahrungen und insbesondere die der Sozialwelt ordnet". Der 2010 erschienene IV. Band der Werkausgabe ist eine Fundgrube für die geistesgeschichtliche Einordnung des wohl einflussreichsten Vertreters der qualitativen Perspektiven innerhalb der gesamten Sozialwissenschaften. Eberle stellt in seiner Einleitung (S. 10) fest: Das von Max Weber postulierte idealtyipsche Verfahren ist ein Kompromiss. „Der Idealtypus – einerseits durch die Ergebnisse durch Erfahrungswissenschaften gesättigt, anderseits jedoch nur ein von dem Forscher konstruiertes hermeneutische Modell, das keiner exakten Entsprechung in der sozialen Wirklichkeit bedarf – sollte die Nähe zu der Eigenart individuellen Handelns nicht behindern, zugleich aber auch die Formulierung verallgemeinbarer Aussagen ermöglichen." In der Tat eine Gratwanderung, die besondere Anforderungen an Forschende bedeuten.

Lamnek, S. (1993): Qualitative Sozialforschung. Bde. 1 u. 2, 2. Aufl., München. In diesem zweibändigen Werk finden sich sowohl die methodologisch-theoretischen Grundlagen der qualitativen Sozialforschung (Bd. 1) hervorragend dargestellt und Unterschiede sowie Gemeinsamkeiten zur quantitativen Sozialforschung in gut verständlicher Form herausgearbeitet als auch in Band 2 die Methoden und Techniken der qualitativen Sozialforschung ausführlich besprochen. Besonders empfehlenswert ist dabei die ausführliche und umfassende Darstellung der teilnehmenden Beobachtung.

Schmid, C. (1990): Die Randgruppe der Stadtstreicher. Im Teufelskreis der Nichtseßhaftigkeit. Wien, Köln. In dieser Studie wird gezeigt, wie ausgehend von den Postulaten der qualitativen Sozialforschung reale empirische Forschung konzipiert und durchgeführt wird. Die Autorin beschreibt aufgrund umfassender Beobachtungsstudien sehr eindrucksvoll die Lebenswelt der ‚Nichtsesshaften' und kommentiert ihr methodisches Vorgehen.

Whyte, W. F. (1996), mit einer Einleitung von Peter Atteslander, S. IX ff.: Street-Corner-Society. Die Sozialstruktur eines Italienerviertels, Berlin, New York. Dieser Klassiker der unstrukturiert-teilnehmenden Beobachtung ist nicht nur als hervorragendes Beispiel einer Beobachtungsstudie zu lesen, sondern auch als ein wichtiges Dokument aus der Geschichte der empirischen Sozialforschung.

nein
nein
nein
nein
nein
nein
nein

(Beantwortung von sieben
nicht gestellten Fragen)

(aus: Ernst Jandl, poetische Werke, hrsg. von Klaus Siblewski,
© 1997 by Luchterhand Literaturverlag, München,
in der Verlagsgruppe Random House GmbH)

4. Befragung

4.1 Allgemeines

Befragung bedeutet Kommunikation zwischen zwei oder mehreren Personen. Durch verbale Stimuli (Fragen) werden verbale Reaktionen (Antworten) hervorgerufen: Dies geschieht in konkreten sozialen Situationen und unterliegt gegenseitigen Erwartungen. Antworten beziehen sich auf erlebte und erinnerte soziale Ereignisse, stellen Meinungen und Bewertungen dar.

Mit dem Mittel der Befragung wird nicht soziales Verhalten insgesamt, sondern lediglich verbales Verhalten als Teilaspekt erfasst.

Nichts scheint einfacher, als Informationen durch Fragen zu sammeln. Eine Kirchengemeinde möchte wissen, warum immer weniger Menschen zum Gottesdienst kommen. Eine Partei möchte wissen, mit wie vielen Stimmen sie bei der nächsten Wahl rechnen kann. Ein Unternehmer möchte wissen, wie seine Produkte beim Käufer ankommen. Was liegt näher, als den Menschen diese Fragen zu stellen?

Markt- und politische Meinungsforschung (Demoskopie) haben in allen industrialisierten Gesellschaften seit Mitte der 30er Jahre eine ungeheure Entwicklung genommen, sodass Umfragen in der Öffentlichkeit oft mit empirischer Sozialforschung gleichgesetzt werden. Repräsentative Umfragen sind tatsächlich das rationellste Mittel, um einigermaßen verlässlich zu Informationen zu gelangen. Aus diesem Grunde wird auch in Zukunft ein erheblicher Anteil empirischer Sozialforschung im Bereiche von Meinungsumfragen liegen. Sie sind als Methode unverzichtbar geworden.

Gerade die offensichtliche Nützlichkeit darf nicht darüber hinwegtäuschen, dass nach wie vor eine Reihe offener Fragen besteht. In nicht wenigen Fällen werden Umfrageergebnisse überschätzt, und es häufen sich Fehldeutungen durch unkritische oder verkürzte Wiedergabe von Umfragedaten. Die Durchführung von Befragungen selbst wird immer schwieriger und stößt in nicht wenigen Fällen auf Ablehnung.

Die klassische Befragung, bei der der Interviewer der Auskunftsperson von Angesicht zu Angesicht gegenübersteht, wird aus vielen Gründen immer seltener. In großstädtischen Agglomerationen wurde das „von Tür zu Tür"-Interview zu gefährlich und musste durch die immer weiter um sich greifende Telefonbefragung ersetzt werden. Telefonumfragen und Befragungen im Internet, sowie computergestützte Befragungen sind mittlerweile auch in Europa üblich.

Diese Hinweise alleine genügen um zu illustrieren, dass unsere Aufmerksamkeit im Folgenden nicht nur dem Instrument „Fragebogen" gelten darf, sondern den Bedingungen, unter denen er entwickelt und angewendet wird.

4.2 Alltägliche Befragung – wissenschaftliche Befragung

4.2.1 Alltagsgespräche als Austausch von Informationen

Es gibt kaum Gespräche im Alltag, die nicht in irgendeiner Weise durch Fragen und Antworten und Gegenfragen geprägt sind. Wenn zwei oder mehrere Menschen miteinander in Beziehung treten und ein Gespräch über Begebenheiten in ihrer Umwelt wie das Wetter oder die Fußballergebnisse beginnen, so ist Inhalt dieser sozialen Beziehung auch Austausch von gegenseitigen Mitteilungen und Meinungen.

Neben diesen verbalen Aspekten der Kommunikation beeinflussen oft auch nichtverbale Äußerungen wie Erscheinung oder Mimik des Gesprächspartners das Verhalten der Menschen.

Neben wechselseitiger Kommunikation finden wir im Alltag auch häufig einseitige Beziehungen, nämlich zielorientierte Befragung: Wenn eine Person X ein Problem hat oder ein Ziel erreichen möchte und nicht weiß, wie sie dieses Problem am besten lösen kann. Die Person X tritt in einem solchen Fall für gewöhnlich an eine Person Y heran, um sich die nötigen Informationen zu verschaffen, die wiederum zur Problemlösung oder Zielerreichung eingesetzt werden sollen. Dies mag der Nachbar sein, der Kaufmann, ein Beamter ein Arzt.

Alltägliche Befragung dient bewusst oder unbewusst individueller Problemlösung.

1. Alltägliche Befragung ist ein *sozialer Vorgang,* d.h. zwei oder mehr Personen stehen miteinander in Beziehung.
2. In jeder Befragung manifestiert sich ein Interesse. Alle Befragungen sind *zielgerichtet:* Der aktiv Fragen Stellende wünscht Informationen, und zwar solche, die in Beziehung zu seinen Fragen stehen.
3. Zur *Situation Befragung* zählen wir verwendete Mittel und die unmittelbare Umwelt. Das Mittel der Befragung ist die Sprache, die auf einen ganz bestimmten kulturellen Hintergrund verweist, sodass die soziale Situation Befragung durch ganz bestimmte kulturelle Muster (oder Normen) geprägt wird. Die unmittelbare Umwelt besteht aus den vorgegebenen Elementen der Befragungssituation wie der Räumlichkeit, in der sich die Befragung abspielt, anderen anwesenden Personen, Zeitdruck und weiteren Gegebenheiten.

Worin liegen im Gegensatz zur alltäglichen Befragung die Besonderheiten der wissenschaftlichen Befragung?

4.2.2 Kriterien der Wissenschaftlichkeit

Unterscheidet sich die wissenschaftliche von der alltäglichen Befragung allein durch die *systematische Vorbereitung* dessen, was man fragen will? Nein. Eine gewisse Systematik liegt auch vielen alltäglichen Befragungen zugrunde. So wird der Richter, der einen Angeklagten verhört, systematisch fragen, ohne dass eine gesetzlich Systematik von vornherein erkennbar ist. Der Arzt befragt seinen Patienten systematisch nach Befindlichkeitsstörungen.

Ist *Zielgerichtetheit* ein taugliches Kriterium für Wissenschaftlichkeit?

Ein Ziel verfolgen z.B. auch Richter und Arzt: Der Richter versucht, innerhalb der Rechtsnormen abweichendes Verhalten zu beurteilen. Der Arzt setzt im Rahmen der Ätiologie (Lehre von den Krankheiten) einzelne Befunde so miteinander in Beziehung, dass eine Diagnose schließlich die Grundlage für eine Therapie abgibt. Beide unterstellen also die gesammelten Informationen dem Ziel, Handlungsweisen ableiten zu können: In dem einen Fall Freispruch oder Verurteilung, im anderen Fall beispielsweise Operation oder Medikation. Auch die Verkäuferin und der Versicherungsvertreter erfragen den Bedarf des Kunden zielstrebig.

Weder Systematik noch Zielgerichtetheit reichen aus, um die alltägliche oder professionelle von der sozialwissenschaftlichen Befragung abzugrenzen. *Der entscheidende Unterschied zwischen der alltäglichen und der wissenschaftlichen Befragung besteht in der theoriegeleiteten Kontrolle der gesamten Befragung.*

Wissenschaftlichkeit beruht auf systematischer Zielgerichtetheit und Theorie.

Die Kontrolle jedes einzelnen Schrittes der Befragung hat zwei Aufgaben zu erfüllen. Zum einen soll sie den Einsatz der Befragung als wissenschaftliche Methode gewährleisten, und zum anderen kann nur über die Kontrolle der einzelnen Schritte festgestellt werden, inwieweit die Ergebnisse, d. h. die erhobenen Daten, von den Bedingungen, unter denen die Befragung stattgefunden hat, beeinflusst worden sind. Diesen Bedingungen unterliegen alle Schritte im Forschungsablauf.

4.3 Interview als soziale Situation

Jede Befragung stellt eine spezifische und soziale Situation dar. Dazu gehören nicht nur die Menschen, die miteinander sprechen, sondern auch die jeweilige Umgebung. Von sozialer Situation ist selbst dann zu sprechen, wenn jemand für sich allein auf einen schriftlichen Fragebogen Antwort gibt oder wenn er telefonisch befragt wird. Gegenseitige Erwartungen, Wahrnehmungen aller Art beeinflussen Verhalten und verbale Reaktion.

In der Praxis erleben wir dabei die selben Probleme wie bei der Beobachtung: Die Umgebung ist total und vollständig nie beobachtbar. Daraus folgt, dass eine Totalkontrolle der sozialen Situation Interview nicht möglich ist. Umso wichtiger ist die Frage, was aus theoretischen Gründen als wesentlich anzusehen ist, was unbedingt so gut wie möglich kontrolliert werden müsste.

Was *Samuel A. Stouffer* in seinem Vorwort zu *Hymans* Buch „Interviewing in Social Research" angesichts des damals gerade hereinbrechenden Wunders „elektronischer Auswertungsmöglichkeiten" schrieb, hat bis heute Gültigkeit: „Mehr Forschung ist nötig. Aber es gibt einen Aspekt, der leider nicht soviel konstruktiv-kritische Überprüfung erhielt, wie es seiner Bedeutung entspricht. Dieser Aspekt ist der menschliche Mittler im normalen Vorgang, Meinungen zu erheben – der Interviewer. Obwohl offensichtlich ist, dass der Interviewer bewusst oder unbewusst Antworten beeinflussen und verzerren kann, liegen erstaunlich wenig systematische Studien über den Interviewer und den Befragungsvorgang selbst vor" (Hyman, 1954, S. V).

Hymans Buch, dessen Manuskript vor bald 60 Jahren entstand, ist nicht nur in seinem Inhalt bemerkenswert aktuell geblieben, insbesondere was auch die heute noch offenen Fragestellungen betrifft, sondern sein Entstehen könnte durchaus programmatischen Charakter haben: Es ist nämlich entstanden in Zusammenarbeit des *Social Science Research Council, des National Research Council* und dessen *Joint Committee on the Measurement of Opinion, Attitudes, and Consumer Wants*. Unter den Mitgliedern waren die besten Köpfe der damaligen Zeit. Ob sie Inhaber privater Meinungsforschungsinstitute waren wie *George Gallup, Elmo Roper* oder „Unileute" wie *Paul F. Lazarsfeld, Rensis Likert, Hadley Cantril* und, eben als Präsident, *Samuel A. Stouffer*. Bemerkenswert ist, dass kein Unterschied zwischen

Grundlagen- und Bedarfsforschung bestand. Dieser Unterschied ist auch heute unsinnig was die Wissenschaftlichkeit betrifft.

4.3.1 Stimulus-Reaktions-Modelle

In der Fachliteratur sind zwei Grundhaltungen erkennbar. Ein Teil der Autoren geht im Grunde von einem *S→R-Modell* aus. Diesem liegt die Annahme zugrunde, dass ein direkter, ausschließlicher und zwingender Zusammenhang zwischen einem Stimulus und einer bestimmten Reaktion bestehe. Sie vertreten deshalb die Ansicht, dass höchstmögliche Kontrolle auf den Stimulus Frage oder Fragebogen zu legen sei, um die Verlässlichkeit der Reaktion, der Antwort, zu gewährleisten. Die Beeinflussung der verbalen Reaktion auf die Stimuli des Fragebogens durch die soziale Situation Interview wird zwar nicht bestritten, aber doch meist nur als Störfaktor angesehen, den es zumindest konstant zu halten gilt. Sie betonen die Wichtigkeit der richtigen Frageformulierung und des Aufbaus des Fragebogens: „Nicht der Interviewer, der Fragebogen muss schlau sein" (Schmidtchen, 1962, S. 34). Vertreter des S→R-Modells sind besonders häufig bei repräsentativen Umfragen zu finden. Diese Auffassung ist stark der klassischen Messtheorie in der Psychologie verhaftet.

Andererseits bezieht sich in den letzten Jahren eine steigende Anzahl von Autoren – oft implizit – auf ein *S→P→R-Modell*. P steht für Person. Ihm liegt die Annahme zugrunde, dass zwingende und unmittelbare Beziehungen zwischen Stimulus und Reaktion im Alltag nicht bestehen. Das S→R-Modell vermag der komplexen sozialen Situation Interview nicht angemessen zu entsprechen. Der Stimulus, in Form einer Frage, ist ohne spezifische zeiträumliche Bedingungen undenkbar, wirkt immer in einer Umgebung, auf die das Individuum bewusst oder unbewusst reagiert. Empfindungen, Ängste, Erwartungen beziehen sich also beim Befragten nicht nur auf die jeweilige Frage, sondern auf die gesamte Befragungssituation. So ist schließlich die Antwort nicht eine „kausale" Folge einer Frage, wie das S→R-Modell impliziert. Der Befragte reagiert also keineswegs auf etwas Vergangenes, sondern möglicherweise wird sein Verhalten maßgeblich gerade durch Empfindungen oder Überlegungen beeinflusst, die die Zukunft betreffen: „Was erwartet der Befrager von mir, und wie wirkt meine Antwort auf ihn?" Diese Überlegung kann keine ausschliessliche „Ursache" der Antwort sein.

4.3.2 Das „Stimulus-Person-Modell"

Dieses S→P→R-Modell erfasst die Interviewsituation als Reaktionssystem (Abb. 4-1). Die einzelne Frage wird im sozialen Verlauf Interview durchaus als Stimulus verstanden, der aber in einem weiteren Umfeld wirkt, von dem nur einzelne Reize durch die beteiligten Personen überhaupt bewusst wahrgenommen werden. Wenn der Stimulus in Form einer mündlich oder schriftlich formulierten Frage auf das Individuum trifft, löst er eine ganze Reihe von Mechanismen aus, die in Abb. 4-1 lediglich analytisch auseinander gehalten werden. Ein Befragter deutet den Reiz, er bewertet ihn und überlegt eine Antwort.

Jeder dieser Schritte ist insgesamt von Vorstellungen und Erwartungen, mithin von internalisierten sozialen Normen beeinflusst. So mag das Aussehen eines Interviewers das Verhalten des Befragten insgesamt beeinflussen, es mag ein bestimmtes Wort Erinnerungen, Angst bewirken. Es mögen die zufälligen Umstände – jemand ist beispielsweise in Eile – die Bereitschaft zum Antworten verringern (Atteslander/Kneubühler, 1975).

Wesentlich an dieser Auffassung ist, dass all diese möglichen und tatsächlichen Einflüsse nicht mehr als „Störfaktoren", sondern als Bedingungen der Reaktionsermittlung überhaupt angesehen werden. Die Folge davon ist, dass nicht nur der Stimulus, sondern die gesamte Situation des Interviews einer systematischen Kontrolle zu unterziehen ist. In welcher Umgebung, in welcher Atmosphäre wird befragt? Wie verhält sich der Befragte? Beobachtungen und Eindrücke sind zu protokollieren. Dabei stellt sich die Frage, welche Bedingungen wesentlich sind und systematisch erfasst werden sollen.

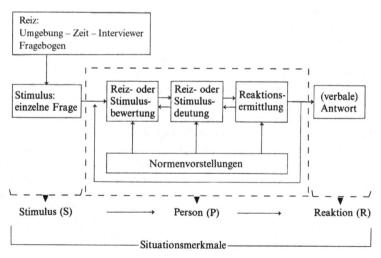

Abbildung 4-1: Interviewsituation als Reaktionssystem

So wird deutlich, dass es nicht allein genügt, systematische Anstrengungen auf das Instrument Fragebogen anzuwenden. Die im Fragebogen fixierte Sprache *ist* nicht nur soziale Realität, sondern sie *schafft* auch soziale Realität beim Befragten, indem sie das verbale Verhalten des Befragten steuert. Nachdem wir die Interviewsituation als Reaktionssystem dargelegt haben, ist das Prozesshafte des Interviews darzustellen.

Wie „versteht" das Individuum eine Frage? – Wie „versteht" der Interviewer die Antwort? Wissen wir, wie hoch der Anteil an „nicht intendierten" Folgen von durch Fragen entstandenen verbalen Reaktionen ist? (Siehe auch in Kap. V: 5 Bereiche von Missverständnissen)

Was im Befragten tatsächlich vor sich geht, kann ebenfalls nur hypothetisch dargestellt werden. Verstehen, Bewerten und Urteilen sind untereinander stark verbunden, beeinflussen sich gegenseitig. So mag die Betroffenheit einen Filter für das Verstehen darstellen und das Bewerten ein Einordnen in die Erlebnis- und Erkenntniswelt erschweren, gar unmöglich machen. Das Urteil kann durchaus emotional überlagert sein. Auch kann die Hoffnung rational geprägt sein, weil durch die Antwort möglicherweise eine Verbesserung der eigenen Situation angestrebt wird, während eine angenommene Gefährdung der sozialen Situation zu einem Abwehrverhalten führt (Roy, 1965, S. 267).

Obwohl die Bedeutung der Sprache in Theorie und Anwendung voll anerkannt ist, fehlt erstaunlicherweise bis heute eine umfassende soziolinguistische Analyse der Befragung. In der einschlägigen Literatur fehlt das Stichwort Soziolinguistik beinahe ausnahmslos, weil sprachliche Probleme, wenn überhaupt, allenfalls auf Einzelprobleme bezogen dargestellt werden (siehe Atteslander, 2006: Besondere Bedingungen bei schriftlichen und computergestützten Befragungen).

Es gibt zahlreiche praktische Hinweise auf das Sprachniveau (Bildungs- oder Wissensstand), allgemeine Verständlichkeit (Wortwahl und Frageformulierung u. a. m.). Weitgehend unerforscht blieb bisher die tatsächliche Funktion der Sprache im Interview.

Auch wenn die Schritte der Operationalisierung von Begriffen bei der Erforschung von Krankheitsverhalten (siehe Kap. 2, S. 37) sorgfältig durchgeführt wurden, muss bei repräsentativen Befragungen zunächst geklärt werden, welcher Sprachgebrauch für welche Symptome bei den zu Befragenden vorgefunden werden. Für ein und denselben objektiven Befund ergeben sich vielfach höchst unterschiedliche Worte und Beschreibungen. Sie sind durch Herkunft, soziale Lage, Erfahrung, allenfalls Bildungsstand geprägt. Schmerz beispielsweise unterliegt kulturellen Normen. Im einen Fall ist es unstatthaft, Schmerzen durch verbale Äußerungen und lautes Gehabe kundzutun, im anderen wird genau das verlangt (die Anthropologie kennt dazu viele Beispiele, so etwa das unterschiedliche Verhalten bei Trauer oder bei Geburten). Wörter und Begriffe können selbst in scheinbar gemeinsamer Sprache verschieden gedeutet werden (vgl. Atteslander, Fürstenau, Maurer, 1993).

Aus dem Gesagten folgt, dass durch Sprache immer nur ein Ausschnitt des Erlebbaren und Erlebten erfasst wird. Die Verwendung verbaler Ausdrücke ist nie allein aus theoretischen und literarischen Verwendungen abzuleiten, sondern muss im Grunde in jedem einzelnen Falle der empirischen Überprüfung ausgesetzt werden. Das heißt, einzelne Ausdrücke sind im gesamten Verlauf der Interaktion zu erproben (Atteslander, 1988, S. 940).

In diesem Zusammenhang ist an *Manning* zu erinnern: „Der Antwortende lügt nie – die zutreffende Interpretation dessen, was er sagt, hängt vom Können des Analytikers ab" (Manning, 1967, S. 315). Eine Antwort, wie immer sie zustande gekommen ist, kann also nur innerhalb eines fundierten und nachvollziehbaren Bezugsrahmens interpretiert werden. Einmal mehr wird deutlich, dass theoretische Annahmen wesentlich darüber entscheiden, welche Bedeutung die Antworten für soziale Daten erhalten.

Beispiel 1 soll verdeutlichen, wie komplex soziale Realität in einer wissenschaftlichen Befragung sein kann.

In einer Untersuchung über das Zusammenleben von Weißen und Schwarzen in gemischten Quartieren amerikanischer Mittelstädte wurde mitten in der Befragung die Feldarbeit abgebrochen. Grund dafür war der Bericht eines Interviewers, der eine im Fragebogen nicht vorgesehene Äußerung einer Befragten notierte. Worum ging es? In einer ausgefeilten Fragebatterie über das Zusammenleben von Weißen und Farbigen ergab sich – stark verkürzt – folgendes Bild: Die befragte Hausfrau weißer Hautfarbe gab an, dass sie mit den schwarzen Nachbarn eng befreundet sei. Man half sich gegenseitig aus, die Kinder spielten regelmäßig miteinander, gegenseitige Besuche waren an der Tagesordnung. Als der Interviewer schon zu einer weiteren Frage überleiten wollte, kam folgende Äußerung: „Aber wissen Sie, in der Stadt würde ich meine Nachbarin nicht grüßen!"

Wir können uns die Interviewsituation durchaus vorstellen. Die Frau erkannte offensichtlich, dass die Fragen nur die „halbe Wahrheit" erfassten. Deshalb auch ihre spontane Reaktion. Der Interviewer war geschult, die Umgebung und Besonderheiten nicht nur zu beachten, sondern auch zu melden. Dies hat dazu geführt, dass die Feldarbeit sofort unterbrochen wurde.

Eine Überprüfung ergab, dass in der ganzen Befragung die Möglichkeit unterschiedlichen Verhaltens in der Wohngegend einerseits, im Geschäftszentrum der Stadt andererseits nicht vorgesehen war. Während es zur Norm in der Wohnsiedlung gehörte, dass Weiße durchaus enge Freundschaft mit Schwarzen pflegen konnten, bestanden offensichtlich entgegengesetzte Normen in anderen Bereichen dieser Stadt. Das normkonforme Verhalten im Geschäftsviertel bestand gerade darin, seine andersfarbigen Freunde zu ignorieren.

Es wurden folgende weitere Abklärungen durchgeführt: teilnehmende Beobachtung, qualitative Interviews, strukturierte Interviews in verschiedenen Quartieren der Stadt. Ein Teil des Feldexperimentes, das der Untersuchung jenes Verhaltens diente, spielte sich wie folgt ab: An einem bestimmten Tag erschien in einem Lokal der Innenstadt ein Interviewer der Cornell-Universität. Dieses Lokal be-

4. Befragung

fand sich in einem von Weißen und Schwarzen bewohnten Gebiet und wurde ausschließlich von weißen Arbeitern besucht. Der Befrager führte ein Interview mit dem Besitzer des Lokales durch, der im Übrigen als Barmann fungierte. Unter anderem ergab sich folgendes Gespräch (stark verkürzt): „Wird Ihr Lokal auch von Schwarzen besucht?" „Nein." „Kommt es wenigstens gelegentlich vor, dass ein Schwarzer in Ihr Lokal kommt?" „Nein." „Waren zufällig in den zwei letzten Wochen Schwarze als Gäste bei Ihnen?" „Nein." „Gesetzt den Fall, es würde ein Schwarzer Ihr Lokal betreten, würde er bedient?" „Nein, auf keinen Fall."

Der Befragte gab im weiteren zu erkennen, dass er an sich nichts gegen Schwarze habe. Im Übrigen habe er während des Krieges in einer Einheit zusammen mit Schwarzen gedient, die er durchaus schätze. Er sei aber Geschäftsmann. Und da seine Gäste es nicht gerne sehen würden, wenn auch Schwarze in dieses Lokal kämen, würde er unter keinen Umständen einen Schwarzen bedienen.

Die Antworten scheinen verbal eindeutig. Würden wir dieses Verhalten mit einem S→R-Modell analysieren, könnten wir zwar die Tatsache der „Nein-Antwort", nicht aber ihr Zustandekommen oder ihre Bedeutung ermessen.

In unserem Falle war das Interview in der Bar nur ein Schritt unter vielen. Im besagten Lokal verkehrten vor diesem Interview zu genau bezeichneten Zeiten drei Forscher. Sie stellten durch teilnehmende Beobachtung während zwei Wochen fest, dass in diesem Lokal keine Schwarzen verkehrten. In Gesprächen mit dem Inhaber ergab sich, dass der Anteil der Schwarzen in diesem Wohnviertel stetig wuchs. Eine bestimmte Unruhe bei den weißen Arbeitern war unverkennbar. Es wurde auch notiert, dass verschiedentlich der Ausspruch zu hören war: Wenn das so weiter gehe, würden sie ausziehen und in ein anderes Quartier übersiedeln.

Zwei Wochen vor besagtem Interview erhielt Prof. Robert Smith den Auftrag, in dieses Lokal zu gehen, sich an die Bartheke zu stellen, wenn möglich zwei Bier zu bestellen und auch zu trinken. Seine Handlungsanweisung war, selbst kein Gespräch anzufangen, wenn angesprochen aber durchaus Konversation zu treiben. Smith, ca. 35 Jahre alt, betrat das Lokal, bestellte ein Bier, wurde von seinem Nachbarn in ein Gespräch verwickelt, bestellte ein zweites Bier, bezahlte und verließ das Lokal nach etwa 25 Minuten wieder. Diese Vorgänge wurden durch die ebenfalls anwesenden Forscher beobachtet. Smith war schwarzer Hautfarbe.

Hat der Befragte in der Befragung gelogen? Die beobachtete „Wahrheit" war, dass in der Zeit, über die der Inhaber befragt wurde, tatsächlich ein Schwarzer im Lokal verkehrte und völlig normal bedient wurde. Die „Wahrheit" des Befragten kam in der Erklärung zum Ausdruck, dass er persönlich zwar nichts gegen Schwarze habe, jedoch den Erwartungen seiner Gäste, von denen er abhing, entsprechen müsse.

Man kann sich vorstellen, dass über diese Befunde damals ausgiebig diskutiert worden ist. Zunächst scheint der Widerspruch zwischen beobachteter und erfragter Wahrheit unmissverständlich klar.

Wenn wir vom Befragten ausgehen, können wir folgende drei Normensyndrome identifizieren: gesamtgesellschaftliche Normen, gruppenspezifische Normen und schließlich interviewspezifische Normen (Atteslander/Kneubühler, 1975, S. 60 f.).

Die Bemerkung des Befragten, dass auch Schwarze als vollwertige amerikanische Bürger anzusehen seien, verweist auf eine gesamtgesellschaftliche Norm.

Gruppenspezifische Normen wurden geprägt durch seine Gäste, von denen er wirtschaftlich abhängig war.

Zur interviewspezifischen Norm mag gehören, dass er die Tatsache, dass er mindestens einen Schwarzen, den er in der erfragten Zeitperiode persönlich bediente, „vergaß", da diese Situation nicht typisch war, er also nicht über sein reales Verhalten berichtete, sondern über seine eigene Verhaltenserwartung. Er rationalisierte in Bezug auf das Befragungsthema und möglicherweise auch in Bezug auf den Befrager (Abb. 4-2).

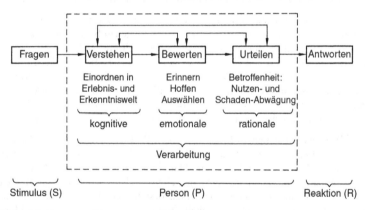

Abbildung 4-2: Fragen und Antworten als Prozess

Das beschriebene Vorgehen entspricht einem S→P→R-Modell. Es ermöglicht eine erweiterte Analyse des „Nein". Es kann gerade in diesem Fall nach dem S→R-Modell argumentiert werden, die Antwort „Nein" sei als wesentlich für das tatsächliche Verhalten des Befragten zu werten – deshalb auch auszuwerten, obwohl andere Beobachtungen und Befragungen dem widersprachen. Dies kann im geschilderten Fall durchaus zutreffen, denn leider wurden weitere Überprüfungen nicht durchgeführt. Verbleibt man indessen nur bei dem S→R-Modell und unterlässt eine Analyse weiterer Dimensionen, in denen die Bedeutung einer Antwort fixiert werden kann, steigt die Gefahr, dass Antworten Bedeutungen zugemessen werden, die ihnen nicht zukommen.

4.3.3 Verbindliche und unverbindliche Meinungen

Die Erfahrung sowohl im Alltag als auch bei der wissenschaftlichen Befragung ergibt, dass auf fast jede Frage eine Antwort folgt. Nicht zu antworten, also keine Reaktion zu zeigen, widerspricht offensichtlich allgemeinen Erwartungen gegenseitigen Verhaltens. Fragen sind deshalb immer auch als Reaktion nicht nur auf das zu Erfragende bezogen, sondern auf den Fragenden, auf die gesamte Situation. Die Frage ist zugleich Element eines Prozesses und auch Element ganz spezifischer zeitörtlich fixierter sozialer Situationen. Dass es offensichtlich Antworten unterschiedlichster Verbindlichkeit geben kann, ja geben muss, ist heute allgemein erkannt. Trotzdem wird sowohl der Befragung als Ablauf als auch ihren Rahmenbedingungen nur ungenügende systematische Aufmerksamkeit geschenkt. Die Erfahrungen der Forscher in *Cornell* stellen keinen Einzelfall dar.

Beispiel 2: Zwanzig Jahre vor ihnen hat *Richard LaPiere* mit chinesischen Freunden ein Feldexperiment durchgeführt, in dem er repräsentativ für die Vereinigten Staaten Vorurteile gegenüber Chinesen auszuloten versuchte. Von den 66 Hotels, Motels oder Camps und den 184 Restaurants, die sie besuchten, wurden sie nur ein einziges Mal abgewiesen. Kurz darauf schrieb *LaPiere* alle besuchten Etablissements an und stellte u. a. die Frage: „Würden Sie Chinesen aufnehmen und bedienen?" Insgesamt erhielt er 128 Antworten. Er war über die Tatsache schockiert, dass mit einer Ausnahme alle antworteten, sie würden keine Orientalen bedienen. Erfahrung und Meinungsäußerungen widersprachen sich spiegelbildlich.

LaPieres Folgerung: „If social attitudes are to be conceptualized as partially integrated habit sets which will become operative under specific circumstances and lead to a particular pattern of adjustment they must, in the main, be derived from a study of humans behaving in actual social situations. They must not be imputed on the basic of questionnaire data" (LaPiere, 1934, S. 237).

Vom erlebten Verhalten kann also nicht ohne weiteres auf die Meinungsstruktur geschlossen werden. Dass eine geäußerte Meinung ebenfalls nicht ein bestimmtes Verhalten zu prognostizieren vermag, soll ein weiteres Beispiel verdeutlichen.

Beispiel 3: Im Rahmen eines Experimentes in der Augsburger Uni-Mensa über Toleranzverhalten gegenüber Rauchern wurden Studenten befragt, was sie unternehmen würden, wenn sich ein Kommilitone an einen Tisch im Nichtraucher-Teil der Mensa setzen würde und dort zu rauchen beginne. Die Antworten der Befragten waren überwiegend klar: Die rauchende Person würde zunächst höflich gebeten, das Rauchen zu unterlassen. Bei Nichtbefolgung würden selbstverständlich Sanktionen ergriffen. Kurz nach der Befragung setzten sich nach sorgfältigen Instruktionen Raucher an die Nichtraucher-Tische. Zum Teil waren sie den Befragten bekannt, zum Teil nicht. Wurden sie weggewiesen? In keinem einzigen Fall. Nur wenige Hinweise auf das Nichtrauchen wurden festgestellt. Von den beim Befragen geäußerten Sanktionen keine Spur. Daraus folgt, dass offensichtlich das Toleranzverhalten weit über die in der Befragung geäußerte Meinungsstruktur reicht.

Obwohl diese Befunde keine allgemein gültigen Aussagen erlauben – als möglicher Faktor der Verhaltensbeeinflussung wäre die Vertrautheit unter Kommilitonen anzunehmen, also hoher Grad sozialer Akzeptanz –, stellt sich auch in diesem Fall das Problem der Verbindlichkeit oder Unverbindlichkeit von Meinungen.

Beispiel 4: Allgemeine Fragen in Befragungen werden oft als völlig unverbindlich erlebt. Befragen wir z.b. die Ärzte über ihre Einstellung zu einem sich vereinigenden Europa, wird die überwiegende Mehrzahl diesen Zusammenschluss positiv beurteilen. Doch wenn die Frage nach der allgemeinen beruflichen Freizügigkeit gestellt wird, wird dies im Großen und Ganzen noch für eine gute Sache gehalten. Wird in diesem Befragungs-Trichter vom allgemeinen zum Speziellen schließlich die Frage gestellt, was davon zu halten sei, wenn etwa ein aus Frankreich kommender, aber in Algerien geborener Arzt im gleichen Haus eine Praxis eröffnen würde, dürfte eine ablehnende Antwort zu erwarten sein.

Eine Ablehnung wird mit allem Möglichen begründet: unterschiedliche Ausbildung, Gefährdung der Volksgesundheit u.ä.m. Allerlei vorgeschobene Gründe mögen den durchaus nachvollziehbaren wirtschaftlichen Eigennutz überdecken.

Je allgemeiner die Fragen, desto unverbindlicher die Antworten und desto weniger Betroffenheit ist die Folge. Wie betroffen sich die zu befragenden Menschen durch den Fragegegenstand fühlen, ist weder theoretisch vorauszusagen, noch im Formulieren der Fragen selbst eindeutig zu klären.

Latente Überzeugungen bedürfen eines Anlasses, um explizit, d.h. beobachtbar oder befragbar zu werden. Damit stellt sich die Frage nach dem Grad der Zentralität von geäusserten Meinungen.

Unter Zentralität ist zu verstehen einerseits der Grad der Betroffenheit, andererseits der Bezug zu wesentlichen existentiellen Überzeugungen und Glaubensvorstellungen.

These: Je höher der Grad der Zentralität, desto wahrscheinlicher auch die Übereinstimmung zwischen geäußerter Meinung und effektivem Verhalten (Abb. 4-3) (Atteslander et al., 1993, S. 5 ff.).

Die Zentralität nimmt von 1 bis 3 ab. Unter *Frageobjekt* ist das Forschungsziel, das mithilfe des Instrumentes der Befragung angestrebt wird, zu verstehen. Die Fragesituation wurde bereits früher definiert (siehe S. 110 f.).

Im sozialen Prozess der Befragung ist das Befragungsziel für den Befragten nicht manifest. Als latente externe Stimuli sind die kognitiven Steuerungsvorgänge der Sinneswahrnehmung zu verstehen. Erlebtes, Erfahrenes und frühere Sozialisation wirken als Filter oder Verstärkung des Wahrnehmens.

4. Befragung

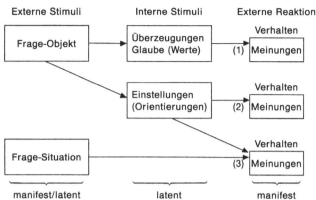

Abbildung 4-3: Grad der Zentralität von Meinungen (Nach Pierce et al.,1982, S. 132).

Bei der Planung der Befragung ist zu klären, welche Zentralität der zu erhebenden Meinungen angestrebt wird. Bei der Analyse der Antworten ist zu prüfen, welcher Grad an Zentralität ihnen zugerechnet werden kann.

4.3.4 Meinungen als Artefakte

Ein verbreitetes Vorurteil gegenüber Meinungsumfragen besteht darin, dass man sagt, es komme nur darauf an, wie man die Frage stellt, um eine gewünschte Antwort zu erhalten. Würden tatsächlich Meinungsumfragen nach diesem Prinzip durchgeführt, wären die teilweise erheblichen Ausgaben sinnlos. Eine empirische Überprüfung von Fragestellungen würde sich erübrigen. Dass aber Gewünschtes und Erwartetes oft aus Befragungsdaten herausgelesen wird, ist nicht von der Hand zu weisen. Das Ziel jeder nach wissenschaftlichen Prinzipien durchgeführten Befragung ist selbstverständlich die Erhebung tatsächlicher Meinungen und nicht deren Herstellung.

Unter einem Artefakt ist in diesem Zusammenhang die durch das Instrument eingeschränkte oder provozierte Meinungsäußerung zu verstehen. Artefakte liegen dann vor, wenn Begriffe Verwendung finden, die vom Befragten nicht verstanden werden, wenn sich der Antwortende bedroht fühlt, sei es aus Unsicherheit oder Unwissenheit, wenn durch die Frage eine willkürliche Eingrenzung erfolgt, schließlich wenn Hypothetisches erfragt wird: „Was würden Sie tun, wenn?", wobei für das „Wenn" die Erfahrung fehlt.

Alle Befragungen weisen einen mehr oder minder hohen Grad an *Künstlichkeit* auf. Es ist geradezu das Ziel, durch Einsatz des Forschungsinstrumentes Befragung Menschen zum Antworten zu beeinflussen: Jede Frage ist ein Stimulus und jeder Stimulus bewirkt etwas. Selbst das Nichtantworten ist eine Handlung, die zur Analyse Anlass gibt. Es ist ebenfalls richtig, wenn immer wieder gesagt wird, dass in vielen Fällen erst durch eine Frage Menschen zu Überlegungen veranlasst werden. Fragen haben auch die Aufgabe, aus latenten Einstellungen Meinungen ins Bewusstsein zu bringen.

Artefakte völlig auszuschließen kann also nicht das Ziel der wissenschaftlichen Befragung sein. Ähnlich wie bei der Verzerrung dargestellt, geht es vor allem um das Feststellen des Ausmaßes an Künstlichkeit, also um die systematische Kontrolle der Abläufe. Diese Kontrolle kann nicht ausschließlich durch statistische Verfahren (s. Kap. 8) geleistet werden, sondern muss mit der theoretischen Abklärung beginnen. Welcher Ausschnitt der sozialen Wirklichkeit ist Forschungsziel? Welche Begriffe sind im Operationalisierungsverfahren verwendbar? Wie wird die Erlebniswelt von Befragten, wie ihre Betroffenheit abgeklärt, von welcher Zentralität der zu erhebenden Meinung wird ausgegangen?

Oft ist man beim Vorliegen von Umfrageergebnissen auf Vermutung über unangemessene Künstlichkeit angewiesen. Anderseits versucht man durch besondere Verfahren, Artefakte zu kontrollieren. Beides soll durch folgende Beispiele illustriert werden.

Beispiel 5: Am 20. April 1880 wurde in der „Revue socialiste" als Sonderdruck in 25000 Exemplaren in ganz Frankreich ein Fragebogen verbreitet. *Marx* hatte ihn auf Anregung des Herausgebers verfasst. Mit der Bitte um Ausfüllen und der Zusicherung der Anonymität wurde er wie folgt eingeleitet: „Keine Regierung (ob monarchistisch oder bürgerlich-republikanisch) hat es gewagt, ernsthafte Untersuchungen über die Lage der französischen Arbeiterklasse anzustellen. Wie viele Untersuchungen gibt es dagegen über Agrar-, Finanz-, Industrie-, Handels- und politische Krisen!

Die Infamie der kapitalistischen Ausbeutung, die durch die offizielle Untersuchung der englischen Regierung aufgedeckt wurde, die gesetzlichen Folgen dieser Enthüllungen (Beschränkung des gesetzlichen Arbeitstages auf zehn Stunden, Gesetze über Frauen- und Kinderarbeit etc.) haben die Furcht der französischen Bourgeoisie vor den Gefahren, die eine unparteiische und systematische Untersuchung mit sich bringen könnte, noch gesteigert.

In der Hoffnung, dass wir die republikanische Regierung veranlassen könnten, dem Beispiel der monarchistischen Regierung Englands zu folgen und eine umfassende Untersuchung über die Taten und Untaten der kapitalistischen Ausbeutung zu eröffnen, wollen wir mit den geringen Mitteln, über die wir verfügen, eine solche Untersuchung beginnen. Wir hoffen dabei auf die Unterstützung aller Arbeiter in Stadt und Land, die begreifen, dass nur sie allein in voller Sachkenntnis die Leiden schildern können, die sie erdulden; dass nur sie allein und keine von der Vorsehung bestimmten Erlöser energisch Abhilfe schaffen können gegen das soziale Elend, unter dem sie leiden; wir rechnen auch auf die Sozialisten aller Schulen, die, da sie eine soziale Reform anstreben, auch die genaue zuverlässige Kenntnis der Bedingungen wünschen müssen, unter welchen die Arbeiterklasse,

4. Befragung

die Klasse, der die Zukunft gehört, arbeitet und sich bewegt. Die hundert unten angeführten Fragen sind von höchster Wichtigkeit. – Die Antworten müssen die laufende Nummer der Frage enthalten. – Es ist nicht notwendig, alle Fragen zu beantworten, aber wir empfehlen, die Antworten so umfassend und ausführlich wie möglich abzufassen" (Marx, 1880).

Die nun folgenden Fragen streben objektive Gegebenheiten an, etwa die Frage: „Sind Lehrlinge beschäftigt?" „Wie viele?" Oder: „Liegt die Arbeitsstätte auf dem Lande oder in der Stadt?"

Offensichtlich wird den Befragten außerordentlich viel Übersicht zugemutet: Frage 15: „Berichten Sie über die Anzahl der Arbeitsräume, die den verschiedenen Zweigen des Gewerbes dienen und beschreiben Sie jenen Teil des Arbeitsprozesses, an dem Sie mitwirken, nicht nur in technischer Hinsicht, sondern auch in Bezug auf die Muskel- und Nervenanspannung, die die Arbeiter fordert, und die allgemeinen Auswirkungen auf die Gesundheit der Arbeiter."

Frage 19: „Ist die Arbeitsstätte mit Maschinen überfüllt?"

Sektion III, Frage 12: „Falls Sie im Stücklohn bezahlt werden, wird die Qualität der Produkte zum Vorwand genommen, um Ihren Lohn auf betrügerische Weise zu kürzen?" Ergebnisse und Auswertungen sowie weitere Hinweise auf das Forschungsvorgehen liegen uns nicht vor.

Aus diesen Hinweisen kann zweierlei geschlossen werden:

1. Die Befragung wurde eindeutig als Instrument im Klassenkampf verwendet. Die Aufforderung, die Fragen zu beantworten, ist unschwer als Beeinflussung zu werten, empfundene Missstände besonders deutlich darzustellen. Die Fragen richten sich nicht nur auf die Wiedergabe von Gegebenheiten, sondern zugleich auf deren Bewertung.

2. Die Fragen beinhalten oft bereits vorweggenommene Schlussfolgerungen („maschinenüberstellte Arbeitsplätze", „Vorwände für Lohndrückerei").

4.3.5 Auswirkungen von als „heikel" empfundenen Fragen

Beispiel 6: Vor einigen Jahren war in der Presse zu lesen, zwei Drittel der Studierenden in der Bundesrepublik Deutschland stünden dem Kommunismus grundsätzlich positiv gegenüber. Als Beleg galt eine Untersuchung des Demoskopischen Institutes Allensbach. Augsburger Studenten konnten sich mit diesem Befund nicht befreunden und versuchten, in einer eigenen Erhebung die Ergebnisse zu überprüfen. Die in den Medien reproduzierte Meinung widersprach ihrer Erfahrung. Die Allensbacher Untersuchung ging davon aus, „daß der von linken Studenten ausgehende Meinungsdruck es den Studenten schwer macht, linke Ideen und Verhaltensweisen, z.B. den Kommunismus, zu kritisieren" (Noelle-Neumann, FAZ, 18.11.1978). Auf die Kritik, dass die Fragen zum Thema Kommunismus in bestimmten Situationen unscharf seien, äußerte die Autorin: „Demoskopische Fragen müssen holzschnittartig sein, weil sie anderen Regeln folgen, als Fragen im Einzelgespräch. Einige differenzierte Fragen werden von den Befragten verschieden verstanden. Der eine würde sie in allen Nuancen, der andere nur in der Hauptsache auffassen: dadurch wird die Antwort unvergleichbar. Ziel einer demoskopischen Frage muß es sein, daß alle Befragten sie möglichst einheitlich auffassen" (Noelle-Neumann, FAZ, 18.11.1978).

Eine solche Sichtweise kann tendenziell einer S→R-Auffassung zugeordnet werden. Die Studenten wollten nun die gleiche Frage im Rahmen einer S→P→R-Annahme auf deren Tauglichkeit überprüfen. Dazu wurden u. a. als Hypothesen formuliert:

1. Die Allensbacher Fragen sind so formuliert, dass eine andere Antwortverteilung auch dann unwahrscheinlich ist, wenn es sich bei den Befragten um eine atypische Studentengruppe handelt.

2. Von den Studenten wird in der Lehre geradezu verlangt, dass sie alle denkbaren Möglichkeiten theoretisch verarbeiten. Das ganze Studium trainiert den Einzelnen auf immer höhere Abstraktionsleistungen. Dies muss sich notwendigerweise auf vorformulierte Fragen nach ‚Gewalt' und ‚Kommunismus' auswirken: Die Allensbacher Fragen sind ‚hypothetisch', also sind auch die Antworten in erster Linie Denkmöglichkeiten und keine Verhaltenshinweise.

3. Eine theoretische Abstützung für ‚Holzschnittfragen' ist nicht ersichtlich. Deshalb: Offene Fragen ergeben eine breitere und damit dem Problemkreis adäquatere Antwortverteilung.

Während Allensbach 500 Studenten als repräsentativ für die gesamte Bundesrepublik befragte, wollten die Augsburger Studenten eine vom Bundesdurchschnitt abweichende Population untersuchen. An einer atypischen Universität sollte nachgewiesenermaßen kein „linker Meinungsdruck' herrschen. Weder von der Zusammenstellung der Dozenten noch des politischen Umfeldes noch von der Studenten-Organisation dürfte ein solcher feststellbar sein. Eine Hochschule, an der keine kommunistischen oder kommunistenfreundlichen Hochschulgruppierungen bestehen, wurde gesucht: Augsburg entsprach diesen Kriterien. Repräsentativ für Augsburg wurden damals von insgesamt 3799 Studierenden 202 Studenten nach einem Quotenverfahren in einem ca. 30- bis 45-minütigen Interview befragt. Der einen Hälfte der befragten Studenten wurde die Fragestellung des Allensbacher Institutes, der anderen eine offene Fassung vorgelegt (Frage 1 und Frage 2).

Obwohl Augsburg als atypische Universität ausgesucht wurde, ergaben sich zu Frage 1 sehr ähnliche Antwortstrukturen. Ist dies eine Bestätigung für die Zweckmäßigkeit des S→R-Modells? Wir glauben nein. Der Stimulus in Form der geschlossenen Allensbacher Fragen hat tatsächlich die Reaktion maßgeblich beeinflusst. Die Antworten stellen einen Artefakt dar. Was bedeuten diese Antworten? Welche Normen haben hier eine ausschlaggebende Rolle gespielt, die interviewspezifischen, geprägt durch „Holzschnitt"-Fragen? Durch Veränderung der Stimuli kann in der Tat eine Veränderung der Reaktion erreicht werden. Sind Fragen offen gestellt, wird ein breiteres Normenbündel wirksam, d. h. der Befragte ist freier, aus eigenen Bezügen zum Thema Stellung zu nehmen (Frage 2).

4. Befragung

Man sieht, dass bei der Augsburger Fragestellung im Gegensatz zur Allensbacher Befragung eine Fülle von unterschiedlichen und differenzierten Antworten zutage tritt. 101 von den 202 Ausgewählten wurde Frage 1 gestellt.

1. Allensbacher Fragestellung zum Kommunismus

„Hier unterhalten sich drei über den Kommunismus. Welcher von den dreien sagt am ehesten das, was auch du denkst?"

		Allensbacher Ergebnisse	Augsburger Ergebnisse
Aussage A:	„Ich halte den Kommunismus schon von der Idee her für verfehlt. Und die bestehenden kommunistischen Staaten, die dieser Idee folgen, sind in meinen Augen ein abschreckendes Beispiel."	27%	18%
Aussage B:	„Von der Idee her halte ich den Kommunismus für gut. Nur wie die bestehenden kommunistischen Staaten den Kommunismus praktizieren, gefällt mir nicht."	61%⎫ ⎬ 67	68%⎫ ⎬ 69
Aussage C:	„Die Idee des Kommunismus halte ich für gut, und die Staaten, die danach ein Gesellschaftssystem aufgebaut haben, sind den kapitalistischen Staaten mit Sicherheit überlegen."	6%⎭	1%⎭
– unentschieden		6%	13%
		100%	100%

2. Augsburger Fragestellung zum Kommunismus

Die Augsburger Studenten haben für die andere Hälfte des Samples folgende Frage 2 gestellt: „Was hältst du vom Kommunismus?" Die Auszählung und die nachträgliche Einordnung der Antworten in die unten stehenden Kategorien ergab Folgendes:

– ablehnende Haltung, nichts, schlecht	21 %
– philosophischer Denkansatz beachtenswert	2 %
– nicht realisierbar, nicht realisiert	4 %
– Theorie gut, Praxis schlecht	17 %
– Theorie gut, aber Unfreiheit der Individuen	6 %
– Theorie gut, aber nicht realisierbar	25 %
– sonstige Antworten	20 %
– weiß nicht/keine Antwort	5 %
	100 %

Um ein Beispiel für die Streubreite der Antworten auf die offene Frage zu geben, seien hier nur einige zitiert:

- Als System nimmt der Kommunismus wichtige politische Anliegen auf, in der Praxis ist er nicht in der Lage, diese umzusetzen und die Freiheit ausreichend zu wahren.
- Zu starrer Dirigismus; möchte nicht da leben.
- Kommunismus ist gleich der Idee christlicher Nächstenliebe.
- Für unsere Gesellschaftsform nicht gut, aber in der Zarenzeit zur Abschaffung von überlieferter Bourgeoisie positiv; Grundidee relativ positiv, Ausführung: Ideen ziemlich verfälscht, außerdem Absolutheitsanspruch.
- Praxis sehr chaotisch!
- Kommunismus erfordert Übermenschen!
- Bereicherung der wissenschaftlichen Auseinandersetzung: Gegen Kommunismus, der dogmatisch versucht, verschiedene Lebensbereiche festzulegen.
- Es müssten einige Basisgruppen gebildet werden bei uns, um wenigstens einige Ideen des Kommunismus auszuprobieren.
- Tut mir Leid, ich hab' zu wenig Ahnung vom Kommunismus.

Aus diesen Hinweisen allein wird deutlich, dass der Stimulus „Kommunismus" aus ganz unterschiedlichen individuellen Bezügen beantwortet wurde. Dies macht auch deutlich, dass eine Bewertung von Antworten nur im Rahmen der einzelnen Bereiche sinnvoll sein kann (ausführlicher bei Atteslander, 1980, S. 45 ff.).

Wie wichtig der Hinweis auf das erweiterte Erklärungsmodell ist, kann auch dadurch belegt werden, dass in der Praxis sehr oft ausgewertete Antworten präsentiert werden, die einen Rückschluss auf ihr Entstehen nicht erlauben, die deshalb möglicherweise sogar zu politisch schwerwiegenden Fehleinschätzungen (und Fehlentscheidungen) führen. Obwohl an dieser Stelle noch nicht über die technischen Einzelheiten der Fragestellung gesprochen wurde, soll dem Fehlschluss vorgebeugt werden, als würden grundsätzlich geschlossene Fragen eher einem $S \rightarrow R$-, offene Fragen eher einem $S \rightarrow P \rightarrow R$-Modell entsprechen. An folgendem Beispiel wird erläutert, wie auch bei geschlossener Fragestellung eine theoretische Verengung auf ein S→R-Modell zu unwägbaren Resultaten führen kann.

Es ist nicht von der Hand zu weisen, dass durch die vielen Umfragen, die in unseren Tagen veranstaltet werden, eine Norm entstanden ist, als müsse man zu den befragten Themen stets eine Meinung äußern. Die Alltagserfahrung belegt, dass außer bei Befragungen viele Menschen zu vielen Themen kaum eine Meinung äußern, weil sie dies nicht können oder nicht wollen. Die Tatsache, dass bei Repräsentativumfragen die Kategorie „Keine Antwort" von relativ wenigen benutzt wird, weist auf die Problematik der Artefakte hin.

Beispiel 7: Die Volksabstimmung über ein Verbot von Minaretten in der Schweiz im November 2009 hat nicht nur weltweit die Gemüter erhitzt, sondern, zumindest in der Schweiz, eine grundsätzliche Diskussion über Sinn und Unsinn der politischen Meinungsforschung entfacht. Die letzten Zahlen der Vorumfrage zur Volksabstimmung über die Minarettverbots-Initiative des Forschungsinstituts GfS Bern im Auftrag der SRG ergaben am 11. November 2009 ein Verhältnis von 37 Prozent Ja gegenüber 53 Prozent Nein. In der Abstimmung vom 29. November kam es jedoch zur Annahme der Initiative mit einem Ja-Anteil von über 57 Prozent. War die Erhebung eine «Fehlprognose»? Keinesfalls, sie war ein mehr oder weniger präzises Meinungsbild 18 Tage vor der Abstimmung. Wer daraus eine Prognose ableitet, handelt unprofessionell. Denn damals war die Meinungsbildung noch im Gange und wurde von den Umfrageergebnissen selbst noch beeinflusst.

Angesichts des Unterschieds von 20 Prozent zwischen den 37 Prozent Ja in der Umfrage und den 57 Prozent Ja der Abstimmung stellt sich weiter die Frage: Haben Befragte gelogen? Nein, das haben sie nicht. In den Sozialwissenschaften behandelt der sogenannte «Bradley-Effekt» das Phänomen, dass Befragte bei als heikel empfundenen Fragen oft ein klares Ja oder Nein vermeiden und beispielsweise «weiss noch nicht» angeben. Der Name des Effekts erinnert an eine Gouverneurs-Wahl in Kalifornien, als viele Weisse nicht offen legten, dass sie gegen den in allen Umfragen in Front liegenden schwarzen ehemaligen Bürgermeister von Los Angeles Bradley stimmen würden – dies, um nicht als Rassisten zu gelten.

Was das «Bradley-Syndrom» für die USA, ist die «Schweigespirale» der Grande Dame der deutschen Politikforschung, Elisabeth Noelle-Neumann. Befragte orientieren sich bei moralisch aufgeladenen Themen am erlebten Meinungsklima. Sie stützen sich dabei auf Primärerfahrungen (Beobachtung der sozialen Umwelt) und auf Sekundärerfahrungen (Beobachtung und Darstellung der Situation in den Massenmedien). Wer sich in der Minderheit glaubt, hält seine Meinung verdeckt, weil jeder gerne einer vermuteten Mehrheit angehört.

Bei der Minarett-Initiative wurde aus einer rein baurechtlichen Frage, die im Zuständigkeitsbereich der Gemeinden liegt, für viele Stimmbürger eine Projektionsebene für das weitverbreitete Malaise eines medial vermittelten aggressiven Islamismus. Nach der Veröffentlichung der GfS-Umfrage vom 11. September 2009 signalisierten die Medien eine zu erwartende Nein-Mehrheit, und aus dem Meinungsbild wurde eine vermeintliche Prognose.

Das Abstimmungsresultat spiegelt einen Prozess der Spaltung zwischen Stadt und Land, zwischen Traditionalem und weltläufig Urbanem und Modernem. Nicht der soziale Wandel an sich ruft Ängste hervor, sondern dessen «forscher Schritt», schrieb Martin Meyer in der NZZ (Nr. 289). Zunehmende Beschleunigung führt zu Identifikationsproblemen und erhöhtem Orientierungsbedarf. In diesem Prozess steht die Schweiz heute, in dieser Atmosphäre wurde die Umfrage durchgeführt und fand die Abstimmung statt. Die politische und kulturelle Aufarbeitung ist keineswegs abgeschlossen. Zu Bedenken gibt, was Martin Meyer empfiehlt: «Zukunft braucht Herkunft». Mehr noch soziale und wirtschaftliche Sicherheit. Ohne diese kann das oft beschworene tolerante Verhalten nicht erwartet werden.

«Von nichts sind wir fester überzeugt, als von dem, worüber wir am wenigsten Bescheid wissen». Diesen Satz prägte Montaigne vor über vierhundert Jahren. Mit genau diesem Umstand müssen die Demoskopen rechnen und ihre Messinstrumente entsprechend ausrichten. Die Mehrheit der Ja Stimmenden lebt in Gegenden, in denen Erfahrung mit Fremden und Fremdem merklich geringer sind, als sie in urbanen Zentren alltäglich erlebt werden. Claude Longchamp von der GfS ist ein kundiger Kommentator an den viel beachteten Wahl- und Abstimmungsnachmittagen am Fernsehen, kann er doch auf die seit Jahren durchgeführten Vorwahl- und Vorabstimmungs-Erhebungen verweisen und Vergleiche ziehen. Was kann und soll dennoch kritisch hinterfragt werden? Es öffnet sich ein ungewöhnlicher neuer Graben zwischen ländlichen Gebieten und urban geprägten Kantonen. Diese neue kulturelle Kluft gilt es in Zukunft zu beachten.

Mir liegt der Gesamtfragebogen nicht vor, lediglich die im Internet zugänglichen GFS Kommentare. Die von der Auftrag Geberin SRG in Aussicht gestellte Untersuchung hat abzuklären, ob die zentrale Frage zur Einstellung gegenüber der Initiative «Verbot von Minaretten» genügend in Begleit- und angemessenen, Vorstudien erprobte wurde.

Es ist zu vermuten, dass die Inhalte und Wahrnehmungen der aggressiven Begleitbilder in unterschiedlichen Fragenserien hätten erfasst werden müssen. Ohne vorgängige qualitative Vorstudien ist es unmöglich, die verschiedenen Bereiche, die eine einzige Frage zur Minarett Initiative beim Befragten evoziert, auszuloten. Die Interpretation der gegebenen Antworten bleibt spekulativ, denn kein noch so ausgeklügeltes Auswertungsverfahren kann die Qualität der Antworten verbessern noch eine gesicherte Analyse ergeben.

Die sogenannte Repräsentativität bezieht sich in der vorliegenden Erhebung lediglich auf die Auswahl der Befragten. Ohne Berücksichtigung der Zentralität der Fragen für den Einzelnen aber ist eine Gewichtung der Antworten schwierig. Zentralität heisst Erfassung von wesentlichen Wertvorstellungen, die ein Individuum einer Frage zumisst.

4. Befragung

Das in allen Medien zum Ausdruck gebrachte Unbehagen im Umgang mit Umfragen führte bei einigen Politikern zum Ruf, diese gänzlich zu verbieten. Der Auftraggeber besagter Umfrage, das schweizerische staatliche Radio und Fernsehen, beschloss, die Arbeit des Umfrageinstituts durch Experten untersuchen zu lassen, jedoch weitere Umfragen in Auftrag zu geben, ohne die Resultate der Experten abzuwarten. Die Ergebnisse der Erhebungen sollen dann aber unter Verschluss bleiben. Ob dies dann auf Dauer gelingen wird, bleibt abzuwarten. In der Demokratie hat politische Meinungsforschung der Öffentlichkeit zu dienen. Werden Erhebungen durchgeführt, sind deren Resultate auch zu veröffentlichen.

Zusammenfassend: Die Einsicht, dass es immer wichtiger wird, die soziale Situation als Ganzes unter wissenschaftliche Kontrolle zu bringen, wächst. Trotzdem wird in der Praxis eher nach den traditionellen, eingeschränkten S→R-Modellen gearbeitet, während die Forschung nach Prinzipien von S→P→R erst am Beginn steht. Abb. 4-1 und die genannten Beispiele können lediglich Hinweise auf die Problemlage geben, wobei aus vielerlei Gründen auf eine systematische Erfassung an dieser Stelle verzichtet werden muss (Atteslander/Kneubühler, 1975; Hyman, 1954; Lutynski, 1979; zur Darstellung von Antwortstilen siehe Philips 1971 und 1973).

Zu Beginn dieses Kapitels wurde auf den kommunikativen Charakter der wissenschaftlichen Befragung hingewiesen. Es ist auch wiederholt betont worden, dass bei der Befragung die Motivation asymmetrisch sei: Der Interviewer ist stärker interessiert, Antworten zu erhalten, als der Befragte, solche zu geben. Je größer das Ungleichgewicht, desto größer die Möglichkeit einseitiger Beeinflussung. Je geringer der Grund der Gemeinsamkeit der Kommunikation, desto eher entspricht die Struktur der Antworten der Struktur der Befragung und nicht, wie dies anzustreben wäre, der eigenen Erfahrung der Antwortenden.

Ziel einer Befragung muss also sein, eine möglichst hohe Gemeinsamkeit in der Kommunikation zu erreichen. Eine solche verhindert ein Ungleichgewicht der Motivation und erhöht die Gültigkeit einer Meinungsäußerung.

Ohne die theoretischen Konzepte des S→P→R-Modells ist die Ungewissheit über den Grad der Gemeinsamkeit der Kommunikation größer als bei der überwiegenden Zahl von Umfragen, die immer noch den S-R-Modellen zugerechnet werden müssen. Der Versuch systematischer Kontrolle muss also auch die Erfassung des Erfahrungsbereiches, aus dem der Befragte antwortet, anstreben. Die unvorhergesehene Antwort der Hausfrau in Elmira N. Y. (S. 128 ff.) war eine Reaktion darauf, dass offensichtlich ein wesentlicher Erfahrungsbereich – Verhalten in der Öffentlichkeit – durch die Frage überhaupt nicht tangiert wurde. In Abb. 4-4 soll der Grad der Gemeinsamkeit der Kommunikation dargestellt werden.

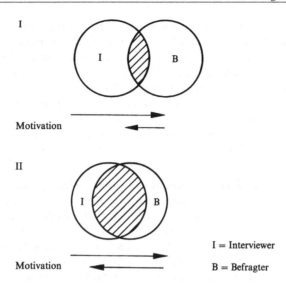

Abbildung 4-4: Asymmetrische Motivation von Interviewer und Befragten

These: Je geringer der Grad der Gemeinsamkeit der Kommunikation (I), desto selektiver die Reaktionen. Dies bedeutet, dass Antworten tendenziell nur jenen Teil der Erfahrungswelt des Befragten wiedergeben können, der durch die Struktur der Befragung begrenzt wird (schraffierter Teil I).

These: Ist dagegen der Grad der Gemeinsamkeit der Kommunikation höher, ergibt sich auch ein höherer Grad an *Reaktionsspielraum* (schraffierter Teil II). Darunter wird das Ausmaß der Reaktionsmöglichkeit durch den Befragten verstanden: Je mehr eigene Erfahrungswelt in die Antworten einfließen kann, desto höher der Reaktionsspielraum. Selektivität und Reaktionsspielraum erkennen wir als Funktion des Grades der Gemeinsamkeit, der in der Befragung erfassten Kommunikation. Je geringer der Grad der Gemeinsamkeit ist, desto asymmetrischer ist die Motivation der Beteiligten.

Höherer oder geringerer Grad gemeinsamer Kommunikation hängen des Weiteren mit der Art der Auswertung zusammen.

Wenn zwischen Interpretieren und Messen, zwischen qualitativem und quantitativem Vorgehen unterschieden wird, setzt das Werten einen hohen Grad von Reaktivität voraus. Bei Messvorgängen ist zwar ebenfalls ein hoher Grad von Reaktivität erwünscht, aber in der Regel nicht vorhanden. Dagegen muss der Stimulus standardisiert sein, damit überhaupt gemessen werden kann (siehe Kap. 7 und Kap. 8). Im Folgenden wird deshalb zu unterscheiden sein zwischen dem, was unter Strukturiertheit in der Interviewsituation verstanden wird, und der Standardisierung des Instruments. *Strukturmerkmale beziehen sich immer auf die gesamte soziale Situation Interview. Die mehr oder weniger starke Strukturiertheit des Instrumentes Fragebogen ist nur ein Teil der Strukturiertheit des gesamten Interviews. Daraus folgt, dass einmal mehr von der Strukturiertheit des Instrumentes und dessen Kontrolle im Forschungsverlauf noch nicht auf die Strukturiertheit der sozialen Situation Befragung geschlossen werden darf.* Dies begründet ein weiteres Mal die Notwendigkeit, theoretische Annahmen im Bereiche der S→P→R-Modelle weiterzuentwickeln und der Forschungspraxis zuzuführen.

4.4 Formen der Befragung

Beinahe jedes Lehrbuch weist eine eigene Systematik der Einordnung verschiedener Frageformen auf. So wird von der *Lehre der Frage* gesprochen, dann wird eine *Lehre vom Fragebogen* entworfen, gefolgt von *Lehren des Interviewens*, wobei eine solche *von Befragten* nicht fehlen darf; oder Befragung wird als eine der Datenerhebungstechniken behandelt (wie bei Schnell et al., 1988, S. 291 ff.). Dass Wechselwirkungen bestehen und Zusammenhänge nicht ohne Bedeutung für Gültigkeit und Verlässlichkeit der erhobenen Daten sind, liegt auf der Hand. Zwar herrscht weitgehend Einigkeit darüber, dass die Befragung ein sozialer Vorgang in spezifischen Situationen ist, aber die Frage der systematischen Kontrolle wird in der Regel nicht auf die Gesamtsituation bezogen. Verwenden wir die im vorigen Abschnitt dargestellten theoretischen Konzepte, so können wir die verschiedenen Auffassungen in zwei Hauptgruppen einteilen, in jene, die einem S→R-Modell entsprechen, in der Folge als *Instrumentalisten* benannt, und in jene, die dem S→P→R-Modell folgen, den *Interaktionisten*.

Bei den *Instrumentalisten* wird das Hauptaugenmerk und auch der Hauptaufwand auf eine Perfektionierung des Instrumentes Fragebogen gelegt mit dem Hinweis, dass die Qualität des Fragebogens, verbunden mit sorgfältiger Auswahl und differenzierter Auswertung, wesentlich über die Gültigkeit entscheide.

Die *Interaktionisten* gehen davon aus, dass der Sinn von Gesprächen, mithin auch der Reaktionen auf Fragen, nur im je einzelnen Kontext einer ganz bestimmten sozialen Situation verstehbar sei. Es haben sich mittlerweile Extrempositionen ergeben, so etwa *Schmidtchen, Noelle-Neumann*, die voll auf ihr Instrument vertrauen und ausdrücklich auf Interviewerschulung verzichten, wie andererseits *Kohli* (1978a), *Mühlfeld et al.* (1981), die die Möglichkeit des Aggregierens von Daten aus Befragungen, die hoch reaktiv verlaufen, verneinen. Die Diskussion darüber ist noch in vollem Gange. Beide Extrempositionen entbehren bis heute ausreichender theoretischer Grundlegung.

Die verbale Vieldeutigkeit, die sich im Interview ergibt, mag zwar beklagenswert sein und oft ein schwerwiegendes methodologisches Problem darstellen, sie entspricht aber der Tatsache, dass die soziale Realität nur in seltensten Fällen verbal eindeutig erfasst und wiedergegeben werden kann. Auf die grössere Nähe zur sozialen Wirklichkeit lokaler Dialekte sei verwiesen, ohne dass eine Vertiefung an dieser Stelle möglich ist.

Da wir mit dem Faktum dieser Mehr- oder Vieldeutigkeit rechnen, bedeutet dies: *Es sind einzelne Antworten auch bei ausgeklügelter Auswertung nicht als isolierte Daten zu werten, sondern vornehmlich als Hinweise auf Zusammenhänge.*

Andererseits käme es einem Trugschluss gleich, wenn man annähme, das Interview vertrüge keinerlei Strukturierung, sondern strukturiere sich sozusagen selbst und sei nur aus dieser Eigendynamik heraus zu bewerten. Dabei werde der äußere Anlass, wie es zu der sozialen Situation Interview gekommen ist, außer Acht gelassen. Eine Interesselosigkeit des Befragers anzunehmen ist Fiktion. Selbst wenn dieser vorgäbe, eben nicht nach *Scheuch* (1967) ein Interview als „soziale Zweierbeziehung mit asymmetrischer Motivation" zu sehen in dem Sinn, dass der Befrager stärker daran interessiert ist, Antworten zu erhalten, als der Befragte, solche zu geben. Auch kein Befragter ist gänzlich ohne Interesse.

Bei jeder Typologisierung ist es wichtig, wesentliche Merkmale zu begründen. Wenn in der Folge sieben Typen der Befragung vorgestellt werden (Abb. 4-5), so sind dafür Kommunikationsform und Kommunikationsart wesentlich.

Es sei einem möglichen Missverständnis vorgebeugt: Je nach Forschungsziel und Forschungsvorhaben können in ein und derselben Untersuchung verschiedene Typen angewendet werden. Abb. 4-5 soll zunächst eine *erste Orientierung ermöglichen über die gebräuchlichsten Bezeichnungen für Befragungen*, wobei Kommunikationsformen den einzelnen Elementen, die in unterschiedlichen Typen vorkommen können, zugeordnet werden. Sie werden in Zukunft und zur Erleichterung der Einordnung mit I–VII bezeichnet.

Am weitaus häufigsten werden Befragungen stark strukturiert, mündlich als Einzelinterview durchgeführt (Typ V; in Abb. 4-5 schraffiert). Erst in jüngster Zeit werden vermehrt schriftliche und kombinierte Umfragen durchgeführt (Typ VII). Nicht mehr unter die Befragung einzuordnen sind technologische Kontrollsysteme, die bei ausgewählten Fernseh-Benutzern die Einschaltquoten ergeben, wie z.B. ‚Telemetrie', ‚Telecontrol' (Besonderheiten der elektronisch gestützten Befragung siehe S. 165 ff.).

4. Befragung

Kommunikationsform / Kommunikationsart	wenig strukturiert	teilstrukturiert	stark strukturiert	
mündlich	Typ I – informelles Gespräch – Experteninterview – Gruppendiskussion	Typ III – Leitfadengespräch – Intensivinterview – Gruppenbefragung – Expertenbefragung	Typ V* – Einzelinterview – telef. Befragung – Gruppeninterview – Panelbefragung	Typ VII (mündl. u. schriftl. kombiniert) – telefonische Ankündigung des Versandes von Fragebogen – Versand oder Überbringung der schriftl. Fragebogen – telef. Kontrolle, evtl. telef. Ergänzungsbefragung
schriftlich	Typ II – informelle Anfrage bei Zielgruppen	Typ IV – Expertenbefragung	Typ VI – postalische Befragung – persönliche Verteilung und Abholung – gemeinsames Ausfüllen von Fragebogen – Panelbefragung	

Erfassen qualitativer Aspekte „Interpretieren"   Erfassen quantitativer Aspekte „Messen"

hoch ←——— Reaktivität ———→ tief

* häufigste Befragungsart

Abbildung 4-5: Typen der Befragung

4.4.1 Vom wenig strukturierten zum stark strukturierten Interview

Die Unterscheidung *wenig strukturiertes – teilstrukturiertes – stark strukturiertes Interview* ist sinnvoll, weil es kein Gespräch gibt, das nicht in irgendeiner Weise strukturiert ist. Die in den meisten Lehrbüchern noch verwendeten Bezeichnungen ‚strukturiert' oder ‚unstrukturiert' sind deshalb als nicht zutreffend abzulehnen: Es gibt keine soziale Situation ohne Struktur – sicher nicht die soziale Situation Interview.

Beim *wenig strukturierten Interview* wird die Last der Kontrolle dem Interviewer übertragen. Der Forscher arbeitet ohne Fragebogen. Er verfügt über einen hohen Freiheitsspielraum, da er die Anordnung oder Formulierung seiner Fragen dem Befragten jeweils individuell anpassen kann. Wenn es ihm ratsam erscheint, ein Problem zu vertiefen oder auf bestimmte, mit Vorurteilen besetzte Begriffe zu verzichten, ändert er die Gesprächsführung.

Die Bezeichnung „wenig strukturiert" deutet auch darauf hin, dass die Gesprächsführung flexibel ist, dass wohl Vorstellungen des Befragers vorhanden sind, dass er auch bestimmte Ziele mit seinen Fragen verfolgt, dass er aber in hohem Maße den Erfahrungsbereich des Befragten zu erkunden sucht, d. h. er hört vor allem zu. Hinweise, die ihm der Befragte gibt, nimmt er auf. Das Gespräch folgt nicht den Fragen des Interviewers, sondern die jeweils nächste Frage ergibt sich aus den Aussagen des Befragten.

Das wenig strukturierte Interview setzt eine sorgfältige Schulung des Forschers voraus. Er hat nicht nur auf den Verlauf des Gespräches zu achten, nicht nur Hinweise auf der Sprachebene und Bedeutungszusammenhänge wahrzunehmen, sondern auch die ganze Umgebung zu beobachten.

Der Forscher hat die Aufgabe, den Informationsfluss, durch das Gespräch, in Gang zu halten. Es genügen meist ganz einfache, kurze Fragen, die sich auf die je vorhergehende Antwort beziehen und dadurch Sinnzusammenhänge in ihren Strukturen deutlich werden lassen. Das Ziel wenig strukturierter Befragungen ist, Sinnzusammenhänge, also die Meinungsstruktur des Befragten zu erfassen. Nachfragen sollen sich auf die Zentralität wesentlicher Meinungen beziehen. „Wenig strukturiert" bedeutet kein vorfixiertes Vorgehen des Forschers. Nicht isolierte Reaktion auf einzelne Stimuli wird angestrebt, sondern offene Reaktionsmöglichkeiten des zu Befragenden.

Anders sieht es bei der *stark strukturierten Befragung* aus. Für das stark strukturierte Interview muss, bevor die eigentliche Feldarbeit beginnen kann, ein Fragebogen konstruiert werden. Eine exakte und sorgfältige Vorgehensweise ist hierbei besonders wichtig, da der Fragebogen die Freiheitsspielräume des Interviewers und des Befragten stark einschränkt, eben stark vorstrukturiert. Fehler im Fragebogen lassen sich somit während der Erhebungsphase kaum noch korrigieren, da im stark strukturierten Interview Fragen, mit denen beispielsweise Verständnisprobleme angesprochen werden können, in der Regel nicht zulässig sind. Nur wenn der Befragte zurückfragt, ist im Einzelnen – gute Interviewerschulung vorausgesetzt – eine Klärung ohne zu deutliche Beeinflussung möglich.

Der Fragebogen legt in erster Linie den Inhalt, die Anzahl und die Reihenfolge der Fragen fest. Darüber hinaus wird bereits bei der Fragebogenkonstruktion über die sprachliche Formulierung der Fragen und die Verwendungsweise von Antwortkategorien entschieden (siehe Operationalisierung, S. 37 ff.).

Inhalt, Anordnung und Anzahl der Fragen werden durch die theoretische Problemstellung bestimmt, sodass bezüglich des Untersuchungszieles eine möglichst vollständige Information erhoben werden kann. Dabei ist zu berücksichtigen, dass der Dauer eines Interviews durch die nachlassende Aufnahmefähigkeit des Befragten sowie dessen Bereitschaft, überhaupt auf Fragen zu antworten, natürliche Grenzen gesetzt sind. In der Regel dürfte eine Gesamtdauer von 30–60 Minuten zumutbar sein. Die Anzahl der Fragen, die innerhalb dieser Zeit gestellt werden können, wird je nach Schwierigkeitsgrad der Fragen und Interesse der Befragten variieren. Jedenfalls sollte bei der Fragebogenkonstruktion beachtet werden, dass der Fragebogen nicht unnötig aufgebläht wird (vgl. dazu auch Mayntz et al., 1999, S. 112).

Bei der *teilstrukturierten Form der Befragung* handelt es sich um Gespräche, die aufgrund vorbereiteter und vorformulierter Fragen stattfinden, wobei die Abfolge der Fragen offen ist. Die Möglichkeit besteht wie beim wenig strukturierten Interview, aus dem Gespräch sich ergebende Themen aufzunehmen und sie von den Antworten ausgehend weiter zu verfolgen. In der Regel wird dazu ein *Gesprächsleitfaden* benützt.

Stark strukturierte Befragungen sind ohne vorherige wenig oder teilstrukturierte Befragungen undenkbar. Je nach Forschungsziel muss wenig strukturierten oder teilstrukturierten Befragungen keineswegs eine voll strukturierte folgen. Es gibt insbesondere beim Erfassen komplexer Aspekte (siehe Kap. 3) viele Situationen, in denen es weder sinnvoll noch möglich wäre, mit stark strukturierter Befragung zu operieren.

4.4.2 Kommunikationsart

Bei der Frage nach der kontrollierten Beziehung zum Befragten ergeben sich erhebliche Unterschiede zwischen mündlichem Befragen und Befragung mithilfe schriftlicher Unterlagen. In vielen Fällen ist überhaupt nur mündliche Befragung möglich. Auf persönliche Beziehung kann insbesondere bei qualitativen Erhebungen nicht verzichtet werden. Andererseits wird aus Kostengründen oft schriftlich befragt, auch in Fällen, in denen dies nicht zu der erwünschten Erkenntnis führt.

Während bei der persönlichen Befragung der Interviewer immer auch direkten Einfluss auf den Gesprächsverlauf nimmt, also einen *Verzerrungsfaktor* darstellt, ist er andererseits in der Lage, auch Regel- und Kontrollfunktionen zu übernehmen. Dies entfällt bei der schriftlichen Befragung weitgehend, da nur ausnahmsweise festgestellt werden kann, wer wann die Fragen, unter welchen Umständen, ob alleine oder mithilfe eines anderen beantwortet hat.

Ob mündlich oder schriftlich befragt wird, hängt vom gesamten Forschungsverlauf ab. Mündlich bzw. schriftlich bezieht sich auf die Art des Stimulus: Natürlich sind Kombinationen denkbar. Schriftliche Vorlagen sind von Befragten mündlich zu beantworten. In der Praxis bedeutet dies aber, dass der Interviewer sagt: „Hier sehen Sie drei Menschen, die unterschiedliche Meinungen haben." Es wird ein Bild mit Sprechblasen übergeben, wo drei schematisch dargestellte Männer ihre Meinung zum Kommunismus äußern (siehe S. 117 ff. in diesem Kapitel). Der Befragte liest die Texte und gibt dann eine Antwort, die der Interviewer notiert.

Dass sich aufgrund schriftlicher Befragungen mündliche Kommunikation ergibt, ist ebenfalls denkbar und wird bei Typ VII häufiger vorkommen.

4.4.2.1 Interviewerverhalten: weich, hart, neutral

In der Literatur wird bei der mündlichen Befragung noch unterschieden zwischen *weichem*, *hartem* und *neutralem* Interview. Dabei handelt es sich um Modelle des gesamten Interviewerverhaltens.

Das Konzept des *weichen Interviews* (non-directive method) wurde erstmals ausführlich dargestellt von *Rogers* (1945, S. 279–283), der es anfänglich in der psychologischen Beratung und in der Psychotherapie erprobte und hernach für die Sozialforschung fruchtbar machte. *Roethlisberger, Dickson* und *Wright*, die das weiche Interview in ihren betriebssoziologischen Untersuchungen verwendeten, beschrieben diese Methode in folgendem Beispiel:

> „Nachdem der Interviewer das Befragungsprogramm erklärt hatte, wurde dem Befragten erlaubt, sein eigenes Thema zu wählen. Solange der Interviewte spontan redete, hatte der Interviewer den Gedanken des Befragten zu folgen und wirkliches Interesse daran zu zeigen ... Solange der Befragte fortfuhr zu sprechen, durfte kein Versuch, den Gegenstand zu wechseln, unternommen werden. Der Interviewer durfte weder das Gespräch unterbrechen, noch auf ein anderes Thema, das ihm wichtiger erschien, hinüberwechseln. Er mußte allem, was der Interviewte vortrug, aufmerksam zuhören und durfte sich an der Konversation nur beteiligen, um den Befragten zum Weiterreden zu veranlassen. Hatte er Fragen zu stellen, so nur in unverbindlicher, keinesfalls in suggestiver Form" (Roethlisberger et al., 1949, S. 203).

> „Der Interviewer spielt eine passive Rolle und läßt den Befragten weitgehend den Gang des Gesprächs bestimmen. Dies in der Meinung, eine von Sympathie getra-

gene Beziehung zwischen Interviewer und Befragtem fördere am ehesten die Offenheit der Antworten, der Befragte fühle sich hier völlig frei, seine Gefühle und Meinungen ohne Angst vor Vorwürfen zu äußern" (Phillips, 1970, S. 111).

Der Hinweis auf die passive Rolle ist allerdings missverständlich. Angesprochen hat *Phillips* das gesamte Interviewerverhalten. Selbst wenn er sich zurückhält, spielt er wie im harten Interview eine aktive Rolle. Er gestaltet dadurch bewusst die Atmosphäre. Passiv heißt hier nur, dass er selbst nicht viel redet.

Es wird angenommen, dass mit dem weichen Interview die Reaktionsmöglichkeiten des Befragten am höchsten seien und damit eine höchstmögliche Übereinstimmung der Kommunikationsbereiche bestehe, somit die Fragen als Stimuli den Erfahrungsbereich des Befragten eröffnen und zugleich Hinweise auf Betroffenheit und Zentralität geäußerter Meinungen ergeben.

Das *harte Interview* – dem weichen diametral entgegengesetzt – wurde vor allem in *Kinseys* Forschungen zum Sexualverhalten verwendet. *Kinsey* selbst skizziert seine Methode so:

„Um in einem einzigen Interview ein Maximum an Material zu erfassen, ist es nötig, die Fragen so schnell zu stellen, wie sie der Proband irgendwie auffassen und beantworten kann. Das hat den weiteren Vorteil, ihn zu spontanen Antworten ohne viel Überlegungen zu zwingen. Solch ein Schnellfeuer von Fragen bietet eines der wirksamsten Mittel, um Schwindeleien aufzudecken, wie Kriminal- und Polizeibeamte wohl wissen. Für eine Person, die absichtlich falsche Angaben gemacht hat, wäre es praktisch unmöglich, all die Fragen über Einzelheiten einer Betätigung zu beantworten, wenn sie so schnell aufeinanderfolgen wie bei unseren Interviews. ... Der Interviewer sollte es dem Befragten nicht erleichtern, seine Teilnahme an irgendeiner Form sexueller Aktivität zu verleugnen.

Es ist zu leicht, ‚nein' zu sagen, wenn man nur fragt, ob eine bestimmte Betätigung jemals ausgeübt wurde. Wir setzen immer voraus, daß jeder an jeder Betätigungsform beteiligt ist. Deshalb beginnen wir immer mit der Frage, *wann* er diese Betätigung zuerst angefangen hat. Das schiebt dem einzelnen, der dazu neigt, seine Erlebnisse zu verleugnen, eine größere Verantwortung zu, und da es aus der Form unserer Frage hervorgeht, dass wir nicht erstaunt wären, wenn er solch ein Erlebnis gehabt hätte, so gibt es weniger Grund, es abzuleugnen" (Kinsey, 1964, S. 42 f.).

Der Befragte wird einer Art „Verhörtechnik" unterworfen, um ihn so zur „richtigen" Antwort zu zwingen und um zu verhindern, dass er sein Verhalten beschönigen oder nur oberflächliche Aspekte davon freigeben kann.

Das harte Interview strukturiert die Situation wohl am stärksten und ausgeprägtesten. Es ist aber nur dann sinnvoll, wenn vorher ausgiebige explorative Befragungen stattgefunden haben, also allgemeine Kenntnisse bereits vorhanden sind, die allein Einordnung und Auswertung der Antworten ermöglichen.

Im so genannten *neutralen Interview* sollen Gefühle in der Beziehung zwischen Interviewer und Befragten möglichst ausgeschaltet werden. Der

Interviewer dient ausschließlich als Übermittler von Stimuli und als Empfänger von Reaktionen. Dadurch werden uniforme Interviewsituationen angestrebt.

Durch „Neutralität" des Interviews wird versucht, die Vergleichbarkeit der Informationen zu erhöhen. Diese sachliche, unpersönliche Beziehung wird vor allem von kommerziell arbeitenden Demoskopie- und Marktforschungsinstituten befürwortet.

Wenn in Lehrbüchern das neutrale Interview als erstrebenswert dargestellt wird, liegt zweifellos eine starke Anlehnung an das S→R-Modell vor. Selbst wenn der Interviewer versucht, emotionale Handlungen zu vermeiden, sich also so neutral wie möglich verhält, bewirkt er dennoch einiges: Er kann nicht verhindern, dass sich der Befragte Vorstellungen über ihn macht, ja seine Distanz und Kühle kann geradezu Ängste, Befürchtungen und mithin Reaktionen bewirken, die das Konzept der „Neutralität" als Fiktion entlarven. *Es gibt in menschlichen Beziehungen grundsätzlich keine Neutralität, schon gar nicht in der sozialen Situation Interview.*

Eine gelockerte Form des neutralen Interviews vertreten *E. und N. Maccoby:* „Der Interviewer (soll sich) bis zu einem gewissen Grade zurückhalten; er sollte einen seriösen Eindruck machen und deutlich werden lassen, daß er das Interview ernst nimmt. Gleichzeitig sollte er keinen zu steifen Eindruck machen: es ist von größter Wichtigkeit für den Interviewer, ein echtes Interesse an dem zu zeigen, was der Befragte sagt.

In seinen Reaktionen muß sich der Interviewer in engen Grenzen halten – es ist sogar ein Grundprinzip jeder Befragung, dass der Interviewer versuchen muß, seine eigene Einstellung zum Untersuchungsgegenstand zu verbergen. Er darf auch kein Befremden oder Mißbilligung über irgend etwas zeigen, was der Befragte sagt, und auch nicht enthusiastisch nicken, wenn der Befragte die eigenen Ansichten des Interviewers zum Ausdruck bringt. Wenn dieser jedoch sogar dann völlig unempfindlich und neutral bleibt, wenn der Befragte ihn offensichtlich herausfordern will, so wird die natürliche Gesprächsatmosphäre des Interviews zerstört werden und der Kontakt wird darunter leiden.

Es hat sich als ein wirksamer Kompromiß herausgestellt, daß der Interviewer eine Haltung freundlichen Gewährenlassens annimmt. Er lacht über die Witze des Befragten, er macht Ausrufe, wenn der Befragte etwa sagt, das offensichtlich Erstaunen erregen soll, macht unterstützende Bemerkungen: Er meidet jedoch gewissenhaft eine direkte Zustimmung oder Ablehnung der Einstellung des Befragten" (Maccoby/Maccoby, 1974, S. 63).

In der Gesamtbeurteilung dieser drei Interviewformen können wir uns *Scheuch* anschließen, der sagt: „Hartes" und „weiches" Interview scheinen extreme Gegensätze. Aber beide Orientierungen sind sich doch auf eine sehr grundsätzliche Weise recht ähnlich. In beiden Fällen hält man Willigkeit und Fähigkeit der Befragten zu ‚wahren' Angaben für gering, und hier wie dort betrachtet man eine sehr aktive Rolle des Interviewers bei der Erforschung der „Wahrheit" als notwendig: man hat lediglich andere Vorstellungen über die beste Strategie" (Scheuch, 1973, S. 98).

4.4.3 Anwendungsbereiche einzelner Befragungstypen

4.4.3.1 Offene Konzepte – wenig strukturierte Befragung

Das offene Konzept wird zur Klärung von Zusammenhängen verwendet. Explorative Ziele werden im *informellen Gespräch*, bei *Experteninterviews* und *Gruppendiskussionen* verfolgt. Das offene Konzept ist in zunehmendem Maße Hauptinstrument in qualitativ ausgerichteter Forschung (siehe auch Kap. 3, Beobachtung).

Gorden (1977) unterscheidet sieben Punkte, die beim offenen Konzept zu beachten sind:

1. *Abgrenzung des Problems:* Oftmals ist es notwendig, dass in der explorativen Phase der Forschungsarbeit das Problem genauer abgegrenzt werden muss, bevor die eigentliche Erhebung durchgeführt wird. *Gorden* führt als Beispiel eine Studie über intergenerationelle Konflikte an. Hierbei konnte mit wenig strukturierten Interviews festgestellt werden, dass ein erheblicher Anteil der Generationskonflikte, von denen Erwachsene oder Kinder berichteten, in der eigenen Familie ausgetragen wurden. Das Forschungsproblem wurde daher auf die Konflikte zwischen Eltern und Kindern eingegrenzt. Des Weiteren konnte in Interviews mit College-Studenten festgestellt werden, dass sich die Konflikte mit dem Verlassen des Elternhauses sehr stark verringerten, sodass als Befragtengruppe nur jene in Frage kamen, die noch bei den Eltern wohnten. Außerdem zeigten wenig strukturierte Interviews, dass es schwierig war, genaue Informationen über Konflikte zu erhalten, die länger als ein Jahr zurücklagen, da entweder die Erinnerung daran kaum noch vorhanden war oder sie von den Beteiligten einfach als „Kinder-Kram" bezeichnet wurden.

2. *Abfolge der Fragen:* Zu Beginn des Interviews muss darauf geachtet werden, dass der Befragte meistens einige Fragen als Anlaufphase benötigt, um sich in den Interviewablauf einzugewöhnen oder bei der Behandlung neuer Themenbereiche, um sich adäquat erinnern zu können. Daher sollte die entscheidende Frage nicht gleich zu Anfang gestellt, sondern zunächst mit einigen Fragen eingeleitet werden. Solche Einleitungsfragen können außerdem einen allgemeinen Bezugskontakt herstellen, mit dessen Hilfe der Befragte die Fragen besser einordnen und damit auch leichter beantworten kann. Die für diese Zwecke beste Reihenfolge der Fragen lässt sich durch wenig strukturiertes Interviewen feststellen, und zwar am ehesten, wenn

der Befragte in der Behandlung der Themenbereiche nicht zu sehr festgelegt wird.

3. *Relevante Antwortkategorien:* Oftmals sind bei der Konzipierung einer Studie zwar Vorstellungen darüber vorhanden, welche Fragen zur Bearbeitung des Untersuchungsproblems erforderlich sind, andererseits ist aber völlig unklar, ob die zur Verfügung stehenden Antwortkategorien auch das gesamte Spektrum abdecken. In wenig strukturierten Interviews, in denen sowenig Themenkontrolle wie möglich ausgeübt wird, kann die Vollständigkeit und Klarheit der angenommenen Antwortkategorien überprüft und, wenn notwendig, modifiziert werden.

4. *Reichweite der Antwortkategorien:* Die Reichweite bezieht sich auf den qualitativen Aspekt der Antwortkategorien. *Gorden* führt als Beispiel eine Studie in einer unterentwickelten Region an. Hier bestanden auf Seiten der Forscher, die alle Amerikaner waren, keinerlei Vorstellungen darüber, in welcher Bandbreite das Jahreseinkommen einer Familie variieren kann.

5. *Auffinden der richtigen Informanten:* Bei manchen Studien besteht das größte Problem darin, diejenigen Personen ausfindig zu machen, die über die relevanten Informationen verfügen. In einer Reihe von wenig strukturierten Interviews wird man daher zunächst die Gruppe der zu Befragenden abgrenzen müssen.

6. *Sprachliche Besonderheiten:* Die meisten sozialen Gruppen entwickeln sprachliche Besonderheiten, die es Außenstehenden oftmals schwer machen, mit solchen Gruppen ins Gespräch zu kommen. Nicht selten dienen gerade solche Codes der Abgrenzung und Abschottung gegenüber anderen Gruppen. Ähnliches tritt auf in Berufsgruppen, in unterschiedlichen sozialen Schichten, in Jugendgruppen und in geographischen Regionen. Für die Durchführung einer Studie ist es oftmals unerlässlich, zunächst solche Codes zu entschlüsseln, um die Fragen entsprechend formulieren und dann natürlich auch die Antworten besser verstehen zu können.

7. *Hemmschwellen der Kommunikation:* Oftmals werden Fragen nicht oder bewusst falsch beantwortet, weil bei den Befragten individuelle oder soziale Hemmschwellen bestehen. *Gorden* führt das Beispiel einer Sozialarbeiterin an, die Puertorikaner in New York interviewte, um die Notwendigkeit von Hilfsmaßnahmen für Kinder zu ermitteln. Die Wohlfahrtsbehörde benötigte Informationen darüber, ob die Mutter verheiratet ist, wie viele Kinder sie hat und wie alt die Kinder sind. Diese Reihenfolge hielt auch die Sozialarbeiterin bei ihrer Befragung für sinnvoll. Es stellte sich jedoch bald heraus, dass viele nicht verheiratete Paare Kinder hatten und mit ihnen zusammenlebten. Je länger diese Paare nun schon in den Vereinigten Staaten lebten, desto eher waren sie geneigt, falsche Angaben über ihren Familienstand zu machen. Die Sozialarbeiterin entschloss sich

daher, ihr kulturelles Vorverständnis zu revidieren und erst nach dem Alter der Kinder und dann nach dem Familienstand zu fragen.

Bei *Experteninterviews* sprechen wir mit Menschen, die entweder im Umgang mit unseren Probanden Erfahrung haben: z.B. Lehrer, Sozialarbeiter, Sportfunktionäre, oder die über unseren Forschungsgegenstand besondere und umfassende Erfahrung haben. Es können deshalb Ärzte, Manager, aber auch Verbrecher als Experten betrachtet werden. Es ist niemals von vornherein feststellbar, wer für unsere Untersuchungsziele als Experte gelten kann. Deshalb sind in der Regel wenig strukturierte Befragungen Voraussetzung zur Identifizierung von Experten.

4.4.3.2 Befragung in Gruppen

Gruppenbefragung liegt vor, wenn z.B. ein Fragebogen in Gruppensituation unter Anwesenheit eines Forschers beantwortet wird. Gruppeninterview liegt dann vor, wenn nach einem offenen Konzept der Interviewer Fragen in einer Gruppensituation beantworten lässt. Gruppendiskussion schließlich ist die vom Forscher beobachtete, von ihm höchstens ausnahmsweise durch Fragen beeinflusste, freie Interaktion der Gruppenmitglieder zu einem gestellten Thema.

Gruppendiskussionen können andererseits dazu verwendet werden, bewusst bestimmte Hemmschwellen abzubauen. Latenter Antisemitismus beispielsweise kann dann in einer Gruppe manifest werden, wenn es dem Forscher gelingt, diesbezügliche Tabus zu brechen und den „Level of Permissiveness" zu manipulieren (Atteslander/Kneubühler, 1975).

Gruppendiskussionen können entweder spontan entstehen oder durch den Forscher angeregt werden. Wiederum ist er darauf angewiesen, dass eine Gruppe dies zulässt. Gruppendiskussionen unterscheiden sich von *Gruppenbefragungen* u.a. dadurch, dass die Teilnehmer nicht nur Fragen des Forschers beantworten, sondern solche selber stellen. Indem sie untereinander interagieren, werden möglicherweise Auffassungen und Normen manifest, die nicht als Reaktion auf Stimuli von außen entstehen. Wird der Forscher als Außenstehender betrachtet, wird er Fragen äußerst behutsam in die Runde eingeben und vornehmlich versuchen, die Diskussion in Gang zu halten und allenfalls Fragen den Aussagen folgen lassen wie beim wenig strukturierten, informellen Gespräch mit dem Einzelnen (Mangold, 1973; Kromrey, 1986).

4.4.3.3 Leitfaden-Befragungen

Die Anwendungsbereiche der teilstrukturierten Befragung unterscheiden sich vom Vorgehenden nur graduell. Mündlich werden Einzelpersonen anhand von *Leitfaden* befragt. Eine besondere Form stellen die *Intensivinterviews* dar:

Das *Intensivinterview* unterscheidet sich von solchen Gesprächen durch Dauer und Intensität. Es setzt außerordentlich hohe Bereitschaft des Befragten voraus und wird dort angewendet, wo es beispielsweise darum geht, besondere individuelle Erfahrungen zu eruieren.

Schnell et al. sprechen in diesem Zusammenhang zutreffend von „Leitfadengesprächen" (Schnell et al., 1999, S. 352). Sie dienen ganz allgemein zur Hypothesenentwicklung und damit, wie schon *Scheuch* feststellte, zu einer Systematisierung vorwissenschaftlichen Verständnisses (1973, S. 123). Leitfadengespräche sind das einzig sinnvolle Forschungsinstrument, wenn Gruppen von Menschen, die auch in großen Stichproben oft in zu kleiner Zahl angetroffen werden, erforscht werden sollen (Friedrichs, 1973, S. 226).

Wesentlich bei Leitfadengesprächen ist die Fähigkeit der oder des Forscher(s), zentrale Fragen im geeigneten Moment zur Diskussion zu stellen. Es ist dabei wichtig, in allen Gesprächen eine Reihe von Schlüsselfragen oder Eventualfragen zu stellen (Friedrichs, 1973, S. 227). Je weniger strukturiert ein Leitfadengespräch abläuft, desto eher kommt es zu einem „Prozeß permanenter spontaner Operationalisierung" (Hopf, 1978, S. 11; siehe auch Kap. 2, S. 37 ff.).

Damit die „Systematisierung vorwissenschaftlichen Verständnisses" nicht zu Artefakten führt, müssen Interviewer besonders geschult werden. Wichtig ist nicht nur der Ablauf des Leitfadengespräches, sondern auch seine Wiedergabe: Leitfadengespräche werden entweder durch Notizen des Interviewers während der Befragung oder durch die Anfertigung von Gedächtnisprotokollen nach der Befragung oder durch Tonbandaufzeichnungen konserviert.

Aus dieser Vorgehensweise ergibt sich eine Reihe von Nachteilen dieser Befragungsform gegenüber dem standardisierten Interview:

- höhere Anforderungen an den Interviewer und die Notwendigkeit einer besonderen Interviewerschulung,
- stärkere Interviewereinflüsse, Abhängigkeit der Datenqualität von der Qualität der Interviewer,
- höhere Anforderungen an die Bereitschaft des Befragten zur Mitarbeit und an seine sprachliche und soziale Kompetenz,
- höherer Zeitaufwand als bei standardisierten Befragungen,
- geringe Vergleichbarkeit der Ergebnisse und damit schwierigere Auswertbarkeit. (Schnell et al., 1999, S. 353/54).

Eine weitere Form von Leitfadenbefragungen stellen die *Expertenbefragungen* dar. Diese können anhand von teilstrukturierten Leitfäden mündlich und schriftlich durchgeführt werden. Es sind dabei Verfahren entwickelt worden, bei denen der gleiche Kreis von Experten wiederholt befragt wird.

4. Befragung

Bei der sog. *Delphi-Methode* werden in der je folgenden Fragerunde Ergebnisse, Schätzungen und Widersprüche aus der vorhergehenden Fragerunde zur Beurteilung gestellt. Jeder, der an den wiederholten schriftlichen Befragungen teilnimmt, muss seine eigenen Aussagen mit denen anderer vergleichen. Sie wird vor allem in der *Zukunftsforschung* angewandt, wo es darum geht, zukünftige Entwicklungen durch Fachleute abschätzen zu lassen. Was bei anderen Befragungstypen vermieden werden muss, nämlich Beeinflussungen durch andere, ist hier geradezu Methode: Individuelle Mutmaßungen über zukünftige Entwicklungen sind zu korrigieren, das Entstehen einer fachmännischen Gruppennorm stellt das Ergebnis dar.

4.4.3.4 Narratives Interview

Beim narrativen Interview wird in der Regel weder Fragebogen noch Leitfaden verwendet. Ziel von narrativen Interviews ist das Verstehen, das Aufdecken von Sichtweisen und Handlungen von Personen sowie deren Erklärung aus eigenen sozialen Bedingungen (Hermanns, 1981, S. 16).

Es fragt sich, ob der Begriff „narratives Interview" überhaupt den Sachverhalt trifft, denn von „Interview" im üblichen Sinne kann keine Rede sein. Es handelt sich um eine Forschungssituation, in der der Stimulus des Forschers lediglich darin besteht, eine „Erzählung eigenerlebter Geschichten" (Schütze, 1978, S. 163) in Gang zu bringen. Unterbrechungen sind dabei kaum erwünscht, höchstens am Ende des Erzählens kann der Forscher den Erzähler auf bestimmte eigene Formulierungen zurückverweisen mit der Bitte um Wiederholung oder Präzisierung. Schnell et al. unterscheiden zwischen *Erzählphase, Rückgriffsphase und Bilanzierungsphase* (Schnell et al., 1999, S. 354 f.). Wann immer möglich, werden narrative Interviews auf Video oder Tonband aufgenommen und dann inhaltsanalytisch verarbeitet. Sie sind, sowohl was Schwierigkeiten ihrer Durchführung als auch Vor- und Nachteile ihrer Aussagen betrifft, mit der seit langem in der Soziologie bekannten inhaltsanalytischen Aufarbeitung von Tagebüchern und Briefen (Thomas/Znaniecki, zuerst 1919/21, dann 1959) vergleichbar.

4.4.3.5 Befragung mit Fragebogen

Die wohl bekannteste Form der Befragung, die auch heute noch die gebräuchlichste sein dürfte, ist das Interview, das mündlich anhand eines stark strukturierten Fragebogens als Einzelinterview geführt wird. Auf den Aufbau solcher Fragebögen sowie die dabei verwendeten Fragearten soll im nächsten Abschnitt ausführlicher eingegangen werden.

Eine Sonderform bei der Verwendung von Fragebögen ist die *Panel-Befragung*. Während die weitaus häufigste Verwendung der Befragung in repräsentativen Querschnittsuntersuchungen geschieht, hat die *Panel-Befragung* dagegen zum Ziel, *Längsschnitte zu* ermöglichen: Eine repräsentativ ausgewählte Gruppe wird wiederholt zum gleichen Thema befragt. Es werden, mit anderen Worten, stets die gleichen Variablen (das Instrument Fragebogen wird stabil gehalten) bei denselben Personen (die Population wird stabil gehalten) untersucht. *Diese Art der Befragung eignet sich vor allem für das Erfassen von Veränderungen der Einstellungen und wird daher insbesondere im Bereich der Markt- und politischen Meinungsforschung verwendet.*

Davon zu unterscheiden sind *Trenduntersuchungen*, die zwar ebenfalls wiederholte Anwendung derselben Fragen beinhalten, sich jedoch nicht auf einen identischen Befragtenkreis beziehen.

Zusammenfassend: Vom offenen, wenig strukturierten Konzept bis zum strukturierten Fragebogen ist eine unterschiedliche Beeinflussung und Erfassung der sozialen Situation Interview gegeben. Der Grad der Strukturiertheit lässt auf das Erkenntnisziel schließen: Je geringer die Strukturiertheit, desto eher dient sie dem Erfassen qualitativer Aspekte. Je stärker die Strukturierung fortschreitet, desto eher ermöglicht sie das Erfassen quantitativer Aspekte. Wird Befragung im explorativen Bereich verwendet, muss wissenschaftliche Kontrolle die hohe Reaktionsmöglichkeit des oder der Befragten erfassen. Liegen quantitative Aspekte bei standardisierten und repräsentativen Befragungen vor, ist die Kontrolle der relativ hohen Selektivität vorzunehmen. Isolierte Einzelfragen müssen in nachvollziehbarem Zusammenhang stehen. Überwiegt im qualitativen Bereich eher das Interpretieren, wird das Interview im quantitativen Bereich vornehmlich zum Messinstrument.

4.4.4 Standardisiertes – nicht-standardisiertes Interview

Was ist unter „standardisiertem" und „nicht-standardisiertem" Interview zu verstehen?[*] Die Unterscheidung bezieht sich auf die Verwendungsweise von *Antwortkategorien*. Als standardisiert sollen Fragen bezeichnet werden, deren Antworten in Kategorien zusammengefasst werden, um ihre Vergleichbarkeit herzustellen. Bei nichtstandardisierten Fragen wird entweder auf eine Kategorisierung der Antworten verzichtet oder sie wird später vollzogen. Standardisiert waren beispielsweise die Allensbacher Fragen über die Einstellung zum Kommunismus, nicht-standardisiert die offene Frage der Augsburger (siehe S. 123 ff.).

Die *Kategorisierung* der Antworten kann vor der Durchführung des Interviews oder auch erst danach erfolgen. Werden die Antwortkategorien vorher festgelegt, so können sie, wie im Falle der *geschlossenen Frage* (siehe S. 139), dem Befragten mit der Frage gleichzeitig vorgelegt werden, oder sie können dem Interviewer lediglich zur Erleichterung der Aufzeichnungsarbeiten mitgegeben werden.

---

[*] Die Begriffe „standardisiert" und „nicht-standardisiert" werden hier in Anführungszeichen gesetzt, da diese in der überwiegenden Zahl der Veröffentlichungen das Interview selbst bezeichnen. Auf den nächsten Seiten wird jedoch gezeigt, dass sich diese Begriffe nur auf das Instrument beziehen können.

4. Befragung

Soll die Verteilung der Meinungen zu einem bestimmten Problem erhoben werden, muss entschieden werden, ob die einfache *Ja-Nein-Dichotomie* angemessener ist oder ob mehrere Kategorien das Meinungsspektrum besser wiedergeben. Für die Ja-Nein-Alternative spricht, dass die Befragten zu einer klaren und eindeutigen Stellungnahme gezwungen werden, während mehrere Alternativen die Möglichkeit des Ausweichens eröffnen und dadurch als Artefakt eine starke Häufung bei den gemäßigten Positionen auftritt. Demgegenüber besteht bei der Ja-Nein-Alternative die Gefahr der vorschnellen Pauschalierung (Rugg/Cantril, 1972).

Um eine *Suggestiv-Wirkung* zu verhindern, ist bei der Ja-Nein-Dichotomie darauf zu achten, dass beide Alternativen bereits in der Frage enthalten sind (Beispiel: „Fahren sie dieses Jahr in die Ferien oder bleiben Sie zu Hause?"). Bei der Verwendung von mehreren Alternativen sind inhaltliche Überschneidungen zu vermeiden, und vor allem muss auf ein Gleichgewicht zwischen positiven und negativen Antwortkategorien geachtet werden. Beispiel: „Besuchen Sie die Vereinsversammlungen immer – häufig – gelegentlich – selten – nie?"

Beim *nicht-standardisierten* Interview wird auf eine vorgegebene Kategorisierung der Antworten verzichtet. Es wird angewendet, wenn Häufigkeitsverteilungen und Vergleichbarkeit der Antworten nicht Untersuchungsziel oder nicht möglich sind.

Zusammenfassend: Die in der Literatur oftmals synonyme Verwendung der Begriffspaare *strukturiertes – unstrukturiertes Interview, geschlossene – offene Befragung, standardisiertes – nicht-standardisiertes Interview* ist untauglich. „Strukturiert – unstrukturiert" bezieht sich auf die Interviewsituation, „standardisiert – nicht-standardisiert" auf das Instrument (Fragebogen), „offen – geschlossen" auf die einzelne Frage (Abb. 4-6).

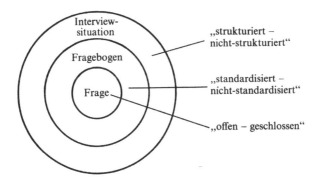

Abbildung 4-6: Zuordnung gebräuchlicher Bezugspaare

4.4.5 Offene und geschlossene Fragen

In der Fachliteratur werden mittlerweile alle Arten von Fragetypen beschrieben, die in den letzten Jahrzehnten entwickelt worden sind. Zur *offenen* und *geschlossenen Frage:* Offenheit resp. Geschlossenheit einer Frage bezeichnet den Spielraum, der dem Antwortenden gelassen wird (siehe Atteslander et al., 1993). Die *offene Frage* enthält keine festen Antwortkategorien. Die befragte Person kann ihre Antwort völlig selbständig formulieren, und der Interviewer hat die Aufgabe, die Äußerungen der Auskunftsperson so genau wie möglich zu notieren; diese werden erst später bei der Auswertung bestimmten Kategorien zugeordnet (Abb. 4-7).

Bei der *geschlossenen Frage* werden dem Befragten zugleich auch alle möglichen oder zumindest alle relevanten Antworten – nach Kategorien geordnet – vorgelegt. Die Aufgabe besteht lediglich darin, dass er aus diesen Antwortmöglichkeiten „seine" Antwort auswählt (Abb. 4-8).

Thema der Umfrage

1								–		1–10
Bitte nichts eintragen				Interviewer-Nummer						

In dieser Befragung geht es darum, was in Deinem Leben und in der Zukunft der Gesellschaft alles passieren wird.

1. Meistens wird ja gefragt, was junge Leute von älteren Leuten lernen können. Jetzt mal die umgekehrte Frage: Können die älteren Leute von den jungen Leuten etwas lernen?

   JA   1
   NEIN 2   11

FALLS „JA": Was denn?

_____ ( ) ( )   12–13
_____ ( ) ( )   14–15
_____ ( ) ( )   16–17
_____ ( ) ( )   18–19

Abbildung 4-7: Fragebogenbeispiel 1 (Quelle: Jugendwerk der Dt. Shell (Hg.), 1981: Jugend '81. Band 3, S. 117)

4. Befragung 147

6. Helfen Dir Deine Eltern?	oft	manchmal	eigentlich nie	
indem sie Deine Wäsche waschen	1	2	3	30
indem sie Dir Sachen zum Anziehen kaufen	1	2	3	31
indem sie Dir Geld leihen	1	2	3	32
indem Du dort essen kannst	1	2	3	33
indem sie Dir Sachen für den Hausrat kaufen	1	2	3	34
indem sie Dir, bei größeren Anschaffungen helfen	1	2	3	35
indem sie Sachen wieder gerade biegen, die Du mal verbockt hast	1	2	3	36
indem sie für Dich da sind, wenn Du mal Probleme hast	1	2	3	37

7. INT.: VORLAGEBLATT ÜBERGEBEN
Manche Leute glauben, sie können sich vorstellen, wie sie in 40 Jahren leben werden, andere glauben, das nur für eine Woche zu können. Wie weit reicht Deine Vorstellung?

1 Woche	01	
1 Monat	02	
1 Jahr	03	
2 Jahre	04	
3 Jahre	05	
4 Jahre	06	38–39
5 Jahre	07	
10 Jahre	08	
20 Jahre	09	
30 Jahre	10	
40 Jahre und länger	11	

8. Man sagt ja, Jugendliche stehen zwischen Kindsein und Erwachsensein. Sag doch mal, an welcher Stelle Du gerade stehst?

ich fühle mich als Kind	01 02 03 04 05 06 07 08 09 10	ich fühle mich als Erwachsener	40–41

Abbildung 4-8: Fragebogenbeispiel 2 (Quelle: Jugendwerk der Dt. Shell (Hg.), 1981: Jugend '81, Band 3, S. 119)

In der Literatur werden in der Regel mehrere Typen von geschlossenen Fragen aufgezählt. *Richardson* et al. (1965, S. 146) nennt folgende:

- *Identifikationstyp:* eine Frage, welche die Nennung (Identifikation) einer Person, Gruppe, eines Ortes, einer Zeit, Nummer u.a.m. verlangt, indem gefragt wird: wer, wo, wann, wie viele oder welche?

- *Selektionstyp:* eine Frage mit vorgegebenen Alternativen, wobei der Befragte eine von zwei oder mehreren Antwortmöglichkeiten auszuwählen hat

- *Ja-Nein-Typ:* eine Frage, die mit Ja oder Nein genügend beantwortet werden kann.

Beim Identifikationstyp ist der Frageinhalt wichtig, Selektionstyp bezeichnet den formalen Aspekt der Frage. Beim Allensbacher Beispiel (siehe S. 123) soll sich der Befragte mit einer Aussage identifizieren. Die Frage ist trotzdem eindeutig als Selektionstyp zu bezeichnen.

Der *Selektionstyp* wird auch *Alternativ-Frage* genannt, wenn es sich um eine Frage mit nur zwei Antwortmöglichkeiten handelt, und *Mehrfachauswahl-Frage*, wenn mehr als zwei Antwortkategorien zur Wahl gestellt sind.

Eine besondere Form der Mehrfachauswahl-Frage ist die so genannte *Skala-Frage* (siehe S. 147, Frage 8), mit der Werte, Meinungen, Gefühle oder Handlungen bezüglich ihrer Intensität oder Häufigkeit gemessen werden sollen. Beispiel: „Wie oft besuchen Sie die Vereinsversammlungen: immer – häufig – gelegentlich – selten – nie?"

Als weitere Sonderform des Selektionstyps gibt es die so genannte *Dialog-Frage*, die häufig in spezifischer Marktforschung verwendet wird. Es handelt sich dabei um eine eingekleidete Alternativ-Frage. Beispiel: Herr Viel und Herr Wenig unterhalten sich über Schuhkäufe. Herr Viel sagt: „Wenn ich aus sehr vielen verschiedenen Schuhmodellen das mir zusagende Paar aussuchen kann, zahle ich gerne dafür einen höheren Preis." Herr Wenig sagt: „Mir genügt ein Schuhangebot von wenigen Modellen, da dann die Schuhe wesentlich billiger sind." Wem würden Sie zustimmen, Herrn Viel oder Herrn Wenig? (Behrens, 1961, S. 95).

In der Beurteilung der offenen resp. geschlossenen Frageform wird als grundsätzlicher Unterschied angeführt, dass offene Fragen vom Befragten verlangen, sich an etwas zu erinnern, geschlossene Fragen dagegen, etwas wiederzuerkennen. Sicherinnern ist schwieriger als Wiedererkennen; auf offene Fragen erhält man daher in der Regel weniger Antworten als auf geschlossene Fragen. Andererseits besteht bei geschlossenen Fragen die Gefahr der Suggestivwirkung, vor allem bei Meinungsfragen, über die der Befragte vorher nie oder kaum nachgedacht und sich noch keine eigene Meinung gebildet hat.

Offene Fragen helfen Unwissenheit, Missverständnisse, unerwartete Bezugssysteme zu entdecken. Sie können auch den Gesprächskontakt und das Interesse am Interview fördern, weil sie einer alltäglichen Gesprächssituation nahe kommen. Der Befragte fühlt sich im eigenen Urteil für ernst genommen. Aus diesem Grunde ziehen vor allem gut informierte Personen mit eigener Meinung offene Fragen vor.

Geschlossene Fragen erbringen dagegen eine größere Einheitlichkeit der Antworten und erhöhen dadurch die Vergleichbarkeit. Sie erleichtern dem

Interviewer die Aufnahmearbeit und dem Forscher die Auswertung. Weniger gebildeten Auskunftspersonen entsprechen sie insofern besser, als diese oft überfordert sind, Probleme spontan und differenziert auszudrücken.

Forschungsstrategisch gesehen sind offene Fragen vor allem geeignet, im Planungsstadium das Problemfeld zu erforschen und die relevanten Antwortkategorien zu erfassen, während getestete, geschlossene Fragen zur Prüfung von Hypothesen dienen.

4.4.6 Direkte und indirekte Fragen

Der Befragung als Methode zur Erlangung „wahrer" Informationen stehen zwei Hindernisse gegenüber: Über gewisse Probleme *will* und zu gewissen Fragen *kann* der Befragte keine „wahre" Auskunft geben.

Die Technik der *indirekten Befragung* versucht eine Gesprächssituation zu schaffen, in der der Befragte gewillt ist, auch über gefühls- und wertbeladene Probleme frei seine Gedanken zu äußern, die er sonst aus sozialen und persönlichen Gründen zurückhalten würde. Die indirekte Befragung eignet sich dazu, Informationen über Zusammenhänge, die dem Befragten selbst nicht bewusst sind, manifest werden zu lassen. Dabei liegt die Annahme zugrunde, dass auch Faktoren, die dem Individuum nicht bewusst sind, dessen Verhalten wesentlich beeinflussen, auch solche, die den bewussten Werten und Zielen des Individuums widersprechen. Sie werden vor allem beim *Intensivinterview* verwendet.

Die Methode der indirekten Befragung basiert vor allem auf der Kenntnis von *Projektionsprozessen*. Dem Befragten werden einige wenige Stimuli dargeboten in der Annahme, er versuche, diese selbst zu strukturieren und offenbare dabei Wichtiges seiner Persönlichkeit und seines Verhaltens.

Assoziationsfragen zielen darauf ab, die mit einem bestimmten Begriff zusammenhängenden Vorstellungen zu ergründen. Beispiel: „Wenn Sie das Wort ‚Intellektueller' hören, woran denken Sie dann?" Ein weiteres Verfahren der indirekten Befragung ist etwa die *Fehler-Auswahl-Methode*; hier werden die Befragten gebeten, zwischen verschiedenen möglichen Antworten eine Tatsachenfrage zu wählen. Beispiel: „Wie hoch ist der Anteil der Arbeitersöhne unter den Gymnasiasten, 50 % – 25 % – 12 % – 2 %?" Alle vorgegebenen Antworten sind dabei falsch. Es wird vermutet, dass die Richtung des Fehlers, den ein Befragter macht, dessen Einstellung widerspiegelt.

Der *Informationstest* gründet auf der Erfahrung, dass Art und Ausmaß einer Information, die jemand über einen Gegenstand besitzt, abhängig sind von seiner Einstellung zu eben diesem Gegenstand. Informationsfragen werden daher zur indirekten Messung von Einstellungen verwendet (obiges Beispiel ohne vorgegebene Antworten).

In der Literatur wird die Verwendung von indirekten Methoden sehr vorsichtig beurteilt. Während die eigentlichen psychologischen Projektionsverfahren (wie Rorschach, TAT) recht gut geeicht sind, ist die Gültigkeit der einfacheren Methoden (in Frageform) noch zweifelhaft. In vielen Fällen scheinen die Antworten die eigenen Einstellungen der Befragten widerzuspiegeln, in anderen hingegen wirken sie als direkte Fragen.

E. und N. Maccoby führen hierzu folgendes Beispiel an: „Eine junge Frau, die über ihre Einstellung zur Berufssituation interviewt wurde, wurde z.B. gefragt: ‚Wie denken in Ihrem Betrieb die meisten Mädchen über den Meister?' Sie antwortete: ‚Sie meinen, er ist großartig. Sie würden alles für ihn tun.' An dieser Stelle warf der Interviewer ein: ‚Und wie steht's mit Ihnen – was halten Sie von ihm?' Und sie erwiderte: ‚Ich finde ihn abscheulich. Ich versuche gerade, von hier wegversetzt zu werden'" (Maccoby/Maccoby, 1974, S. 53.)

Die Erwartung, dass indirekte Fragen mehr „wahre" Daten erbringen als direkte Fragen, konnte bisher kaum bestätigt werden, denn die Bewertung indirekter und projektiver Fragen ist äußerst schwierig. Eine Möglichkeit besteht etwa in der Kombination indirekter mit direkten Fragen.

Ganz allgemein kann das Problem der indirekten Befragung etwa dahingehend beurteilt werden, dass solche Fragen dann Verwendung finden sollen, wenn der Befragte sich über einen Gegenstand nur unter großen sozialen oder psychischen Schwierigkeiten äußern und wenn die Gültigkeit der Antworten einigermaßen kontrolliert werden kann.

In einem weiteren Sinne muss ein großer Teil der Interviewfragen in „indirekter" Form gestellt werden. Denn die Mehrzahl der Aufgaben, mit denen sich die Sozialforschung befasst, kann nicht unmittelbar in Fragen gekleidet den Befragten, wie dies seinerzeit *Marx* versuchte (S. 122), vorgelegt werden. Sie müssen vielmehr – außer etwa im Falle von einfachen Tatsachenfragen – zusätzlich auf die Denk- und Sprachebene des Befragten übersetzt werden.

4.4.7 Fragen nach unterschiedlicher Zentralität von Meinungen

Informationen auf solche Fragen sind Indikatoren für bestehende Vorurteile, Furcht, Identifikation. Wir erhalten durch Fragen dieser Art keine Kenntnis über das reale Sozialverhalten, wohl aber über wesentliche Beeinflussungsfaktoren des sozialen Verhaltens. Praktisch jedes Lehrbuch gibt Beispiele von unterschiedlichen Fragebereichen und schlägt eine eigene Kategorisierung vor. So wird unterschieden zwischen:

4. Befragung

a) Fragen nach Werthaltungen

Darunter fallen insbesondere etwa folgende Aspekte:
- Welches sind die vorherrschenden Werte?
- Inwieweit handelt es sich um relativ „private" und inwieweit um relativ „öffentliche" Werte (Normen)?
- Wie spezifisch sind die Werthaltungen?
- Wie klar werden sie formuliert?
- Wie stark werden sie vertreten?

b) Fragen nach der Klärung von Gefühlen

Auch hier ergeben sich Fragen etwa folgender Art:
- Wie spezifisch sind die Gefühle?
- Wie werden sie geäußert?
- Wie werden sie vertreten?

Zwischen Werten und Gefühlen besteht ein weitgehend unerforschter Zusammenhang (siehe Abb. 4-3, S. 121). Die Übergänge sind fließend, wobei als ein Unterscheidungskriterium der Grad der Rationalisierung durch die Befragten dienen könnte: Werte können – müssen aber nicht – rational begründet werden; Gefühle sollen und müssen nie begründet werden.

c) Fragen nach Verhaltensregeln

Die Fragen nach Werten und Gefühlen führen zu Fragen nach den Verhaltensregeln. Bei den Verhaltensregeln ist zu unterscheiden zwischen „ethischem" und „praktischem" Standard:
- *ethischer Standard:* was „sollte" ich tun;
- *praktischer Standard:* was „kann" unter den bestehenden spezifischen Verhältnissen getan werden.

Wenn eine große Diskrepanz zwischen sozialen Idealen und aktuellen Praktiken besteht, dann bleiben „Ideale" meist auf bloße „Grundsatzerklärungen" beschränkt, werden aber nicht zu eigentlichen Beeinflussungsfaktoren des effektiven Sozialverhaltens. Mit anderen Worten: Von geäußerten Änderungen ethischer Grundsätze darf nicht ohne weiteres auf Verhalten geschlossen werden.

d) Fragen nach vergangenem und aktuellem Verhalten

Bei der Fragestellung sollte immer vom aktuellen Verhalten ausgegangen werden. Informationen über vergangenes oder künftiges Verhalten müssen an diesem gemessen werden. Zudem müssen die Fragen immer so spezifisch wie möglich formuliert werden. Standardvorstellungen beeinflussen die Antworten über die Beteiligung an Wahlen oder Abstimmungen, die nie mit der effektiven Stimmbeteiligung übereinstimmen. Die Überprüfung der Antworten kann durch besondere Stichfragen oder durch andere Kontrollmittel, z. B. Stimmregister, erfolgen.

e) Fragen nach der Rationalisierung von Werten oder Verhaltensregeln bzw. Verhaltensweisen – kurz: nach Eigenschaften von Befragten

Es handelt sich hier um ein äußerst komplexes Problem, das wir nur der Vollständigkeit halber erwähnen möchten. Die Frage „warum", „weshalb" sieht wohl sehr einfach aus; die Antworten darauf sind selten einfach.

Friedrichs hält die Begründung von Antworten für sehr wesentlich und schlägt deshalb vor, so oft wie möglich zu fragen: „Warum sind Sie dieser Ansicht?" (Friedrichs, 1973, S. 175). Dadurch gewinnen wir Hinweise auf die Zentralität.

4.4.7.1 Beispiel für hohe Zentralität

Würde man vorgehen wie weiland *Marx*, hieße die Frage wohl: „Welches sind deine tiefsten Überzeugungen, an was glaubst du?" Selbst wenn diese Frage im Freundeskreis versucht wird, macht man fast durchweg die Erfahrung, dass der Befragte entweder nicht antworten will oder nicht antworten kann. Es ist für jeden schwierig, seine innersten Überzeugungen zu formulieren.

Bei Meinungsumfragen ist man deshalb meistens darauf angewiesen indirekt zu fragen. In der bereits angesprochenen Shell Jugendstudie sieht dies folgendermaßen aus (Abb. 4-9).

Die Forscher der Jugendstudie versuchten durch diese Frage zu Grundeinstellungen zu gelangen. In ähnlicher Weise ist Inglehart bei seinen Untersuchungen zum Wertewandel vorgegangen (Inglehart, 1977).

4.4.7.2 Einstellungsfragen

Schnell et al. (1999, S. 300) geben folgendes Beispiel:

1. „Sollten Ausländer, die länger als 10 Jahre in der Bundesrepublik Deutschland leben, das allgemeine Wahlrecht erhalten?"
   Ja ( )
   Nein ( )

2. „Stimmen Sie der folgenden Aussage eher zu oder lehnen sie die folgende Aussage eher ab?" „Jeder, der hier in der Bundesrepublik Deutschland Steuern bezahlt, sollte hier auch wählen dürfen."
   Stimme zu ( )
   Lehne ab ( )

4.4.7.3 Sonntags-Frage

Würde in einer breiteren Öffentlichkeit eine Umfrage über die Umfragen durchgeführt und die Frage gestellt: „Können Sie sich an eine demoskopische Frage erinnern?", würde sehr oft genannt:

„Wenn am nächsten Sonntag Wahlen wären, welcher Partei – es folgt eine Liste – würden Sie ihre Stimme geben?"

15. Man kann ja die Zukunft, wie das Leben in unserer Gesellschaft weitergehen wird, eher düster oder eher zuversichtlich sehen. Wie ist das bei Dir?

eher düster	1	6
eher zuversichtlich	2	

16. INT.: LISTE 3 ÜBERGEBEN
Welche der folgenden Ereignisse werden nach Deiner Meinung in der Zukunft eintreten?

	bestimmt	wahrscheinlich	wahrscheinlich nicht	bestimmt nicht	
Die Menschen werden sich den Weltraum erobern	1	2	3	4	7
Die Welt wird in einem Atomkrieg untergehen	1	2	3	4	8
Die Menschen werden wieder sozialer werden	1	2	3	4	9
Technik und Chemie werden die Umwelt zerstören	1	2	3	4	10
Es wird mehr Gleichheit unter den Menschen geben	1	2	3	4	11
Die Menschen werden durch Computer total kontrolliert werden	1	2	3	4	12
Die Kriege werden abgeschafft	1	2	3	4	13
Die Menschen werden auf andere Planeten auswandern müssen	1	2	3	4	14
Die Menschen werden sich wieder auf ein naturverbundenes Leben umstellen	1	2	3	4	15
Die Menschen werden sich immer mehr isolieren und nur noch an sich selbst denken	1	2	3	4	16
Die Rohstoffe werden immer knapper, Wirtschaftskrisen und Hungersnöte werden ausbrechen	1	2	3	4	17
Es wird eine sorgenfreie Gesellschaft geben, in der alles vorhanden ist, was man braucht	1	2	3	4	18

Abbildung 4-9: Fragen nach Meinungen mit hoher Zentralität. (Schnell et al., a.a.O., S. 122)

Die seit Jahrzehnten tatsächlich sehr regelmäßig und häufig gestellte Frage und die darauf erteilten Antworten ergeben nur in einem weiteren Zusammenhang einen Sinn. Diese Frage, kurz vor dem 18. März 1990 in den neuen Bundesländern gestellt, führte zu unbrauchbaren Ergebnissen: Weit über die Hälfte gab an, sich noch nicht entschieden zu haben. Nicht die hektisch veröffentlichten einzelnen Prozentzahlen waren wichtig, sondern das Ausmaß der vorgegebenen und wirklichen Unentschlossenheit. Erst die Frage „Weshalb haben Sie sich noch nicht entschieden?" hätte erklärende Hinweise erbracht.

So sind in der Regel einfache Meinungsumfragen in einen weiteren Rahmen von Fragen zu stellen, der allein eine Annäherung an den Aussagewert ermöglicht.

4.4.7.4 Bilanzfragen

Viele der bekannten allgemeinen „Bilanzfragen" werden über lange Perioden zum Teil in unterschiedlichen Bevölkerungsgruppen gestellt. Seit über einem halben Jahrhundert wird in den Vereinigten Staaten regelmäßig die Frage gestellt: „Sind Sie im Großen und Ganzen mit der Art und Weise, wie der Präsident sein Amt führt?

- zufrieden ( )
- nicht zufrieden ( )
- weiß nicht/keine Antwort ( )"

Die Antworten ergeben generelle Einstellungen und werden zunächst ohne Hinweis auf die Zentralität ausgewertet. Ähnliche, ganz grobe Meinungsstrukturen werden ebenfalls zum Teil seit Jahrzehnten erhoben mit Fragen wie:

„Glauben Sie, dass die moderne Technik
- mehr nützt als schadet ( )
- Nutzen und Schaden sich die Waage halten ( )
- weiß nicht/keine Antwort ( )"*

Wie sehr ein und dieselbe Frage an unterschiedlicher Stelle des Interviews das Antwortverhalten beeinflusst, haben *Jaufmann, Kistler* und *Jänsch* durch ein kontrolliertes Experiment dokumentiert (Jaufmann et al., 1989, S. 80 f.).

Die Technologie-Bilanz-Frage lautet: „Und wie ist das mit dem technischen Fortschritt? Glauben Sie, dass der technische Fortschritt auf lange Sicht den Menschen helfen oder schaden wird?

---

* An dieser Stelle fällt auf, dass hierzu die negative Antwortkategorie „mehr schadet als nützt" fehlt. Korrekt wäre, wenn die Antwortmöglichkeiten um diese ergänzt würden.

- wird helfen ( )
- wird schaden ( )
- teils/teils ( )
- weiß nicht ( )"

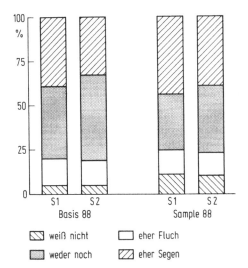

Abbildung 4-10: Der Einfluss der Fragebogendramaturgie – Die Segen-Fluch-Frage. Angaben in v. H. (Quelle: INIFES, eigene Berechnungen und Darstellung; veröffentlicht in Jaufmann et al., a.a.O., S. 81)

Dazu Jaufmann et al.: „Wurde die ‚Segen-Fluch'-Frage zu Beginn gestellt (Split 1), so antworteten etwa bei Basis Research 39,3 v.H. mit eher Segen. In Split 2 waren dies dagegen nur 32,6 v.H. Entsprechend mehr Befragte fanden sich dagegen in der Kategorie Ambivalenten ‚weder-noch', sicherlich bedingt durch die in den verschiedenen Vorfragen angesprochenen Facetten des Objekts. Erstaunlich deutlich fällt das Experiment (Abb. 4-10) bei den Befragten von Sample in genau der gleichen Richtung aus" (Jaufmann et al., a.a.O., S. 80 ff.).

4.4.7.5 Faustregeln bei der Frageformulierung

Nach weit über hundert Jahren im Umgang mit Meinungsumfragen und seit über 50 Jahren vertieften theoretischen Bemühens hat sich noch immer keine umfassende Theorie der Frageformulierung erstellen lassen. Eine solche ist möglicherweise gar nicht zu erwarten, ebenso wenig wie endgültige theoretische Annahmen über Gesellschaft und sozialen Wandel denkbar sind.

Befragung ist ein sozialer Prozess. Fragen sind also in einem komplizierten Zusammenhang und unter nie gänzlich vorhersehbaren und kontrollierbaren gegenseitigen Einwirkungen zu betrachten. Wer vor dem Erstellen eines Fragebogens steht, ist gut beraten, sich an die einfachsten Faustregeln zu halten, wobei Regel 1 stets die ist, jede Frage mehrfach vor zu testen.

Schnell et al. (1999, S. 306 f.) haben in Anlehnung an *Dillmann, Louverse* und *Preber* einige der bedeutendsten Regeln aufgelistet:

- Fragen sollen einfache Wörter enthalten; d. h. im Wesentlichen: keine Verwendung von nicht gebräuchlichen Fachausdrücken, keine Verwendung von Fremdwörtern, keine Verwendung von Abkürzungen oder Slang-Ausdrücken,
- Fragen sollten kurz formuliert werden,
- Fragen sollten konkret sein, d. h. die Frage „Wie zufrieden sind Sie mit Ihrer Arbeitssituation?" ist besser als die Frage „Wie zufrieden sind Sie mit Ihrem Leben?"; abstrakte Begriffe sollten in konkrete überführt werden,
- Fragen sollten keine bestimmte Beantwortung provozieren (Vermeidung von „Suggestivfragen"); die Frage „Haben Sie je den Film ‚Vom Winde verweht' gesehen?" ist besser als die Formulierung: „Den Film ‚Vom Winde verweht' haben mehr Menschen gesehen als jeden anderen Film dieses Jahrhunderts. Haben Sie diesen Film gesehen?",
- Fragen sollten neutral formuliert sein, keine „belasteten" Worte (wie z. B. „Kommunist", „Bürokrat", „Boss" oder „Freiheit", „Leistungswille", „Ehrlichkeit") enthalten,
- Fragen sollten nicht hypothetisch formuliert werden; d. h. Fragen wie „Angenommen, Sie würden im Lotto gewinnen, würden Sie das Geld sofort ausgeben oder würden Sie das Geld sparen?" sind unzulässig,
- Fragen sollten sich nur auf einen Sachverhalt beziehen (Vermeidung von Mehrdimensionalität); die Frage „Würden Sie Marihuana zwar für den Gebrauch im Privatbereich, nicht aber für Gebrauch in der Öffentlichkeit legalisieren wollen?" ist eine Frage nach zwei Sachverhalten, sie sollte in zwei Fragen geteilt werden,
- Fragen sollten keine doppelten Negationen enthalten,
- Fragen sollten den Befragten nicht überfordern; z. B. erfordert die Frage „Wie viel Prozent Ihres monatlichen Einkommens geben Sie für Miete aus?" die Berechnung eines Prozentsatzes; besser wäre eine Frage nach der Höhe des Einkommens und eine zweite Frage nach der Höhe der Miete,
- Fragen sollten zumindest formal „balanciert" sein, d. h. in der Frage sollten alle – negativen und positiven – Antwortmöglichkeiten enthalten sein, um die gleichwertige Berechtigung jeder vom Befragten gewählten Antwort zu demonstrieren; in einfachster Form sollte einer Frage wie „Sollte Frauen in den ersten Wochen einer Schwangerschaft ein Schwangerschaftsabbruch

auf Wunsch erlaubt werden oder sollte dies nicht erlaubt sein?" der Vorzug vor einer Frage gegeben werden, die nur eine der Entscheidungsmöglichkeiten formuliert.

4.5 Weitere Befragungsstrategien

4.5.1 Schriftliche Befragung

In der Regel wird unter schriftlicher Befragung der postalische Versand und Rücklauf eines Fragebogens verstanden. Davon zu unterscheiden ist die kombinierte Verwendung von schriftlich ausgearbeiteten Fragebögen im persönlichen Interview und der Verteilung von Fragebögen bei Gruppeninterviews, die unter Aufsicht auszufüllen sind, wobei die Aufsichtsperson für eventuelle Verständnisfragen zur Verfügung steht. Schließlich ist der Versand von Fragebögen, die als Grundlage eines nachfolgenden telefonischen Interviews dienen, zu erwähnen (siehe auch Atteslander, 2003).

Die Vorteile der schriftlichen Befragung sind vor allem finanzieller Art; sie ist in der Regel kostengünstiger; es kann meist in kürzerer Zeit mit weniger Personalaufwand eine größere Zahl von Befragten erreicht werden. Zudem fällt der Interviewer als mögliche Fehlerquelle weg, aber auch als Kontrollinstanz. Forschungsgegenstand und politisches Umfeld können schriftliche Befragungen als geboten erscheinen lassen. So hat beispielsweise das Zentralinstitut für Jugendforschung (ZIJ) in Leipzig während 40 Jahren DDR-Herrschaft überwiegend mit schriftlichen Umfragen gearbeitet.

Die Nachteile und Einschränkungen sind beträchtlich. Die Befragungssituation ist kaum hinreichend kontrollierbar. Es können andere Personen die Antworten des Befragten beeinflussen. Da dem schriftlich Befragten kein Interviewer zur Seite steht, muss jede Frage zweifelsfrei verständlich sein, was von vornherein komplizierte Fragestellungen ausschließt. Das Risiko, dass einzelne Fragen unsorgfältig und unvollständig, ja überhaupt nicht ausgefüllt werden, ist groß. Die Repräsentativität der schriftlichen Befragung wird vor allem dadurch in Frage gestellt, dass die Zahl der Ausfälle, also jener Befragten, die den Fragebogen nicht beantworten, meist erheblich ist.

Ausnahmen dazu bilden im Allgemeinen schriftliche Befragungen geschlossener, homogener Gruppen, z.B. einer Interessengemeinschaft. Eine schriftliche Befragung bietet sich an, wenn der schriftliche Fragebogen als Frage-Antwort-Medium kaum Schwierigkeiten bereitet. Sie eignet sich daher nicht für schreib- und denkungewandte Personen. Sie ist untauglich, wenn die Motivation zu antworten vermutlich sehr schwach ist. Die schriftliche Befragung dient allenfalls zur Ermittlung von einfachen Tatbeständen. Da der Befragte Zeit hat zur reflexiven Beantwortung, können so auch keine spontanen Antworten erfasst werden (Scheuch, 1973, S. 123 ff.; Erbslöh, 1972).

Die schriftliche Befragung bedarf einer besonders sorgfältigen Organisation. Ein Begleit- und Einführungsbrief muss die Befragten darüber orientieren, wer für die Befragung verantwortlich ist, warum die Untersuchung durchgeführt wird, welches Interesse der Befragte selbst an der Beantwortung des Fragebogens hat. Der Fragebogen muss leicht ausgefüllt werden können. Der Hinweis, dass die Antworten anonym verwertet werden, darf nicht fehlen.

Um die Zahl der Ausfälle gering zu halten, ist die Rücksendung des Fragebogens möglichst zu erleichtern. Dies geschieht meist durch Beilage eines adressierten und frankierten Briefumschlages. Nach einiger Zeit müssen die Säumigen erinnert und nochmals mit einem Fragebogen beliefert werden. Schließlich müssen die versandten und die retournierten Fragebögen kontrolliert werden, um die Repräsentativität beurteilen zu können.

Ein weiterer Grund, warum vor allem in den Vereinigten Staaten in zunehmendem Maße mit zugesandten schriftlichen Fragebögen gearbeitet wird, liegt in der steigenden Schwierigkeit, überhaupt mündlich befragen zu können. Insbesondere in Großstädten wurde es immer schwieriger für Interviewer, mit ausgesuchten Personen in Kontakt zu treten. Missbrauch und Kriminalität haben dazu geführt, dass heute mündliche Interviews bei repräsentativen Umfragen entweder per Telefon oder dann in kombinierter Form mündlich per Telefon und schriftlich per Post oder kombiniert mit elektronischen Verfahren vorgenommen werden (Abb. 4-5, Typ VII).

4.5.2 Telefoninterviews

Markt- und Meinungsforschungsinstitute wickeln heute einen Großteil ihrer Umfragen durch Telefoninterviews ab. Es handelt sich dabei um ein zwar Kosten sparendes, zeitlich effizientes Verfahren, das aber neben unbestreitbaren praktischen Vorteilen eine Reihe von bislang noch unzulänglich erforschten Nachteilen aufweist. Die Schätzungen darüber, wie viele der Interviews mittlerweile in den modernen Gesellschaften per Telefon durchgeführt werden, schwanken zwischen der Hälfte und 90 % (Cannel, 1985, S. 63; Anders, 1982, S. 77).

Die Vorteile von Telefoninterviews sind: 1. erhöhte Erreichbarkeit, 2. rasche Verarbeitungsmöglichkeit der erhaltenen Daten und 3. relativ rascher Ersatz für Ausfälle. Besondere Probleme entstehen durch die Zunahme nicht-registrierter Mobiltelefone; sie fehlen bei der Erstellung repräsentativer Samples. Die Gefahr besteht, dass ganze Gruppen (Jugendliche, sehr Mobile) nicht mehr erreichbar sind.

Nachteile sind: 1. erschwerte Kontrolle der Situation Interview (wer antwortet wirklich?), 2. Erinnerungsstützen etwa durch Vorlage von Tabellen entfallen, sodass bei unterschiedlichen Antwortmöglichkeiten entweder die erste oder die letzte überdurchschnittlich oft gewählt wird (hoher Grad an

4. Befragung

Artefakten), 3. Begrenzung auf relativ einfache Fragegegenstände und 4. fast gänzliche Ausrichtung auf stark strukturierte Stimuli und damit verbundene geringe Reaktionsmöglichkeiten durch die Befragten.

Im Telefoninterview verwendete Fragebögen müssen deshalb besonderen Bedingungen entsprechen: „Er muß so gestaltet sein, daß er

- die Bereitschaft eines Befragten zur Teilnahme am Telefoninterview weckt,
- den Interviewer befähigt, die Aufmerksamkeit des Befragten für die Gesamtdauer des Interviews auf sich zu ziehen,
- vom Interviewer leicht zu handhaben ist, um Interviewerfehler zu vermeiden und
- es den Befragten leicht macht, dem gesamten Interview zu folgen" (Schnell et al., 1999, S. 341, siehe auch S. 335–351; Hormuth/Brückner, 1985).

Man könnte zunächst annehmen, dass es sich beim Telefoninterview um eine klassische Ausprägung von S-R-Annahmen handelt. Trotz vieler technischer Hilfsmittel, die mittlerweile computergestützt dem telefonierenden Befrager zur Verfügung stehen, müssen diese in hohem Maße geschult werden, damit dieser allein durch verbale Kommunikation eine gute Interviewatmosphäre herzustellen vermag, welche die Antwortbereitschaft und dauernde Mitwirkung des unsichtbaren Partners ermöglicht. Da das Telefonieren mittlerweile zum Alltag gehört, telefonische Konversation also durchaus üblich ist, ist insgesamt die Kontrolle der gesamten Interviewsituation nur aufgrund von S–P–R–Annahmen gewährleistet. Entsprechende Anleitungen für Telefoninterviews lesen sich schließlich streckenweise wie Ausbildungsmanuale für Interviewer, die Befragungen von Angesicht zu Angesicht durchführen.

Unzweifelhaft beeindrucken so genannte Blitzumfragen die Öffentlichkeit: Stunden nach einem Ereignis – etwa bei Fernsehduellen zwischen Präsidentschaftskandidaten in den USA – stehen „Gewinner" und „Verlierer" fest. Auch die momentane Wirkung einer Rede von Regierungschefs kann wenige Stunden später zu entsprechenden Schlagzeilen führen: „Mehrheit der Bevölkerung begrüßt resp. lehnt ab". In der Verwertung dieser Erhebungstechnik liegt die nicht leicht zu nehmende Gefahr der Beeinflussung von Meinungsstrukturen. Je nach der Einstellung der Befragten kann dies zu erhöhter Ablehnung oder Unterstützung von Befragungen insgesamt führen und damit selbst ein Hindernis für die Anwendung dieses Instrumentes werden. Umso wichtiger wäre in diesem Bereich Forschung über dadurch tatsächlich erwirkte Artefakte.

4.5.3 Kombinierte Verfahren

Eine interaktive Form besteht neuerdings in der elektronischen Verwendung von Fragebögen mit dem Versuch, die Vorteile der schriftlichen Befragung

(Kosteneffizienz) zu nutzen, unter Vermeidung offensichtlicher Nachteile (Anonymisierung der Beantwortung). Neben allen anderen theoretischen und praktischen Fragen der Anwendung verschiedener Arten schriftlicher Befragung ist deren wissenschaftliche Erforschung zurzeit ungenügend: Obwohl die Bedeutung der Sprache in Theorie und Anwendung bei Befragungen voll anerkannt ist, fehlt erstaunlicherweise bis heute deren umfassende soziolinguistische Analyse. So fehlt das Stichwort Soziolinguistik in der einschlägigen Literatur beinahe ausnahmslos. Sprachliche Probleme, wenn überhaupt, werden auf Einzelprobleme bezogen dargestellt.

Wie fruchtbar eine Berücksichtigung soziolinguistischer empirischer Untersuchungen für die empirische Sozialforschung insgesamt sein kann, zeigt die Studie *Huesmann*. In ihrer empirischen Untersuchung zur Soziolinguistik des Varietätenspektrums im Deutschen legt sie dar, dass trotz der Nachteile hervorragende Ergebnisse durch schriftliche Befragungen möglich sind. Allerdings schränkt sie ein: „Die allgemein anerkannten Gütekriterien empirischer Erhebungen, Objektivität, Reliabilität und Validität (vgl. Kap. 3.6) und die Auswahlkriterien für die Stichprobe, die wesentlich die Aussagekraft empirischer Daten bestimmen und die zum Standard empirischer Untersuchungen in Psychologie und Soziologie gehören, werden in sprachwissenschaftlichen Erhebungen im allgemeinen nicht berücksichtigt" (Huesmann, 1998, S. 66).

Bei schriftlichen Umfragen finden wir in den seltensten Fällen eine systematische Kontrolle des Forschungsvorganges von der Zielsetzung bis zur Evaluation. Die effektive Systematik bezieht sich vornehmlich auf die Bereiche I. „Qualität der Erhebung" und II. „Qualität der Daten" (Abb. 2-16). Es ist deshalb auch III. „Qualität der Interpretation" zu fordern, weil ein Urteil über die Aussagekraft erhobener Daten von der Nachvollziehbarkeit des gesamten Forschungsvorgangs abhängt. Die Qualität der Interpretation ist von besonderer Bedeutung, werden in der Regel Daten miteinander in Beziehung gebracht, die aus unterschiedlicher wissenschaftlicher Perspektive stammen. Bei der systematischen Interpretation geht es darum, den gesamten Forschungsvorgang nachvollziehbar zu gestalten, mithin ein Urteil darüber zu erlauben, was die erhobenen Daten aussagen, welche Bedeutung ihnen allenfalls nicht beigemessen werden darf. Da postalische Untersuchungen meist als Grundlage von Maßnahmen dienen, ist in die Systematik der Analyse auch deren Wirkungsweise einzubeziehen. Fehlinterpretationen sind in der Regel auf mangelnde Qualität der Interpretation zurückzuführen. Da schriftliche Befragungen meistens Repräsentativität durch Erreichen einer großen Anzahl von Befragten anstreben, ist zu überprüfen, in welcher Weise dieses Ziel erreicht wurde.

Als großes Manko bei der postalischen schriftlichen Umfrage ergibt sich die Schwierigkeit, die soziale Situation zu kontrollieren. Es wird anders geantwortet als beim Face-to-Face-Interview. Darauf verwies bereits *Scheuch*

4. Befragung

(1975, S. 125 f.): „Wer füllt den Fragebogen aus"? Die in der mündlichen Befragung wirkungsvolle Fragebogendramaturgie (einfache Fragen zuerst, Meinungsfragen später, Wertfragen gegen das Ende) fällt weg. Der Beantworter kann das Schriftstück durchlesen, spätere Fragestellungen werden frühere möglicherweise beeinflussen. Die Motivation durch die soziale Situation ist gering und muss in der Regel durch besondere „Incentives" erst hergestellt werden (Dillman/Zimmermann, 1996; Arzheimer, 1998). Mögliche Korrekturen durch den Interviewer fallen weg. Schriftliche Befragungen sind deshalb nicht geeignet für Exploration, etwa zur Hypothesenbildung, diese wird geradezu vorausgesetzt. Da diese in der Praxis meist nicht vollzogen wird, fällt der vermeintliche „Aufwandsvorteil" weitgehend weg.

Grundsätzlich ist demnach bei schriftlichen Umfragen die Repräsentativität in nicht wenigen Fällen nicht in ausreichendem Maße zu gewährleisten. Des Weiteren ist der Anonymitätsgrad relativ hoch. Das Minimieren von Verzerrungen, wie sie mehr oder weniger in jeder Befragungsart vorkommen, ist besonders schwierig zu erreichen. Ein ernst zu nehmendes Problem bei postalischen Umfragen ist das Erreichen einer *angemessenen Rücklaufquote*.

Als Faustregel gilt, dass der Rücklauf desto höher ist, je homogener die angeschriebene Gruppe strukturiert ist. Selbst wenn ein besonders ausgeklügelter Organisationsgrad bei postalischen Umfragen erreicht wird – briefliche Ankündigung, telefonische Unterstützung, schließlich Versand des Fragebogens, Aufmunterungsbriefe Nr. 1, 2, 3, den Fragebogen zurückzuschicken, Incentives (z. B. bei Rücksendung eine gratis Telefonkarte u. a. m.) – mag im Einzelfall zwar eine ausreichende Rücklaufquote erwirken, jedoch gleichzeitig wird die Gefahr einer Beeinflussung erhöht.

Schon *Scheuch* setzt einen hohen „Reifegrad" sprachlicher Kompetenz voraus. Vorschläge, möglichst nur eine relativ einfache Fragestellung zum Inhalt schriftlicher Umfragen zu machen, haben, selbst wenn befolgt, nicht immer den gewünschten Effekt (Beispiel „Literary Digest"). Einfachheit der Sprache verlangt eine vorgängige mühsame Validierung von Wörtern und Begriffen – dies ist äußerst selten der Fall. Die nur angedeuteten Ansprüche an die Frageformulierungen weisen auf ein weiteres, kaum untersuchtes Feld: Die sprachliche Begrenzung führt möglicherweise zur Ausgrenzung von Bevölkerungsteilen, die zur Erreichung eines angemessenen Grades der Repräsentativität unbedingt in die Analyse der Daten einzuschließen wären.

Mit dem Verweis auf die Notwendigkeit auch, ja gerade schriftliche Befragungen systematisch in den gesamten Forschungsprozess einzubinden, sind Abklärungen mit der Verbindung anderer Vorgehensweisen und Instrumente unabdingbar. Dies führt zum Schluss, dass die vermeintlichen Kostenersparnisse als Vorteil weitgehend entfallen.

4.5.3.1 Versand von Fragebogen bei telefonischer Befragung

Komplizierte Fragearten und Frageunterstützungen sind bekannterweise bei telefonischen Befragungen kaum möglich. Dies verengt die Befragung sehr stark, da beispielsweise dem Befragten während eines Interviews keine Skalen vorgelegt werden können, die ihm bei einer Antwort behilflich sind. So sind praktisch Beurteilungs- und Einteilungsskalen in normalen Telefoninterviews nur in verkürzter Form und bei relativ einfachen Fragestellungen möglich. Deshalb sind, wenn überhaupt, nur wenige einfache Skalen mit restriktiven Antwortkategorien zu verwenden.

Mit diesen Hinweisen wird klar, dass die relativ höhere Reaktivität eines Telefon-Interviews, verglichen mit einer nur schriftlichen Befragung, durch die erwähnten Eingrenzungen in hohem Maße gemindert wird. Wo immer möglich und sinnvoll wird deshalb vorgeschlagen, vor der eigentlichen telefonischen Befragung einen Versand von Fragebögen durchzuführen. Als Beispiel kann die Untersuchung von *Friedrichs* erwähnt werden (Friedrichs, 2000, S. 171). Darin weist er auf besondere Schwierigkeiten für die Befragten hin, wenn man telefonisch Antwortvorgaben aufgrund unterschiedlicher Fragen wechselt: „Eben dies ist aber erforderlich, weil z. B. für Beurteilungs- und Einstellungsskalen jeweils andere Antwortkategorien angemessen sind", wie es *Rohrmann* (1978) vorschlägt (vgl. Dillman 1978, S. 80). Vermutlich fällt es den Befragten umso schwerer, die Antwortkategorien im Auge zu behalten, je schwieriger die Frage ist und je mehr sie über die Antwort nachdenken müssen. Eine Lösung für diese Probleme besteht darin, den Fragebogen an die Befragten vorab zu senden. Die Effekte eines solchen Vorgehens sind meines Wissens bisher noch kaum untersucht worden.

Beispiel: Friedrichs Studie ging von der Annahme aus, „der Fragebogen, in der Hand der oder des Befragten, würde die Ergebnisse einer telefonischen Befragung in mehrfacher Hinsicht verbessern" (a.a.O., S. 172). Er ging in seiner Untersuchung von folgenden vier Hypothesen aus:

Der vor dem Telefoninterview versandte Fragebogen
- erhöht die Antwortbereitschaft (response rate),
- verringert die Dauer des Interviews,
- verringert den Anteil derer, die auf einzelne Fragen keine Antworten, insbesondere bei Ratingskalen, geben, und
- erhöht die Streuung über die Kategorien von Ratingskalen.

Friedrichs kam zu dem Schluss, dass eine Kombination von schriftlicher Befragung und Telefonbefragung allein offenbar nicht die erwünschten Erfolge erbringt. Ziel ist also nicht nur die Kombination von Vorgehensweisen und der Einsatz verschiedener Instrumente, sondern die Ermöglichung höherer Reaktivität.

Die Bedeutung kombinierter Vorgehensweisen hängt ab von den unterschiedlichen Standardverfahren in den einzelnen Ländern. Während in den USA Telefonumfragen seit längerer Zeit die früher üblichen Face-to-face-Befragungen weitestgehend ersetzt haben, sind ähnliche Entwicklungen, allerdings in unterschiedlicher Weise, auch in Europa festzustellen. Der Anteil von Telefoninterviews, auch mit kombinierten Methoden, wächst insgesamt. Während beispielsweise in der Schweiz die Mehrheit aller Interviews per Telefon geführt werden, sind in Deutschland die mündlichen Befragungen nach wie vor üblich.

4.5.3.2 Fehlerquellen bei Befragungen

Reuband schreibt zu unterschiedlichen Auswirkungen angewandter Verfahren: „Untersuchungen zu den Auswirkungen unterschiedlicher Befragungsformen – unter Anwendung von Face-to-Face-, telefonischen oder postalischen Erhebungen – sind in der Bundesrepublik selten und in ihrer Generalisierbarkeit begrenzt. Sie beschränken sich auf die alten Bundesländer. Die Zahl der Befragten ist in der Regel klein, das Themenspektrum eingeschränkt, und die Vergleiche stützen sich auf einige wenige Fragen. Verglichen werden in der Regel Face-to-face- und telefonische Befragungen. Vergleiche von telefonischen und postalischen Befragungen sind selten" (Reuband/Blasius, 1996). Verantwortlich für die seltene Wahl ist, dass postalische Befragungen in der üblichen Praxis der Umfrageforschung keinen nennenswerten Stellenwert haben. Sie gelten als ein Verfahren zweiter Wahl. Die Ausschöpfungsquote wird als gering und die Datenqualität als problematisch eingestuft (vgl. u. a. Scheuch, 1973; Friedrichs, 1981; Schnell u.a., 1992; Atteslander, 1993). Dies muss jedoch nicht notwendigerweise der Fall sein. „Ausschöpfungsquoten sind möglich, die denen in Face-to-face- bzw. telefonischen Befragungen gleichen oder sie gar überschreiten" (Reuband, 2000, S. 202).

> Unterschiede zwischen den Verfahren ergaben sich auch bei Fragen zum Kriminalitätserleben. In der Literatur wird in der Regel vermutet, dass gerade die formal schlechter Gebildeten mit postalischen Erhebungen die größeren Probleme hätten, und sie deshalb seltener als höhere Bildungsgruppen daran teilnehmen (vgl. u. a. Scheuch, 1973). Diese Interpretation knüpft jedoch allzu sehr an Probleme der Schriftlichkeit und des Verständnisses an und übersieht ein anderes gewichtiges Faktum: Schriftliche Befragungen geben den Befragten eine Handlungskontrolle über die Interviewsituation. Schlechter Gebildete sind für postalische Befragungen womöglich in gewissem Maße aufgeschlossen, weil sie Zeit und Dauer der Befragung selbst bestimmen können und nicht durch die Fragen des Interviewers in Verlegenheit gebracht werden. Unterlegenheitsgefühle, die sich in anderen Befragungssituationen leicht einstellen können und vermutlich besonders befürchtet werden, entfallen. Insgesamt gesehen ist jedoch in der Studie *Reubands* die Differenz in der Bildung zwischen den Befragungsverfahren gering und praktisch zu vernachlässigen. „Wenn sich unter Telefonbesitzern

Unterschiede in den Antwortmustern je nach Art der Befragung ergeben sollten, können diese nicht auf Unterschiede in der sozialen Zusammensetzung zurückgeführt werden" (a.a.O., 215). Nach der Analyse der Frage nach der Viktimisierung in den letzten 12 Monaten sind deutliche Unterschiede zwischen telefonischer und postalischer Erhebung sichtbar.

Dieses Beispiel verdeutlicht einmal mehr, dass Aussagen über schriftliche Befragungen unter anderem von spezifischen gesellschaftlichen Bedingungen abhängen, die auch in modernen Gesellschaften sehr unterschiedlich ausgeprägt sein können.

4.5.3.3 Die Delphi-Methode

Eine weitere Form schriftlicher Befragung, die auf eine lange Tradition zurücksehen kann, besteht in der so genannten *Delphi-Methode*. In der Literatur über schriftliche Befragungen wird oft auf die sog. *Panelbefragung* hingewiesen. Darunter wird die mehrfache Befragung der im Idealfall gleichen repräsentativen Auswahl von Befragten mit konstant gehaltenen Fragebogen verstanden. Sie ist zu unterscheiden von *Querschnitt-* resp. *Trenduntersuchungen*, bei denen ebenfalls das Instrument Fragebogen konstant gehalten wird, nicht aber die Befragten. Eigentlich handelt es sich bei den Panelbefragungen um eine besondere Art des Erhebungsdesigns. In der Regel werden schriftliche Panelbefragungen verwendet, um über eine bestimmte Zeitdauer hinweg den Wandel von Einstellungen zu messen. Zu den bereits erwähnten Nachteilen der schriftlichen Befragung gesellt sich beim Panel die so genannte Panelmortalität. Darunter ist der Ausfall von Befragungsteilnehmern zu verstehen, der nur in begrenzter Weise vermieden werden kann. In der Theorie wird davon ausgegangen, dass sich beim Paneldesign die Befragung jeweils auf die selbe Stichprobe bezieht. Dies ist in der Praxis in den wenigsten Fällen erfüllbar. Je homogener auch hier die Gruppe, je höher die Zentralität der aufgeworfenen Fragen für die Befragten, desto geringer der Ausfall. Werden indes „heikle" Fragen gestellt, z.B. zu Einkommen oder Schulerfolg, ist eine systematische Verzerrung unausweichlich: Befragte mit tieferem Einkommen und mäßigerem Schulerfolg werden in größerer Zahl die Befragung abbrechen. Insgesamt wird von einem sog. „Mittelschichtbias" gesprochen. In vielen Fällen werden die Ausfälle durch Ersatzpersonen kompensiert. Damit erhöht sich allerdings die Verzerrungsgefahr zusätzlich. Auf die Möglichkeiten durch ausgeklügelte Datenanalyse hat vor vielen Jahrzehnten in seinem grundlegenden Übersichtskapitel *Nehnevajsa* berichtet (Nehnevajsa, 1967).

Eine weitere für die schriftliche Befragung wesentliche Form des Paneldesigns mit relativ hohem Reaktionsgrad ist die *schriftliche Expertenbefragung* im *Paneldesign*. Die Auswahl der Befragtengruppe geschieht nach Kriterien einer auf den Fragegegenstand bezogenen Wissens- und Erfahrungskompetenz.

Die in verschiedenen Wellen durchgeführte schriftliche Befragung ist durch ein periodisches Feed-back der Befragten an die Untersuchungsleitung gekennzeichnet. Die Antworten auf die erste Welle werden ausgewertet und die Ergebnisse den Panelteilnehmern in der zweiten, dritten, vierten Befragungswelle mitgeteilt, dies bei Konstanthalten des Fragebogens. Es wird dadurch dem Befragten möglich, seine Antworten unter Berücksichtigung jener anderer Experten zu variieren resp. aufrechtzuerhalten, gegebenenfalls zu differenzieren. Der Einzelne kann somit seine Auffassungen abändern oder gar verstärken, wobei in den meisten Expertenbefragungen über die Beantwortung geschlossener Fragen ein weiter Raum der Argumentation angeboten wird. In nicht wenigen Fällen wird dieses Instrument bezüglich zukünftiger Entwicklungen verwendet, es hat teilweise explorativen Charakter. Auf Repräsentativität wird dabei oft von vornherein verzichtet. Diese Art der schriftlichen Befragung ist aufwendig, sowohl kostenmäßig wie auch zeitmäßig, und wird vornehmlich bei spezifischen Fragestellungen in der Markt- und Trendforschung verwendet, mithin oft durch finanzielle Incentives erfolgreich. Es handelt sich somit um eine relativ seltene, sehr anspruchsvolle Verwendung postalischer Umfragen.

Bei der Verwendung von Fragebögen in der elektronischen Post muss sinnvollerweise die bereits 1959 entwickelte „Multitrait-Multimethod" angewendet werden (Scherpenzeel/Salis, 1997). Es wäre dabei sinnvollerweise von *„Computer Aided Application of Written Questionaires (CAAWQ)" zu sprechen.*

4.5.4 Computergestützte Verfahren

Wenn in der Vergangenheit unter schriftlicher Befragung postalische Umfragen mithilfe von stark strukturierten Fragebögen verstanden wurden, hat sich in den letzten Jahren ein neuartiges und vielversprechendes Verfahren durchgesetzt, nämlich die schriftliche Umfrage dank „elektronischer Post". Da sich die Zahl der computergestützten telefonischen Umfragen rapid erhöht, liegen erste Erfahrungsberichte vor. So sind Analysen und Vergleiche durchgeführt worden zwischen CATI (Computer Assisted Telephone Interviews) und CAPI (Computer Assisted Personal Interviews) (Scherpenzeel, 2001).

Bei beiden Methoden werden schriftliche Unterlagen verwendet und im Verlaufe der Befragung ein abschließender Vergleich zwischen der Effizienz beider Methoden erstellt. Jede hat ihre eigenen Vor- und Nachteile. Es sei deshalb auf die bereits vorliegende Literatur verwiesen, da die Anwendung der einen oder anderen Methode stark vom Gegenstand der Befragung abhängt.

Angaben in Prozent	schriftliche Befragung mittels Zufallsstichprobe (Basis: Allgemeinbevölkerung; n = 1485)	Web-basierte Befragung mittels repräsentativem Online-Access-Panel (Basis: Internetnutzer; n = 475)
Geschlecht		
Männer	48,2	66,1
Frauen	51,8	33,9
Alter		
18–29	16,4	40,4
30–44	31,1	44,8
45–60	27,0	13,6
über 60	25,5	2,1
Bildungsabschluss		
einfacher	45,2	8,6
mittlerer	31,8	21,4
höherer	23,0	70,0

Abbildung 4-11: Vergleich soziodemografischer Merkmale der traditionell durchgeführten Befragung mit dem Web Survey (Bandilla/Bosnjak/Altdorfer, 2001, S. 17, Tabelle 1)

4.5.4.1 Internet und Online-Befragungen

Eine erste Übersicht über „Online-Befragungen" haben Manuela Pötschke und Julia Simonson verfasst (2001, S. 6 f.). *Unter Online-Befragungen werden Erhebungen verstanden, bei denen die Befragten den bei einem Server abgelegten Fragebogen im Internet online ausfüllen, ihn von einem Server herunterladen und per E-Mail zurücksenden.* Wie die Autorinnen zu Recht feststellen, handelt es sich dabei nicht um eine komplett neue Methode der Sozialforschung, sondern vielmehr um eine neuartige Technik der Übertragung des Fragebogens zum Befragten (a.a.O., S. 7) und natürlich dessen unmittelbare Rücksendung. Es ist vor einer unkritischen Euphorie bei der Einführung und Durchsetzung dieses neuen Mediums zu warnen. Es erfasst nur jenen Teil der Bevölkerung, der elektronisch erreichbar und im Umgang geübt ist.

Wiederum wären als Vorteile von Internetbefragungen die geringen Erhebungskosten zu erwähnen, auch entfällt die Dateneingabe beim direkten Einlesen in eine Datenbank, wie sie vom computergestützten, telefonischen Interview her bekannt ist. Damit einher geht eine relativ schnelle Verfügbarkeit von Daten.

In einzelnen Fällen wird die Reaktivität der Befragten erhöht, indem mit einem Quasi-Delphi-Aspekt Zwischenergebnisse an Befragte zurückgemeldet werden können (Gräf, 1999). Zweifellos ist das größte Potential computergestützter Befragungen in dem Umstand zu sehen, dass unterschiedliche Möglichkeiten von bildlichen Darstellungen und Sachverhalten möglich sind. Es können sogar Audio- und Videosequenzen eingespielt werden, verbunden mit animierten oder statischen Bildern. Möglicherweise wird eine solche multimediale Präsentation die Motivation der Beantwortung erhöhen, gleichzeitig das Verständnis für komplexe Zusammenhänge erleichtern. Es wurde festgestellt, dass dadurch der Fragebogen subjektiv als kürzer empfunden wird und fehlerhafte Antworten reduziert werden können. Es sei darauf hingewiesen, dass für die Erstellung von medial versandten Fragebögen besondere Kriterien zu beachten sind (Gräf, 1999).

Ein Vergleich, welche Verzerrungen tendenziell in unterschiedlichen Befragungsmethoden, insbesondere bezüglich telefonischen, schriftlichen und Online-Befragungen bestehen, beschreiben *Pötschke/Simonson* (a.a.O., S. 15, Abb. 4).

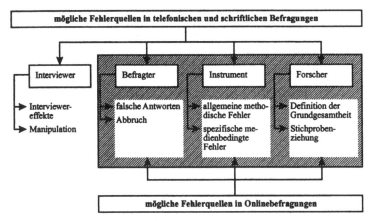

Abbildung 4-12: Vergleich tendenziell bestehender Verzerrungen in unterschiedlichen Befragungsmethoden

Den Vorteilen bei Online-Befragungen stehen insgesamt folgende Nachteile beim Erstellen von Fragebögen entgegen:
1. Die Auflösung von Matrixfragen bedingt eine stete Wiederholung derselben Fragen mit zweifellosem Ermüdungseffekt beim Befragten. So ist stets ein Kompromiss zu diesen unterschiedlichen, ja entgegengesetzten Anforderungen an ein optimales webbasiertes Fragenlayout zu suchen.
2. Als wohl wichtigste ungelöste Frage besteht das Erreichen der Repräsentativität.

So das Fazit der erwähnten Autoren: „Die Umsetzung der formalen Regeln für die Fragebogengestaltung werden netzpragmatischen Anforderungen genügen müssen. Stärker als in anderen Erhebungsformen, gibt es für die Online-Umfrage sich widersprechende Hinweise, die jeweils genau abgewogen werden müssen" (a.a.O., S. 26). Insgesamt scheinen neue Untersuchungen die von *Bandilla* (1998) bereits identifizierten Hauptprobleme zu bestätigen:

- Die Grundgesamtheit der Internet-Nutzer ist vor allem aufgrund der unterschiedlichen Nutzungsmöglichkeiten der Internetdienste nur schwer zu definieren. Eine allgemein gültige Definition fehlt bis lang.

- Die Ziehung einer echten Zufallsstichprobe (die Verallgemeinerungen auf eine Grundgesamtheit zulässt und somit als „repräsentativ" bezeichnet wird) ist – insbesondere bei WWW-Umfragen – kaum möglich.

- Die Stichprobe ist in aller Regel selbstselektierend, eine aktive Stichprobenziehung findet nicht statt. Systematische Ausfallmechanismen müssen unterstellt werden. Über die Nonrespondents liegen keine Informationen vor (Bandilla, 1998, S. 41).

Anwendungsbeispiel: „Delphi via Internet – Eine Expertenbefragung zu Trauma und Trauma(Re)-Konstruktion" (Kirsch, 2000).

Es soll im Folgenden erläutert werden, welche theoretischen, methodischen, aber auch technischen Aspekte zu beachten sind. Ziel der Untersuchung war, „die impliziten und expliziten Theorien von klinisch und/oder wissenschaftlich tätigen Therapeuten zu erfassen, aufgrund derer diese versuchen zu entscheiden, ob es sich bei den Patienten, die von wieder auftauchenden Erinnerungen an eine sexuelle Traumatisierung in der Kindheit berichten, um eine veridikale Erinnerung oder um eine retrospektive Phantasie handelt. Zielgruppe waren Therapeuten, die klinisch und/oder wissenschaftlich tätig sind und mit Patienten aus dem oben dargestellten Problemfeld arbeiten. Methodisch wurde eine Delphi-Studie durchgeführt, die es ermöglicht, ein Gruppenurteil des Therapeuten-Gremiums zu erfassen und einen Informationsgewinnungsprozeß einzuleiten" (a.a.O., S. 218).

In einer ersten Befragungsrunde wurden 43 Therapeuten per Papier-Bleistift-Fragebogen, WWW-Fragebogen, E-Mail-Fragebogen, halb strukturiertem Interview resp. Telefoninterview nach ihren expliziten und impliziten Theorien bezüglich auftauchender Erinnerungen befragt. Diese erste Befragung der Experten bestand zum großen Teil aus offenen Fragen, die sich aus der Zielsetzung und Fragestellung des Projektes herleiten: Im Eigentlichen ist hier von einer Explorationsphase zu sprechen (weitere technische Einzelheiten a.a.O., S. 219).

Es wurden insgesamt 27 verschiedene psychotherapeutische Institute und Organisationen international angemailt und über die Studie informiert. Zum Großteil wurde die Studie an moderierte Mailinglisten verschickt, wobei zuerst ein Moderator kontaktiert wurde, der die Anfrage nach Prüfung weiterleitete. Weiterhin wurden über 150 Mitarbeiter, deren E-Mail-Adressen auf den Webseiten von Universitäten im Fachbereich Klinische Psychologie zu finden sind, kontaktiert. „Da es nicht immer möglich ist, die Anzahl der Mitglieder unterschiedlicher

4. Befragung

Mailinglisten zu erfahren, kann keine genaue Angabe über die Gesamtheit der kontaktierten Personen gemacht werden" (a.a.O., S. 231).

Die dritte Befragungsrunde wurde aufgrund der Komplexität des Fragebogens und der vielen Kommentare, die die Befragten zu den Statements abgegeben haben, als virtuelles Diskussionsforum eingerichtet.

Die Autorin hat ihre Erfahrungen wie folgt zusammengefasst:
- Internetbasierte Delphi-Untersuchungen produzierten in diesem Projekt unerwartet hohe Rücklaufquoten.
- Auffallend war die Freundlichkeit der E-Mail-Kontakte und die Hilfsbereitschaft der Interessenten (Schneeballprinzip).
- Forschungsökonomisch bieten internetbasierte Delphi-Studien viele Vorteile.
- Die Expertenakquise wird durch die im Internet vorhandenen Informationen deutlich erleichtert, insbesondere der Aufbau internationaler Kontakte wird hierdurch vereinfacht.
- Die Anzahl der Frauen, die das Internet nutzen, ist höher, als angenommen.
- Die Internetbenutzer scheinen sich auch inhaltlich von den Personen, die über Papier-Bleistift-Fragebogen geantwortet haben, zu unterscheiden. Die E-Mail-Nutzer haben zum Großteil den Fragebogen ausgedruckt und per Post zurückgeschickt, so dass sie eine mittlere Position einnehmen" (a.a.O., S. 232).

Von besonderer praktischer Bedeutung für die Planung ähnlicher computerunterstützter Delphi-Umfragen sind die von der Forscherin formulierten Empfehlungen zu werten:
- „Bei der Konzeption von internetbasierten Fragebögen sollte eine Anzahl von 50 bis 60 Items nicht überschritten werden. Dies scheint jedoch auch abhängig vom Engagement der Zielgruppe zu sein. Im hier vorgestellten Projekt hat ein Großteil der Internetbenutzer den kompletten Fragebogen beantwortet.
- Zu beachten ist, daß die Auswahl der Beantwortungsmethode konfundiert sein kann mit spezifischen Merkmalen der Stichprobe (hier etwa Geschlechterverteilung), diese Unterschiede müssen als Faktoren in der Analyse berücksichtigt werden.
- Zu berücksichtigen ist weiterhin, daß das Layout einfach und übersichtlich gestaltet sein sollte. Auf nicht funktionstragende Graphiken sollte aufgrund der Ladezeiten verzichtet werden. In diesem Projekt wurde der Fragebogen aufgrund der hohen Ladezeit in vier Blöcke aufgeteilt, die einzeln abzuschicken waren, um damit die Übersichtlichkeit zu verbessern und die Ladedauer zu verringern.
- Während der Durchführung sollte ein Moderator (per E-Mail) verfügbar sein, der direkte Rückmeldungen auf Fragen etc. geben kann.
- Es sollte eine Online-Hilfe angeboten werden, die auch Anfängern die Teilnahme ermöglicht.
- Hinsichtlich der Testung und Wartung eines WWW-Fragebogens sollten größte Sorgfalt, häufige Testphasen, Bearbeitung an unterschiedlichen Browsern und Betriebssystemen vor Inbetriebnahme stattfinden (Siegel, 1997. S. 232).

An diesem Beispiel einer computerunterstützten Expertenbefragung mittels der Delphi-Methode wird deutlich, dass der relativ hohe Grad an Reaktivität, der auf einen ebenfalls hohen Grad von Zentralität schließen lässt, nur zu erreichen ist mit einer besonders sorgfältig theoretisch abgestützten Fragestellung. Dabei ist der Teilnehmerauswahl besondere Beachtung zu schenken, schließlich setzt die technische Durchführung große Sorgfalt voraus. Beispiele für Matrixfragen im Web geben *Bandilla/Bosnjak/Altdorfer* (2001, S. 16).

4.5.4.2 Ausblick

Die Zukunft von schriftlichen Umfragen wird voraussichtlich in vermehrtem Maße elektronische und nicht ausschließlich postalische Verbreitung der Befragungselemente bringen. Computergestützte Befragungsarten und Dateneingaben werden zunehmen. Die Hinweise und Beispiele mögen verdeutlicht haben, dass es sich insgesamt um komplizierte, zeit- und finanzaufwendige Verfahren handelt, die einer ausgeklügelten theoretischen Grundlegung bedürfen und von einer systematischen Kontrolle des gesamten Forschungsablaufes begleitet werden müssen. Weitgehend offen bleiben Fragen der Repräsentativität. Die neuesten Forschungsergebnisse deuten darauf hin, dass elektronische schriftliche Umfragen vermehrt auch zur Exploration verwendet werden, vorausgesetzt dass die Forschungsgegenstände dem Charakter der „Internet-Population" entsprechen.

Aus soziolinguistischer Perspektive eröffnen sich schließlich neue Dimensionen der Zusammenhänge zwischen Sprache und grafischer Darstellung und filmischen Sequenzen, kurz: Sprache in unterschiedlichsten Situationen wirken zu lassen. Eine ganze Reihe von dargestellten Nachteilen der schriftlichen Umfrage können auch durch elektronische Hilfsmittel nicht völlig ausgeschaltet werden, bleiben somit trotz neuer elektronischer Möglichkeiten Gegenstand weiterer Forschung und Praxis.

4.6 Sind Antworten Fakten oder Artefakte?

Wie zu Beginn erläutert, sind durch Interviews erhobene Daten grundsätzlich als Reaktion auf ganz bestimmte Stimuli und die spezifische Interviewsituation zu verstehen (S→P→R-Modell). Sie sind deshalb zeit-örtlich relativiert und stark kontextgebunden.

Gerade die sich daraus ergebenden Schwierigkeiten bilden auch die Chancen für die Methode des Interviews: *Jede Befragung beinhaltet Aussagen über die soziale Wirklichkeit, erfasst aber diese soziale Wirklichkeit selbst nur ausschnittweise.*

Nicht nur das Zustandekommen der Antworten, sondern auch die Bewertung, mithin die Auswertung, weisen Merkmale der Künstlichkeit auf, sind mehr oder minder Konstrukte.

4. Befragung

Wichtig ist es nun, die Kontrolle einerseits auf den Hergang dieser Abstraktionen zu richten, sie nachvollziehbar zu gestalten. Andererseits ist auch die Konstruktion selbst zu kontrollieren: Eine unreflektierte Haltung gegenüber Umfragen ist also nicht zu empfehlen. *Die Forderung übertriebener Exaktheit, die Summierung einzelner, möglicherweise sogar unbedeutender Daten ist leider häufiger als das systematische Erfassen von Problemzusammenhängen.*

Eine weitere Frage erhitzt seit Jahrzehnten die Gemüter, nämlich die oft festgestellten Diskrepanzen zwischen Einstellungen, die durch Interviews erhoben werden, und dem tatsächlichen Verhalten der Menschen. Parteipräferenzen können durchaus mit tatsächlichen Wahlergebnissen erstaunlich übereinstimmen. Dabei wird aber übersehen, dass diese Übereinstimmung im Grunde wenig über das Zustandekommen der Wahlentscheidung aussagt, weil keine Begründung für die tatsächlich verantwortlichen Faktoren gegeben werden kann.

So sind oft gerade die „ungelösten Fragen" wesentliche Ergebnisse von Umfragen und zugleich Einladung für weitere Forschung. Da alle sozialen Situationen, die wir kennen, komplex sind, wäre die Forderung, ein Interview müsse frei von Verzerrungen sein, absurd. Keine Befragung wird je ohne Beeinflussung sein, keine Antwort ohne Verzerrung gegeben werden können. Wissenschaftliches Ziel ist, eine systematische Kontrolle der Verzerrungen zu erreichen. Gerade diese Kontrolle der wirkenden Faktoren bringt neue Erkenntnisse. *In diesem Sinne ist Kritik an Umfragen unverzichtbar für wissenschaftliches Arbeiten.*

Die Wissenschaftlichkeit der Befragung liegt in der Systematik der Kontrolle der sie begleitenden Vorgänge, dies unabhängig davon, ob Forschung qualitativ oder quantitativ ausgerichtet ist. In aller Regel können jedoch gerade diejenigen, die vornehmlich das Instrument Fragebogen kontrollieren, nur eine relativ geringe Kontrolle der Interviewsituation nachweisen. In diese Gruppe fällt leider die weitaus größte Zahl von Umfragen.

Da bestimmte Fragen in unterschiedlichen Kontexten zu unterschiedlichen Antworten führen, müssen in Zukunft auch innerhalb stark strukturierter Befragungen vermehrt experimentelle Variationen sowohl in der Zusammenstellung als auch in der Formulierung der Fragen vorgenommen werden.

Jede Befragung strukturiert, wie wir erläutert haben, die soziale Wirklichkeit, in der Menschen befragt werden. Ihr Verhalten, ihre Antworten sind Reaktionen auf die Art und Weise, wie sie diese Struktur empfinden. Diese können konfligierende Strukturen oder konvergierende ergeben, niemals aber völlig kongruente (Abb. 4-4 S. 130). Durch Befragung erhobene Daten sind in jedem Fall Konstrukte der sozialen Wirklichkeit, mithin Artefakte.

Nicht die Tatsache, dass damit über die soziale Wirklichkeit, die untersucht werden soll, abstrahiert wird, sondern die Art und Weise der Erfassung dieser Vorgänge, ihre Nachvollziehbarkeit und die theoretische Argumentation unterscheidet die alltägliche Befragung vom wissenschaftlichen Interview. Weder ist die soziale Wirklichkeit mit simplen Fragen zu erfassen, noch sind erhobene Antworten als simple Daten zu werten, gar zu verwerten. Wesentliche offene Fragen bestehen bezüglich der Erfassung der Zentralität der erhobenen Antworten (Atteslander et al., 1993, S. 5 ff.).

Fragen sind wissenschaftlich nur sinnvoll, wenn sie theoriebezogen angewendet werden. Antworten können nur sinngebend ausgewertet werden, wenn die soziale Situation Interview im Wesentlichen systematischer Kontrolle unterliegt.

Anregung zur Selbstkontrolle für die aktiven Leser

Fertigen Sie eine Kurzzusammenfassung dieses Kapitels in eigenen Worten an, denn die Eigensprache ist immer leichter zu merken und leichter zu erinnern. Bei der Zusammenfassung orientieren Sie sich an den folgenden 6 Fragen. Die Zusammenfassung sollte je eine halbe Seite nicht überschreiten:

1. Inwiefern liefern Befragungen stets nur vermittelte, gefilterte Informationen?
2. Welche Vor- bzw. Nachteile können sich für die Befragung aus ihrer Ähnlichkeit mit der alltäglichen Gesprächssituation ergeben?
3. Welche Bedingungen müssen erfüllt sein, damit ein standardisiertes Interview durchgeführt werden kann?
4. Welche Annahmen liegen dem standardisierten Interview (explizit oder implizit) zugrunde? Welche Form der Fragen eignet sich für die Erforschung qualitativer Aspekte?
5. Womit lässt sich bei Erstellung von Fragebögen die Notwendigkeit von explorativen Befragungen begründen?
6. Wodurch unterscheiden sich standardisiertes und nichtstandardisiertes Interview?

Weiterführende Literatur

Schnell, R; Hill, P. B. und Esser, E. (2005): Methoden der empirischen Sozialforschung. 7. überarbeitete Ausg., München/Wien. Die Autoren setzen in ihrer Einführung in die empirische Sozialforschung bewusst andere Schwerpunkte als in den üblichen Lehrbüchern des Faches. Besonders werden die Schwierigkeiten, die die Verbindung von soziologischen Theorien und deren systematischer Überprüfung durch empirische Untersuchungen bereitet, dargestellt. Im Kap. VII „Datenerhebungstechniken" wird die Befragung ausführlich und mit vielen Beispielen behandelt. Sowohl beschriebene Schwierigkeiten als auch praktische Hinweise entsprechen dem heutigen Stand der Forschung.

ZUMA Nachrichten, die bis zum Jahr 2007 jeweils im Mai und November eines Jahres erschienen, wurden vom Zentrum für Umfragen, Methoden und Analysen e.V., Mannheim, (ZUMA) herausgegeben und berichteten regelmäßig über theoretische und methodologische Analysen von Befragungen. Desgleichen die ZA-Informationen des Zentralarchivs für empirische Sozialforschung, Universität zu Köln, die ebenfalls jeweils im Mai und November eines Jahres erschienen. Neuer Name seit 2007:

mda, Methoden, Daten, Analysen, Zeitschrift für Empirische Sozialforschung, Mannheim.

Atteslander, P. und Kneubühler, H. U. (1975): Verzerrungen im Interview. Köln, Opladen. In dem Buch wird versucht, das Problem der Gültigkeit von Interviewdaten durch eine Fehlertheorie des Interviews in den Griff zu bekommen. Es wird über eine erste experimentelle Überprüfung des Ansatzes berichtet.

Schumann, H. und Presser, S. (1981): Questions and Answers in Attitude Surveys, Experiments on Question, Form, Wording and Content. New York, London. In diesem Buch wird ausführlich und anhand vieler Beispiele über Zusammenhänge zwischen Frageformulierung und Antwortverhalten berichtet. Besondere Beachtung wird dem jeweiligen Kontext, in dem eine Frage steht, geschenkt. Dazu führten die Autoren zahlreiche ‚Experimente' innerhalb von repräsentativen Erhebungen durch.

Frey, J. A.; Kunz, G. und Lüschen, G. (1990): Telefonumfragen in der Sozialforschung. Methoden, Techniken, Befragungspraxis. Wiesbaden.

Reinecke, J. (1991): Interview- und Befragtenverhalten. Theoretische Ansätze und methodische Konzepte, Köln. Ausgehend von der Annahme, dass das Interview ein sozialer Prozess sei, untersucht Reinecke dessen soziale Rahmenbedingungen und mögliche Verzerrungsursachen. Daran schließt sich der Nachweis von Interviewereinflüssen und Befragtenreaktionen (unter besonderer Berücksichtigung der „sozialen Erwünschtheit") an. Abschließend werden die theoretischen Modelle mit den gewonnenen empirischen Erkenntnissen konfrontiert und praktische Aussagen über die Handhabung von Interviewereinflüssen und Befragtenreaktionen gemacht.

Eine Reihe von Lehrbüchern sind in den letzten Jahren bezüglich der Entwicklung und deren Anwendung erschienen:

Kirchhof, S.; Kuhnt, S.; Lipp, P; Schlawin, S. (4. überarbeitete Auflage 2008): Der Fragebogen. Datenbasis, Konstruktion und Auswertung. Wiesbaden.

Es handelt sich um eine gut dokumentierte Begleitung eines empirischen von der DFG und Haushaltsmitteln des Hochschuldidaktischen Zentrums Berlin geförderten Forschungsprojektes in zwei Phasen. Die Fragestellungen waren:
1. Wie sehen Dortmunder Studierende ihre Studiensituation?
2. Welche Studienstrategien verfolgen sie?
3. Welche fachkulturellen Unterschiede zeichnen sich ab?

In dem Vergleich wurden die drei Studiengänge Wirtschaftswissenschaften, Pädagogik und Maschinenbau ausgewählt, die sowohl an der Universität Dortmund, als auch an der dortigen Fachhochschule angeboten werden, und zum Vergleich diente die Universität Dresden. Der Leser kann die Problematik der Befragung am Beispiel des Forschungsverlaufes nachvollziehen.

Faulbaum, F.; Prüfer, P., und Rexroth, M. (2009): Was ist eine gute Frage? Die systematische Evaluation der Fragequalität. Wiesbaden.

Der Band will die Bedeutung der einzelnen Fragen beim Interviewprozess in den Mittelpunkt stellen. Am Schluss des Bandes zwei Übungsbeispiele angeboten. Ziel: Optimierung der Fragequalität. Dazu wurde ein Fragebewertungssystem FBS entwickelt.

Porst, R. (2. Auflage 2009): Ein Arbeitsbuch. Wiesbaden.

Porst legt ein „Praxisbuch" auf den Tisch und bezeichnet es als Versuch der „Fragebogenberatung in Buchform". Dies geschieht anhand vieler Beispiele aus zahlreichen Bereichen. Nicht nur der Inhalt von Fragestellungen wird erläutert, sondern auch die formale Gestaltung von Fragebögen. Mit Hilfe einer Vielzahl von unterschiedlichen, schrittweise dargestellten Beispielen kann der oder die mit einer empirischen Arbeit betraute Studierende erste Planungen für eine Diplomarbeit oder Dissertation vornehmen. Kurz: Das Buch ist geradezu als Handbuch für die Anwendung der Forschungsinstrumente geeignet.

Jackob, N.; Schoen, H.; Zerback, T. (Hrsg.) (2009): Sozialforschung im Internet. Methodologie und Praxis der Online Praxis. Wiesbaden.

Dieser Band enthält 19 Beiträge aus unterschiedlichen Bereichen. Die Autoren berichten über ihre Erfahrungen mit Online-Befragungen im und durch das Internet. Seit den neunziger Jahren hat die neueste Form der Befragungstechnik eine rasche Verbreitung gefunden: Es wird geschätzt, dass heute bereits ein Drittel aller Befragungen online durchgeführt werden. Bald wird dies die Mehrheit aller Datenerhebungen sein. Diese Entwicklung beruht auf rascher und kostengünstiger Umsetzung von Projekten. Im Grunde ergeben sich die selben Probleme wie bei der traditionellen schriftlichen Befragung (siehe S. 149 ff.). Dies, sowohl was Kriterien der Representativität betrifft, als auch die Qualität des Fragebogens und seine

4. Befragung

Verständlichkeit: Je höher der Leseaufwand, desto größer die Wahrscheinlichkeit eines Abbruches. Oder: die Representativität der Auswahl aus einer Studiengesamtheit

Besondere Beachtung verdienen die Beiträge von Kelle et al. „Qualitative Evaluationsforschung im Internet – Online-Foren als Werkzeuge interpretativer Sozialforschung"; und: Arenet, R. et al. „Kinder online befragen – Herausforderung und erste Erfahrungen am Beispiel einer Kampagnenevaluation". Sowie Faas, T. et al. „Wenig Aufwand, viel Ertrag?"

Das Fragezeichen wurde mit Bedacht gesetzt. Es gelten durchaus die Qualitätskriterien wie sie in einzelnen Kapiteln im vorliegenden Buch abgehandelt werden. Angesichts der wachsenden Bedeutung von Online-Befragungen lohnt sich ein Studium des hier empfohlenen Buches.

5. Experiment

5.1 Das Experiment in der Sozialforschung

Alle Formen der Sozialforschung beeinflussen den Gegenstand der Untersuchung. Dies gilt auch für das Experiment. Die meisten Forschungsstrategien tragen experimentelle Züge. Daher bleibt es schwierig eindeutig zu bestimmen, wann von einem Experiment gesprochen werden kann. *Es ist sinnvoll, nur jene Untersuchung als Experiment zu bezeichnen, bei welcher ein Höchstmaß an Kontrolle der sozialen Situation vorliegt.* Vom Experiment wird erwartet, dass es die strengste Form der Überprüfung von Hypothesen darstellt. Dieses gilt gleichermaßen für Hypothesen als Aussagen erklärender wie auch voraussagender Art.

In der Soziologie ist das Experiment die relativ am wenigsten verwendete Forschungsmethode. Dies hat ethische, theoretische und forschungspraktische Gründe. Menschen zu manipulieren oder in abgeschlossenen Räumen am Erfolg oder Misserfolg von gestellten Fragen oder Aufgaben zu messen, hat hohe ethische Hürden zu überwinden. Menschen sind schliesslich keine Labormäuse, geschweige denn dressierte Äffchen.

Das Experiment taugt kaum für die empirische Überprüfung makrosoziologischer Hypothesen. Wie soll eine umfassende Kontrolle gewährleistet werden? Ob es angeht, dass von Experimente im engeren Sinne gesprochen werden kann, wenn nur ein Input verändert wird, die Gesamtsituation jedoch kaum einer Kontrolle untersteht, ist offen, wie am folgenden Beispiel diskutiert werden kann:

> Die Forscher wählten in einem Feriengebiet ca. 50 Hotels aus. An diese wird ein Brief mit identischem Inhalt gesendet. Eine Familie mit zwei Kindern möchte für drei Wochen zwei Zimmer reserviere, dies zu identischer Periode. Es wird gebeten, Preis und Reservation zu bestätigen. Verändert wird jedoch Name und Adresse des Absenders, beide New York City. An 25 Hotels schreibt angeblich ein Mr. McIntosh, an 25 Mr. David Levy. Resultat: McIntosh erhielt 25 Zusagen, Levy 23 Absagen, da leider völlig ausgebucht. Ob Experiment oder nicht, dieser Versuch eignete sich allenfalls für das Testen einer Hypothese über Soziale Vorurteile.

Grössere Möglichkeiten forschungsstrategisch stärkere Kontrolle der sozialen Situation durchführen zu können, zeigten die in den 40er und 50er Jahre des letzten Jahrhunderts sogenannten „Kleingruppen-Experimente" der Sozialpsychologen auf, die, als die von Dorwin Cartwright initiierte Forschungsrichtung der ‚Group-Dynamics', bekannt wurden. In den vergangenen Jahren erschreckten sogenannte „Feldexperimente" die Öffentlichkeit, bei denen anhand von Untersuchungen aufgezeigt wurde, dass es Professoren durch gezielte Vorlesungen gelang, politisch rechtsextremes Gedankengut zu hoher Akzeptanz zu führen.

Erkenntnis kann nicht durch probeweises Experimentieren gewonnen werden, indem man etwa bei allerlei Versuchen, bei denen man einmal diesen, einmal jenen Faktor verändert, neue Sinnzusammenhänge zu ergründen hofft. In jedem Fall ist das Experiment Überprüfung von bereits vorher theoretisch festgelegten Aussagen nach festgelegten Bedingungen.

Comte (1798–1857) wollte die soziologischen Methoden auf den jeweils gegenwärtigen Zustand des Menschengeschlechts in seiner Gesamtheit angewendet sehen, wobei „alle Kulturgrade nebeneinander an den verschiedenen Punkten des Erdkörpers bestehen ... Somit kann der Zusammenhang ... in der Aufeinanderfolge der Zeiten ... durch den örtlichen Vergleich bestätigt werden. Beim ersten Blick scheint diese neue Wissenschaft durchaus auf die bloße Beobachtung reduziert und vollkommen der Unterstützung des Versuches beraubt zu sein ... Aber in der Physiologie sind unabhängig von den Tierexperimenten die pathologischen Fälle tatsächlich ein Äquivalent der direkten Versuche am Menschen, weil sie die gewöhnliche Ordnung der Tatsache ändern. Ebenso und aus einem ähnlichen Grunde müssen die vielfachen Epochen, wo die politischen Kombinationen mehr oder weniger die Tendenz gehabt haben, die Entwicklung der Kultur zu unterbrechen, als Mittel angesehen werden, der sozialen Physik wirkliche Experimente zu liefern, die zum Teil noch geeigneter sind, als die einfache Beobachtung, die Naturgesetze zu entschleiern oder zu bestätigen, welche den kollektiven Weg des Menschengeschlechtes regeln" (Comte, 1973, S. 146 f.).

Durkheim (1858–1917), der eine allgemeine soziale Theorie zu entwickeln suchte, trennt die kollektiven von den individuellen Phänomenen. Für Durkheim ist es die Aufgabe der empirischen Forschung, Verhalten aus sozialen Faktoren abzuleiten; mithilfe empirischer Daten soll eine Theorie bestätigt bzw. „bewiesen" werden. Ähnlich wie in den Naturwissenschaften ist mit dem empirischen Material zu experimentieren. Ziel der Untersuchung der wirksamen Faktoren soll die Aufdeckung der Ursache sein. „Die Aufzeichnungen über empir. Phänomene werden so lange variiert, bis die zutreffenden Hypothesen, die dieses Material beherrschen, herausgefunden sind" (Hartfiel/Hillmann, 1982, S. 151).

Comte und *Durkheim* setzten ihre experimentellen Vergleiche an komplexen Erscheinungen an. Dieses hatte vor allem zwei Nachteile: Zum einen ließ sich die soziale Wirklichkeit nur schwer manipulieren. Extremsituationen waren kaum erreichbar. Zum anderen waren die gewählten Erscheinungen häufig so komplex, dass sie sich einer präzisen Erfassung entzogen. Es handelte sich hierbei um so genannte indirekte Experimente.

5.1.1 Funktion und allgemeine Begriffsbestimmung des Experimentes

Neuere Techniken ermöglichen es, mit intensiv kontrollierten Erhebungsauswahlen von Merkmalen so zu arbeiten, dass oben genannte Nachteile weniger stark ins Gewicht fallen. Die anfängliche, meist unzureichende Form der Manipulation der sozialen Wirklichkeit wird in *eine Manipulation von Variablen* verwandelt. Dem können bei der Auswertung der Daten eine Varianz- oder Faktorenanalyse angeschlossen werden. Inzwischen kommt dem *direkten Experiment* auch in der Sozialforschung, vor allem in der Kleingruppenforschung, eine große Bedeutung zu. „Wenn man sich früher gern mit ungemein komplexen Vorgängen befaßte, wie etwa Alkoholismus, Prostitution und anderen besonders auffälligen sozialen Desintegrationserscheinungen, versucht die heutige Forschung mehr und mehr begrenzte und strukturell eng umschriebene Gegenstände in den Griff zu bekommen. Während es gewiß unmöglich ist, in einer Untersuchungsserie den Versuchspersonen Alkohol oder andere Rauschgifte experimentell zu verabreichen, um dann zuzusehen, wie sich ihr soziales Verhalten unter dem Einfluß dieser Betäubungsmittel ändert, ist es in keiner Weise schädlich, die innere Struktur einer Gruppe insofern einem gezielten Experiment zu unterwerfen, als man sie etwa vor und nach der Verabreichung bestimmter Informationen untersucht" (König, 1972, S. 41).

Das Experiment weist gegenüber der Beobachtung und der Befragung bei einmaliger Messung und ohne Kontrollgruppe drei entscheidende Vorteile auf:

1. Ein Experiment bietet die Möglichkeit, Versuchspersonen in einen „künstlich" gestalteten Prozess einzufügen und sämtliche Bedingungen konstant zu halten, so dass soziale Zusammenhänge unter (ständiger) Kontrolle dargestellt oder reproduziert werden können.

2. In einem Experiment können „Extremsituationen" konstruiert und die jeweiligen Hypothesen unter strengen Prüfbedingungen getestet werden.

3. Das Experiment – nach naturwissenschaftlichem Vorbild – gilt als die sicherste Methode der empirischen Sozialforschung, Kausalbeziehungen im Bereich sozialer Phänomene festzustellen.

Greenwood erläutert die experimentelle Methode in der Soziologie so: „Ein Experiment ist der Beweis für eine Hypothese, der zwei Faktoren in eine ursächliche Beziehung zueinander bringen will, indem er sie in unterschiedlichen Situationen untersucht. Diese Situationen werden in bezug auf alle Faktoren kontrolliert mit Ausnahme des einen, der uns besonders interessiert, da er entweder die hypothetische Ursache oder hypothetische Wirkung darstellt" (Greenwood, 1972, S. 177).

Das Experiment verstehen wir als eine *wiederholbare Beobachtung unter kontrollierten Bedingungen; dabei werden eine bzw. mehrere unabhängige*

Variablen so manipuliert, dass eine Überprüfungsmöglichkeit der zugrunde liegenden Hypothese, d.h. der Behauptung eines Kausalzusammenhanges, in unterschiedlichen Situationen gegeben ist (Zimmermann, 1972, S. 37).

5.1.2 Grundbedingungen

Bei der Anwendung eines Experimentes sind folgende Grundsätze zu beachten:

1. Zur Bildung von Hypothesen müssen die dem Forschungsproblem entsprechenden Variablen bzw. Faktoren identifiziert sein.
2. Aufstellen einer Hypothese, die eine Kausalbeziehung enthält über einen Zusammenhang zwischen verursachenden Faktoren (unabhängige Variable) und bewirkten Faktoren (abhängige Variablen).
3. Die zu betrachtenden Variablen müssen von anderen Variablen isolierbar sein, damit ihre Beziehungen zueinander kontrolliert werden können.
4. Die unabhängige Variable muss variierbar sein.
5. Es muss gewährleistet sein, solche Manipulationen wiederholen zu können.

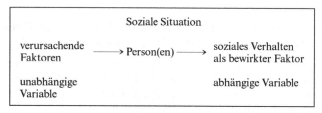

Abbildung 5-1: Die Variablen im Experiment

Die Faktoren können *zweiwertig* (abwesend, gegenwärtig) oder *quantitativ* sein. Die Logik des Experiments ist hier die gleiche wie in den Naturwissenschaften (deterministisches Experiment vgl. Mill, 1862; stochastisches Experiment vgl. Fischer, 1935; *deterministisch:* Untersuchung von Hypothesen, die die abhängigen Zustände oder Ereignisse theoretisch als vollständig durch die unabhängigen Variablen bestimmt annehmen; *stochastisch:* statistisch vorgehend, mit Zufall und Wahrscheinlichkeit arbeitend).

Das Auftreten unterschiedlicher Reiz-Reaktionen bzw. das jeweilige Urteil der Versuchspersonen wollen wir als individuelle Merkmale, sozusagen als eine Funktion der Persönlichkeit verstehen. Zu solchen Variablen können wir auch die so genannte Intelligenz von Versuchspersonen rechnen, sofern diese nicht selbst Gegenstand des Experimentes ist. Wir bezeichnen die sich in den Zusammenhang zwischen einer abhängigen und unabhängigen beiläufig einmischende Variable als *intervenierende Variable*.

5.2 Verschiedene Arten von Experimenten

5.2.1 Laboratoriums- und Feldexperiment

Laboratoriumsexperimente sind solche, bei denen ein Sachverhalt oder Vorgang unter planmäßig vereinfachten, „reinen" Bedingungen untersucht wird.

Eine Experimentalgruppe und eine Kontrollgruppe werden in einer „künstlichen" Situation daraufhin beobachtet, ob ein *Kausalfaktor* (= unabhängige Variable) auch tatsächlich die ihm zugeschriebene *Wirkung* (= abhängige Variable) hervorruft. Mit der Konstruktion, der Künstlichkeit der Situation ist beabsichtigt sicherzustellen, dass kein anderer als der zu untersuchende Faktor wirkt, wobei sich Kontroll- und Experimentalgruppe nur darin unterscheiden, dass in der Kontrollgruppe die unabhängige Variable nicht wirksam werden soll.

Feldexperimente sind solche, bei denen der zu untersuchende Gegenstand nicht aus seiner natürlichen Umgebung herausgelöst wird. Wir sprechen vom Feldexperiment, wenn günstige Forschungsbedingungen, d.h. die Voraussetzungen dahingehend erfüllt sind, dass zwei kontrastierende Gruppen in ihrer realen Umwelt untersucht werden können, von denen eine dem (angenommenen) Kausalfaktor ausgesetzt ist.

5.2.2 Projektives Experiment und ex-post-facto-Verfahren

Projektive Experimente sind Untersuchungen eines sozialen Prozesses, welcher mit der Einführung eines neuen Reizes beginnt und dessen Auswirkung verfolgt wird. Die einzelnen Faktoren stehen dabei unter selektiver Kontrolle.

Der Forscher plant die Versuchsanordnung des projektiven Experimentes meistens selbst. Er kann auch von Institutionen bewirkte Veränderungen zum Untersuchungsgegenstand machen, auch als Quasi-Experiment bezeichnet (z.B. nachdem die Hälfte der Bewohner eines Elendslagers in normale Häuser eingewiesen wurde, kann man die Wirkung der Wohnverhältnisse auf Desintegrationserscheinungen überprüfen).

Ex-post-facto-Verfahren sind Untersuchungen eines bereits abgeschlossenen sozialen Prozesses, dessen Entwicklung bis zum Einsetzen eines als kausal angenommenen Faktors zurückverfolgt wird. Man geht also von einem bereits vorliegenden, gegenwärtigen Sachverhalt aus (z.B. von einer bestimmten sozialen Lage) und versucht auf dessen Ursachen zurückzuschließen.

Allerdings stellt dieses Verfahren kein „echtes" Experiment dar; es wurde an dieser Stelle lediglich zur Klärung des Begriffes angeführt.

5.2.3 Simultan- und sukzessives Experiment

Bei *Simultanexperimenten* werden zwei oder mehrere Gruppen gleichzeitig untersucht bzw. beeinflusst.

Bei *sukzessiven Experimenten* wird dieselbe Gruppe vor und nach der Einwirkung eines Reizes untersucht.

Aufgrund dieser dritten Gliederung lassen sich Experimente danach unterscheiden, inwieweit ausschließlich mit einer Gruppe (die zugleich Versuchs- und Kontrollgruppe ist) oder mit einer Versuchs- und einer Kontrollgruppe operiert wird. Zudem kann der Aufbau des Experimentes Messungen zu zwei Zeitpunkten oder nur zu einem Zeitpunkt erfordern.

Aus der Kombination der verschiedenen Möglichkeiten hinsichtlich der Zahl der verwendeten Untersuchungsgruppen sowie der Zeitpunkte der Messung ergeben sich vier Experiment-Typen (Behrens, 1961, S. 73 ff.).

5.2.4 Simulation und Planspiel

In den Verhaltenswissenschaften werden immer häufiger mathematische Modelle angewendet.

Sie haben folgenden Vorteil gegenüber verbalen Modellen: Die Analyse der zur Frage stehenden Sachverhalte ist mit ihrer Hilfe genauer, da die mögliche Mehrdeutigkeit eines verbalen Begriffes fast völlig ausgeschlossen werden kann. Etwaige Fehler, Irrtümer oder Unterlassungen sind schneller erkennbar.

Nachteile dagegen sind: Bei ausschließlicher Verwendung mathematischer Modelle können Nuancen verloren gehen, die verbal leichter ausgedrückt werden könnten. Die Komplexität menschlichen Verhaltens bedingt, dass ihre mathematische Formalisierung ohnehin mit erheblichen Schwierigkeiten verbunden ist.

5.2.4.1 Simulation

Zur *Simulation* benutzen wir ein Modell eines bestimmten Systems, z.B. einer Gruppe. Wir kennen dabei die wichtigsten Variablen und deren Interdependenzen und sind uns über das Verhalten der Komponenten im Klaren. Das Modell wird in Gang gesetzt, indem die Variablen einzeln oder in Gruppen manipuliert und die Einflüsse dieser Manipulation auf das gesamte Modell überprüft werden. Daraus ziehen wir Schlüsse auf das System, auf die Wirklichkeit.

Eine Simulation bietet sich insbesondere bei solchen Gegenständen an, deren Wirklichkeit eine Manipulation ausschließt. (Es wäre absurd, zur Prüfung einiger Hypothesen – z.B. über Kriegsausbrüche – Staaten so in

Krisensituationen hineinzumanövrieren, dass diese Hypothesen getestet werden können.) Die Simulation ermöglicht in erster Linie auch die Prüfung der logischen Konsistenz von Hypothesen. Sie ersetzt jedoch nicht die Gegenüberstellung der Hypothesen mit der Realität. Sie erlaubt es aber, aus komplexen Hypothesen für komplexe Situationen kurzfristig Prüfungshypothesen (Prognosen) abzuleiten. Die Simulation gewährleistet hingegen keine empirische Relevanz.

Die Entwicklung der Simulationstechnik ist aus folgenden Gründen mit jener der Computer eng verbunden:

1. Es sind keine „echten" Akteure erforderlich, da das Verhalten der Komponenten bekannt ist. Die Simulation kann somit von entsprechend programmierten Geräten übernommen werden.
2. Die hohe Rechengeschwindigkeit von Computern ermöglicht, über eine vielfältige Manipulation der Variablen hinaus die Zahl der Variablen zu erhöhen.
3. Die Programmsprache ist präziser als die natürliche Sprache. Die Simulation wird aufgrund ihrer besonderen Eigenschaften vor allem in den politischen Wissenschaften angewendet. Wir verweisen insbesondere auf das durch *Kahn* von der Rand-Corporation entwickelte „crisis-management". Eine beispielhafte Computersimulation legten *Wildenmann* et al. über die Auswirkung von Wahlsystemen auf politische Ergebnisse vor. Die beiden Hauptvariablen waren das Wahlsystem und die Parteipräferenzen. Insgesamt wurden 45 Variationen genereller Veränderungen der Präferenzen bei neun unterschiedlichen Wahlsystemen durchsimuliert um festzustellen, wie die Verteilung der Sitzzahl im Deutschen Bundestag erfolgt wäre (Wildenmann et al., 1968).

5.2.4.2 Planspiel

Die Planspieltechnik setzt entgegen der Simulation das Kennen des Verhaltens der Komponenten nicht voraus, sondern mit ihr soll gerade dieses Verhalten untersucht werden.

Die Situation wird simuliert, das Verhalten der Akteure aber nicht näher festgelegt. Das Planspiel ist daher auf die Mitwirkung von Individuen angewiesen. Bei zu großer Komplexität der (simulierten) Umwelt, in der das Planspiel abläuft, wird man heute aus Zeitgründen Computer einsetzen, um die für die Spielenden notwendigen Informationen schneller erhalten zu können. Planspiele sind u. a. Sandkastenspiele, Manöver oder Staatsspiele, bei denen die Akteure z. B. die Rollen von Regierungschefs der einzelnen Staaten spielen.

Das Handeln der Akteure im Spiel, in der Situation fiktiver Wirklichkeit, soll im Falle des tatsächlichen Eintretens der Situation sozusagen das Handeln daran Beteiligter vorstellbar machen. Mit anderen Worten: Es fehlt der eigentliche Plan (die Hypothese) des Handlungsablaufes, denn schließlich sind keinerlei Handlungsstrategien oder Verhaltensweisen vorgegeben.

5.2.5 Beispiel eines Experimentes

Zur Veranschaulichung soll ein sehr einfaches Beispiel eines simultanen Laboratoriumsexperimentes dienen, das aber nur einen Ausschnitt aus dem Forschungsablauf zeigt:

Es werden zwei Gruppen, eine *Experimental-* und eine *Kontrollgruppe* (siehe 5.2.1 und 5.3.1), gebildet, bei denen alle Faktoren konstant bzw. gleich sein sollen. Bei der Kontrollgruppe ist der vermutete *Kausalfaktor* (unabhängige Variable) *nicht* vorhanden. Nun werden die Gruppen untersucht im Hinblick auf den *bewirkten Faktor* (abhängige Variable).

Zeit Unter- suchungsgruppe	t_1	t_2	t_3
Experimentalgruppe	Messung der abhängigen Variablen	Einwirkung der unabhängigen Variablen	Messung der abhängigen Variablen
Kontrollgruppe	Messung der abhängigen Variablen		Messung der abhängigen Variablen

Abbildung 5-2: Untersuchungsanordnung

Beispiel: Als *allgemeine Hypothese* formulieren wir: „In Stresssituationen erhöht sich bei Rauchern der Konsum von Zigaretten."

Begriffsklärung: Stress definieren wir allgemein als Druck oder Belastung, insofern als von Individuen erhöhte Anspannung und eine „Mobilisierung von Reserveenergien" verlangt wird. In unserem Experiment wird Stress durch zeitlichen Druck, eine bestimmte Anzahl von Aufgaben in einer vorgeschriebenen Zeit zu lösen, dargestellt. Der *Konsum von Zigaretten* wird an der Anzahl der gerauchten Zigaretten gemessen. Der *Stress* ist die *unabhängige Variable*. Dieser soll auf eine Gruppe *stark*, auf die Kontrollgruppe weitestgehend nicht oder wesentlich *schwächer* einwirken. Der *Zigarettenkonsum* ist die *abhängige Variable*.

Als *Prüfungshypothese* formulieren wir: „In der Experimentalgruppe werden mehr Zigaretten geraucht als in der Kontrollgruppe."

Wir stellen zwei gleich große Gruppen von Studenten zusammen, die alle in etwa gleich starke Raucher sind (siehe 5.3.1). Es stehen zwei getrennte, gleichartige Räume zur Verfügung. Beide Gruppen erhalten mathematische Aufgaben zur allgemeinen Einübung. Anschließend wird geprüft, wie viele Zigaretten in jeder Gruppe geraucht wurden.

Nach kurzem Zeitraum wird der Versuch wiederholt: Die eine Gruppe (Kontrollgruppe) bekommt die Mathematikaufgaben wiederum zur Einübung, ohne weitere Auflagen. Die andere Gruppe (Experimentalgruppe) erhält die Aufgaben mit der Maßgabe, diese innerhalb einer von vornherein festgesetzten Zeit zu lösen. In beiden Räumen befinden sich Schreibmaterial, Getränke, Zigaretten, Aschenbecher und Feuerzeuge in gleicher Zahl und Anordnung zum freien Gebrauch. Die Studenten selbst haben keine Taschen, Mäntel, Arbeitsmaterialien o. Ä. bei sich. Sie sind *nicht* darüber informiert, dass das Rauchen Gegenstand eines Experimentes ist (siehe auch 5.4.1). Nach der festgelegten Zeit verlassen beide Gruppen ihre Räume, ohne etwas mitzunehmen.

Das Experiment kann zum einen auch so angelegt sein, dass die genannte Hypothese an nur einer Gruppe überprüft wird, indem dieser zunächst die eine und *nach zeitlichem Abstand* die andere Aufgabe gestellt wird (siehe 5.3.2); zum anderen können zwei Gruppen *zum selben Zeitpunkt* miteinander verglichen werden, wobei nur eine Gruppe dem Faktor (Stress) ausgesetzt war.

Auswertung: Die restlichen Zigaretten werden gezählt und somit die von jeder Gruppe insgesamt gerauchten ermittelt.

Ergebnis: Falls in der unter Stress gestellten Gruppe (Experimentalgruppe) mehr Zigaretten geraucht wurden als in der Kontrollgruppe, auf die dieser Faktor nur gering einwirkte, so gilt die Hypothese vorläufig als bestätigt.

5.3 Techniken und Probleme bei der Kontrolle des Experiments

5.3.1 Technik der Kontrolle

Die Präzision der Kontrolle von Experimentalgruppe oder -personen und das Beherrschen der Situation ist mitbestimmend für den Grad der Genauigkeit von Folgerungen.

Bei unzureichender oder fehlerhafter Kontrolle gibt es keine Gewissheit über das tatsächliche Bestehen eines festgestellten Kausalzusammenhanges. Fehlt nun beim Experiment die adäquate und exakte Kontrolle, bleibt letztlich offen, ob die beobachtete Wirkung tatsächlich auf die hypothetische Ursache zurückzuführen oder irgendeinem anderen unkontrollierten Faktor zuzuschreiben ist.

Wir werden im Folgenden in Stichworten einige Aspekte aufzeigen, die mit dem Problem der Kontrolltechnik zusammenhängen. Die Kontrollmöglichkeiten unterscheiden sich je nach Art des Experiments. Wir legen dabei einen einfachen Fall zugrunde.

1. Den ersten Schritt der Kontrolle des Experiments stellt die *Feststellung der bedeutsamen Faktoren* dar. Die Kontrolle umfasst nicht alle Faktoren, sondern nur jene, von denen wir anhand der zu prüfenden Hypothese glauben zu wissen, dass sie für die zu beobachtende Erscheinung von Bedeutung sind. Diese selektive Kontrolle fußt auf der Annahme, die Gültigkeit wissenschaftlicher Erkenntnis sei durch sorgfältige Kontrolle allein jener Variablen gesichert, welche für das Ergebnis relevant sind. Andere Variablen bleiben meistens unkontrolliert oder werden in der Anlage des Experiments ausgeklammert. Ihr Fehlen kann ein Ausbleiben des vorausgesagten Effektes zur Folge haben und die Hypothese falsifizieren; ihr Einbeziehen in das Experiment ohne gleichzeitige Kontrolle führt zu der Ungewissheit, ob nun die anderen Variablen oder die theoretisch erfassten Faktoren den vorausgesagten Effekt herbeigeführt haben.

2. Stehen die bedeutsamen Faktoren fest, so müssen in einem zweiten Schritt jene Faktoren ausgesondert werden, welche wirksam kontrolliert werden *können*. Alle Faktoren sind nur im Idealfall kontrollierbar.

3. Die eigentlichen Kontrolltechniken lassen sich in zwei verschiedene Verfahren unterteilen:

   a) Kontrolle durch *Gleichsetzung von Faktoren:* Der Forscher stellt die Versuchs- und die Kontrollgruppe so zusammen, dass diese sich bis auf die *unabhängige Variable* in allen als relevant erachteten Faktoren *völlig gleichen*.

   Die Gleichsetzung von Faktoren kann zum einen durch die Kontrolle der *Häufigkeitsverteilung*, zum anderen durch die so genannte Präzisionskontrolle erfolgen (siehe hierzu König, 1972, S. 197 f.).

   Können die relevanten Faktoren nicht vollständig kontrolliert werden und gelingt es nicht, die theoretisch als nicht relevant geltenden zu kontrollieren oder auszuschließen, so ist auch das Experiment unter der Voraussetzung der Gleichsetzung von Faktoren in Frage gestellt.

   b) Die Kontrolle durch *Herstellung maximaler Zufallsstreuung*: Die Einwirkung störender Variablen soll entsprechend der Wahrscheinlichkeitstheorie kontrolliert werden. Man wählt z. B. zwei Gruppen aus einer Grundgesamtheit nach einem Zufallsverfahren aus in der Annahme, dass störende Variablen auf beide Gruppen in gleicher Weise *zufällig* einwirken und somit aufgrund statistischer Wahrscheinlichkeit berechenbar sind.

   Es wird verschiedentlich angenommen, solche Experimente seien präziser und sicherer als die vorgenannten, weil durch die Wahrscheinlichkeit die zufälligen ebenso wie die bekannten Faktoren erfasst werden, während sich bei a) immer noch unbekannte, also nicht kontrollierte Faktoren einschieben können. Demgegenüber ist festzuhalten: Falls wir in einem Experiment mit Wahrscheinlichkeiten operieren, müssen diese bereits in den Prüfungshypothesen und in der allgemeinen Hypothese formuliert sein.

Manche Einflüsse auf das von uns hypothetisch erklärte Phänomen rechnen wir unbekannten und unkontrollierbaren Faktoren zu, d. h. wir erklären das Phänomen nicht oder nur unvollständig.

Die theoretisch berechnete statistische Wahrscheinlichkeit kann betrachtet werden als eine theoretisch zu erwartende durchschnittliche Abweichung oder zusätzliche Beeinflussung des Effektes, der durch die bekannten Faktoren hervorgerufen wurde. „Theoretisch" soll heißen, dass man bei der Wahrscheinlichkeitsberechnung eine unendliche Sequenz von Wiederholungen des betrachteten Phänomens annimmt. In der Wirklichkeit ist es grundsätzlich aber immer möglich, dass im Einzelfall die Abweichung oder die Einflüsse unbekannter Faktoren größer sind als im Durchschnitt, also Abweichungen von der theoretischen Wahrscheinlichkeit zur Folge haben, die bei Stichproben statistisch berechenbar sind.

Bei nichtstichprobenartigen Größen wird es schwierig; Wahrscheinlichkeiten in allgemeinen Hypothesen bedeuten Unsicherheit und Nicht-Wissen. Hier besteht eine Verwandtschaft zur unzulässigen Verwendung der „ceteris paribus"-Klausel für die von der Theorie nicht erfassten Bedingungen in Form einer „wenn-dann"- Beziehung: „Wenn die unbekannten Faktoren einer Situation gleich bleiben, dann …".

Die Berechnungen von statistischen Wahrscheinlichkeiten sind ggfs. insofern angezeigt, als sie in einem Experiment, das Abweichungen von der Voraussage aufweist, Aufschluss geben können über die *Gewichtung unbekannter Faktoren*.

5.3.2 Probleme bei der Kontrolle des Experimentes

Von den vielfältigen Schwierigkeiten bei der Durchführung von Experimenten werden wir im Folgenden zwei Hauptprobleme hervorheben, die in Untersuchungen mit Versuchs- und Kontrollgruppen immer wieder auftreten.

1. Die *Interdependenz* und die enge Verflechtung sozialer Einflussfaktoren verhindern häufig, jenen Wirkungsfaktor, den es mithilfe des Experiments zu untersuchen gilt, vollständig von der Kontrollgruppe zu isolieren. Daher erweist sich ein projektives simultanes Experiment als schwierig. Stattdessen entscheidet man sich häufig für das *projektive sukzessive* Experiment. Dies hat auch den Vorteil, dass die Verwendung einer einzigen Gruppe die Gleichsetzung der Faktoren besser gewährleistet.

2. Diesem soeben erwähnten Vorteil des sukzessiven Experimentes steht jedoch ein Nachteil entgegen: Experiment und Kontrolle werden zwar mit

derselben Gruppe, jedoch mit zeitlichem Abstand durchgeführt; die Gruppe und ihre einzelnen Mitglieder können bis zum Zeitpunkt der Folgemessung z. b. Gewohnheiten geändert haben oder Einflüssen ausgesetzt sein wie z. b. einem Wandel von Normen oder auch im weiteren Sinne der „Mode". Diesen Prozess, der eine strukturverändernde Entwicklung eines sozialen Gebildes bewirkt, wollen wir soziale *Dynamik* nennen. Somit stellt sich die Frage, ob wir nach einiger Zeit auch tatsächlich wieder mit „derselben" Gruppe experimentieren. In solchen Fällen wiederum zeigt sich der Vorteil des simultanen Experimentes (siehe 5.2.3), bei dem *gleichzeitig* mit einer Versuchs- und einer Kontrollgruppe gearbeitet wird.

5.4 Einwände gegen das Experiment in den Sozialwissenschaften

Häufig wird (unterschiedlich motivierte) Kritik an Experimenten, auch an Experimenten in den Sozialwissenschaften geübt. Wir wollen am Schluss dieses Kapitels einige, u. E. die hauptsächlichen Einwände gegen das Experiment in den Sozialwissenschaften diskutieren.

5.4.1 „Self-fulfilling" und „self-destroying prophecy"

Das sozialwissenschaftliche Experiment befasst sich mit Menschen und ihren Handlungen. Wir wollen menschliches Handeln verstehen als jegliche Lebenstätigkeit, die als gewollte, ziel- oder zweckgerichtete Einwirkung auf die Umwelt des Menschen erkennbar ist, gleich aus welchen (bewussten oder unbewussten) Antrieben oder Motiven diese erfolgt. Handeln in unserem Sinne kann ein Tun und auch ein Unterlassen sein (zum Begriff des sozialen Handelns vgl. Weber, 1964, S. 16 ff.; zum Begriff der self-fulfilling prophecy siehe Merton, 1964, S. 128 f. und S. 421–436). Man will wissen, ob in einer kontrollierten Situation durch die ebenfalls kontrollierte Veränderung einer oder mehrerer Situationsbedingungen (Variablen) ein bestimmter prognostizierter Effekt eintritt.

Aus der im Zusammenhang mit jedem Experiment bestehenden Verantwortung des Forschers erscheint es uns als selbstverständlich, dass Versuchspersonen zunächst über das mit ihnen durchzuführende Experiment informiert bzw. aufgeklärt werden. Wir dürfen aber nichts verlauten lassen über den experimentellen Teil der Situation, die eine Versuchsperson vorfinden wird. Diese würde sich möglicherweise bewusst oder unbewusst auf die Situation einstellen und in ihrem Handeln beeinflusst sein. Wird nun die Handlung durch die Voraussage im Sinne der Hypothese herbeigeführt, nennen wir diesen Effekt „self-fulfilling".

Eine „self-destroying prophecy" liegt z. B. vor, wenn die Polizei über eine Fahndung oder die baldige Verhaftung eines Verbrechers berichtet, bevor sie seiner habhaft ist. Der Verbrecher ist durch die Ankündigung gewarnt und kann sich seiner Gefangennahme entziehen.

Zahlreiche gesellschaftliche Prognosen werden erstellt, damit sie sich sozusagen selbst zerstören: „Bei einer Zunahme des Autoverkehrs und der Ölheizungen von x wird in einem Zeitpunkt t_2 die Luftverschmutzung einen Grad y erreichen, der bedeutet, dass in städtischen Agglomerationen die Menschen nur mit Gasmasken die Straßen betreten können." Die Prognose soll also die Bedingungen so beeinflussen, dass das Prognostizierte gar nicht eintreten kann, weil es nicht eintreten darf.

Diese beiden Effekte sind auf die Entscheidungsfreiheit des Menschen zurückzuführen, der sich prinzipiell anders verhalten kann, als man es von ihm erwartet. Ist für ihn der Effekt wünschenswert, wird er ihn durch sein Verhalten herbeizuführen versuchen. Wird ihm ein Nachteil vorausgesagt, so sucht er sich dieser Gefahr zu entziehen oder das Eintreten einer solchen zu verhindern, wodurch unter Umständen gerade der vorausgesagte Effekt vermieden wird.

Im Experiment lassen sich solche Erscheinungen weitgehend ausschließen. Wir sind dazu in der Lage, über den „self-fulfilling" und „self-destroying" Effekt selbst allgemeine Hypothesen zu bilden und experimentell nachzuprüfen, die dann in alle weiteren Hypothesen über menschliches Verhalten mit einbezogen werden können. Dieses Verfahren entkräftet den Vorwurf, Experimente seien für die Sozialwissenschaften von geringem Nutzen, da sich diese Effekte in der Praxis nicht vermeiden ließen. Die Künstlichkeit des Experiments, die konstruierte Situation wiederum vermindert die Wirkung dieser Effekte.

5.4.2 Das Experiment ist selektiv

Dieser Einwand besagt: Das Experiment berücksichtigt die soziale Realität nur unvollkommen. Zunächst wird durch das Experiment nur ein bestimmter und begrenzter Bereich menschlichen Handelns herausgeschnitten und isoliert betrachtet. Daraus folgt: Die durch das Experiment bestätigte allgemeine Hypothese wird in der Anwendung auf die wirkliche und komplexe Situation versagen, in welcher mehr Faktoren wirksam sind, als im Experiment je berücksichtigt werden können.

Dieser wesentliche Einwand führt uns zurück auf die Vorläufigkeit aller Theorien: Die Selektivität des Experimentes folgt aus der allgemeinen Hypothese.

Meistens sind wir schon mit einer Erklärung zufrieden, die uns hilft, das Problem zu lösen. So gab man sich seinerzeit mit der Erkenntnis zufrieden, dass z. B. die Wirkung der Werbung erheblich größer ist, wenn man sie in altersgruppen- oder schichtspezifischen Zeitungen oder Zeitschriften lancierte. Es war hinreichend, wenn Werbung in Rundfunk und Fernsehen in der Zeit gesendet wurde, in welcher die Adressaten (z. B. Teenager) das Gerät auch eingeschaltet hatten. Diese triviale Erkenntnis ist experimentell überprüfbar. Man bemerkte schließlich, dass die Adressaten zwar technisch erreicht, aber nicht beeinflusst wurden. Andererseits wurde ermittelt, dass Personen beeinflusst wurden, die die betreffenden Inserate nicht gelesen oder die Sendung nicht gehört bzw. gesehen hatten.

Diese neuen Probleme gaben Anlass zu weiterer Forschung, zur Bildung von neuen Hypothesen. Die bisherigen Theorien reichten zur Erklärung dieser Erscheinungen nicht aus: Warum wurden nicht alle erreichten Personen – wie gewünscht – beeinflusst? Weshalb wurden andere, ohne dass sie Programm oder Werbung gesehen hatten, in ihrem Verhalten beeinflusst? Diese Gegebenheiten weisen auf die Möglichkeit der Falsifikation von Theorien durch ihre Anwendung in der praktischen Prognostik. Unser Beispiel verdeutlicht, dass zwar die altersschichtspezifische etc. Beeinflussung gegeben, gleichzeitig aber auch ein Verstärkungs- bzw. Abschwächungseffekt feststellbar ist, der auf bisher nicht bekannten Bedingungen zu beruhen scheint.

5.4.3 Ethische Vorbehalte

„Die Beobachtung verhält sich rezeptiv, auch wenn sie systematisch ist, das Experiment muß aber die gegebenen Zusammenhänge auf irgend eine Art manipulieren. Wenn wir schon zögern, tierisches Leben im Dienste wissenschaftlicher Erkenntnis zu manipulieren, so trifft das in viel höherem Ausmaß für menschliches Leben zu. Darum ist man immer wieder von der Einführung der experimentellen Methode in der Sozialforschung zurückgeschreckt, sofern sie einen unmittelbaren Eingriff in die Daseinssphäre des Beobachteten darstellt" (König, 1972, S. 40). *König* hat damit apriorische Einwände und nach wie vor bestehende Aversionen gegen Experimente mit Menschen treffend umrissen, die aber zumindest in den Sozialwissenschaften oft unbegründet sind.

Sozialwissenschaftler haben sich bisweilen Situationen zunutze gemacht, die einer Experiment-Situation sehr nahe kommen: Das trifft zu für die Beobachtung von individuellem und Gruppenverhalten z. B. im Krieg, während Revolutionen und bei Naturkatastrophen. Zwar liegen hier Extremsituationen vor, die aber im Gegensatz zum reinen Experiment vom Forscher nicht kontrolliert werden (Stouffer et al., 1965). Als ein Beispiel ist der Umbruch in der DDR zu nennen und die Vereinigung beider deutscher Staaten, die auch in der wissenschaftlichen Literatur oftmals als Experiment bezeichnet werden.

In Bezug auf die Verantwortung gegenüber den Versuchspersonen sind Sozialwissenschaftler im Vergleich zu Medizinern im Vorteil. Bei der über-

5. Experiment

wiegenden Zahl der Experimente können wir den Versuchspersonen zusichern, dass sie keine physischen oder psychischen Schäden zu befürchten haben. Dies gilt natürlich nur insoweit, als soziale Normen und Distanzregeln nicht verletzt werden.

Wir müssen ethische Bedenken gegen Experimente ernst nehmen. Es darf nicht leichtfertig ohne vorherige, hinreichende theoretische Klarheit experimentiert werden. Dabei stehen wir oft vor der Schwierigkeit, sachliche Argumente gegen apriorische und dogmatische Einwände abzuwägen.

5.4.4 Zusammenfassung und Ausblick

Experimentell bestätigte Theorien können durch die Wirklichkeit falsifiziert werden. Jede Theorie kann auch durch immer neue Verfahren der Überprüfung falsifiziert werden – die meisten werden es laufend. Experimentell bestätigte theoretische Aussagen können – selbst bei wiederholt gleichen Befunden – keine Allgemeingültigkeit beanspruchen, solange die Wirkungen kultureller Umweltgegebenheiten und Wertstrukturen nicht überprüft sind.

Als wesentliches ungelöstes Problem der Verwendung von experimentell bestätigten wissenschaftlichen Aussagen hat sich ihre Übertragung auf andere Umwelten gezeigt. Was beispielsweise in angelsächsischen Kulturen durchaus Geltung hat, kann möglicherweise nicht in fernöstliche Kulturen übertragen werden. Wie *Blalock* (1971) ausführt, muss dem Grad der Komplexität einer sozialen Wirklichkeit auch die Komplexität unserer Analyse entsprechen. Im Spannungsverhältnis zwischen relativ einfachen und hoch komplexen sozialen Strukturen muss die Frage beantwortet werden, wann ein Experiment sinnvoll ist, in welcher Kombination mit anderen Forschungsmethoden und in welchem Falle ein Experiment ungeeignet ist.

In den Sozialwissenschaften steht ein „irrationaler" Rest offen, der nicht nur in der Theoriebildung und Ableitung von Prüfungshypothesen, sondern auch beim Experiment und anderen Überprüfungen als „blind spot" besteht. Wir können zwar z. B. die Persönlichkeitsstruktur eines Individuums durch psychologische Tests in Erfahrung bringen und Situationen kontrollieren, aber es verbleibt die Möglichkeit, dass das Individuum anders handelt, als nach allen rationalen Kriterien vorausgesagt worden ist. Die Unkontrollierbarkeit erklärt sich aus der Freiheit menschlichen Willens und aus der Fähigkeit kreativen Handelns.

Dieses letztliche Offenbleiben jeglichen Handelns des sozialen Wesens Mensch entzieht sich nach unserem Wissen und heutigem Verständnis – im Gegensatz zur Materie – einer endgültigen, endlichen Berechenbarkeit.

Die Diskussion der Frage der Soziologie als *exakter Erfahrungswissenschaft* wird daran orientiert bleiben, inwieweit die experimentellen Verfahren in ihrem Problemfeld Anwendung finden können.

Anregung zur Selbstkontrolle für die aktiven Leser

1. Welche Vorteile hat das Experiment gegenüber anderen Untersuchungsanordnungen?
2. Welche fünf Grundsätze sind bei der Anwendung eines Experimentes zu beachten?
3. Welche Phasen lassen sich im Ablauf eines Experiments unterscheiden?
4. Welche Arten von Experimenten gibt es? Welche Funktionen erfüllen die einzelnen Arten von Experimenten, und von welchen Bedingungen ist jeweils die Durchführung abhängig?
5. Was versteht man unter einer
   a) „unabhängigen Variablen"
   b) „abhängigen Variablen"
   c) „intervenierenden Variablen"?
6. Welche Funktion fällt der „Kontrollgruppe" beim Experiment zu?
7. Welche Kontrolltechniken sind anzuwenden zur inhaltlichen und methodischen Absicherung des Experimentes?
8. Welche grundsätzlichen Einwände kann man gegen das Experiment in der Sozialforschung anführen? Welche Argumente stehen den Einwänden gegenüber?

Weiterführende Literatur

Diekmann, A. (2007): Empirische Sozialforschung. Grundlagen, Methoden, Anwendungen. 17. Aufl., Reinbek. Kapitel VIII: Experimentelle und quasi-experimentelle Designs.

Huber, O. (2005): Das psychologische Experiment, 4. Aufl., Bern. Insb. Kap. 4: Die wichtigsten Schritte bei einem Experiment, aber auch Kap. 5: Versuchspläne mit mehr als zwei Gruppen, Kap. 6: Störvariablen bei mehreren experimentellen Bedingungen pro Versuchsperson, und Kap. 7: Störvariablen aus der sozialen Situation des Experiments. *Kompakte (zumindest in Kap. 5–7), leicht verständliche und amüsante weiterführende Abhandlung.*

König, R. (Hrsg.) (1972): Beobachtung und Experiment in der Sozialforschung (Prakt. Sozialforschung 2). 8. Aufl., Köln/Berlin. II. Teil: Das Experiment, S. 171–313. Der Text besteht aus sechs Aufsätzen. Die beiden ersten erörtern Probleme des Experiments in der Soziologie, die restlichen greifen einzelne Themen experimenteller soziologischer Forschung heraus (z.B. Änderungen in der Gruppenproduktivität oder die Rolle der Gruppenzugehörigkeit). Die Aufsätze sind leicht lesbar; sie sind allerdings schon relativ alt, und man sollte in jedem Falle einen weiteren der angegebenen Texte hinzunehmen, wenn man sich über den Standort und die Aufgaben des Experiments in der Soziologie orientieren will.

Kromrey, H. (2009): Empirische Sozialforschung. 12. Aufl., Opladen. Insbes. Kap. 9: Typen und Konzepte empirischer Sozialforschung.

Mayntz, R.; Holm, K.; Hübner, P. (1999): Einführung in die Methoden der empirischen Soziologie. 5. Aufl. Nachdr., Opladen. Kap. 9: Experimentelle Verfahren. In diesem Text wird das Experiment als Methode der Kausalanalyse betrachtet. Nach der knappen Darstellung einiger fundamentaler Versuchsanordnungstypen wird statistischen Verfahren zur Auswertung experimenteller Ergebnisse viel Raum gewidmet (wobei hauptsächlich die Varianzanalyse behandelt wird).

Merton, R. K. (1995): Soziologische Theorie und soziale Struktur. Berlin.

Schnell, R.; Hill, P. B.; Esser, E. (2005): Methoden der empirischen Sozialforschung, 7. Aufl., München/Wien. Insbes. Kap. 5: Forschungsdesign und Untersuchungsform.

Stapf, K. (1999): Laboruntersuchungen. In: *Roth, E.; Holling, H.* (Hrsg.): Sozialwissenschaftliche Methoden. 5. Aufl., München.

Stelzl, I. (1999): Experiment. In: ebenda.

Zimmermann, E. (2008): Das Experiment in den Sozialwissenschaften. 2. Aufl., Stuttgart.

6. Inhaltsanalyse

6.1 Gegenstand sozialwissenschaftlicher inhaltsanalytischer Verfahren

Inhaltsanalytische Verfahren sind aus der empirischen Sozialforschung nicht mehr wegzudenken, ihre Bedeutung stieg in den letzten Jahren an. Ob die Antworten auf offene Fragen in der Umfrageforschung, die Texte von Nachrichtensendungen, Zeitungsartikeln oder Intensivinterviews zu analysieren sind, immer kommen inhaltsanalytische Verfahren zum Einsatz. Seit einigen Jahren werden computerunterstützte Ansätze durch die Verfügbarkeit geeigneter Software immer beliebter. Die unterschiedlichsten Wissenschaftsdisziplinen wie Soziologie, Publizistik, Pädagogik, Medien- und Kommunikationswissenschaften, Ethnologie, Geschichte, Psychologie, aber auch Theologie, Literaturwissenschaft und Jura nutzen diese Verfahren.

Der Begriff Inhaltsanalyse ist die Übersetzung des englischen „content analysis". *Mittels Inhaltsanalysen lassen sich Kommunikationsinhalte wie Texte, Bilder und Filme untersuchen, wobei der Schwerpunkt auf der Analyse von Texten liegt.*

Es handelt sich um ein empirisches Datenerhebungsverfahren. Inhaltsanalysen unterscheiden sich stark von hermeneutischen Verfahren, wie sie beispielsweise in der Literaturwissenschaft, der Psychologie oder den Kulturwissenschaften üblich sind. Die folgende Abbildung gibt einen Überblick:

Abbildung 6-1: Überblick textanalytischer Ansätze

Bei den unter Sprache summierten Ansätzen werden Phänomene untersucht, die sich auf die Verwendung von Sprache beziehen, nicht auf deren Inhalt. Dabei werden Datenbankanwendungen und linguistische Analyseverfahren unterschieden. Bei Datenbankanwendungen geht es um das Suchen und Finden von Texten, also um „information retrieval" wie das Recherchieren in Datenbanken oder mittels Suchmaschinen im Internet. Linguistische Ansätze sind Anwendungen wie Lexikographie oder Lemmatisieren (Zurückführen von Zeichenketten auf ihre Grundform, z.B. ‚gegangen' auf ‚gehen') von Wörtern. Alle Ansätze sind computerunterstützt möglich.

Bei den unter Inhalt summierten Ansätzen geht es um Kommunikationsinhalte, das Thema in diesem Kapitel. Die Unterscheidung zwischen empirisch und hermeneutisch entspricht der in der Literatur gängigen Unterscheidung zwischen quantitativ und qualitativ. Auf die Details der Unterschiede wird später noch ausführlich eingegangen, an dieser Stelle sei gesagt, dass mit empirischen Ansätzen Hypothesen verifiziert oder falsifiziert werden, was bei hermeneutischen Ansätzen nicht das Analyseziel ist.

Gegenstand der quantitativen Inhaltsanalyse sind nicht beliebige Inhalte, sondern alle Kommunikationsinhalte, die in irgendeiner Form festgehalten wurden, also neben schriftlich fixierten Texten auch technisch konservierte Inhalte von Schallplatte, Bild, Video, aber auch andere Objekte wie Höhlenmalerei, Schmuck, Kleidung, Bauten, Werkzeuge. Inhaltsanalyse hat sich bis heute beinahe ausschließlich an verbale Zeugnisse menschlicher Kommunikation gehalten. Durch die rapide Entwicklung elektronischer Medien wird nichtverbale Kommunikation immer häufiger und auch bedeutender. Bildhafte Kommunikation, aber auch bildhafte Stereotypen sind bislang von der Inhaltsanalyse kaum entsprechend ihrem wachsenden Einfluss beachtet worden, denn für die Analyse von nicht verbalen Kommunikationsinhalten existieren geeignete Analyseverfahren bestenfalls rudimentär, und sie sind personell und finanziell sehr aufwendig.

Kommunikation findet nicht im luftleeren Raum, sondern in einer spezifischen sozialen Umwelt, also einer sozialen Situation statt. *Das einfache Modell der sozialen Kommunikation kann beschrieben werden als Zeichenverkehr zwischen Sender und Empfänger, in dem ein bestimmter Inhalt übermittelt wird, dessen Erzeugung und Entschlüsselung von einer Vielzahl von Bedingungen (soziale Situation) bestimmt wird.*

Für die Inhaltsanalyse als sozialwissenschaftlicher Forschungsmethode kann man diesen allgemeinen Zusammenhang insofern nutzbar machen, als von den Kommunikationsinhalten (in der Regel ein Text) auf die anderen drei Elemente des Kommunikationsprozesses (Sender, Empfänger, soziale Situation) geschlossen werden kann. *Ein Ziel der Inhaltsanalyse neben der Beschreibung und Auswertung des eigentlichen Textinhaltes ist es also, aus den manifesten Merkmalen eines Textes auf Zusammenhänge seiner Entstehung und Verwendung zu stoßen.*

Die Erschließung der sozialen Wirklichkeit kann grundsätzlich in dreifacher Richtung erfolgen (siehe Abb. 6-2).

Ist ein Text die Grundlage der Analyse, können folgende Problembereiche untersucht werden:

6. Inhaltsanalyse

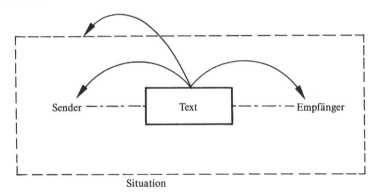

Abbildung 6-2: Einfaches Kommunikationsmodell nach Merten (1995, S. 16)

1. Man kann sich mit dem Sender beschäftigen, z.B.: Wer sagt etwas aus? In welcher sozialen Situation und mit welchem Zweck wird diese Aussage gemacht?
2. Man kann sich mit dem Empfänger beschäftigen, z.B.: An wen ist die Aussage gerichtet? Wie nimmt dieser die Aussage auf?
3. Man kann sich mit der sozialen Situation beschäftigen, in der der Kommunikationsprozess abläuft, z.B.: Welche Handlungsstrukturen liegen der Kommunikation zugrunde, welche Wert- und Normvorstellungen der Kommunikanten sind feststellbar?

Die sozialwissenschaftliche Inhaltsanalyse ist also weder an einer Textinterpretation noch an einer rein deskriptiven Textanalyse interessiert, obwohl letztere einen Teil der Arbeitsmethode ausmacht. Sie ermittelt und misst Textzusammenhänge, um soziale Sachverhalte aufdecken zu können.

Um diesen Zusammenhang deutlich zu machen, unterscheidet *Harder* drei Funktionen der Inhaltsanalyse:

„1. Die diagnostische Funktion: Die Bedingungen, aus denen Texte hervorgegangen sind.
2. Die prognostische Funktion: Das zukünftige Verhalten der Textquelle.
3. Die kommunikationstheoretische Funktion: Der Wirkungszusammenhang zwischen Sender und Empfänger von Inhalten" (Harder, 1974, S. 226).

Jede dieser Funktionen deckt einen spezifischen sozialen Sachverhalt auf. Die erste zielt auf den Sender und zusätzlich auf die Situation, in der ein Inhalt produziert wurde, z.B. die Analyse von Flugblättern zur Beschreibung einer bestimmten politischen Auseinandersetzung.

Mit der prognostischen Funktion ist gemeint, dass z.B. aus der Untersuchung einer bestimmten Art von Berichterstattung in einer Tageszeitung auf die weitere Behandlung desselben Themas in dieser Zeitung geschlossen werden kann. Die kommunikationstheoretische Funktion der Inhaltsanalyse will Zusammenhänge im Kommunikationsprozess aufdecken. Hier steht die Analyse von Wirkungsweisen bestimmter Inhalte (Texte, Bilder, Filme, Videos) im Mittelpunkt der Analyse, z. B. die Auswirkungen von Fernsehkonsum auf bestimmte kindliche Verhaltensweisen.

Für die hermeneutischen inhaltsanalytischen Verfahren existieren Begriffe wie qualitative Inhaltsanalyse und „qualitative data analysis" (QDA). Es existiert eine Fülle von Ansätzen, ein allgemein anerkanntes Verfahren steht nicht zur Verfügung, stattdessen muss je nach Erkenntnisinteresse das adäquate Analyseverfahren angewendet werden. Dabei werden bereits bekannte Analyseverfahren oft modifiziert. Die Ziele dieser Analyseverfahren sind nicht das Testen von Hypothesen und das statistische Schließen, sondern die Erschließung des gesamten Bedeutungsinhalts, um zum Beispiel Hypothesen zu finden, die später getestet werden können. Beide Ansätze haben ihre Existenzberechtigung und gehen von einem unterschiedlichen Erkenntnisinteresse aus, sie ergänzen sich.

Die qualitativen Verfahren der Inhaltsanalyse haben sich vor allem aus der Kritik der quantitativen Ansätze entwickelt, die zwar das Erfordernis der Exaktheit erfüllen, aber vielen Forscherinnen und Forschern als inhaltsleer erscheinen. Verfahren, die zum „interpretativen Paradigma" gerechnet werden, müssen sich aber immer wieder mit dem Vorwurf mangelnder Objektivität, Repräsentativität und daher Beliebigkeit auseinander setzen. Auf die Unterschiede beider Ansätze wird in einem eigenen Abschnitt eingegangen.

6.2 Zur Geschichte der Methode

Sozialwissenschaftliche Untersuchungsmethoden entstehen und entwickeln sich immer aus einem spezifischen Problembewusstsein gesellschaftlicher Konstellationen, und sie sind in einem hohen Maße kontextgebunden (Kern, 1982, S. 12). Das Interesse an einem (sozialen) Problem mündet in der Regel in Überlegungen, wie man es empirisch bearbeiten kann. Solche Überlegungen sind nicht unabhängig von der historisch-sozialen Lage des Forschers, seinem politischen Problembewusstsein und seinen allgemeinen, fachlichen und persönlichen Zielen. *Kern* hebt vor allem hervor, „daß die empirische Sozialforschung von allem Anfang an im strengen Sinne politische Aktionsforschung war" (Kern, 1982, S. 15) und somit eine enge Verknüpfung inhaltlicher und methodischer Entwicklung bei allen empirischen Erhebungsinstrumenten gleichermaßen gegeben ist.

Die Geschichte der Inhaltsanalyse verdeutlicht auch die Entwicklung zur heutigen Datenerhebungsmethode, die in mehreren, sich überschneidenden Phasen verlief. Insbesondere die Entwicklung der Massenmedien Zeitung,

6. Inhaltsanalyse

Film, Hörfunk und Fernsehen hatte starken Einfluss auf die Entwicklung inhaltsanalytischer Verfahren.

Merten unterscheidet fünf, sich teilweise überschneidende Perioden der historischen Entwicklung der Inhaltsanalyse:

„1. Die Phase der Intuition (bis 1900),
2. die quantitativ-deskriptive Phase (7. Jh. –1926),
3. die Phase der Reifung zum eigenständigen Erhebungsinstrument sozialer Wirklichkeit (1926–1941),
4. die Phase der interdisziplinären Erweiterung (1941–1967),
5. die Phase der theoretisch-methodischen Fundierung (seit 1967)" (Merten, 1995, S. 35).

(1) Inhaltsanalytische Vorgehensweisen, die einen intuitiven Schluss von manifesten Inhalten auf latente Zusammenhänge bzw. Vorgänge erlauben, sind in allen menschlichen Kulturen anzutreffende Verfahren.

Der Bauernkalender mit seinen langfristigen Wetterprognosen aus dem Zusammentreffen verschiedener metereologischer und anderer Ereignisse und deren Deutung ist ein Beispiel für die intuitive Vorgehensweise.

Der einzelne Mensch benutzt diese Form intuitiver Inhaltsanalyse ständig in seinem Alltagsleben, wenn er aus den Zeichen seiner Umwelt Interpretationen sozialer Realität für sich entwirft, ohne sich aber dieser Vorgehensweise bewusst zu werden.

(2) Über die erste bekannte quantitativ-deskriptive Inhaltsanalyse berichtet *Merten* aus dem 7. Jh. in Palästina: „Da die Schreiber im Altertum nach der Zahl geschriebener Lettern bezahlt wurden und da das Abzählen daher umständlich war, verfielen sie – verkürzt gesagt – auf die vollständige Auszählung des Alten Testaments nach größeren Einheiten, nämlich nach Worten, so daß die Codifizierung des Alten Testaments eine exakte Häufigkeitsstatistik nach Worten ... darstellt" (Merten 1995, S. 36).

Der Übergang von der Intuition zur quantitativ-deskriptiven Phase ist gekennzeichnet durch den Anspruch der intersubjektiven Überprüfbarkeit. Durch die Quantifizierung von inhaltlichen Aussagen oder Merkmalen sollte dieses Ziel erreicht werden. Die methodische Entwicklung dieses Typs stand in engem Zusammenhang mit dem Aufkommen der Massenpresse in der 2. Hälfte des 19. Jahrhunderts. Aus dem moralisch-pädagogischen Interesse, über die Inhalte dieses neuen Kommunikationsmediums mehr zu erfahren, wurden Untersuchungen durchgeführt, die zunächst nur die Vielfalt der Themen in Zeitungen auflisteten und auszählten. Diese Deskription der Inhalte einer Zeitung zu verschiedenen Zeitpunkten oder der Vergleich mehrerer Publikationsorgane bezüglich ihrer thematischen Schwerpunkte waren Erweiterungen.

Speed untersuchte 1893 vier New Yorker Zeitungen hinsichtlich der Veränderung ihrer Themenwahl, indem er zwei zufällig ausgewählte Ausgaben der Jahre 1881 und 1893 nach ihren Inhalten Kategorien zuordnete und die einzelnen Artikel nach ihren Flächenanteilen ausmaß. Aus dem Verhältnis zwischen Häufigkeit der Behandlung eines Themas und ihres Flächenanteils in der Zeitung zog Speed den Schluss, dass sich auf Kosten von religiöser, literarischer und wissenschaftlicher Berichterstattung der Anteil der Themen, die sensationell aufgemacht waren, vergrößert habe (Merten, 1995, S. 37 f.). Das methodische Design der deskriptiven Inhaltsanalyse dieser und vieler ähnlicher Studien basierte auf der Entwicklung eines semantisch differenzierenden Kategorienschemas, d. h. die Artikel einer Zeitung werden bestimmten Themenfeldern zugeordnet und nach der Häufigkeit ihrer Behandlung ausgezählt. Eine zusätzliche Gewichtung erhält man durch das Ausmessen der Artikelfläche, der Schlagzeilen oder der Bebilderung.

Das Erkenntnisinteresse dieser Arbeiten ging aber von Anfang an über die reine Deskription hinaus, im Vordergrund standen immer auch Fragen nach dem gesellschaftlichen Zusammenhang bzw. der sozialen Wirkung von Massenpublikationsorganen.

Nach *Lisch* und *Kriz* ist die Tageszeitung das am häufigsten untersuchte Medium, entsprechend ihrer Bedeutung zu diesem Zeitpunkt. Die deskriptive Inhaltsanalyse ist dem allgemeinen Kommunikationsansatz zuzuordnen, der sich hauptsächlich mit der Untersuchung einzelner Medien, mit Themenanalyse, mit Trendanalyse, mit dem Vergleich von Medien und ihrer Analyse im Hinblick auf bestimmte Kriterien befasst, z. B. der Untersuchung von Parteizeitungen, Berichterstattung zu Sensationen, Kriminalfällen u. Ä. (Lisch/Kriz, 1978, S. 26 f.).

(3) In der Reifungsphase der Methode sind mehrere Entwicklungslinien festzustellen, die erstens auf das Auftreten neuer Medien (Radio, Film) zurückzuführen sind, zweitens auf der Ausdehnung des Interesses von inhaltsinternen auf inhaltsexterne Merkmale basieren und sich drittens im Zusammenhang mit der politischen Propaganda der Weltkriege auf die Analyse von Wirkungen bestimmter Texte beziehen. Einer der „Väter der Inhaltsanalyse" ist *Lasswell*, der sich schon früh mit der Analyse von politischer Propaganda zur Beeinflussung menschlichen Handelns beschäftigte. Die meisten Arbeiten in dieser Periode sind politisch motivierte Studien, die aber zu einer wesentlichen Erweiterung der Methode beitrugen. So ging *Lasswell* über die quantitative Auszählung von Häufigkeiten bestimmter Symbole hinaus durch die Einführung der qualitativen Dimension „Bewertung eines Symbols" anhand einer einfachen Ordinalskala (negativ – neutral – positiv).

Später erweiterte er diesen Ansatz zur Symbolanalyse. *Merten* beschreibt die Vorgehensweise wie folgt: „Es wird eine Liste politisch relevanter Sym-

6. Inhaltsanalyse

bole ... im Hinblick auf ein bestimmtes Propagandaziel definiert. Ein Sample von Zeitungen wird über einen bestimmten Zeitraum hinweg analysiert: Alle dort auftretenden Symbole werden ausgezählt; zudem wird geprüft, ob das entsprechende Symbol in einem negativen, neutralen oder positiven Zusammenhang auftaucht. Daraus lassen sich Trendanalysen gewinnen, die ggf. signifikante Schlüsse auf Änderungen von Einstellungen oder Beziehungen gegenüber einem durch das Symbol repräsentierten Objekt (etwa: USA) zulassen" (Merten, 1995, S. 40).

(4) Einen entscheidenden Fortschritt machte die methodische Entwicklung der Inhaltsanalyse im Zusammenhang mit der 1941 in Chicago veranstalteten Konferenz über Massenmedien. Hier wurde die Methode erstmals systematisch und von verschiedenen Ansätzen her diskutiert. Gleichzeitig setzte sich der Begriff „content analysis" endgültig durch. Gegenstand der vorgestellten Untersuchungen waren inhaltsanalytische Arbeiten zum Wahlverhalten, zu Propagandasendungen, zur Wirkung des Lesens und Inhaltsanalysen von Radiosendungen. Durch die Einbeziehung neuer Theorien entwickelte sich ein Trend zur Kommunikationsanalyse, insbesondere im Bereich sozialpsychologischer und psychologischer Fragestellungen. Bei der zweiten Konferenz (Allerton House Conference 1955) zu Problemen der Inhaltsanalyse wurden vor allen Dingen Fragen der Inferenz von Text und Kontext diskutiert und neue inhaltsanalytische Verfahren vorgestellt, die den Kontext berücksichtigen (Merten 1995, S. 44–45). Ebenso werden Probleme und Lösungsansätze der elektronischen Datenverarbeitung bei Massendaten vorgestellt.

(5) Die Phase der theoretisch-methodischen Fundierung ist bis heute nicht abgeschlossen. Sie kann gekennzeichnet werden durch drei Problemfelder:

1. Die Fortführung der Diskussion des Inferenz-Problems. Die theoretischen Anstrengungen gelten vor allem der Struktur von Kommunikationsprozessen, der Entwicklung sensibler Indikatoren und multivariater Analyseverfahren.
2. Verfeinerung der Notationssysteme, vor allem durch den systematischen Einbezug nonverbaler Kommunikation.
3. Entwicklung von Software für computerunterstützte Textanalyseverfahren, insbesondere der qualitativen Datenanalyse (QDA).

Erst ab Mitte der sechziger Jahre wird die Inhaltsanalyse auch in Deutschland zu einem anerkannten Datenerhebungsinstrument. Die Mehrzahl der seit dieser Zeit entstandenen inhaltsanalytischen Arbeiten untersuchen entweder ein bestimmtes Medium wie Tageszeitung, Illustrierte, Film, Fernsehen, Comic oder, wie z.B. *Nutz*, die Regenbogenpresse (Nutz, 1971), oder sie analysieren die Darstellung eines bestimmten gesellschaftlichen Problems in einem oder mehreren Medien wie z.B. das Frauenbild in Schulbüchern (Silbermann/Krüger, 1971) oder die Darstellung des Dritten Reiches in der deutschen Presse (Kühl, 1971). Wegen der zunehmenden Bedeutung des Fernsehens wurden speziell für dieses Medium Kategoriensysteme entwickelt, die den ästhetischen Problemen der Verbindung von Bild und Ton gerecht zu werden suchten, wie z. B. von *Straßner* für politische Sendungen (Straßner, 1982).

In der Methodendiskussion der letzten Jahrzehnte fand eine Auseinandersetzung zwischen den Anhängern der quantitativen und qualitativen Inhaltsanalyse statt. Ein Kritikpunkt ist die Selektivität der quantitativen Verfahren, es werden nicht alle Bedeutungsinhalte von Kommunikation untersucht und somit bestimmte Aspekte des Textes nicht berücksichtigt. Den qualitativen Verfahren wird mangelnde Nachvollziehbarkeit, Subjektivität und auch Willkür vorgeworfen. Diese Vorwürfe intendieren einen Gegensatz, der keiner ist. Die Wahl eines inhaltsanalytischen Verfahrens richtet sich immer nach dem Erkenntnisinteresse, insofern besteht zwischen quantitativen und qualitativen Verfahren kein Gegensatz, sie schließen sich nicht aus, sondern sie ergänzen sich.

Seit der Verbreitung des PCs werden im universitären und auch im kommerziellen Bereich immer mehr Softwarepakete angeboten, die die Analyse von Kommunikationsinhalten, vorzugsweise Texte, aber auch Bild, Ton und Video, unterstützen (siehe Kapitel 6.7).

6.3 Gegenstandsbereiche der Inhaltsanalyse

Die Methode der Inhaltsanalyse entwickelte sich, wie andere Erhebungsverfahren auch, aus Vorgehensweisen des Alltags. In der Regel versucht z. B. der Empfänger eines Briefes, aus dem Inhalt bzw. der Wortwahl auf Stimmungen oder Absichten des Absenders zu schließen. Ein Autofahrer in einer fremden Stadt sucht nach Zeichen, nach Symbolen, deren Inhalt er entschlüsselt, um sich zurechtzufinden. Neben der Deutung manifester Inhalte schließt die alltagsweltliche Inhaltsanalyse immer auch eine interpretative Vorgehensweise ein, um latente Informationen über den Hintergrund eines Textes oder Filmes zu erhalten. Die Alltagsform des Entschlüsselns von Inhalten und Zeichen ist meistens unsystematisch und intuitiv, sie ist zwar nicht immer regellos, aber sie basiert nicht auf den Regeln wissenschaftlichen Arbeitens.

Die theoretische Diskussion um die Methoden quantitativer und qualitativer Datenerhebungsverfahren weist auf enorme Definitionsprobleme hin. Gerade die Spannweite inhaltsanalytischer Forschungen hat gezeigt, dass je nach methodologischer Grundposition unterschiedliche Ziele und Definitionen entwickelt worden sind.

Eine der ersten Definitionen, die von *Berelson*:

„Content analysis is a research technique for the objective, systematic, and quantitative description of the manifest content of communication" (Berelson, 1971, S. 18) beschränkt sich auf die quantitative Beschreibung manifester Inhalte von Kommunikation; Inferenzen auf Kommunikator oder Rezipienten erwähnt er nicht. Diese Erweiterungen wurden erst in der Allerton House Konferenz 1955 thematisiert.

Die Definition von Merten berücksichtigt diese Entwicklungen:

„Inhaltsanalyse ist eine Methode zur Erhebung sozialer Wirklichkeit, bei der von Merkmalen eines manifesten Textes auf Merkmale eines nicht manifesten Kontextes geschlossen wird. ... *Soziale Wirklichkeit* soll dabei zunächst als pauschaler Begriff für soziale Strukturen aller Art (soziales Handeln von Kommunikanden, aber auch aggregierte Formen, etwa Wert- und Normvorstellungen, organisiertes bzw. institutionaliertes Handeln etc.) benutzt werden" (Merten 1995, S. 15, 16, 59, Hervorhebung im Original).

Er erweitert gegenüber *Berelson* den Untersuchungsgegenstand auf „soziale Wirklichkeit", die aber in manifesten Text überführbar sein muss. Unglücklich formuliert ist der Begriff „manifester Text", adäquater ist der Ausdruck „manifeste Kommunikationsinhalte", sodass Inhaltsanalysen nicht nur auf Texte beschränkt bleiben, sondern sich auch auf die Analyse nonverbaler (z. B. visueller) Inhalte beziehen können. Dieser Definition schließen wir uns an: *Inhaltsanalyse ist eine Methode der Datenerhebung zur Aufdeckung sozialer Sachverhalte, bei der durch die Analyse eines vorgegebenen Inhalts (z. B. Text, Bild, Film) Aussagen über den Zusammenhang seiner Entstehung, über die Absicht seines Senders, über die Wirkung auf den Empfänger und/ oder auf die soziale Situation gemacht werden.*

6.4 Kategorienbildung und ihre Probleme

Die bereits vorgestellten Definitionen sagen noch nichts darüber aus, wie die Analyse durchgeführt werden soll. Kernpunkt jeder Inhaltsanalyse ist die Bildung von Kategorien, die ihrerseits aus theoretischen Annahmen abgeleitet werden:

„Die Inhaltsanalyse – in ihrer klassischen Form – ist ein weitgehend nichtreaktives Verfahren zur Gewinnung von (vorwiegend symbolischen) Daten und zur Verarbeitung und Analyse solcher Daten mithilfe von Kategorien, die ihrerseits eng mit theoretischen Annahmen über einen Phänomenbereich verknüpft sind" (Fischer, 1982, S. 179).

Die theoriegeleitete Kategorienbildung ist der Kernpunkt jeder Inhaltsanalyse, worauf schon *Berelson* hinwies:

„Da die Kategorien die Substanz der Untersuchung enthalten, kann eine Inhaltsanalyse nicht besser sein als ihre Kategorien" (Berelson, 1971, S. 147).

Die Gesamtheit der Kategorien einer inhaltsanalytischen Untersuchung wird als *Kategoriensystem* bezeichnet. An die Bildung der Kategorien sind strenge Forderungen zu stellen. Sie müssen vom Erkenntnisinteresse geleitet und in Hypothesen fixiert sein. Diese müssen auf ihren Wahrheitsgehalt hin überprüft werden können. Kategorien werden in eine oder mehrere Variablen (Merkmale) gefasst, die verschiedene Ausprägungen haben.

Aus technischer Sicht ist die Inhaltsanalyse ein Verfahren, mit dem Kommunikationsinhalte in numerische Informationen überführt werden, wobei die Kategorien die Transformationsregeln darstellen.

Die folgenden Kriterien muss ein Kategoriensystem erfüllen (vgl. Holsti, 1969, S. 95; Merten, 1995, S. 98–105):

- Das Kategoriensystem muss aus den Untersuchungshypothesen theoretisch abgeleitet sein.
- Die Kategorien eines Kategoriensystems müssen voneinander unabhängig sein (d.h. sie dürfen nicht stark miteinander korrelieren), das ist besonders für die statistische Auswertung wichtig.
- Die Ausprägungen jeder Kategorie müssen vollständig sein.
- Die Ausprägungen jeder Kategorie müssen wechselseitig exklusiv sein, sie dürfen sich nicht überschneiden und müssen trennscharf sein.
- Die Ausprägungen jeder Kategorie müssen nach einer Dimension ausgerichtet sein (einheitliches Klassifikationsprinzip).
- Jede Kategorie und ihre Ausprägungen müssen eindeutig definiert sein.

Ein Beispiel für eine Kategorie bei Untersuchungen von Zeitungen ist die Art eines Zeitungsartikels, wobei „Art des Zeitungsartikels" die Variable und Ausprägungen wie Bericht, Reportage, Feature oder Interview die Ausprägungen dieser Variable sind.

Mit dem Kategoriensystem werden die Regeln der Codierung festgelegt. Damit werden Merkmale des Kommunikationsinhaltes in numerische Daten überführt. Dieser Vorgang heißt *Verschlüsselung* oder *Codierung*.

Die relevanten Dimensionen des Forschungsproblems müssen anhand des theoretischen und empirischen Wissens, ähnlich wie im Vorgang der Operationalisierung im Kapitel 2, herausgearbeitet werden. Nur so kann das Kategoriensystem mit den Zielen der Untersuchung korrespondieren. Die Forschungsfrage bestimmt also die Art des Kategorienschemas.

Die Forderung nach Vollständigkeit bezieht sich nicht auf alle Inhalte eines Textes, sondern auf alle interessierenden Bedeutungsdimensionen. Sie ist insofern also selektiv und nur in Bezug auf die mit der Fragestellung zusammenhängenden Inhalte vollständig. Je klarer die relevanten Untersuchungsdimensionen bestimmt sind, desto eindeutiger ist zu erkennen, ob ein Textelement in eine bestimmte Kategorie einzuordnen ist oder nicht.

6. Inhaltsanalyse

Die Forderung nach Exklusivität bedeutet, dass sich die einzelnen Kategorien gegenseitig vollständig ausschließen müssen, damit unklare Einordnungen vermieden werden. Das geschieht häufig durch die Aufstellung von Unterkategorien. Jedes Textelement muss ausschließlich einer Kategorie bzw. Unterkategorie zuordenbar sein.

Die Unabhängigkeit der Kategorien bedeutet, dass die Zuordnung eines Elementes zu einer Kategorie nicht die Einordnung anderer Elemente festlegen darf. Dies ist vor allem für statistische Auswertungsprozeduren unabdingbare Voraussetzung.

Gegen die Forderung nach Einheitlichkeit des Klassifikationsprinzips wird in inhaltsanalytischen Untersuchungen häufig verstoßen. Ein uneinheitliches Klassifikationsschema liegt dann vor, wenn z.B. die Dimension „Schulbildung" durch die Kategorien „Hauptschule", „Realschule", „Abitur" erfasst wird, wobei die Uneinheitlichkeit darin besteht, dass die ersten beiden Kategorien Schultypen repräsentieren, die man mit und ohne Abschluss beenden kann, während „Abitur" einen erworbenen Abschluss feststellt. Die Forderung nach Einheitlichkeit des Kategoriensystems basiert auf dem generellen Prinzip der Vergleichbarkeit der Daten, das auch bei allen anderen Datenerhebungsinstrumenten gilt.

Ob eine Kategorie eindeutig ist, stellt sich oft erst bei der Codierung heraus. Bei der Einordnung von Textelementen zeigt sich in der Regel erst, ob die Kategorien trennscharf genug aufgestellt wurden. Eindeutigkeit kann man erreichen, indem man, soweit möglich, pro Kategorie eine exakte Definition des Items festlegt, z.B. „Stadtbewohner" = Person, die im politisch abgegrenzten Gebiet einer Gemeinde ihren ständigen Wohnsitz hat, oder durch die erschöpfende Aufzählung der Elemente einer Kategorie, z.B. „Politik" = Außenpolitik, Beschäftigungspolitik, Energiepolitik u.a.m. Für Presseanalysen gibt es eine Reihe von Standard-Kategorienschemata, die man bei der Aufstellung als Hilfe benutzen kann.

Bei der Vercodung der Zähleinheiten werden meistens mehrere Codierer eingesetzt, die die Zähleinheiten in den Texten auffinden und gemäß den inhaltsanalytischen Kategorien in ein Codeblatt (Codesheet) eintragen. Um Verzerrungen beim Codieren auszuschließen, müssen die Vercoder besonders geschult werden und die inhaltsanalytischen Kategorien präzise definiert sein.

Die Codierer übertragen die Ergebnisse in der Regel auf ein Codeblatt, danach werden die Daten auf den Blättern in den Computer eingegeben, damit sie statistisch analysiert werden können. Dafür gibt es eine Reihe ausgefeilter Computerprogramme (z.B. SPSS, SAS oder SimStat).

Bei der Codierung treten Probleme auf, die die Güte einer Inhaltsanalyse beeinflussen und mit Validität (Gültigkeit) und Reliabilität (Verlässlichkeit) bezeichnet werden. Inhaltsanalysen müssen sowohl valide als auch reliabel sein.

Unter Validität ist zu verstehen, ob mit den Kategorien wirklich das gemessen wird, was gemessen werden soll, ob also das Messinstrument für die Überprüfung der Hypothesen geeignet ist. Die Validität hängt davon ab, wie präzise die Kategorien das Kategoriensystem definiert sind und ob diese Operationalisierung plausibel (face-validity) und vor allen Dingen auch brauchbar ist (vgl. Früh, 1998, S. 55, 171–172).

Die Reliabilität meint die Verlässlichkeit der Messung, also ob bei gleichem Analysematerial und gleichem Kategoriensystem die Ergebnisse gleich sind. Sie überprüft also, wie gemessen wird. Dabei werden zwei Arten von Reliabilität unterschieden:

- *Intercoderreliabilität:* Darunter werden die Unterschiede zwischen mindestens zwei verschiedenen Codierern verstanden (vgl. Früh, 1998, S. 95, 105). Es gibt für die Messung dieser Reliabilität verschiedene Koeffizienten für die Überprüfung von zwei (Scott, 1955) oder mehreren Codierern (Craig, 1981; Krippendorff, 2004, S. 221–256.). Die Werte liegen zwischen 0 und 1, sie sollten möglichst dicht an 1 liegen. Gute Kategorien haben einen Reliabilitätskoeffizienten, dessen Wert über 0,7 liegt. Die Intercoderreliabilität hängt von der Anzahl der Ausprägungen eines Merkmals, der Codiererschulung, der Sorgfalt der Codierung und der Güte des Kategoriensystems und seiner Definitionen ab (vgl. dazu Merten, 1995, S. 304–308; Früh, 1998, S. 93–94).

- *Intracoderreliabilität:* werden die Unterschiede zwischen derselben codierenden Person genannt (Früh, 1998, S. 95, 165). Sie wird von den gleichen Merkmalen wie die Intercoderreliabilität beeinflusst, dazu kommen noch Lerneffekte oder eventuelle Änderungen des Kategoriensystems, die während der Analyse notwendig wurden. Zur Messung wird der gleiche Text mit dem gleichen Kategoriensystem der gleichen Person zweimal (oder noch öfter) in einem zeitlichen Abstand vorgelegt, idealerweise zu Beginn und zum Ende der Untersuchung.

Validität und Reliabilität hängen eng zusammen, nicht nur bei der Inhaltsanalyse. Eine valide Messung kann reliabel sein, muss es aber nicht, während eine nicht reliable Messung niemals valide sein kann. Kurz: Man kann perfekt reliabel etwas nicht Valides messen. Reliabilität ist also eine Voraussetzung für Validität, umgekehrt gilt das nicht.

6.5 Typologie inhaltsanalytischer Verfahren nach Zielen und Mitteln

Mit dem Begriff Inhaltsanalyse wird eine große Zahl von verschiedenen Methoden bezeichnet, die jeweils auf verschiedenen Ebenen Inhalte von Kommunikation untersuchen. *Merten* (1995, S. 121) hat für die verschiedenen An-

6. Inhaltsanalyse

sätze die folgende Systematik entwickelt, er baut eine Matrix aus Mitteln und Zielen auf:

Mittel (semiotische Ebenen):
- Syntaktik: beschäftigt sich mit Zeichen als solches, nicht mit der Bedeutung oder Wirkung
- Semantik: Beziehung zwischen Zeichen und dem, was sie bezeichnen
- Pragmatik: Relation der Zeichen zu ihren Benutzern

Ziele:
- Kommunikator: Verfasser des Kommunikationsinhaltes
- Rezipient: Empfänger des Kommunikationsinhaltes
- Situation: die Situation und deren Einflüsse

Daraus ergibt sich die folgende Synopse inhaltsanalytischer Verfahren (Merten, 1995, S. 121):

Mittel	Kommunikator	Rezipient	Situation
syntaktisch	Autoren Persönlichkeitsstruktur		
syntaktisch-semantisch	Wort		syntaktische Komplexität
semantisch-semantisch	Themen Kontingenz Bedeutung		Themen
syntaktisch-pragmatisch	frequentielle Lesbarkeit strukturelle Lesbarkeit	frequentielle Lesbarkeit strukturelle Lesbarkeit Auffälligkeit	
semantisch-pragmatisch	Wert Einstellung Motiv Persönlichkeitsstruktur Verständlichkeit Objektivität	Verständlichkeit sem. Differential	Symbol-Wirklichkeit
pragmatisch-pragmatisch		Resonanz	Interview

Abbildung 6-3: Typologie inhaltsanalytischer Verfahren

Für jede dieser Arten von Inhaltsanalysen führt Merten einige Beispiele an:
- Syntaktische Kommunikatoranalyse: Autorenanalyse als Sonderfall der Stilanalyse, Analyse von syntaktischen Merkmalen wie Wort- und Silbenhäufigkeiten. Ein Anwendungsgebiet ist die Plagiatforschung und auch die Einordnung von Texten unbekannter Autoren. Voraussetzungen sind gleiches Textgenre und gleicher Entstehungszeitraum.

- Wortanalyse als syntaktisch-semantische Kommunikatoranalyse: Worte werden in Wortklassen (Nomen, Verben, Adjektive usw.) eingeteilt. Daraus werden Wortverteilungen und Texthomogenität (TTR) berechnet.

- Themenanalyse als semantisch-semantische Kommunikatoranalyse: Anwendungsgebiet ist die Analyse von Printmedien, es impliziert das Repräsentationsmodell. Die Themenanalyse ist die Basis von Bewertungsanalysen.

- Frequentielle Lesbarkeitsanalyse als syntaktisch-pragmatische Kommunikatoranalyse: Basiert auf Häufigkeiten bestimmter Einheiten (meist Sätze, Wörter und/oder Silben). In Stichproben (meist 100 Wörter) werden Merkmale wie Wörter pro Satz, Zeichen pro Wort, Anteil der Wörter an bekannten Wörtern (Wortschatzvergleich), lange Wörter (mehr als 6 Zeichen) oder bestimmte Wortarten wie Präpositionen oder Konjunktionen gezählt. Die Resultate sind je nach Formel unterschiedlich: Es kann ein Wertebereich zwischen 0 (schwer verständlich) bis 100 (sehr leicht verständlich) sein, das Lesealter in Jahren oder die Klassenstufe (z.B. 7. Schulklasse). Bei der Anwendung der Formeln müssen Sprache, Textgenre und auch Ergebnis berücksichtigt werden. Einige wichtige Formeln für Englisch sind die von *Flesch*, *Dale-Chall*, *Gunning* (FOG-Index), *McLaughlin* (SMOG-Index), für die deutsche Sprache haben *Bamberger* und *Vanecek* (1984) einige für die englische Sprache entwickelte Lesbarkeitsformeln für die deutsche Sprache angepasst sowie eigene Lesbarkeitsformeln entwickelt (Wiener Sachtext- und Literaturtextformeln). Es gibt auch für Französisch, Spanisch, Holländisch, Schwedisch und Dänisch Lesbarkeitsformeln. Für eine computerunterstützte Auswertung bietet TextQuest die Berechnung von etwa 60 Formeln für die oben genannten Sprachen an.

- Bewertungsanalyse als semantisch-pragmatische Kommunikatoranalyse untersucht nicht nur Themen, sondern auch, wie die Kategorien bewertet werden. In der Weiterentwicklung evaluative ‚assertion analysis' werden auch Umfang der Bewertung und Quelle der Bewertung berücksichtigt.

Diese Übersicht gibt einen klaren Einblick in die Vielfalt inhaltsanalytischer Verfahren. Im nächsten Abschnitt geht es darum, welche grundsätzlichen Entscheidungen und Probleme mit einer Inhaltsanalyse verbunden sind.

6.6 Forschungsablauf

Alle empirischen Untersuchungen sollen mit einer genauen Auflistung der zentralen Forschungsfragen beginnen. Nur so kann entschieden werden, welche Methode die geeigneten Instrumente zur Erfassung des Ausschnittes der sozialen Wirklichkeit bietet. Selten wird es dabei möglich sein, eine eindeutige Entscheidung für nur ein Datenerhebungsinstrument zu treffen. Diese hängt ab vom speziellen Interesse, den entwickelten Detailfragen der geplanten Untersuchung, den vorhandenen personellen und finanziellen Arbeitsmöglichkeiten und in immer größerem Maße von den schon vorhandenen empirischen Untersuchungen. Erst dann beginnen die inhaltsanalytischen Arbeitsschritte im eigentlichen Sinne.

In einem zusammenfassenden Überblick werden im Folgenden die wichtigsten Arbeitsschritte, die bei einer inhaltsanalytischen Untersuchung zu beachten sind, dargestellt. In Anlehnung an den im Kapitel 2 ausführlich vorgestellten Forschungsablaufplan wird die Dreiteilung von Entdeckungs-, Begründungs- und Verwertungszusammenhang zugrunde gelegt.

Der Entdeckungszusammenhang umfasst die Motive und Interessen, warum eine Forschungsfragestellung empirisch untersucht werden soll. Die Festlegung des Untersuchungszieles hat entscheidenden Einfluss auf alle weiteren Phasen der Inhaltsanalyse. Ferner muss vor Beginn der Untersuchung geklärt werden, ob man deduktiv vorgehen, d.h. von schon bekannten Theorien abgeleitete Hypothesen testen will, oder induktiv, d.h. ohne expliziten Theoriebezug vermutete Zusammenhänge beschreiben will.

Der Begründungszusammenhang klärt, mit welchem spezifischen methodischen Verfahren, mit welchen Textunterlagen das Problem zu bearbeiten ist. Hier wird also entschieden, welches inhaltsanalytische Verfahren eine angemessene Untersuchung der Fragestellung erlaubt und dann das gewählte Verfahren nach den Regeln anwendet.

Im Verwertungszusammenhang wird die Frage der Präsentation und der Wirkung der Ergebnisse in der (Fach-)Öffentlichkeit thematisiert.

In der Phase des Begründungszusammenhanges werden alle zentralen methodenspezifischen Entscheidungen getroffen. Der erste Schritt der Inhaltsanalyse ist die Festlegung des Analysematerials, d.h. welche Art und Klasse von Texten man der Forschungsfrage entsprechend analysieren will. „Wesentlich bei der Entscheidung über die Festlegung ist:

- dass die Texte relevant für den Zweck der Untersuchung sind,
- dass sie existieren und
- dass sie zugänglich sind." (Kromrey, 1983, S. 173).

In seiner Untersuchung über „Die berufstätige Frau in Illustrierten Zeitschriften" geht *Hagena* der Frage nach, welche Änderungen in quantitativer und qualitativer Hinsicht in Bezug auf die Darstellung der berufstätigen Frauen in deutschen Illustrierten sich im Ablauf von 20 Jahren ergeben haben (Hagena, 1974). Für ein solches Untersuchungsziel sind Zeitraum und Titelauswahl zu begründen. Sie stellen dann die Analyseeinheiten dar. Den Zeitraum seiner Analyse legte Hagena fest auf Ausgaben von Illustrierten, die von 1953 bis 1972 erschienen sind, denn 1953 war der Termin, an dem der Gleichberechtigungsgrundsatz des Grundgesetzes von 1949 in Kraft trat. Ein weiteres Kriterium für die Titelauswahl war, dass der erste Erscheinungstermin einer Illustrierten vor 1953 lag und dass sie 1972 noch auf dem Markt war. Zur Darstellung der Textauswahl gehört bei einer solchen Untersuchung auch, die Entwicklung der Auflagen, Reichweiten (Gesamtleserschaft) und Zusammensetzung der Leserschaft der Analyseeinheiten (= verschiedene Illustrierte) festzustellen.

In einem nächsten Schritt erfolgt die Abgrenzung der Zähleinheiten, d. h. es ist festzulegen, welche Merkmalsträger für die zu erhebenden Merkmale vorliegen. *Hagena* wählte jeweils einen in einer Zeitschrift abgeschlossenen Beitrag als Zähleinheit. Voraussetzung für die Aufnahme eines Beitrages war das Vorhandensein einer Frau als Haupthandlungsträger.

Die Auswahl einer Stichprobe aus der Klasse aller festgelegten Texte ist vor allem bei quantitativen Analysen vorzunehmen, z. B. die Behandlung bestimmter politischer Fragen in der Presse der Bundesrepublik Deutschland seit 1945. „Soweit sachlich erforderlich und kostenmäßig vertretbar, sollte eine Zufallsstichprobe gezogen werden. Dann gelten alle Regeln und Formen der Stichprobentheorie, insbesondere soweit sie die Schichtung und Stufung betreffen" (Harder, 1974, S. 237).

Kann also, was der Regelfall ist, keine Vollerhebung durchgeführt werden, muss eine Stichprobe der gewählten Untersuchungseinheit, z. B. „Tageszeitung", gezogen werden. Dabei ist auf den Erscheinungsrhythmus von Tageszeitungen (Sonn- und Feiertage) und auf die vollständige Erfassung der Einheiten der Grundgesamtheit zu achten. Der Umfang des Analysematerials „alle Tageszeitungen nach 1945 in der Bundesrepublik" erfordert eine gestufte Auswahl im Sinne eines Baumdiagramms, bei dem an bestimmten Schnittpunkten eine weitere Zufallsstichprobe vorgenommen wird.

Die Auswahl von Zeitungen, die in eine Untersuchung einbezogen werden sollen, muss auf jeden Fall Aspekte der Regionalität und Periodizität einer Publikation berücksichtigen.

Im nächsten Schritt werden dann die Zähleinheiten in den Texten festgelegt. Diese können je nach Untersuchungsziel bestimmte listenmäßig vorgegebene Wörter, Wortarten, Wortgruppen, Sätze oder Satzteile, Schlagzeilen, Artikel sein.

Die Formulierung der Hypothesen und die Operationalisierung der daraus abgeleiteten Variablen heißt bei der Inhaltsanalyse Aufstellung eines *Kategoriensystems*. Die Entwicklung eines Kategoriensystems ist der aufwendigste und schwierigste Arbeitsschritt. Vor Beginn der eigentlichen Textanalyse müssen die Kategorien aus der Fragestellung der Untersuchung konstruiert werden.

Bei den qualitativen Auswertungsverfahren werden die Kategorien zur Auswertung aus dem vorliegenden Auswertungsmaterial entwickelt, um zu verhindern, dass ausschließlich die Sichtweise des Forschers den Umgang mit dem Datenmaterial bestimmt. Kategorien gewinnt man entweder durch die Auflistung beispielhafter Wörter oder erschöpfend durch alle Wörter, die zu einer Kategorie gehören.

Dann beginnt die eigentliche Arbeit, die Codierung. Bei einem quantitativen Design gehen ein oder mehrere Codierende das Analysematerial Untersuchungseinheit für Untersuchungseinheit durch und übertragen die Ergebnisse der Kategorisierung auf Codierblätter. Technisch gesehen ist die Codierung ein Prozess, bei dem Textdaten in numerische Daten überführt werden, die Kategorien sind die Regeln für diesen Prozess. Danach werden die Zahlen auf den Codierblättern in den Computer eingegeben, dazu wird meist Statistiksoftware benutzt, mit der dann auch die statistische Auswertung erfolgt. Dabei richten sich die Möglichkeiten der Auswertung nach den Hypothesen, die überprüft werden sollen. Weiter gehende Analysen sind natürlich möglich, die heutige Statistiksoftware hält Programme für fast jedes statistische Verfahren bereit.

Zusammenfassung für den Ablauf einer quantitativen Inhaltsanalyse:
- Aufstellen der Hypothesen,
- Grundgesamtheit und Stichprobe festlegen,
- Untersuchungsmaterial beschaffen,
- Untersuchungseinheit festlegen,
- Kategoriensystem entwickeln und testen (Pretest),
- Codierung durchführen,
- statistische Auswertung anhand der Hypothesen,
- Publikation der Ergebnisse.

6.6.1 Grundlagen qualitativer Verfahren

Die qualitativen Verfahren sind schwierig zu definieren, sie haben überwiegend keine Theorie und kein Paradigma (vgl. Denzin/Lincoln, 1994, S. 3), die sie ihr Eigen nennen können; das gilt auch für die Methoden. Qualitative Forschung benutzt die verschiedensten Methoden und Paradigmen aus einer Vielzahl von wissenschaftlichen Disziplinen und beschränkt sich nicht auf die Sozialwissenschaften.

Die Unterschiede zwischen quantitativem und qualitativem Forschungsablauf bedingen andere inhaltsanalytische Vorgehensweisen bei der Datenauswertung. Beiden gemeinsam ist, dass die Forschungsfragestellung eindeutig beschrieben werden muss. Die Strukturierung des Analysematerials hat eine vergleichbar zentrale Bedeutung in der qualitativen Inhaltsanalyse wie die Kategorienbildung in der quantitativen. Aber wie bei allen qualitativen Verfahren gibt es bestimmte allgemeine Merkmale zur prinzipiellen Kennzeichnung der Vorgehensweise. Dies sind Offenheit, Kommunikativität, Naturalistizität sowie Interpretativität.

Offenheit bezieht sich sowohl auf das theoretische Konzept als auch auf das Verhalten gegenüber den Probanden und die Erhebungssituation (vgl. Lamnek, 1993, S. 199 f.). „Theoretische Konzepte und Hypothesen werden nicht aufgrund von wissenschaftlichem und alltagsweltlichem Vorwissen formuliert, sondern durch kontrolliertes Fremdverstehen der von den Untersuchten verwendeten Alltagskonzepte generiert" (Lamnek, 1993, S. 199).

Kommunikativität basiert nach Lamnek auf der Annahme, dass die soziale Wirklichkeit durch Interaktion und Kommunikation entsteht. Diese muss durch die Anordnung des Forschungsdesigns gegeben sein, entweder durch direkten Kontakt zwischen den Forschenden und Beforschten oder durch geeignete Aufzeichnungsmittel wie Protokolle, Tonband- oder Videoaufzeichnungen (vgl. Lamnek, 1993, S. 200 f.).

Naturalistizität bedeutet, dass das Prinzip der Natürlichkeit in der Erhebungssituation eingehalten werden muss. Dies umfasst sowohl den Handlungsablauf als auch die Kommunikationsregeln in der Datenerhebung, die dem Alltag möglichst nahe kommen sollen. Sie bezieht sich aber auch auf die inhaltsanalytische Auswertung, in der dem Forscher oder der Forscherin die benutzten Sprachcodes des Probanden vertraut sein müssen (vgl. Lamnek, 1993, S. 201 f.).

Interpretativität „bezieht sich entscheidend auf die Auswertungsphase. Die erhobenen Daten werden nicht zur Falsifikation von vorab formulierten Hypothesen verwendet, sondern zur Gewinnung solcher Hypothesen auf der Basis des Materials und auf dem Wege der Interpretation genutzt" (Lamnek, 1993, S. 203).

In der qualitativen Inhaltsanalyse lässt sich kaum eine strikte Trennung von Erhebung und Auswertung durchhalten. Inzwischen gibt es mehrere Verfahren, die aber in ihrer Breite und Tiefe sehr unterschiedlich dem qualitativen Paradigma verpflichtet sind. Da sie hier aber unmöglich alle darzustellen sind und um einen Eindruck zu vermitteln, wie eine qualitativ orientierte Auswertung aussehen kann, soll im Folgenden kurz das von Mayring (1990b) entwickelte Verfahren vorgestellt werden. Seine Auswertungsmethode ist ein eher eingeschränkt qualitatives Verfahren zur Strukturierung und Interpretation qualitativer Interviews, in dem nicht alle oben genannten Bedingungen des qualitativen Paradigmas erfüllt sind.

In einer ersten Phase wird das Material ohne theoretische Vorannahmen gesichtet, dann wird mithilfe eines neunstufigen allgemeinen Ablaufmodells die Inhaltsanalyse durchgeführt. „Ziel der Analyse ist es, das Material so zu

6. Inhaltsanalyse

reduzieren, daß die wesentlichen Inhalte erhalten bleiben, durch Abstraktion einen überschaubaren Korpus zu schaffen, der immer noch Abbild des Grundmaterials ist" (Mayring, 1990 b, S. 54). Die Stufen umfassen folgende Arbeitsschritte:

1. Festlegung des Materials (Auswahl der Interviewpassagen, die sich auf die Forschungsfragestellung beziehen),
2. Analyse der Situation während des Interviews,
3. formale Charakterisierung des Materials (z. B. mithilfe transkribierter Tonbandinterviews),
4. Richtung der Analyse (Festlegung des Interpretationsrahmens und der Interpretationsrichtung anhand von Analyseeinheiten),
5. theoriegeleitete Differenzierung der Fragestellung,
6. Bestimmung der Analysetechnik (*Mayring* differenziert drei inhaltsanalytische Typen des Vorgehens),
7. Definition der Analyseeinheit (Textteile, Merkmalsausprägungen),
8. Analyse des Materials (Zusammenfassung, Explikation, Strukturierung),
9. Interpretation (vgl. Mayring, 1990b, S. 50 ff.).

Während die Stufen 1–7 sozusagen die Rahmenbedingungen der Auswertung festlegen, wird in der achten Stufe schrittweise durch Paraphrasierung, Generalisierung und Reduktion fallbezogen das auszuwertende Material verringert (vgl. Mayring, 1990b, S. 56 ff.).

Im nächsten Auswertungsschritt, der Explikation, werden einzelne interpretationsbedürftige Textstellen anhand zusätzlichen Materials verständlich gemacht. Auch hier hat *Mayring* genaue Interpretationsregeln aufgestellt.

Die Strukturierung ist bei diesem Ansatz die zentralste inhaltsanalytische Technik. Ziel dieses Analyseschritts ist es, das Material zu selektieren und zu reduzieren (Mayring, 2003b, S. 60–62).

Die Interpretation stellt die Ergebnisse im Sinne der der Untersuchung zugrunde gelegten Fragestellung dar. Die Generalisierung der Einzelfallanalyse erfolgt also in Anlehnung an vorher entwickelte Kategoriensysteme, eine Vorgehensweise, die eigentlich nicht dem qualitativen Paradigma entspricht.

Dem qualitativen Ansatz der interpretativen Sozialforschung ist die *objektive Hermeneutik* verpflichtet, ein Analyseverfahren, das von *Oevermann* und seiner Gruppe entwickelt wurde. Dieser Vorgehensweise liegt die Annahme zugrunde, dass die *allgemeinen Handlungsregeln* und die *Sinnstruktu-*

ren in der Alltagswirklichkeit der untersuchten Personen „dem analytischen Blick des Interpreten erkennbar werden" können (Spöhring, 1989, S. 233).

Die objektive Hermeneutik, die vor allem in der *Familien- und Biographieforschung* entwickelt wurde, stellt ein komplettes Forschungsdesign dar und geht über eine qualitative Auswertungsmethode weit hinaus. „Ziel des inhaltsanalytischen Verfahrens der objektiven Hermeneutik ist die Herausarbeitung der hinter den Einzelhandlungen liegenden *latenten Sinnstrukturen*" (Lamnek, 2005, S. 212). Die Feinanalyse des Materials ist eine Methode, die sieben bis acht Ebenen umfasst und die auf jede Textstelle z.T. in mehreren Analysedurchgängen angewendet werden muss (vgl. Oevermann et al., 1983). Das Analyseverfahren ist sowohl theoretisch als auch wegen seines Zeitaufwandes kritisiert worden (vgl. Reichertz, 1991). Es eignet sich daher eher zur exemplarischen Interpretation einzelner Textpassagen, in denen einzelfalltypische Interaktions- und Deutungsmuster als gesellschaftstypisch herausgearbeitet werden, als zur Interpretation großer Datenmengen, wie sie in der qualitativen Inhaltsanalyse häufig anfallen.

Die Unterschiede zwischen beiden Verfahren werden bei der Diskussion der computerunterstützten Inhaltsanalyse im übernächsten Abschnitt sichtbar, im nächsten Abschnitt wird auf die Unterschiede zwischen quantitativen und qualitativen Ansätzen eingegangen.

6.6.2 Unterschiede zwischen quantitativen und qualitativen Ansätzen

Wie schon oben gesagt wurde, definiert das eigene Erkenntnisinteresse die Auswahl eines geeigneten inhaltsanalytischen Verfahrens. *Lamnek* hat die Unterschiede und somit auch die Entscheidungskriterien zusammengefasst (Lamnek, 2005, S. 272).

Die Polaritäten dieser Dichotomien kennzeichnen die Tendenz der Auffassung der beiden Paradigmen, und die einzelnen Dimensionen sind selbstverständlich nicht unabhängig voneinander. Wichtig erscheinen die Gegensatzpaare Theorien prüfend – Theorien entwickelnd, Unterschiede – Gemeinsamkeiten und reduktive Datenanalyse – explikative Datenanalyse. *Lamnek* diskutiert alle Punkte ausführlicher, als das an dieser Stelle geleistet werden kann.

6. Inhaltsanalyse

quantitative Sozialforschung	qualitative Sozialforschung
erklären	verstehen
nomothetisch	idiographisch
Theorien-prüfend	Theorien-entwickelnd
deduktiv	induktiv
objektiv	subjektiv
ätiologisch	interpretativ
ahistorisch	historisierend
geschlossen	offen
Prädetermination des Forschers	Relevanzsysteme der Betroffenen
Distanz	Identifikation
statisch	dynamisch-prozessual
starres Vorgehen	flexibles Vorgehen
partikularistisch	holistisch
Zufallsstichprobe	theoretical sampling
Datenferne	Datennähe
Unterschiede	Gemeinsamkeiten
reduktive Datenanalyse	explikative Datenanalyse
hohes Messniveau	niedriges Messniveau

Abbildung 6-4: Unterschiede zwischen quantitativen und qualitativen Ansätzen

6.7 Inhaltsanalyse mit Computerprogrammen

In den letzten Jahren wurde eine Vielzahl von Computerprogrammen (Software) für die Analyse von Texten entwickelt, seit einigen Jahren ist auch die Analyse von Bild- und Tonmaterial möglich. Die Entwicklung begann in den 80er Jahren im akademischen Bereich, in den letzten Jahren setzte eine Kommerzialisierung ein. Die meisten dieser Programme werden von Wissenschaftlerinnen und Wissenschaftlern entwickelt, die oft dafür Firmen gründeten, um die Software zu vertreiben. Da die Zahl der Programme ständig wächst, ist ein Überblick schwierig.

Im Internet gibt es einige Seiten, die bei der Suche helfen:

- http://www.textanalysis.info informiert (in Englisch) generell über Textanalysesoftware, aber auch über Software zur qualitativen Datenanalyse, die auch die Codierung von Audio- und/oder Videomaterial unterstützt. Die Software ist klassifiziert, die Kriterien dafür offen gelegt, auch ein Glossar ist vorhanden. Für jedes Programm gibt es eine kurze Beschreibung und weitere Links zur Website, zu Handbüchern bzw. anderer Dokumentation und zu kostenlosen Test- oder Demoversionen. Auch über standardisierte Kategoriensysteme (meist in Englisch) finden sich Angaben.
- http://www.kdnuggets.com/software/text.html beschreibt viele kommerzielle Programme, und auch andere Informationsquellen werden kurz vor-

gestellt. Die Angaben sind gut kommentiert, lassen aber eine Systematik vermissen.

- http://www.soc.surrey.ac.uk/caqdas ist die Website des CAQDAS-Projektes der University of Surrey. Hier gibt es Informationen über QDA-Software und Kurse, eine Linksammlung und die Möglichkeit, sich in die qual-software-Mailingliste einzutragen.
- http://www.aber.ac.uk/media/Sections/textan01.html bietet eine Sammlung von Artikeln, die sich mit computerunterstützter Medienanalyse befassen.

Die meisten Softwareanbieter sind Wissenschaftler, die dafür Firmen gegründet haben, im Bereich der QDA-Software werden viele Programme von Sage Scolari (http://www.scolari.com) vertrieben.

Die nächsten beiden Abschnitte beschäftigen sich mit der Software, die man grob nach quantitativ und qualitativ unterscheiden kann. Ein Unterscheidungskriterium ist, ob die Codierung vom Programm durchgeführt wird, nach Regeln, die vorher festgelegt werden müssen, oder ob die Codierung am Bildschirm durch Menschen erfolgt. Die erste Form wird maschinelle, elektronische oder computerunterstützte Inhaltsanalyse genannt, die zweite unter dem Begriff QDA (qualitative data analysis) zusammengefasst. Bei beiden Formen ist es notwendig, die Kommunikationsinhalte in eine Form zu überführen, mit der das jeweilige Computerprogramm weiter arbeiten kann. Die Daten müssen digitalisiert vorliegen, das ist nicht nur für Texte möglich, sondern auch für Ton- und Bildinformationen. Die Computerprogramme für computerunterstützte Inhaltsanalyse beschränken sich aber alle auf die Analyse von digitalisierten Texten, die QDA-Programme verarbeiten auch Audio- und Videomaterial. Mit einigen wenigen Programmen kann man sowohl quantitativ als auch qualitativ arbeiten und beide Ansätze kombinieren (Triangulation).

6.7.1 Computerunterstützte Inhaltsanalyse

Unter dem Begriff „computerunterstützte Inhaltsanalyse" versteht man Verfahren, die die Analyse und Codierung von Kommunikationsinhalten mittels Computerprogrammen vornehmen. Voraussetzung für die Anwendung derartiger Verfahren ist, dass das Untersuchungsmaterial in einer Form vorliegt, die von der Software verarbeitet werden kann. Die Regeln für die Codierung liegen als Suchbegriffe vor, das Programm sucht diese im Text, die entsprechenden numerischen Codes werden in eine Ausgabedatei geschrieben und können statistisch weiter verarbeitet werden. Je höher die Häufigkeit einer Kategorie ist, desto wichtiger wird ihre Bedeutung eingeschätzt.

6. Inhaltsanalyse

Die Geschichte der computerunterstützten Inhaltsanalyse begann mit dem General Inquirer (Stone u. a., 1966), mit der Vorstellung dieses Programms in Europa setzte in vielen Ländern eine parallele Entwicklung ein. Zuerst wurden diese Programme für Großrechner entwickelt, mit dem Siegeszug der PCs verschwanden die meisten bis dahin entwickelten Programme. Es entstanden neue Programme, die aber bis auf wenige Ausnahmen nicht über die Leistungen des General Inquirers hinausgingen (vgl. dazu Klingemann, 1984, S. 7–14, und Klein, 1996, S. 25–38).

Die meisten Programme sind Windows-Versionen, im Bereich der QDA gibt es auch einige Programme für den Apple Macintosh (MacOS). Die Entwicklung der MS-DOS-Programme wurde entweder eingestellt, oder es gibt Windows oder MacOS-Versionen dieser Programme. Eine Kommerzialisierung ist zu konstatieren, allerdings gibt es kein Programm, das für alle Zwecke gleich gut geeignet ist. Für den Bereich der QDA ist das Buch von *Weitzman/Miles* (1995) eine sehr gute Entscheidungsgrundlage, wenn auch die Beschreibungen der Programme mittlerweile veraltet sind. Der Kriterienkatalog zur Beurteilung von QDA-Software ist dies aber nicht und leistet gute Dienste bei der Auswahl von geeigneter Software.

Eine computerunterstützte Inhaltsanalyse erfordert Arbeitsschritte, die sich teilweise erheblich von denen einer konventionellen Inhaltsanalyse unterscheiden (vgl. Klein, 1996, S. 38–115):

1. Definition der Texteinheit: Es muss die Text- bzw. Analyseeinheit festgelegt werden, z.B. Zeitungsartikel, Newsitem oder Buchkapitel. Dabei ist die maximale Länge einer Texteinheit zu beachten (je nach Software zwischen 255 und 100000 Zeichen). Dabei muss berücksichtigt werden, wie die zu testenden Hypothesen operationalisiert werden sollen.

2. Definition von externen Variablen: Sie dienen zur Selektion von Texteinheiten, z.B. Datum, Textgenre, Medium. Anzahl und Typ der externen Variablen sind programmspezifisch. Wie viel und welche externen Variablen sinnvoll sind, hängt wiederum von den zu testenden Hypothesen ab.

3. Digitalisierung des Untersuchungsmaterials: Verschiedene Technologien wie Scannen oder Diktieren sind dafür geeignet, wenn man die Texte nicht eintippen möchte. Scannen und Diktieren erfordern ein mitunter zeitintensives Training der Software, deren Erkennungsqualität von der Qualität der Druckvorlage (Scannen) und von der Güte des Trainings (Diktieren) abhängt. Auf beiden Gebieten ist in den letzten Jahren ein enormer Fortschritt zu verzeichnen. Perfektion sollte man dennoch nicht erwarten, die Texte müssen immer nachbearbeitet werden. Ein Beispiel: Eine Quote von 99,9 % richtig erkannten Zeichen bedeutet, dass man pro Seite mit ein bis zwei Fehlern rechnen muss.

4. Erstellung einer Wörterliste: Sie dient als Basis für die Entwicklung eines a-posteriori-Kategoriensystems (Definition von Suchbegriffen) und zur Rechtschreibkontrolle. Letztere ist wichtig, weil durch falsche Schreibweisen Suchbegriffe nicht codiert werden und somit das Ergebnis verfälscht werden kann, da die Kategorie unterbesetzt sein kann.

5. Entwicklung des Kategoriensystem durch Definition von Suchbegriffen: Suchbegriffe dienen als Indikatoren für Kategorien, die Leistungsfähigkeit der Definition von Suchbegriffen differiert je nach Software enorm. Einzelne Wörter kann man bei allen Programmen als Suchbegriff definieren, Kombinationen von Wörtern (Kookkurenzen) oder deren Teilen sind nur selten möglich. Fehlerquellen bei der Codierung können die Negation eines Suchbegriffs sein – dann wird eine Textstelle zu viel codiert – oder die Mehrdeutigkeit, dann wird ebenfalls eine Textstelle zu viel codiert; das Ergebnis kann verfälscht werden.

6. Behandlung potentiell mehrdeutiger Suchbegriffe (Disambiguierung): Dies kann mit Konkordanzen oder interaktiver Codierung geschehen. Diese ist aber nicht in allen Programmen verfügbar, sondern nur in INTEXT, CoAn und TextQuest.

7. Pretest des Kategoriensystems: Hier wird getestet, ob die Kategorien auch valide (gültig) sind, das Ergebnis der Codierung interessiert an dieser Stelle weniger.

8. Kontrolle von negierten Suchbegriffen (Negation): Die Negation eines Suchbegriffes kann die Codierergebnisse verfälschen, die meisten Programme codieren auch negierte Suchbegriffe, ausgenommen Intext und TextQuest.

9. Codierung des Textes: Die Suchbegriffe werden automatisch und/oder interaktiv codiert, der Umfang der Ergebnis- und Protokolldateien ist von Programm zu Programm sehr unterschiedlich.

Die Arbeitsabläufe von konventioneller und computerunterstützter Inhaltsanalyse unterscheiden sich erheblich:

konventionell	computerunterstützt
Text durch Lesen eines kleinen Teilskennen lernen	Text digitalisieren unddabei kennen lernen
entfällt	Wörterliste als Basis des Kategoriensystems erzeugen
Kategoriensystem durch Definitionen und Beispiele aufbauen	Kategoriensystem durch vollständige Aufzählung der Suchbegriffe aufbauen
Codiererschulung durchführen Pretest durchführen	entfällt Pretest durchführen

6. Inhaltsanalyse

konventionell	computerunterstützt
Codierung durchführen	Codierung durchführen
Daten auf Codesheet eintragen	entfällt
Daten vom Codesheet in Computer eingeben	entfällt
Daten bereinigen	entfällt
Daten auswerten	Daten auswerten

Abbildung 6-5: Generelle Unterschiede der Arbeitsabläufe von Inhaltsanalysen

Insbesondere der Zeitaufwand für die einzelnen Schritte differiert erheblich. Während bei der computerunterstützten Inhaltsanalyse (cui) die Digitalisierung der zeitintensivste Teil ist, ist es bei der konventionellen Inhaltsanalyse die Codierung. Für das Erstellen eines Kategoriensystems ist mit einem etwa gleich großen zeitlichen Anteil zu rechnen. Bei der konventionellen Inhaltsanalyse ist die Übertragung der Codierergebnisse – in zwei Arbeitsschritten: zuerst auf Codesheets, dann davon in den Computer – Zeit raubend und zudem noch fehleranfällig. Übertragung und Datenbereinigung entfallen bei der computerunterstützten Inhaltsanalyse, weil beim Codieren der Rohdatensatz schon so gespeichert wird, dass er danach ohne großen Aufwand von einem Statistikprogramm gelesen und ausgewertet werden kann.

Bei der Durchführung ergeben sich allerdings noch weitere Unterschiede in den Rahmenbedingungen:

konventionell	computerunterstützt
bearbeitbare Textmenge von Anzahl der Codierer abhängig	bearbeitbare Textmenge von Massenspeicherkapazität abhängig
bedingt komplexe Kategoriensysteme verwendbar	komplexe Kategoriensysteme verwendbar
Codierung innerhalb von Wochen	Codierung innerhalb von Minuten
meist nur eine Codierung	beliebig viele Codierungen
Kategoriensystem kann während der Codierung nicht geändert werden, da eine erneute Analyse oft unmöglich ist; Erweiterungen sind möglich	Kategoriensystem kann leicht geändert und erweitert werden, da beliebig viele Codierungen möglich sind

Abbildung 6-6: Unterschiede der Rahmenbedingungen der Arten von Inhaltsanalyse

Die bearbeitbare Textmenge hängt bei der konventionellen Inhaltsanalyse direkt von den zur Verfügung stehenden Finanzmitteln ab, mit denen die Codierer bezahlt werden. Eventuell kann auch die Zeit eine Beschränkung auferlegen, der aber durch eine Steigerung der Anzahl der Codierer begegnet werden kann.

Bei der computerunterstützten Inhaltsanalyse kann die Festplattenkapazität ein Hindernis für die bearbeitbare Textmenge sein, oft sind es aber die Finanzmittel, die für die Digitalisierung zur Verfügung stehen. In diesem Zusammenhang muss erwähnt werden, dass die Erfassung eines Textes am Bildschirm billiger ist als die konventionelle Inhaltsanalyse mit Codierung, Datenerfassung und Datenbereinigung desselben Textes. Daher ist es auch selten, dass mehr als eine Codierung bei einer konventionellen Inhaltsanalyse durchgeführt wird, und das verhindert auch, dass ein Kategoriensystem geändert werden kann. Erweiterungen sind zumindest dann problemlos, wenn erst ein kleiner Teil des Analysematerials codiert wurde und die Erweiterung dort nicht zutrifft. Der Umfang eines Kategoriensystems darf bei einer konventionellen Inhaltsanalyse einen bestimmten Umfang nicht überschreiten, weil das Erinnerungsvermögen menschlicher Codierer begrenzt ist, bei heutigen Computern also praktisch nicht. Diese Beschränkung ist bei der computerunterstützten Inhaltsanalyse nur durch den Hauptspeicherausbau des verwendeten Computers gegeben. Beliebig viele Codierungen lassen außerdem einen iterativen Prozess der Verbesserung des Kategoriensystems zu.

Bei der Durchführung der Inhaltsanalyse tauchen aber auch Probleme auf, die in der folgenden Übersicht vergleichend dargestellt sind:

konventionell	computerunterstützt
alle Arten von Inhaltsanalysen möglich	nur bestimmte Arten von Inhaltsanalysen möglich
Kategoriensystem für eine Textsorte gültig	Kategoriensystem nur für einen Materialkorpus gültig
geringe Transparenz des Kategoriensystems durch Beispiele und Codierregeln	totale Transparenz des Kategoriensystems durch vollständige Aufzählung der Suchbegriffe
Kategorisierung und Codierung weitgehend zusammenhängend	deutliche Trennung von Kategorisierung und Codierung
Ermessensspielraum beim Codieren, dadurch Probleme durch Inter- und Intracoderreliablität	bei automatischer Codierung 100 Prozent Reliabilität außer Hardware- und Softwarefehler
Ambiguität und Negation werden von Codierern erkannt	Ambiguität und Negation müssen aufwendig behandelt werden
kaum Transfer der Erfahrung, des methodischen „Wie"	Veröffentlichung von Kategoriensystemen und der Suchbegriffe, akkumulative Forschung

Abbildung 6-7: Probleme der Arten von Inhaltsanalyse

Die Anwendungsmöglichkeiten der computerunterstützten Inhaltsanalyse sind also beschränkt. Wenn sich die Kategorien mit den möglichen Suchbegriffen operationalisieren lassen, ist die Durchführung möglich. In der Publizistik- und Kommunikationswissenschaft gibt es einige Ansätze, die sich ganz oder teilweise mit dieser Methode lösen lassen: agenda-setting, Themenanalyse und Nachrichtenfaktoren (vgl. Klein, 1996, S. 223–225). Bewertungsanalysen sind nur mit erheblichem Aufwand durchzuführen. Von Vorteil ist die Offenheit und Nachvollziehbarkeit dieser Methode.

Die meisten Programme für die computerunterstützte Inhaltsanalyse laufen unter Windows. Die kostenlose verfügbaren Programme Intext und vb-pro laufen unter MS-DOS, werden aber nicht weiterentwickelt. Eine kontinuirliche Weiterentwicklung ist nur für TextQuest und WordStat zu konstatieren. Während TextQuest den Komfort bei der Erstellung von Kategoriensystemen durch einen entsprechenden Editor verbessert, baut WordStat die Analysemöglichkeiten inklusive ansprechenden Grafiken weiter aus. Ebenfalls gibt es Module bei den QDA-Programmen, die diktionärsbasiert arbeiten, z.B. MaxDictio. In den letzten Jahren wurden sowohl bei TextQuest als auch bei WordStat standardisierte Kategoriesysteme verfügbar gemacht, so dass eine Analyse von Texten sofort erfolgen kann. Diese Kategoriesysteme kann man auch selber erweitern. Aktuelle Informationen findet man unter http://www.textanalysis.info.

Das Erkennen von negierten Suchbegriffen ist aber weiterhin TextQuest und seinem Vorgänger INTEXT vorbehalten.

6.7.2 Qualitative Datenanalysen (QDA) mittels Computer

Die Programme für QDA haben sich rasant entwickelt, sowohl was die Qualität als auch deren Anzahl angeht. Einen (mittlerweile veralteten) guten Überblick bieten *Weitzman* und *Miles* (1995), die einen Kriterienkatalog entwickeln, die Software danach klassifizieren und bewerten.

Die Arbeitstechnik des Codierens unterscheidet sich von der der computerunterstützten Inhaltsanalyse fundamental: Während Letztere mit Suchbegriffen als Indikatoren für Kategorien arbeitet, findet die Codierung bei QDA-Software am Bildschirm statt. Wichtige Textstellen werden mit Maus oder Cursor markiert, dann wird diesen Textstellen ein Code zugewiesen, und zusätzlich ist es auch möglich, in einer Anmerkung oder einem Memo seine Gedankengänge, die zu dieser Codierung geführt haben, niederzulegen. Codes, Anmerkungen und Memos sind je nach Software unterschiedlich gut verknüpfbar.

Die Möglichkeiten der Codierung differieren erheblich, teilweise können nur ganze Texteinheiten oder ganze Zeilen und nicht Teile davon codiert werden, manchmal ist die Anzahl der Codes pro Textstelle restringiert. Die meisten Programme lassen externe Variablen zu.

Die einfachste Arbeitstechnik ist die information retrieval-Funktion, die die codierten Textstellen verwaltet. Als Suchkriterien sind die externen Variablen und die Codes und deren Kombinationen vorgesehen. Fortgeschrittener sind Verknüpfungen von Codes und deren graphische Darstellung, meist in Form einer Hierarchie oder eines Netzwerkes (vgl. Klein, 1997b).

Das beste Programm für die qualitative Datenanalyse mit Computern gibt es nicht. Je nach Aufgabenstellung muss man sich für eines oder mehrere geeignete Programme entscheiden. Ein intensives Studium von *Weitzman/Miles* ist dafür unbedingt erforderlich, denn die Grundkonzepte der Software haben sich kaum verändert, von den meisten Programmen gibt es mittlerweile aber neuere und leistungsfähigere Versionen.

Ein einfach zu bedienendes und leistungsfähiges Programm ist MaxQDA (früher WinMax). Semantische Netzwerke und alle Möglichkeiten der Verknüpfung auch von audiovisuellen Kommunikationsinhalten leistet atlas. ti, und Hypothesen kann man mit Aquad und HyperResearch testen. Sowohl qualitative als auch quantitative Ansätze inklusive der Codierung von AV-Material sind mit C-I-SAID möglich. Es gibt noch eine Menge weitere Programme, die hier aber nicht genannt werden können.

Durch die Weiterentwicklung der Hardware werden viele QDA-Programme mit Analysemöglichkeiten für Audio- und Videomaterial versehen. Die relevanten Audio- oder Videosequenzen werden codiert und können unter ihren Codes abgerufen werden. Damit entfällt der zeitaufwendige Prozess des Transkribierens von Audio- und Videomaterial in Text. Bei Videomaterial werden größere Festplattenkapazitäten benötigt, die heutzutage (2006) jedoch (bei 1000 GB Festplattenplatz) kein ernsthaftes Hindernis darstellen.

Anregung zur Selbstkontrolle für die aktiven Leser

1. Wodurch unterscheidet sich die systematische Inhaltsanalyse von alltäglicher Kommunikation?
2. Welche Beziehungen bestehen zwischen Sender und Empfänger einer Nachricht, und wie lassen sich diese systematisch untersuchen?
3. Wodurch unterscheiden sich die drei Formen der Inhaltsanalyse (deskriptive, inferentielle und Kommunikationsanalyse)?
4. Weshalb hat die Aufstellung eines Kategoriensystems bei der quantitativen Inhaltsanalyse stets zentrale Bedeutung?
5. Worin liegen die Hauptunterschiede zwischen der quantitativen und der qualitativen Inhaltsanalyse?
6. Was sind die Hauptkennzeichen der qualitativen Inhaltsanalyse?
7. Welche fünf Schritte im Forschungsablauf einer quantitativen Inhaltsanalyse müssen mindestens beachtet werden?
8. Weshalb ist Inhaltsanalyse auch für andere Methoden empirischer Sozialforschung wichtig?

Weiterführende Literatur

Früh, W. (1998): Inhaltsanalyse. Theorie und Praxis. Konstanz, 4. überarbeitete Auflage (5. Auflage 2001). Der Autor führt ganz konkret und an einem Beispiel vor, wie eine Inhaltsanalyse (Themen-Frequenzanalyse) am Beispiel der Berichterstattung über Kernkraft durchgeführt wird. Im ersten Teil erklärt er die Methode als ein Teil des empirischen Paradigmas, der zweite Teil ist eine Gebrauchsanleitung und für Anfänger und Fortgeschrittene gleichermaßen gut geeignet.

Klein, H. (1996): Computerunterstützte Inhaltsanalyse mit INTEXT – dargestellt am Vergleich von Nachrichtenfaktoren des Fernsehens. Münster. Die computerunterstützte Inhaltsanalyse wird am Beispiel der Analyse von Fernsehnachrichten vorgestellt, dabei werden alle auftretenden Probleme lehrbuchartig aufbereitet und diskutiert. Im ersten Teil geht es um die Methode, deren Geschichte und die Vorstellung eines Kriterienkatalogs für die Beurteilung von Software, der zweite Teil schildert die Studie, die Entwicklung des Kategoriensystems und die statistisch adäquate Auswertung.

Krippendorf, Klaus (2004): Content Analysis. An Introduction to its Methodology, 2. Aufl., Thousand Oaks ua. Die stark erweiterte Neuauflage dieses Standardwerkes beleuchtet alle Aspekte von Inhaltsanalysen und gilt in den USA als das Textbook zum Thema. Wesentlich erweitert wurden die Kapitel über Reliabilität und über Computereinsatz.

Lamnek, S. (2005): Qualitative Sozialforschung. Band 2: Methoden und Techniken. 4. vollst. überarb. Auflage, Weinheim. Dieses neuüberarbeitete Lehrbuch wendet sich an „Anfänger", bietet aber einen guten Überblick über den Stand der theoretischen Methodendiskussion und stellt exemplarisch Auswertungsverfahren vor.

Lisch, R. und *Kriz, J.* (1978): Grundlagen und Modelle der Inhaltsanalyse. Reinbek bei Hamburg. Die Autoren stellen die Entwicklung der Inhaltsanalyse methodisch und methodologisch dar, diskutieren die Probleme ihrer Anwendung und zeigen beispielhaft, wie inhaltsanalytische Arbeiten durchgeführt wurden.

Mayring, P. (2008): Qualitative Inhaltsanalyse – Grundlagen und Techniken. 10. Auflage, Weinheim. Der Autor gibt als Antwort auf die Diskussion um quantitative und qualitative Verfahren einen Vorschlag zur Kombination beider Auswertungswege. Sein Ansatz stellt eine gut ausgearbeitete Variante dar und gibt Beispiele für praktische Auswertung.

Merten, K. (1995, 2. verbesserte Auflage): Inhaltsanalyse. Einführung in Theorie, Methode und Praxis. Opladen. Das Buch stellt die umfassendste Einführung in die Theorie, Methode und Praxis der Inhaltsanalyse in deutscher Sprache dar. Es enthält einen sehr guten Überblick über die relevante

Literatur und liefert übersichtliche anwendungsbezogene Beispiele für Inhaltsanalysen. Darüber hinaus wird die methodologische Diskussion auf dem neuesten Stand referiert und z.T. weitergeführt.

Ritsert, J. (1972): Inhaltsanalyse und Ideologiekritik. Ein Versuch über kritische Sozialforschung. Frankfurt. Der Autor versucht in dem Buch, die Methode der Inhaltsanalyse in einem breiteren Rahmen theoretischer und wissenschaftstheoretischer Erörterungen darzustellen, um diese für ein kritisch orientiertes Theorieprogramm (in der Nachfolge der Frankfurter Schule) fruchtbar zu machen; der Lektüre des Textes förderlich sind insofern wissenschaftstheoretische Kenntnisse sowie Kenntnisse soziologischer Theorie.

III. Auswertung sozialer Daten

7. Skalierungsverfahren

Während die Skalierung in den Naturwissenschaften schon lange als Messverfahren verwendet wird (z.B. zu Temperaturmessungen), ist diese Methode erst seit einigen Jahrzehnten in den Sozialwissenschaften gebräuchlich.

Die Skalierung weist den bedeutenden Vorteil auf, dass mit ihrer Hilfe ein hoher Grad an Information gewonnen werden kann. Es wird eine feine Unterteilung und eine große Flexibilität in der Kennzeichnung von nichtnumerischen Erscheinungen erreicht.

7.1 Funktion und Begriffsbestimmungen

Skalierungsverfahren sind Verfahren, die verschiedene Dimensionen qualitativ erfassen und anhand von Skalen quantitativ messen und darstellen sollen.

Das empirisch gewonnene Material wird so aufbereitet, dass es mathematisch und rechentechnisch verarbeitet werden kann.

7.1.1 Begriffe

Dimensionen sind je nach Problemstellung qualitative Bereiche bzw. Verursachungsaspekte eines sozialen Phänomens. Skalierungsverfahren ermitteln nun die verschiedenen Dimensionen von Attitüden, Meinungen und Motiven, indem sie verschiedene Verursachungsfaktoren analysieren, z.B. Wertungen, Präferenzen, Informiertheit (Hartfiel/Hillmann, 1982, S. 141).

Skalen sind Messinstrumente, mit denen die (relative) Größe, Position, das Vorhanden- bzw. Nichtvorhandensein einer wissenschaftlich relevanten Einheit (Dimension) auf einem Kontinuum numerisch, d.h. zahlenmäßig bestimmt werden kann. Gemessen werden nicht die konkreten Phänomene an sich, sondern deren wissenschaftlich begriffliche Eigenschaft. Skalen werden also zur Messung von als „qualitativ" verstandenen Eigenschaften verwendet, d.h. nicht z.B. das Phänomen „Todesstrafe", sondern etwa die Einstellungen zu diesem werden ermittelt und gemessen.

Messen soll hier heißen, dass einer Dimension entsprechend dem ausgewählten Verfahren Zahlen zugeordnet werden.

Der *Index* ist eine Maßzahl in der Sozialstatistik, die das relative Verhältnis mehrerer Zahlen zueinander angibt, z.B. Angaben macht über eine Veränderung von Größenwerten eines ökonomischen und sozialen Merkmals im *Zeitablauf* oder über relative Veränderungen von *verschiedenen* Merkmalen *zueinander*.

7.1.2 Indikator als Grundelement der Skalierung

Indikatoren sind Anzeiger, durch die wir Informationen über Attitüden, Verhaltenserwartungen oder tatsächliches Verhalten der zu untersuchenden Personen oder Gruppen erhalten wollen (z. B. analog der Wasserverdrängung eines Schiffes, die den Indikator für das Gewicht des Schiffes darstellt).

Indikatoren müssen daher alle wesentlichen Merkmale von Attitüden bzw. des Verhaltens umfassen. Dabei unterscheiden sich *subjektive* Indikatoren (Attitüden, Verhaltenserwartungen) von *objektiven* Indikatoren (beobachtetes Verhalten).

Bei der Aufstellung von Indikatoren müssen einige grundsätzliche Bedingungen erfüllt sein:

1. Jeder Indikator soll eindeutig definiert sein, damit er weder vom Forscher noch von den Befragten oder Versuchspersonen missverstanden werden kann, d.h. die Beteiligten müssen präzise wissen, was mit dem Indikator gemeint ist.

2. Indikatoren müssen so beschaffen sein, dass sie die relevanten Aspekte von Verhaltensweisen oder der zu untersuchenden sozialen Tatsache beinhalten; diese Bedingung setzt vorherige soziale Analysen voraus.

3. Indikatoren sollen die befragten Personen gut ansprechen, indem sie möglichst einen hohen „Aktualitätsgrad" haben: Je weniger aktuell die Indikatoren für die Befragten sind, desto mehr „neutrale" Antworten werden wir erhalten. Es ist oft angezeigt, durch Vortests oder Umformulierung von Fragestellungen das Aktualitätsmaß zu steigern.

7.2 Gültigkeit (Validität) und Verlässlichkeit (Reliabilität)

Die *Gültigkeit* ist das Maß für die Brauchbarkeit von Forschungsmethoden, d.h. erheben diese auch tatsächlich das, was mit ihnen festgestellt werden soll? Wir müssen also fragen, ob die Skala das misst, was der Forscher zu messen beansprucht.

Die praktische Prüfung der Gültigkeit erweist sich als sehr schwierig. Wir wollen kurz die Möglichkeiten hierzu aufzeigen:

1. *expert validity* Hier nehmen Experten eine Einschätzung der Gültigkeit der Skala vor.

2. *known groups* Einer Gruppe, bei der man davon ausgeht, dass sie extreme Werte auf der zu messenden Dimension hat, wird die Skala vorgelegt. Unterscheidet sich der Mittelwert dieser Gruppe von dem der zu untersuchenden signifikant, spricht das für die Gültigkeit der Skala.

3. *predictive validity* Diese Prüfung basiert auf der Annahme, dass das Verhalten den Einstellungen entspricht. Die Skala wird als gültig angesehen, wenn die beobachteten Verhaltensweisen mit der anhand der Skala ermittelten Einstellung korrelieren.
4. *construct validity* Bei diesem sehr schwierigen Verfahren stellt der Forscher eine Hypothese auf, die er mithilfe von zwei Skalen überprüft. Die Bestätigung der Hypothesen lässt auf die Gültigkeit der Skalen schließen.

Die *Verlässlichkeit* dient zur Beurteilung der Brauchbarkeit des wissenschaftlichen Instrumentes, das bei wiederholtem Messen immer gleiche Resultate bringen soll.

Verlässlichkeit bedeutet die *Stabilität der Messwerte*. Unter Verlässlichkeit verstehen wir das *Ausmaß der Streuung des Instrumentes bei wiederholtem Messen*.

Die praktische Prüfung der Verlässlichkeit der Skala kann z. B. durch einen *Retest* erfolgen, wobei man die Skala auf dieselben Befragten in einer möglichst gleichen Situation wiederholt anwendet.

Eine weitere Möglichkeit des Messens der Verlässlichkeit besteht in dem *split-half-Verfahren:* Eine fertige Skala wird in zwei gleiche Teile aufgegliedert, wobei die Gesamtheit aller Elemente (Items) der Skala durch Auswahlverfahren oder durch Zufallsauswahl in zwei gleiche Hälften geteilt wird; der Zuverlässigkeitsgrad ergibt sich aus der Korrelation der Messergebnisse der beiden Hälften.

7.3 Klassifizierung der Skalierungsverfahren

Die in der Literatur beschriebenen zahlreichen Skalierungsverfahren lassen sich nach verschiedenen Merkmalen klassifizieren. Folgende Einteilung kann vorgenommen werden:

- Skalen, die bei der Erhebung der Daten gebildet werden, indem die Untersuchungsperson ihre Antworten selbst skalenmäßig einstuft,
- Skalen, welche erst bei der Analyse der Daten aufgestellt werden, d. h. die skalenmäßige Einstufung erfolgt durch den Forscher.

Scheuch ordnet die Skalierungsverfahren nach ihrer historischen Entwicklung (Scheuch/Zehnpfennig, 1974, S. 97 ff., die Steven'schen Skalentypen siehe Abb. 7-1, S. 259).

7.3.1 Messniveau der Verfahren

Es erscheint uns sinnvoll, eine Gliederung nach dem *Messniveau* vorzunehmen. Daraus ergibt sich eine Einteilung nach den Skalentypen:

1. Nominal-Skalen
2. Ordinal-Skalen
3. Intervall-Skalen
4. Relations- bzw. Ratio-Skalen } Kardinal-Skalen

Wir wollen die einzelnen Skalentypen kurz skizzieren:

Bei *Nominal-Skalen* werden diskontinuierliche Folgen von Tatbeständen zahlenmäßig bezeichnet, d.h. identische Zahlenwerte bedeuten identische Position. Die Zahlenwerte machen keine quantitative Aussage, sondern dienen der Bezeichnung sich gegenseitig ausschließender Kategorien.

Mit *Ordinal-Skalen* werden numerische Aussagen gemacht über die *Abfolge* von Tatbeständen zwischen Extrempunkten, d.h. über die *Abfolge der Stärke der gemessenen Eigenschaften*. Die zahlenmäßigen Abstände entsprechen jedoch *nicht* den Abständen der Stärke der gemessenen Eigenschaft.

Bei *Intervall-Skalen* werden die numerischen Werte der einzelnen *Abstände in der Rangfolge* angegeben, d.h. die Abstände zwischen den Zahlenwerten sind *gleich* den Abständen der Stärke der Eigenschaft. Die Verhältnisse der Werte zueinander sind jedoch nicht gleich den Verhältnissen der Stärke der Eigenschaften.

Relations- bzw. Ratio-Skalen (mit absolutem Nullpunkt) bieten die Möglichkeit, *Abstandswerte quantitativ in Beziehung zu setzen*, d.h. die Relationen zwischen den Zahlen entsprechen den Relationen in der Stärke der Eigenschaften (daher auch die Bezeichnung „Relations-Skalen").

Beispiele zu den unterschiedlichen Messniveaus der Skalen:

Nehmen wir an, wir wollen in einem Fragebogen Informationen über das Alter der Probanden erhalten und auf einer Skala abbilden. Die Art und Weise, wie wir das Merkmal ‚Alter' operationalisieren und sodann abfragen, ist mitbestimmend für das erreichbare Messniveau.

1. In welchem Alter sind Sie?:

   im erwerbsfähigen (1)
   im nicht erwerbsfähigen (2)
   keine Angabe (3)

Wir haben also eine geschlossene Frage mit vorgegebenen Antwortkategorien formuliert. Die zugeordneten Ziffern benennen lediglich die unterschiedlichen Merkmalsausprägungen. Möglich sind also nur eine Unterscheidung gleich/ungleich, nicht aber Aussagen über Rang, Abstand oder Verhältnisse der Ausprägungen. Wir erhalten hier ein nominales Skalenniveau.

2. Welcher Altersgruppe gehören Sie an?:

bis 18 Jahre (1)
19 bis 36 Jahre (2)
37 bis 65 Jahre (3)
über 65 Jahre (4)

Diese Antwortkategorien stellen eine Abfolge von Tatbeständen (Merkmalsausprägungen) dar. Wir können neben der Unterscheidung gleich/ungleich aus den zugeordneten Ziffern die Unterscheidung größer/kleiner treffen, das heißt: (2) bedeutet älter als (1).

Möglich sind Aussagen zur Rangfolge, nicht aber zu Abständen und Verhältnissen der Merkmalsausprägungen. Denn der Abstand zwischen (1) und (2) ist nicht gleich dem zwischen (2) und (3), und (4) bedeutet ja nicht doppelt so alt wie (2). Es liegt also ein ordinales Skalenniveau vor.

3. In welchem Jahr sind Sie geboren?:

Geburtsjahr in die Klammern eintragen ( )

Die angegebenen Zahlen (Geburtsjahrgänge) erlauben die Interpretation: Unterschiedliche Zahlen bedeuten verschiedenes Alter (gleich/ungleich), höhere Zahlen geringeres Alter (Rang). Gleiche Abstände zwischen den Zahlen, hier den Geburtsjahrgängen, entsprechen gleichen Abständen im Alter. Verhältnisse können nicht abgelesen werden. Wir bekommen also eine Intervall-Skala. (Durch Umrechnung der Geburtsjahre in Altersjahre könnten wir Ratio-/Relations-Skalenniveau ermitteln.)

4. Wie viele Jahre alt sind Sie?:

Alter in Jahren in die Klammern eintragen ( )

Hier entsprechen die Größenverhältnisse der Zahlen auch den Verhältnissen der Merkmalsausprägungen, und die Antwort 0 ist gleich bedeutend mit „kein Alter in Jahren", sodass wir eine Ratio- bzw. Relations-Skala erreichen (vgl. auch 8.3.2, S. 242 f. und 9.3, S. 285 ff.).

7.3.2 Was wird gemessen?

Die Messungen können sich jeweils beziehen auf:

1. Objekte der Umwelt der Untersuchungseinheit (z.B. Wertschätzung eines Markenartikels durch den Befragten),
2. die Dimension des Untersuchungsobjektes selbst (z.B. bestimmte radikale Einstellungen; autoritärer Typus),
3. das Verhältnis von Untersuchungseinheiten zueinander (z.B. Zusammenhalt von Gruppen, Kohäsionsgrad von „ständischen" Berufsgruppen).

Skalentyp	Nominal-Skala	Ordinal-Skala	Intervall-Skala	Verhältnis-Skala (auch: Ratio-Skala)
empirische Operationen	Bestimmung von Gleichheit und Ungleichheit	zusätzlich: Best. einer Rangfolge, z. B. $x > y > z$	zusätzlich: Intervalle gleich (z.B. $10 - 7 \approx 7 - 4$) willkürlich festgelegter Nullpunkt	zusätzlich: Bestimmung gleicher Verhältnisse $\left(\text{z.B. } \frac{x}{y} \approx \frac{k}{1}\right)$; absoluter Nullpunkt
zulässige Transformationen	Umbenennung	nur: monoton steigende Transformationen	nur: lineare Transformationen: $f'(x) = v + u \cdot f(x)$ (wobei $u > 0$)	nur: Ähnlichkeitstransformationen $f'(x) = u \cdot f(x)$ (wobei $u > 0$)
statistische Maßzahlen (Beispiele)	Häufigkeit, Modalwert	zusätzlich: Median, Quartile, Prozentrangwerte	zusätzlich: arithmetisches Mittel ($\bar{x}$) Standardabweichung (s) Schiefe, Exzess	zusätzlich: geometrisches Mittel, Variationskoeffizient
Zusammenhangsmaße	Kontingenzkoeffizient (C) Vierfelderkoeffizient (Phi)	zusätzlich: Rangkorr. Koeffizient (Spearmans Rho Kendalls Tau)	zusätzlich: Produkt Moment Korrelation (r) Regressionskoeffizient	
Beispiele	Nummerierung von Fußballspielern, Kontonummern, Quantifizierung von dichotomen Merkmalen (z. B. Geschlecht)	Schulnoten, Richter'sche Erdbebenskala, Testrohwerte	Temperatur, (nach Celsius Fahrenheit, Reaumur	Länge, Masse, Zeit, Winkel, (nach Kelvin)

Abbildung 7-1: Übersicht zu den Stevenschen Skalentypen (nach Grubitzsch/Rexilius, 1978, S. 60)

7.4 Wichtige Skalierungsverfahren

7.4.1 Rangordnung und Paarvergleich

Rangordnungsskalen werden insbesondere verwendet zur Messung subjektiver Einschätzungen, Bewertungen von Objekten durch Versuchspersonen oder auch durch Experten. Dabei wird der absolute Maßstab, d.h. die Zahl der zur Verfügung stehenden Rangstufen vorgegeben. Ein klassisches Beispiel bildet die subjektive Wertschätzung von Berufen: Versuchspersonen oder

7. Skalierungsverfahren

-gruppen sollen eine vertikale Ordnung von Berufen nach dem Kriterium des Sozialprestiges aufstellen; jeder von z.B. 15 verschiedenen Berufen muss mit einer Zahl zwischen 1 und 15 belegt werden. Mit zunehmender Menge der zu vergleichenden Berufe wird die Zuordnung schwieriger.

In diesem Falle geht man zu dem sog. Paarvergleich *(paired comparison)* über, einem der ältesten psychologischen Messverfahren, das auf dem von *Thurstone* 1927 aufgestellten „Gesetz der vergleichenden Urteile" basiert. Hier wird der Versuchsperson jedes Mal nur ein Paar zum Vergleich, d.h. jeweils nur zwei Objekte gleichzeitig, zur Beurteilung vorgelegt.

Sind z.B. drei Gegenstände A – B – C zu bewerten, so muss zwischen A und B, A und C, B und C verglichen und jedes Mal einem der Vorrang gegeben werden. Die einzelnen Paarvergleiche werden sodann aufeinander bezogen und somit zu einer Präferenzordnung verdichtet. Aus der Bewertung A vor B, A vor C, B vor C ergibt sich die eindeutige Rangfolge A – B – C.

In der Wirklichkeit erhalten wir jedoch häufig von den Befragten nicht durchgängig konsistente Antworten: Die Antwort in unserem Beispiel könnte auch lauten A vor B, B vor C, C vor A, die allerdings einen Widerspruch in sich birgt, weil der Befragte beim letzten Paarvergleich die Präferenz umgekehrt hat. Die Wahrscheinlichkeit solcher widersprüchlicher Antworten nimmt erfahrungsgemäß mit der Anzahl der Stimuli zu. Auch bei inkonsistenten Antworten sind Auswertungen möglich; jedem Objekt wird dann diejenige Zahl zugeordnet, die angibt, wie häufig dieses Objekt beim Paarvergleich vorgezogen wurde.

Es geschieht nun oft, dass für mehrere Objekte dieselbe Ziffer, also derselbe Platz in der Rangreihe errechnet wird. In diesem Falle „werden sehr viele unterschiedliche ‚wahre' Rangordnungen hypothetisch angenommen. Danach wird ausgezählt, wieviele Inkonsistenzen das vorhandene Datenmaterial bei den verschiedenen hypothetischen Rangordnungen erzeugt. Die Rangordnung, die ein Minimum von Inkonsistenzen aufweist, wird als die richtige erachtet" (Mayntz et al., 1999, S. 49). Bei konsistenten Antworten kommt man zu einer Ordinal-Skala, bei inkonsistenten Antworten erhalten wir (nach *Thurstone*) über eine komplizierte Umformung eine Intervall-Skala.

Paarvergleiche werden vor allem mit Gruppen durchgeführt, die in ihrer Größe und Zusammensetzung je nach Fragestellung nach spezifischen Merkmalen ausgewählt werden. Neben der Ermittlung individueller Präferenzen lassen sich Durchschnittswerte errechnen und Gruppen miteinander vergleichen.

7.4.2 Polaritätsprofil

Die Methode des Polaritätsprofiles *(semantic differential)* haben Osgood (1952) und *Hofstätter* (1956) entwickelt. Sie ist den sog. Assoziationsverfahren zuzuordnen und als eine „Bedeutungsanalyse von Begriffen und Vorstellungen" zu verstehen.

Mithilfe des Polaritätsprofiles lassen sich Einstellungen und Stereotypen erforschen, indem anhand von Eigenschaftsdimensionen geprüft werden kann, welchen Eindruck bestimmte Begriffe oder Objekte der Umwelt auf die befragte Person machen. Es wird zu einem Begriff oder Gegenstand (Stimulus) eine Vielzahl von Eigenschafts-Gegensatzpaaren in Form von Adjektiven (z.B. alt – jung, sauber – schmutzig) aneinander gereiht; diese stehen zu dem Objekt in keinem unmittelbaren sachlichen, jedoch in einem assoziativen Bezug.

Beispiel:

Das soziale Ansehen eines Vorgesetzten soll erkundet und in drei Dimensionen quantitativ dargestellt werden (vgl. Abb. 7-2).

Vorgesetzter (Stimulus)

	+3	+2	+1	0	−1	−2	−3	
fleißig		×						faul
ausgeglichen						×		unruhig
fürsorglich								gleichgültig
hoch								tief
großzügig								kleinlich
gut								schlecht
groß								klein
begabt								unfähig
uneigennützig								egoistisch
sozial								unsozial
hart								weich

Abbildung 7-2: Polaritätsprofil

Wir legen den zu befragenden Personen ein Blatt mit Gegensatzpaaren (Polaritätsskala mit 7 Punkten) vor und der Maßgabe, Einstufungen nach Intensitätsgraden vorzunehmen. Der Befragte soll also den Grad der Assoziation angeben, also die Intensität eintragen, die er bei der Verknüpfung des Stimulus „Vorgesetzter" mit dem jeweiligen Eigenschaftspaar empfindet.

Die äußeren Kästchen bilden die Extremwerte, d. h. der Intensitätsgrad schwächt sich zur Mitte hin ab. Hält die befragte Person den Vorgesetzten für fleißig, aber nur mittelmäßig fleißig, so soll sie in der ersten Zeile links das mittlere Kästchen ankreuzen; ist sie der Ansicht, der Vorgesetzte sei sehr unruhig, so ist in der zweiten Zeile ganz rechts ein Kreuz zu machen.

Bei der faktorenanalytischen Überprüfung von 76 Gegensatzpaaren, die *Osgood* in seine Analyse einbezog, stellte er fest, dass diese hauptsächlich folgende drei Dimensionen messen:

1. Bewertung
2. Stärke
3. Aktivität

Z.B.: Das Gegensatzpaar gut – schlecht misst die Dimension *Bewertung*, das Gegensatzpaar klein – groß die Dimension *Stärke* und das Gegensatzpaar aktiv – passiv die Dimension *Aktivität*.

Bei der Aufstellung der Gegensatzpaare müssen je Dimension gleich viele aufgenommen werden.

Nachdem die Felder auf der sog. Polaritätsskala ausgefüllt worden sind, können die Angaben entweder graphisch durch Aufzeichnen der Polaritätsprofile oder mathematisch-statistisch ausgewertet werden.

Das Profil eignet sich sehr gut zu vergleichenden Untersuchungen, z.B. Selbst-, Fremdeinschätzung. Sollen z.B. Amerikaner und Franzosen das „Bild des Amerikaners" einschätzen, so ergibt sich als graphische Auswertung der Eigenschaftspaare folgende anschauliche Interpretation des Ergebnisses:

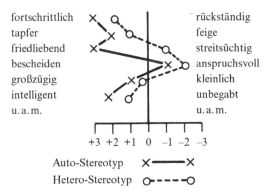

Abbildung 7-3: Graphische Darstellung des Polaritätsprofiles

Die durchgezogene Linie zeigt die Eigenschaften, welche sich die Amerikaner selbst (Auto-Stereotyp), die gestrichelte diejenigen, die die Franzosen den Amerikanern (Hetero-Stereotyp) zuschreiben.

Eine weitere Möglichkeit des Vergleiches besteht darin, denselben Befragten das Polaritätsprofil mit *zwei* Stimuli vorzulegen: Wir legen außer dem Polaritätsprofil mit dem Stimulus „Vorgesetzter", dessen Ansehen wir erkunden wollen, dieselben Gegensatzpaare z.b. mit dem Stimulus „Herrscher" vor.

Man kann die Ergebnisse auch zahlenmäßig ausdrücken: Wir ordnen den Kreuzen des Befragten Zahlenwerte (z.B. 0 bis 6) zu und addieren dann alle Zahlen, die von dem jeweiligen Befragten auf einer Dimension (Bewertung – Stärke – Aktivität) erreicht wurden, sodass sich für jede Dimension eine Summe ergibt. Der Stimulus kann also als Zahlentripel dargestellt werden.

7.4.3 Verfahren der gleich erscheinenden Abstände nach Thurstone

Bei dieser Methode werden zahlreiche Angaben über den Untersuchungsgegenstand bzw. Aussagen (Statements) gemacht und verschiedenen Experten vorgelegt, von denen jeder die Statements in eine elf Intervalle umfassende Skala (von positiv über neutral bis negativ) einordnet: Die Einordnung erfolgt unter dem Gesichtspunkt, welche Einstellung zum Untersuchungsgegenstand sich nach Meinung jedes Experten darin ausdrückt.

Für die eigentliche Untersuchung werden diejenigen Statements ausgewählt, welche von den Experten weitestgehend ähnlich eingeordnet wurden, d.h. deren Plätze auf der Skala die geringste Streuung hatten. Der Mittelwert der Einordnung bildet den Skalenwert eines Statements.

Sodann erhalten die Befragten diese ausgewählten Statements mit der Bitte anzugeben, ob sie dem jeweiligen Statement zustimmen oder nicht zustimmen. Der Mittelwert der Skalenwerte derjenigen Statements, denen der Befragte zustimmt, drückt die Einstellung des Befragten zu dem einzuschätzenden Gegenstand aus.

Die Thurstone-Methode wird heute selten angewendet. Sie ist zwar leicht durchzuführen, weist aber Schwächen, insbesondere durch Selektionen der Sachverständigen-Urteile, auf.

7.4.4 Verfahren der summierten Einschätzungen nach Likert

Auch bei dieser Untersuchungsmethode wird eine große Anzahl Statements aufgestellt, von denen man annimmt, dass sie zu der zu untersuchenden Dimension (z.B. Einstellung zu bestimmten Ereignissen) einen Bezug haben. Diese werden den Befragten unterbreitet zur Beurteilung und Einordnung in folgende Skala:

4	3	2	1	0
stimme stark zu	stimme zu	unentschieden	lehne ab	lehne stark ab

Jeder Antwortmöglichkeit wird eine ganze, rationale Zahl zugeordnet. Die Zuweisung der Zahlen zur Beurteilung muss dabei immer in der gleichen Einstellungsrichtung erfolgen.

Nun muss überprüft werden, ob tatsächlich alle Statements auf der Dimension liegen. Man geht davon aus, dass dieses für die meisten zutrifft, sodass lediglich die herausfallenden Statements zu ermitteln sind.

Hierzu werden die Zahlen jedes Befragten, die seinen Antworten entsprechen, addiert. Jetzt werden zwei Gruppen gebildet: Die erste Gruppe bilden jene 25 % aller Befragten, welche die höchste Summe, und die zweite diejenigen 25 % aller Befragten, die die niedrigste Summe erreichen. Anschließend wird jedes einzelne Statement daraufhin untersucht, ob sich seine Beurteilung durch die erste Gruppe von der der zweiten Gruppe signifikant unterscheidet. Der Mittelwert der für die Antworten stehenden Punktzahlen wird für jede Gruppe einzeln errechnet. In einem statistischen Signifikanztest, üblicherweise dem t-Test, wird überprüft, ob und inwieweit sich die beiden Mittelwerte signifikant voneinander unterscheiden.

Unterscheiden sich die durchschnittlichen Punktzahlen zwischen den beiden Gruppen signifikant, liegt das untersuchte Statement auf der vorher angenommenen Dimension.

Auf diese Weise werden alle Statements untersucht und die mit den höchsten t-Werten für die endgültige Skala ausgewählt. Je nach Sicherheitsniveau darf der t-Wert jedoch einen bestimmten Wert nicht unterschreiten.

Diese Skala wird nun den Personen vorgelegt, deren Einstellung gemessen werden soll. Aus den Antworten jedes Befragten zu den in die endgültige Skala aufgenommenen Statements wird seine Gesamtpunktzahl errechnet. Sie ist ein quantitativer Ausdruck seiner Einstellung.

7.4.5 Skalogramm-Analyse nach Guttman

Die als „Guttman-Scale" geläufige Skalierungstechnik haben *Guttman* und seine Mitarbeiter im Zusammenhang mit sozialwissenschaftlichen Untersuchungen bei den amerikanischen Streitkräften während des Zweiten Weltkrieges entwickelt (Osborn, 1950).

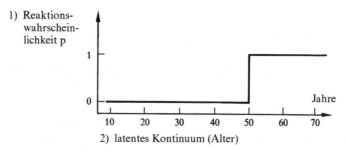

1) durchschnittlicher Reaktionswert 2) Skalenwerte der Befragten

Abbildung 7-4: Monotone, abrupt ansteigende Reaktionskurve

Guttman verfolgte mit seinem Modell die Absicht, eine homogene Skala zu schaffen, die ermöglichen sollte, dass Personen mit gleichen Attitüden bzw. Verhaltensweisen auch ein gleiches Antwortmodell haben. Seine Methode umfasst die Errichtung einer Einstellungs-Mess-Skala, welche sich ausschließlich aus Indikator-Fragen zusammensetzt, die monotone, abrupt ansteigende Reaktionskurven haben. Eine solche Kurve erhalten wir z.B. auf die Frage: „Sind Sie älter als 50 Jahre?"

Diese Frageform teilt die Befragten ein in zustimmende und ablehnende.

Es werden Indikatoren dieses Typs gesammelt, die unterschiedliche Punkte auf dem Einstellungskontinuum repräsentieren, und entsprechend ihrer vermuteten Rangfolge so geordnet, dass jemand, der einer Frage mit „hohem" Rang zustimmt, auch allen folgenden zustimmen müsste. Das wollen wir mit einem einfachen Beispiel veranschaulichen; zur Messung der Einstellung gegenüber ausländischen Arbeitnehmern verwenden wir die folgenden Indikatoren und das folgende Skalogramm:

Indikatoren	Rangordnung d. Befragten			
	1	2	3	4
I. Würden Sie in die Ehe Ihrer Tochter mit einem ausländischen Arbeitnehmer einwilligen?	+	–	–	–
II. Sofern Sie Zimmer vermieten könnten, würden Sie Ihre Zimmer auch an ausländische Arbeitnehmer vermieten?	+	+	–	–
III. Sind Sie der Auffassung, dass ausländische Arbeitnehmer auch Menschen sind wie wir?	+	+	+	–
Einstellungsmaß	3	2	1	0

Abbildung 7-5: Indikatorfragen mit Antworten von vier Befragten

7. Skalierungsverfahren

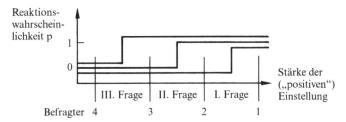

Abbildung 7-6: Das gemeinsame Kontinuum von Indokatorfragen und Befragten

Aus der Einordnung eines Befragten auf der Skala lässt sich ablesen, welche Indikatoren er bevorzugt und welches Verhalten von ihm zu erwarten ist.

Bei der Zusammenstellung der Fragen wissen wir noch nichts über die Rangfolge dieser Fragen; eine solche ist im Voraus nur zu schätzen. Erst die Beantwortung ermöglicht ein Ordnen der Rangfolgen, d.h. man ordnet nun die Fragen so, dass sie für möglichst viele Befragte ein weitestgehend konsistentes Antwortschema ergeben. Fragen, die in das Schema nicht einfügbar sind, werden eliminiert. Die einzelnen Indikatoren werden also in eine Rangordnung gebracht, in der dem positivsten Indikator der erste Rang, dem zweitgünstigsten der zweite Rang etc. zugewiesen wird. Damit erhalten die Indikatoren einen kumulativen Charakter und machen „positive" bzw. „negative" Verhaltensweisen erwartbar.

Es ergeben sich also n Indikatoren mit n Rängen. Stimmt eine Person einem Indikator zu (+), erhält sie einen Punkt, lehnt sie ihn ab (−), wird ihr kein Punkt zugeteilt. Somit gewinnt man für jede Person ein Verhaltenskriterium, welches sich aus der Summe der gewichteten Antworten auf die einzelnen Indikatoren ergibt. Unser Beispiel ist zudem so aufgebaut, dass jede Person, die gegenüber dem ersten Indikator positiv eingestellt ist, auch die beiden anderen Indikatoren mit großer Wahrscheinlichkeit positiv beantworten wird. Die Rangordnung der Antworten resultiert aus dem Einstellungsmaß (Einstellungsmaß 3 = 1. Rang, Einstellungsmaß 2 = 2. Rang etc.).

Unser einfaches Beispiel ist allerdings das eines *Idealmodells*, denn in Wirklichkeit ergeben sich auch inhomogene bzw. widersprüchliche Antworttypen. Eine Anzahl Personen erfüllt die dem Modell zugrunde liegenden Voraussetzungen nicht (z.B. I. +, II. −, III. +).

Je mehr Antwortkategorien vorgegeben sind, desto größer ist die Wahrscheinlichkeit von Abweichungen vom Idealmodell. Zur Beurteilung der Frage nach der prozentualen Abweichung bzw. danach, wie viel Prozent dem Modell entsprechen, dient der so genannte *Reproduzierbarkeitskoeffizient*. Dieser errechnet sich:

$$\text{Rep} = 1 - \frac{\text{Zahl der inkonsist. Antworten}}{\text{Zahl der items} \times \text{Zahl der Befragten}}$$

Wir sprechen nur von einer Guttman-Skala, wenn der Koeffizient mindestens 0,85–0,90 erreicht.

Für jede Person, welche modellentsprechend antwortet, kann die Verhaltenserwartung bzw. das Verhalten anhand ihres Skalenwertes reproduziert werden; bei inkonsistenten Antworten besteht diese Möglichkeit nicht.

Guttman-Skalen finden kaum Verwendung bei mehr als 10 Indikatoren.

7.4.6 Hinweise auf weitere Skalierungsverfahren für komplexere Problemstellungen

Die Forschung befasst sich inzwischen verstärkt mit der Entwicklung mehrdimensionaler Messinstrumente (z.B. *Abelson, Coombs, Lazarsfeld, Osgood*).

Wir können an dieser Stelle nur kurz auf die Verfahren von *Lazarsfeld* und *Coombs* eingehen. Im Übrigen verweisen wir auf die betreffende Spezialliteratur.

Lazarsfeld entwickelte mehrdimensionale Messinstrumente zur quantitativen Analyse politischen Verhaltens. Eine wichtige Weiterentwicklung der Skalogramm-Analyse nach *Guttman* stellt sein Verfahren *Skalierung latenter Strukturen* (Latent Structure Analysis) dar. Diese komplizierte Methode erfordert gute Kenntnisse auf speziellen Gebieten der Mathematik. *Lazarsfeld* wollte das Bedürfnis nach exakter Messung und das nach komplexer Problemstellung miteinander verbinden, ein Anspruch, dem die meisten anderen Verfahren nicht genügten.

Coombs erstellte in den 50er Jahren das Verfahren der *transferierten Rangordnungen* (unfolding technique, ordered metric scales). Seine Methode versucht Elemente der Skalogramm-Analyse auf Rangordnungen anzuwenden. Der entscheidende Vorteil beruht darin, dass bereits im Stadium der Datensammlung eine Rangordnung gebildet werden kann. Die Skalogramm-Analyse und Skalierung latenter Strukturen – als Analysetechniken von Beobachtungsmaterial – können hingegen erst in der Auswertungsphase angewendet werden.

7.5 Zusammenfassung und Ausblick

Bei aller technischen Differenzierung in der Vorgehensweise der verschiedenen angesprochenen Verfahren verbleiben Probleme, die in unterschiedlicher Gewichtung eigentlich für alle zutreffen. Diese beziehen sich sowohl auf die Messgenauigkeit, die Reliabilität, auf die Einschätzungen über die Eindimensionalität und Gleichförmigkeit des Einstellungsbereiches als auch auf die

Interferenz von manifesten Daten auf latente Variablen. Die Vor- und Nachteile der einzelnen Methoden teilen sich auf nach den unterschiedlichen Wegen zur technischen Lösung der Probleme und dem jeweiligen Arbeitsaufwand. Von einem rein schematischen Einsatz einzelner Verfahren ist abzuraten. Der Forscher wird ggfs. einzelne Techniken entsprechend der besonderen Problemstellung kombinieren bzw. gleichzeitig einsetzen müssen: „Je nach der Eigenart des zu erforschenden Einstellungsgebietes, dem Einfallsreichtum für gute Indikatorfragen, der möglichen Skalenlänge, der für die Hypothesenüberprüfung erforderlichen Art der Messung und der später zur Verfügung stehenden Auswertungsmöglichkeiten ... Die präzise Abgrenzung des jeweiligen Einstellungsgebietes, eine sorgfältige Formulierung möglichst relevanter Indikatorfragen und der logisch richtige Einbau der Forschungstechnik in den Untersuchungsplan sind von größerer Bedeutung als die Wahl spezifischer Verfahren, zumal die einzelnen Techniken für die Aufdeckung von Beziehungen auch praktisch alle zu den gleichen Ergebnissen führen" (Roghmann, 1972, S. 701).

Die Anwendung von Skalen in unterschiedlichen Kulturen zu Vergleichszwecken bedarf besonderer Aufwendungen. Es ist den spezifischen kulturellen Gegebenheiten Rechnung zu tragen. Dabei sind zu verwendende Skalen einem sorgfältigen Validierungsverfahren zu unterziehen (Atteslander et al., 1999, insbesondere Kap. 1, S. 23 ff., und Kap. 8, S. 197 ff.). Werden die in einer international vergleichenden empirischen Erhebung erstellten Anomie-Skalen mit wirtschaftlichen und bevölkerungsspezifischen Daten in Beziehung gebracht, bedarf es zusätzlich klarer methodologischer Kriterien, um die Zulässigkeit von Interpretationen abzuklären. Am Beispiel der erhobenen und als subjektiv bezeichneten Anomieskalen hat sich gezeigt, dass weitere theoretische Überlegungen notwendig sind, bevor eine systematische Beziehung mit zahlreich vorhandenen objektiven Indikatoren (z.B. der Weltbank, UNDP-Berichten und nationalen Statistiken) möglich ist.

Anregung zur Selbstkontrolle für die aktiven Leser

1. Was sind *Dimensionen, Skalen* und *Indices*? Welche Funktionen erfüllen sie?
2. Welche Bedeutung hat ein Indikator für die Skalierung? Welche Voraussetzungen müssen bei der Aufstellung von Indikatoren erfüllt sein?
3. Welche Bedeutung hat die Prüfung der *Gültigkeit* (Validität) und der *Verlässlichkeit* (Reliabilität) bei der Skalenkonstruktion? Welche Probleme ergeben sich dabei?
4. Inwieweit unterscheiden sich die Skalierungsverfahren *Rangordnung* und *Paarvergleich* voneinander? Wo liegen jeweils die Grenzen?

5. Welche Gliederung der Skalierungsverfahren ergibt sich nach dem *Messniveau* der Skalen?
6. Sie sollen Einstellungen zu einem *Begriff* bzw. einem *Objekt der Umwelt* erkunden: Wie gehen Sie mithilfe des Polaritätsprofils vor?
7. Welche sind die wesentlichen Merkmale des *Verfahrens der summierten Einschätzungen nach Likert?*
8. Auf welche Weise lässt sich ein *Skalogramm nach Guttman* an einem Beispiel mit 3 Indikatoren und 3 Befragten darstellen?

Weiterführende Literatur

Atteslander, P.; Gransow, B.; Western, J. (Hrsg.) (1999): Comparative Anomie Research. Hidden Barriers – Hidden Potential for Social Development. Aldershot. Dieser Forschungsbericht einer internationalen Gruppe ist ein Beispiel dafür, wie zunächst Konsens über die Konzepte und über Forschungsstrategien erreicht wurde, bevor einzelne Feldstudien durchgeführt wurden. Li et al. berichten über die Konstruktion der Skalen (siehe Kap. 1: Anomie Scales: Measuring Social Instability). Nach Abschluss der Untersuchungen wurde ein eigenes Seminar über die angewandte Epistemologie veranstaltet (siehe Kap. 8, Galtung: On the Epistemology of Anomie Studies: Some Comments).

Bortz, J.; Döring, D. (2006): Forschungsmethoden und Evaluation für Human- und Sozialwissenschaftler, 4. Aufl., Berlin. Kap. 2.3: Untersuchungsplanung: enhält gute Hinweise zu Operationalisierung, Messen und Stichprobe.

Friedrichs, J. (1990): Methoden empirischer Sozialforschung. 14. Aufl., Opladen. In Abschn. 4 (Messinstrumente) wird neben Indizes die jeweilige Skala nach *Likert, Thurstone* und *Bogardus* (Skala der sozialen Distanz) kurz erläutert, im Weiteren die *Guttman-Skala* und das *Polaritätsprofil* ausführlich behandelt.

Heidenreich, K. (1999): Grundbegriffe der Meß- und Testtheorie. In: *Roth, E.; Holling, H.* (Hrsg.): Sozialwissenschaftliche Methoden. 5. Aufl., München, S. 343 ff.

ders. (1999): Entwicklung von Skalen. In: ebenda, S. 407 ff.

Henning, H. J. (1999): Skalierung qualitativer Daten und latenter Strukturen. In: ebenda, S. 479 ff.

Kriz, J. (1983): Statistik in den Sozialwissenschaften. 4. Aufl., Reinbek bei Hamburg. Kap. 1: Grundlagen einer sozialwissenschaftlichen Statistik (Messen und Skalenniveaus).

Kromrey, H. (2006): Empirische Sozialforschung. 11. Aufl., Opladen. Insbes. Kap. 5: Messung und Datenerhebung in den Sozialwissenschaften.

7. Skalierungsverfahren

Mayntz, R.; Holm, K.; Hübner, P. (1999): Einführung in die Methoden der empirischen Soziologie. 5. Aufl., Opladen. Kap. 2: Das Messen. Zunächst erfolgt eine theoretische Abklärung im Abschn. I „Die Grundlagen des Messens" (S. 33 f.). In Abschn. II werden die wesentlichen Skalentypen – zum Teil mit Berechnungen – ausführlich dargelegt (S. 47 ff.) und abschließend in Bezug auf *Zuverlässigkeit und Gültigkeit* (S. 65 ff.) diskutiert.

Schnell, R.; Hill, P. B.; Esser, E. (2005): Methoden der empirischen Sozialforschung. 7. Aufl., München/Wien. Insbes. Kap. 4.3: Messen in der empirischen Sozialforschung.

8. Verwendung mathematischer und statistischer Verfahren in der empirischen Sozialforschung

8.1 Bemerkungen zur Bedeutung mathematischer und statistischer Verfahren in der Sozialforschung

Neurath schreibt im Einführungskapitel zu seinem Buch „Statistik für Sozialwissenschaftler": „Die Geschichte aller modernen Wissenschaften weist eine gewisse Ähnlichkeit in ihren Entwicklungsstadien auf: Auf eine lange Periode von zunächst noch unsystematischer Beobachtung, Spekulation und Verallgemeinerung folgt eine Periode der Zusammenfassung, der Formulierung von scheinbar allgemeingültigen Lehrsätzen und schließlich der Systembildung; darauf folgt eine Periode der Kritik an den Grundlagen der neuen Wissenschaft, verbunden mit der Suche nach neuem Tatsachen- und Beweismaterial, oft mit neuer Begriffsbildung und völlig neuer Betrachtungsweise. Soweit möglich, wird unsystematische Beobachtung durch systematisches Experiment oder experimentähnliche Beobachtung ersetzt, Beweisführung präzisiert durch quantitative Formulierung von Hypothesen und Lehrsätzen und quantitative Analyse von Beobachtungsmaterial. Diese Entwicklung war charakteristisch für die Entwicklung der Naturwissenschaften vom 16. zum 19. Jahrhundert und ist charakteristisch für die der Sozialwissenschaften in den letzten 150 Jahren. Die gegenwärtige Ausbreitung der Statistik in allen Zweigen der Sozialwissenschaften entspricht dem oben angeführten Quantifizierungsstadium" (Neurath, 1966, S. 1).

Das in diesem Zitat angeführte Bemühen, Beobachtungsmaterial zunehmend einer quantitativen Analyse zu unterziehen, hat inzwischen in allen sozialwissenschaftlichen Bereichen zu einer großen Anzahl von Forschungsvorhaben geführt, bei denen mathematische oder statistische Untersuchungen entscheidenden Anteil haben. Insbesondere der Fortschritt auf dem Gebiet der elektronischen Datenverarbeitung hat die Anwendung statistischer Methoden bei empirischen Untersuchungen praktisch jedem interessierten Sozialwissenschaftler möglich gemacht. Doch gerade wegen der leichten Anwendbarkeit immer komplexerer statistischer Verfahren ist zu beklagen, dass der mathematisch-statistische Ausbildungsstand der Forscher oft nicht den eingesetzten Methoden entspricht. Genügende Ausbildung soll hier nicht heißen, dass jeder Sozialwissenschaftler einen großen Teil statistischer Verfahren kennt und ihre mathematischen Herleitungen begriffen hat. Viel wesentlicher ist es, die Grundlagen der mathematisch-statistischen Denkweise wirklich zu verstehen und als taugliches Mittel zur empirischen Überprüfung sozialwissenschaftlicher Theorien zu erkennen. Auf diesem Grundwissen aufbauend ist dann auch die Anwendung komplexerer Verfahren sinnvoll möglich.

Jede Anwendung mathematischer und statistischer Methoden setzt eine Operationalisierung qualitativer Aussagen, d. h. hier: eine Quantifizierung voraus. Dass diese Quantifizierung anders als in den Naturwissenschaften verläuft – in denen oftmals direkte „Messwerte" vorliegen wie z.B. in der Physik –, ist leicht einzusehen. Die Operationalisierung in den Sozialwissenschaften bedeutet beispielsweise auf individueller Ebene das Umsetzen von Meinungen oder Verhaltensweisen, auf gesellschaftlicher Ebene das Umsetzen kultureller oder gesellschaftspolitischer Begriffe in Zahlen.

Als klassisches Beispiel, welches diese Problematik aufzeigt, führt *Etzioni* (1956) die Untersuchung von *L. Richardson* an. Dieser Forscher versuchte abzuklären, ob mit zunehmender militärischer Aufrüstung die nationale Sicherheit steigt oder sinkt. Sowohl Aufrüstung als auch Sicherheit sind qualitative Begriffe. Um sie zu quantifizieren, nimmt er als Maßeinheit der Aufrüstung die Rüstungskosten und als Index der Sicherheit die Anzahl der Kriegsopfer jener Kriege, welche jeweils einer Aufrüstungsperiode folgten. Es ist relativ leicht einzusehen, dass auf diese Art das (an sich sehr vitale) Forschungsproblem nicht lösbar ist. Das Ergebnis der Untersuchung war somit lediglich eine Berechnung, wie viel es kostet, einen Soldaten zu töten.

Vielfach werden in den Sozialwissenschaften Individuen untersucht, um Eigenschaften bestimmter Gruppen aufzuzeigen, oder von Gruppen wird der Schluss auf „Gesamtgruppen" gezogen. Da die untersuchten Menschen oder Gruppen bezüglich der interessierenden Merkmale im Allgemeinen stark variieren und da das Umsetzen qualitativer Daten in Zahlen – wie oben gezeigt – problematisch sein kann, führt die Anwendung der Mathematik und Statistik in den Sozialwissenschaften oft „nur" zu Wahrscheinlichkeitsaussagen. Präzise Formulierungen von Kausalzusammenhängen und exakte Ergebnisse wie in den Naturwissenschaften lassen sich in den Sozialwissenschaften nur äußerst selten treffen.

Ein Beispiel soll das verdeutlichen:

- Wasser besteht aus H_2O-Molekülen, diese wiederum aus zwei Atomen Wasserstoff und einem Atom Sauerstoff. Die Massen des Wasserstoff- und Sauerstoffatoms sind bekannt. Kennt man die Eigenschaften eines Moleküls, so kennt man die Eigenschaften aller Wassermoleküle, heute wie in der Zukunft.

- Wir wollen die Größe deutscher Familien ermitteln. Es genügt hier nicht, nur eine beliebige Familie herauszugreifen; vielmehr ist es sinnvoll, sämtliche deutschen Familien zu erfassen und daraus die durchschnittliche Familiengröße zu errechnen. Wesentlich einfacher ist es natürlich, eine Stichprobe von Familien auszuwählen und – wenn wir diese Familien als stellvertretend für alle deutschen Familien ansehen – die durchschnittliche Familiengröße zu schätzen. Damit wissen wir aber noch lange nicht, ob

8. Verwendung mathematischer und statistischer Verfahren

vielleicht schicht-spezifische Unterschiede bestehen, Unterschiede von Stadt zu Land u. a. m. Auch über die durchschnittliche Familiengröße zu einem späteren Zeitpunkt haben wir damit keine Aussage.

Damit sind wir auf eine wichtige Grenze der statistischen Analyse in den Sozialwissenschaften gestoßen:

- Sie ermöglicht keine absolut gültigen, umfassenden und überzeitlichen Erkenntnisse.
- Ihre Ergebnisse sind immer nur vorläufiger Art, genau begrenzt und relativiert durch die zugrunde gelegten mathematischen Prämissen.

Diese begrenzt gültigen und genau überprüfbaren Erkenntnisse können jedoch, verbunden mit anderen, einen Einblick geben in die fast unüberschaubar gewordenen sozialen Zusammenhänge. So ermöglicht die statistische Analyse zweierlei:

- Sie kann einen Einblick geben in die (oft recht monotone) Konformität von Ideologien, Werthaltungen und Leitideen.
- Auf der anderen Seite kann sie die Erkenntnis und den Nachweis der Unrichtigkeit dieser vorher als selbstverständlich geltenden Überzeugungen erbringen (wenn man sie lässt).

Obwohl es also sinnvoll ist, die Bedeutung der Mathematik und Statistik etwas zu relativieren, sind wir der Auffassung, dass sie heute ein sehr wesentliches Hilfsmittel in der empirischen Sozialforschung darstellen: Das Interesse an operationaler Definition, die Bemühungen um Messung (auch qualitativer Daten), die Bereitschaft zur Anwendung mathematisch-statistischer Verfahren der Erhebung und Auswertung sind untrügliche Zeichen dafür, und sie entsprechen wohl den allgemeinen Forderungen moderner Wissenschaftstheorie. Die extreme neopositivistische Forderung, dass Soziologie (bzw. Sozialwissenschaft) eine Naturwissenschaft sei, brauchen wir damit nicht anzuerkennen.

Es kann natürlich in den folgenden Abschnitten nicht darum gehen, die in der empirischen Sozialforschung verwendeten mathematischen und statistischen Theorien und Modelle sowie ihre Grundlagen und Herleitungen ausführlich und abschließend darzustellen. Der in solchen Verfahren kundige Leser möge daher manche allzu legeren Definitionen und Aussagen dem Zweck des Kapitels angemessen sehen. Ist eine tiefergehende Einarbeitung in bestimmte Methoden beabsichtigt, müssen wir auf die spezielle Fachliteratur verweisen. Unsere Absicht ist es hier vielmehr – im Sinne einer zweckmäßigen Abgrenzung des in diesem Kapitel behandelten Problemkreises –, einige wesentliche Aspekte (vorwiegend statistischer Art) aufzuzeigen, welche sich jedem empirisch tätigen Forscher bei der Planung und Durchführung einer Untersuchung stellen.

8.2 Mathematische Ansätze

Mathematische Ansätze sind in der empirischen Sozialforschung in zweierlei Hinsicht von besonderer Relevanz. Zum einen ist die Mathematik Grundlage aller statistischen Methoden, angefangen bei den elementaren Verfahren der Statistik wie beispielsweise der Berechnung von Mittelwerten oder Häufigkeitstabellen. „Fortgeschrittenere" Mathematik, wie zum Beispiel die Wahrscheinlichkeitsrechnung oder der Umgang mit Funktionen, bildet die notwendige Voraussetzung für die Verfahren der schließenden oder analytischen Statistik. Die Matrizenrechnung ist zum Verständnis von verschiedenen multivariaten statistischen Verfahren – wie z.B. der Faktorenanalyse – unumgänglich. Daher wird auf diese mathematischen Ansätze in diesem Kapitel – wenn auch nur in Ansätzen und zum „Kennenlernen" – eingegangen.

Daneben gibt es andere „Spielarten" der Mathematik, die direkte sozialwissenschaftliche Relevanz haben können. Die Spieltheorie ist ein Beispiel dafür; sie ist nahezu ausschließlich auf gesellschaftliche Probleme zugeschnitten.

8.2.1 Wahrscheinlichkeitstheorie

Eine Grundlage vieler statistischer und mathematischer Methoden ist die Wahrscheinlichkeitstheorie. Sobald das Eintreten bestimmter Ereignisse oder die Beziehung zwischen gewissen Größen nicht mehr deterministisch ist, d.h. genau und eindeutig bestimmbar, spricht man von stochastischen, d.h. zufälligen Beziehungen oder Ereignissen.

Aus dem täglichen Leben kennen wir eine Vielzahl solcher zufälligen Ereignisse, z.B. einen Lottogewinn, das zufällige Herabfallen eines Dachziegels, einen Sechser beim Würfeln. Für manche dieser Ereignisse lassen sich genaue Wahrscheinlichkeiten für das Eintreten des Ereignisses angeben. So ist die Chance für einen Sechser im Lotto ca. 1:14 Mio., die Chance für einen Sechser beim Würfeln 1:6. Es gibt verschiedene Definitionen des Wahrscheinlichkeitsbegriffs; wir erwähnen hier nur die klassische und die statistische Definition.

Klassischer Wahrscheinlichkeitsbegriff:

$$\text{Wahrscheinlichkeit } P(A) = \frac{\text{Anzahl der interessierenden Ereignisse}}{\text{Anzahl aller möglichen Ereignisse}}$$

Damit lässt sich sowohl die Wahrscheinlichkeit des Lottogewinns als auch des Sechsers beim Würfeln bestimmen. Beim Lotto gibt es 13 983 816 verschiedene Möglichkeiten der Kombination von 6 Zahlen, d.h.

8. Verwendung mathematischer und statistischer Verfahren

$$P(\text{Gewinn}) = \frac{1}{13\,983\,816}$$

Beim Würfeln existieren 6 verschiedene Möglichkeiten:

$$P(6) = \frac{1}{6} \sim 0,17.$$

Statistischer Wahrscheinlichkeitsbegriff:

Wahrscheinlichkeit P(A) =

$$\frac{\text{Häufigkeit des Auftretens eines Ereignisses A}}{\text{Häufigkeit des Auftretens aller Ereignisse}} = \frac{f(A)}{n}; \; n \to \infty$$

Ist n endlich (wie in jeder empirischen Untersuchung), so lässt sich P(A) als zulässiger Schätzwert der statistischen Wahrscheinlichkeit betrachten. Sind z.B. von 1 000 Menschen 526 weiblichen Geschlechts, so ist die statistische Wahrscheinlichkeit für die zufällige Auswahl einer Frau

$$P(\text{Frau}) = \frac{526}{1\,000} = 0,526$$

An einem ausführlicheren Beispiel wollen wir zeigen, wie man mit Wahrscheinlichkeiten rechnen kann.

Bei Untersuchungen sozialer Mobilität ist z.B. wissenswert, wie groß die Veränderungen der sozialen Hierarchie zwischen den Generationen sind. Dazu bildet man eine Reihe von Kategorien nach der Stellung im Beruf und untersucht dann für eine bestimmte Berufskategorie des Vaters, in welche Berufe die Söhne gewechselt sind. Nehmen wir an, wir bekommen in einer Stichprobe folgende Zahlen von Berufswechslern (um das Beispiel übersichtlicher zu gestalten, sind hier nur die Zahlen für die Väter aus Berufskategorie 5 angegeben):

So können wir jetzt die Wahrscheinlichkeiten p bestimmen für den Wechsel eines Sohnes in einen anderen Beruf: Wir dividieren die Anzahl der jeweiligen Berufswechsler durch die Gesamtanzahl. So ist z.B. die Wahrscheinlichkeit für einen Berufswechsel zwischen Vater und Sohn vom mittleren Angestellten zum leitenden Angestellten, die Wahrscheinlichkeit für einen Wechsel aus Kategorie 5 in Kategorie 8

$$p_{58} = 4 : 25 = 0,16$$

Kategoriennummer j		1	2	3	4	5	6	7	8	9	
Kategoriennummer i	Beruf des Sohnes / Beruf des Vaters	ungelernter Arbeiter	angelernter Arbeiter	unterer Angest./Beamter	Facharbeiter	mittlerer Angest./Beamter	kleiner Unternehmer	Freiberuflicher	leitender Angest./Beamter	größerer Unternehmer	Summe
1											
2											
3											
4											
5	mittl. Ang./Beamter	2	5	0	2	10	1	1	4	0	25
6											
7											
8											
9											

Abbildung 8-1

Allgemein gibt p_{ij} die Wahrscheinlichkeit für einen Wechsel von Vaterberuf mit Nummer i zum Sohn-Beruf mit Nummer j an. Ist z. B. angegeben, p_{23} sei 0,2, so wissen wir, dass von 10 Vätern, die von Beruf angelernte Arbeiter (Kategorie 2) sind, wahrscheinlich 2 Söhne untere Angestellte oder Beamte (Kategorie 3) werden. Man kann die Wahrscheinlichkeit auch in Prozent angeben: Innerhalb einer Generation wechseln 20 % von Kategorie 2 in Kategorie 3.

Statt der vorhergehenden Tabelle lässt sich nun eine einfachere schreiben, in der nur noch die Kategoriennummern und Wahrscheinlichkeiten erscheinen:

Wahrscheinlichkeiten liegen immer zwischen 0 und 1, wobei p = 1 das sichere Eintreten eines Ereignisses bedeutet und p = 0 das sichere Nichteintreten.

Sehen wir diese Nummern der Berufskategorien als soziale Rangskala an, dann ist sicher von Interesse, wie groß die Wahrscheinlichkeit ist, innerhalb einer Generation auf der sozialen Rangskala zurückzufallen, gleich zu bleiben oder aufzusteigen. Für einander *ausschließende Ereignisse* gilt die Regel, dass

8. Verwendung mathematischer und statistischer Verfahren

Beruf des Vaters	Beruf des Sohnes									
	1	2	3	4	5	6	7	8	9
1									
2									
3									
4									
5	0.08	0.20	0.00	0.08	0.40	0.04	0.04	0.16	0.00
6									
7									
8									
9									

Abbildung 8-2

sich die Wahrscheinlichkeiten addieren lassen. Da jede Berufszugehörigkeit eine andere ausschließt, können wir für die Söhne von mittleren Angestellten/Beamten bestimmen

$p_{\text{sozialer Aufstieg}} = p_{56} + p_{57} + p_{58} + p_{59} = 0{,}24$

$p_{\text{gl. sozialer Rang}} = p_{55} \qquad\qquad\qquad = 0{,}40$

$p_{\text{sozialer Abstieg}} = p_{51} + p_{52} + p_{53} + p_{54} = 0{,}36$

Weiterhin könnte z.B. von Interesse sein, wie groß die Wahrscheinlichkeit ist, dass ein Mann mittlerer Angestellter ist, wenn sein Vater und sein Großvater auch schon mittlere Angestellte waren. Für voneinander *unabhängige Ereignisse* gilt, dass sich die Wahrscheinlichkeit für das gemeinsame Auftreten der Ereignisse durch Multiplikation der Einzelwahrscheinlichkeiten ergibt. Nehmen wir einmal an, die Berufszugehörigkeit von Großvater und Vater seien im statistischen Sinn voneinander unabhängig, so erhalten wir

$p = p_{55} \cdot p_{55} = 0{,}4 \cdot 0{,}4 = 0{,}16$

D.h. 16 % aller mittleren Angestellten haben einen Vater und Großvater mit demselben Beruf. Die Gültigkeit des Ergebnisses muss hier allerdings relativiert werden, da die Berufe von Großvater und Vater sicherlich voneinander abhängig sind.

8.2.2 Matrizenrechnung

Im letzten Abschnitt wurden einige Grundlagen der Wahrscheinlichkeitstheorie dargestellt. In der vorigen Tabelle waren Wahrscheinlichkeiten für einen Berufswechsel von Vater zu Sohn angegeben; genauer spricht man in diesem Fall von *Übergangswahrscheinlichkeiten*. Angenommen wir kennen zu einem bestimmten Zeitpunkt die Berufsverteilung unter den männlichen Bewohnern der BRD. Mithilfe der Matrizenrechnung lässt sich dann die Berufsverteilung nach 1, 2, ... n Generationen bestimmen (vorausgesetzt, man sieht die Übergangswahrscheinlichkeiten für den Berufswechsel für den entsprechenden Zeitraum als konstant an).

		Beruf des Sohnes		
		1	2	3
Beruf des Vaters	1 Arbeiter	0.7	0.2	0.1
	2 Angest./Beamter	0.1	0.8	0.1
	3 Selbständiger	0.1	0.5	0.4

Abbildung 8-3

Ein einfaches Beispiel zur Verdeutlichung (mit der Beschränkung auf drei Kategorien der Stellung im Beruf) wird in der obigen Tabelle angeführt.

Aus einer Statistik lässt sich zusätzlich die Verteilung der erwerbstätigen Männer nach ihrer Stellung im Beruf im Jahr 1977 entnehmen: ca. 50 % Arbeiter, 40 % Angestellte und Beamte und 10 % Selbständige.

Aus der obigen Tabelle kennen wir die Wahrscheinlichkeiten für verschiedene Berufswechsel. Um beispielsweise festzustellen, wie groß der Anteil der Arbeiter nach einer Generation ist, gehen wir folgendermaßen vor:

Von den 50 % Arbeitern 1977 werden 70 % (p_{11} = 0,7) der Söhne wieder Arbeiter; das ergibt in der nächsten Generation einen Arbeiteranteil von 35 % (0,5 · 0,7). Von den 40 % Angestellten 1977 werden 10 % der Söhne Arbeiter, das ergibt nach einer Generation einen Arbeiteranteil von 4 %. Von den 10 % Selbständigen 1977 werden auch 10 % der Söhne Arbeiter; hier ergibt sich eine Generation später ein Arbeiteranteil von 1 %.

Alle drei Arbeiteranteile addiert ergeben nach einer Generation 35 % + 4 % + 1 % = 40 % Arbeiter.

Die Matrizenrechnung ist der mathematische Weg zur Lösung der hier verbal angedeuteten Vorgehensweise; durch Multiplikation des Verteilungsvektors mit der Matrix der Übergangswahrscheinlichkeiten (ohne dass das Rechnen mit Matrizen hier explizit erläutert werden soll)

$$(0.5\ 0.4\ 0.1) \cdot \begin{pmatrix} 0.7 & 0.2 & 0.1 \\ 0.1 & 0.8 & 0.1 \\ 0.1 & 0.5 & 0.4 \end{pmatrix} = (0.4\ 0.47\ 0.13)$$

erhalten wir nach einer Generation eine Berufsverteilung von 40 % Arbeitern, 47 % Angestellten und 13 % Selbständigen. Nach demselben Verfahren lässt sich selbstverständlich auch die Berufsverteilung in den nächsten Generationen bestimmen.[1]

Es ist natürlich nicht sehr realistisch, von längerfristig gleich bleibenden Übergangswahrscheinlichkeiten für einen Berufswechsel auszugehen; kurzfristig, d.h. für zwei oder drei Generationen lassen sich jedoch realistische Ergebnisse erwarten. Auf jeden Fall ist die in diesem Beispiel erwähnte Matrizenrechnung ein wichtiges Hilfsmittel in der empirischen Sozialforschung.

Zur Einarbeitung in die Matrizenrechnung eignen sich entweder spezielle Bücher über das Thema (vgl. Zurmühl, 1964) oder die in den meisten Statistik-Lehrbüchern angeführten Kapitel oder Anhänge über Matrizenrechnung (vgl. z.B. Bortz, 2005).

8.2.3 Andere mathematische Ansätze

8.2.3.1 Funktionen

In den späteren Abschnitten dieses Kapitels werden wir immer wieder auf Funktionen zurückkommen müssen; aus diesem Grund werden sie hier explizit als mathematisches Grundwissen erwähnt.

In einer medizinsoziologischen Untersuchung sei von Interesse, wie die Säuglingssterblichkeit vom Alter der Mütter abhängt. Aus einer Statistik kann man die entsprechenden Zahlen für bestimmte Altersgruppen entnehmen.

Jeder Altersgruppe von Müttern x kann in diesem Fall eindeutig eine Sterblichkeitsziffer y zugeordnet werden, z.B. ist die Altersgruppe von 30–35 durch eine Sterblichkeitsziffer von 0,6 gekennzeichnet. Man kann sagen, y ist eine Funktion von $x : y = f(x)$ oder in einem speziellen Fall: $f(30) = 0,6$ (wenn man für eine Altersgruppe den unteren Wert als Maßzahl nimmt).

---

[1] Für den interessierten Leser sei vermerkt, dass unter der Annahme, dass sich die Übergangswahrscheinlichkeiten mit der Zeit nicht ändern, die Berufsverteilung von Generation zu Generation einer Verteilung zustrebt, die sich stabilisiert, und zwar mit ca. 25 % Arbeitern, 61 % Angestellten und 14 % Selbständigen. Der Anteil der Selbständigen hätte sich schon nach 4 Generationen auf ca. 14 % eingependelt, während die Anteile der Arbeiter und Angestellten langsamer auf den stabilen Wert zu streben.

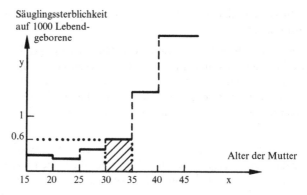

Abbildung 8-4

Der in diesem Beispiel angeführte funktionale Zusammenhang lässt sich graphisch durch eine so genannte *Treppenfunktion* darstellen, wobei sich die Sterblichkeitsziffern nicht durch bestimmte Rechenvorschriften aus dem Alter der Mütter ableiten lassen, sondern aus einer Statistik übernommen werden. Dies ist ein sehr allgemeiner Typ einer Funktion, welcher in den Sozialwissenschaften oft vorkommt.

Eine Annahme wurde in diesem Beispiel bisher stillschweigend übergangen: Spricht man von funktionalen Zusammenhängen, so impliziert man meist eine Aufgliederung in abhängige und unabhängige Variablen. Beispielsweise hängt die Sterblichkeitsziffer von dem Alter der Mütter ab und nicht umgekehrt. Allerdings ist in den Sozialwissenschaften die Definition von abhängigen und unabhängigen Variablen nicht immer problemlos; oft ist nur ein ungerichteter Zusammenhang zwischen Variablen zu postulieren.

Stetige Funktionen besitzen im Gegensatz zu der oben vorgestellten Funktion keine Sprungstellen. Es seien drei Beispiele von stetigen Funktionen vorgestellt.

Der erste Funktionstyp (A) wird in der Literatur allgemein als *linear* bezeichnet (weil er durch eine Gerade dargestellt werden kann). Die Funktionsgleichung, d.h. in diesem Fall eine Geradengleichung, lautet in der allgemeinen Form

$y = f(x) = a + bx$

8. Verwendung mathematischer und statistischer Verfahren

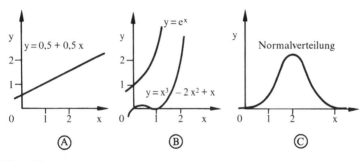

Abbildung 8-5

Im Beispiel A haben die Parameter[2] die Werte a = 0,5 und b = 0,5. Lineare Funktionen sind dadurch gekennzeichnet, dass ein Ansteigen der einen Variablen ein proportionales Ansteigen oder Abfallen der anderen Variablen zur Folge hat.

Verursacht die Änderung einer Variablen eine nichtproportionale Änderung der anderen Variablen, so kann die Funktion nicht mehr als Gerade dargestellt werden, wie in Beispiel B. Es sind hier die polynomialen und exponentiellen Funktionen anzuführen[3], wobei Letztere vor allem bei Wachstumsprozessen zur Anwendung kommen.

Eine große Rolle in der Statistik spielen die Verteilungsfunktionen, auf die später noch genauer eingegangen wird. Im Beispiel C ist eine Normalverteilung dargestellt (genau gesagt ihre Dichtefunktion). An dieser Stelle sei nur erwähnt, dass Verteilungsfunktionen kein neuer Funktionstyp neben linearen, polynomialen oder exponentiellen Funktionen sind, sondern nur durch ihre Anwendung in statistischen Modellen eine Klasse für sich bilden. So kann auch keine allgemeine Funktionsgleichung für Verteilungsfunktionen angegeben werden.

Es muss hier noch darauf verwiesen werden, dass in den Sozialwissenschaften der einfache Zusammenhang zwischen zwei Variablen nicht die Regel, sondern eine Ausnahme darstellt. Im Allgemeinen hängt eine Variable von einer ganzen Reihe von anderen unabhängigen Variablen ab, wobei der einfachste lineare Zusammenhang folgendermaßen aussehen würde:

---

[2] Es soll hier noch einmal kurz der Unterschied zwischen Variablen und Parametern verdeutlicht werden: Parameter sind die Bestimmungsgrößen einer Gleichung, die für einen bestimmten funktionalen Zusammenhang konstant sind, während die Variablen variieren und die „Punkte" der Funktion bestimmen. Die Form und Lage der Funktion ist allein durch die Parameter bestimmt.

[3] Es sei für den interessierten Leser die allgemeine Form solcher Funktionen erwähnt:
Polynomial: $y = f(x) = a_0 + a_1 x + a_2 x^2 + \ldots + a_n x^n$
Exponentiell: $y = f(x) = a^x$

$$y = f(x_1, x_2, \ldots, x_n) = a + b_1x_1 + b_2x_2 + \ldots + b_nx_n$$

So kann man sich z. B. vorstellen, dass sich Geburtenziffern (als abhängige Variable) annähernd aus einer ganzen Anzahl soziostruktureller, demographischer und ökonomischer Variablen bestimmen lassen.

8.2.3.2 Spieltheorie

Mit dem Übergang zu diesem Abschnitt über spieltheoretische Ansätze muss ein großer gedanklicher Sprung gemacht werden. Die Wahrscheinlichkeitstheorie und das Kapitel über Funktionen stellen einen kurzen Abriss von mathematischen Grundlagen dar. Im Unterschied dazu soll mit der Spieltheorie eine mathematische Theorie angesprochen werden, die als eigenständige Methode nahezu ausschließlich auf gesellschaftliche Probleme zugeschnitten ist. Mit ihrer Hilfe wird versucht, rationales, menschliches Entscheidungsverhalten in Konfliktsituationen zu untersuchen und verschiedene Handlungsalternativen aufzuzeigen.

Ein in diesem Rahmen naturgemäß stark vereinfachendes Beispiel soll die elementare Vorgehensweise in der Spieltheorie verdeutlichen:

Zwei Angestellte arbeiten in derselben Position in einem Büro. Beide fühlen sich deutlich unterbezahlt. Da es im Allgemeinen jedoch (auch heute noch) die Norm ist – vor allem unter mittleren und leitenden Angestellten –, nicht über die eigene Bezahlung zu sprechen, hat keine der Angestellten Informationen über das Gehalt der anderen. Aus diesem Grunde ist sich jede unsicher, ob ihre schlechte Bezahlung nicht vielleicht durch im Verhältnis zur Kollegin schlechte Leistungen „gerechtfertigt" ist. Für jede der beiden Angestellten gibt es nun zwei Handlungsalternativen, nämlich die Norm weiter zu befolgen und nicht über den Verdienst zu sprechen oder normverletzend zu handeln und sich über die eigene Bezahlung zu äußern.

Bezeichnen wir die normbefolgende Alternative mit A, die normverletzende mit B. Für jede der 4 (2 × 2) Möglichkeiten der Handlungsentscheidungen kann für jede der beiden Angestellten der daraus resultierende Nutzen annähernd quantitativ angegeben werden. Handeln sie beide nach Alternative A, ändert sich nichts; beide bleiben schlecht bezahlt, was sich durch einen negativen Nutzen von –2 ausdrücken lässt. (Die absolute Größe der Nutzenbewertungen ist nicht entscheidend, vielmehr die richtige Relation der Bewertungen zueinander.) Befolgen beide die Möglichkeit B, so erfahren sie gegenseitig von der schlechten Bezahlung und können aufgrund dieses Wissens mit guten Aussichten eine Gehaltserhöhung fordern, was mit einem positiven Nutzen von 5 bewertet wird. Weiterhin ist es möglich, dass nur eine Person normverletzend handelt, also nach Alternative B, die andere sich aber über ihr Gehalt weiterhin ausschweigt, also normenkonform handelt. Damit erhält sie einen deutlichen Informationsvorteil, der möglicherweise auch in

8. Verwendung mathematischer und statistischer Verfahren

eine Gehaltserhöhung umgemünzt werden kann; sie bewertet ihren Nutzen mit 2. Die andere Person steht nun noch schlechter als vorher, da sie sowohl einseitig Information preisgegeben hat als sich auch durch ihr normverletzendes Handeln sanktioniert fühlt; ihr entsteht ein negativer Nutzen von –3. Die Alternativen und die entsprechenden Nutzenbewertungen lassen sich in einer Tabelle darstellen. Die erste Zahl a in einer Klammer (a, b) gibt immer den Nutzen für Person 1 an, die zweite Zahl b den Nutzen für Person 2.

	Person 2	
Person 1	Über Gehalt nicht sprechen (A)	Über Gehalt sprechen (B)
Über Gehalt nicht sprechen (A)	(–2, –2)	(2, –3)
Über Gehalt sprechen (B)	(–3, 2)	(5, 5)

Es sind nun verschiedene *Strategien* möglich, nach denen die Personen handeln können; zwei einfache Strategien wären in diesem Fall:

- Strategie I: Der Schaden (d. h. der negative Nutzen) soll möglichst gering gehalten werden. Für Person 1 würde das bedeuten: Der größtmögliche Schaden bei Alternative A ist 2 (Nutzen = –2), während er bei Alternative B den Wert 3 annimmt; die Minimierung des Schadens heißt Wahl der Alternative A.
- Strategie II: Der Nutzen soll maximiert werden. Für Person 1 hieße das: Der maximale Gewinn bei A ist 2, bei B 5. Der größtmögliche Gewinn führt zur Alternative B.

Handeln beide Personen nach Strategie I, d. h. befolgen beide die Alternative A, so ergibt sich für beide trotz normenkonformen Handelns ein negativer Nutzen. Handeln sie nach Strategie II, so erlangen beide durch ihr normverletzendes Handeln großen positiven Nutzen.

An diesem Beispiel wird ersichtlich, dass bei der Ermittlung rationalen, menschlichen Entscheidungsverhaltens sowohl persönliche Nutzenbewertungen als auch die individuelle Risikofreudigkeit in die Analyse eingehen. Dabei sollen die Anzahl der teilnehmenden Parteien (der so genannten Spieler) und die Regeln des „Spiels" bekannt sein, das Verhalten der Spieler sollte rational sein. Dies sind die wesentlichen Probleme bei der Anwendung der Spieltheorie auf sozialwissenschaftliche Fragestellungen.

Nichtsdestoweniger ist die Spieltheorie ein taugliches Mittel bei der Beschreibung strategischer sozialer Problemstellungen sowie zur Erforschung des Entscheidungsverhaltens in Kleingruppen. Auch Untersuchungen über Dezentralisierung oder Machtverteilung greifen immer wieder auf spieltheoretische Ansätze zurück. Die Spieltheorie nimmt mit ihrer Anwendungsmöglichkeit auf soziale, politische oder ökonomische Fragestellungen einen festen Platz in den Sozialwissenschaften ein.

8.3 Statistik in der Sozialforschung

8.3.1 Einteilung der Statistik

In der empirischen Sozialforschung geht es vor allem darum, Aussagen über soziales Handeln, Beziehungen, Einstellungen oder Verhaltensweisen zu bekommen. Häufig ist die zu untersuchende Gruppe – die *Grundgesamtheit* – jedoch so groß, dass es notwendig ist, eine *Stichprobe* zu wählen, um aus ihr Rückschlüsse auf die Grundgesamtheit ziehen zu können. Hieraus ergibt sich eine gebräuchliche Einteilung der Statistik:

a) Die *beschreibende Statistik*

Die beschreibende oder *deskriptive* Statistik liefert eine Zusammenfassung und Darstellung der Beobachtungsdaten mithilfe von beschreibenden Maßzahlen und graphischen Darstellungen. Diese Kennwerte und Graphiken beziehen sich nur auf die Untersuchungsmenge. Man kann unterscheiden zwischen

- der Beschreibung einzelner messbarer Beobachtungsdaten (z.B. Alter, Geschlecht, soziale Herkunft) mithilfe von Verhältniszahlen, Prozentwerten, Häufigkeitsverteilungen, Mittelwerten, Streuungsmaßen u.a.m. und
- der Beschreibung des Zusammenhangs mehrerer Merkmale (z.B. der Zusammenhang zwischen Schulnoten und sozialer Herkunft) mithilfe von Messreihen oder Auszählungen. Dabei können Richtung, Größe und Struktur des Zusammenhangs bestimmt und durch Maßzahlen ausgedrückt werden (z.B. Korrelationskoeffizienten, Regressionsgeraden, Kontingenztabellen).

b) Die *schließende Statistik*

Die schließende Statistik (auch *analytische* Statistik genannt) ermöglicht die objektive Überprüfung von Hypothesen. In der empirischen Sozialforschung sind dies meist Hypothesen, die, auf eine Grundgesamtheit bezogen, mithilfe einer Stichprobe getestet werden sollen. Die beschreibenden Kennwerte und Charakteristika der Stichprobe sollen Aussagen über die entsprechenden Werte der Grundgesamtheit erlauben, wobei diese Rückschlüsse mit Unsicherheit behaftet sind und diese Unsicherheiten mithilfe der Wahrscheinlichkeitstheorie quantifiziert werden können. Somit ergeben sich für die Überprüfung der Hypothesen wahrscheinlichkeitsbehaftete Aussagen über die Validität der Hypothese für die Grundgesamtheit. Die Art und Größe der Stichprobe ist hierbei von deutlichem Einfluss auf die Wahrscheinlichkeit der Verifizierung oder Falsifizierung einer Hypothese.

8.3.2 Statistische Merkmale und Messniveau

In einer empirischen Untersuchung stellt sich die Frage, wieweit die Leistungen der Studenten an deutschen Hochschulen mit ihrer sozialen Herkunft in Zusammenhang stehen. Die Leistungen werden mithilfe der Klausur- und Prüfungsnoten beurteilt, die soziale Herkunft soll durch Beruf und Einkommen der Eltern determiniert werden. An diesem Beispiel werden einige statistische Begriffe erläutert:

- Sämtliche Studierenden an deutschen Universitäten bilden die *Grundgesamtheit*.
- Jeder einzelne Student bildet eine *Untersuchungseinheit*.
- Das Geschlecht, die Leistungen, die Berufe der Eltern etc. werden als *Merkmale* der Untersuchungseinheiten bezeichnet.
- Die Messung, d.h. Quantifizierung oder Qualifizierung dieser Merkmale ergibt die *Merkmalsausprägungen*.
- Die aufgrund einer zufälligen Auswahl (die Bedeutung der Zufälligkeit in diesem Zusammenhang wird später erläutert, S. 274 ff.) untersuchte Teilmenge von Studenten wird als *Stichprobe* bezeichnet.

Grundsätzlich ist es wichtig, *qualitative* und *quantitative* Merkmale zu unterscheiden. Qualitative Merkmale in unserem Beispiel sind etwa Geschlecht, Beruf der Eltern. Quantitative Merkmale wären Alter der Studenten, Noten, Einkommen der Eltern, wobei hier schon das Problem des Messens der Merkmale deutlich wird. Die Leistungen eines Studenten sind eigentlich eine qualitative Größe, die durch die Noten in Prüfungen operationalisiert werden. Wie „gut" diese Quantifizierung ist, d.h. ob durch die Quantifizierung ein möglichst geringer Informationsverlust erreicht wird, bleibt der Beurteilung des Wissenschaftlers vorbehalten.

Um die verschiedenen Messniveaus bzw. die Skalierung bezüglich der einzelnen Merkmale deutlich zu machen, wird wieder unser Beispiel herangezogen:

- Geschlecht (männlich = 1, weiblich = 2)
- Alter (in Jahren)
- Semesterzahl
- Studienfach (Anglistik = 1, ..., Zoologie = 63)
- Art der studienbegleitenden Prüfungen (Schein = 1, ..., Doktorprüfung = 12)
- Leistung (Noten: 1–5)
- Beruf des Vaters (ungel. Arbeiter = 1, angel. Arb. = 2, unt. Angest./Beamter = 3, ...)
- Beruf der Mutter
- Einkommen der Familie.

Die Merkmalsausprägungen wurden in disjunkte Klassen eingeteilt und jeder Klasse eine natürliche Zahl zugeordnet. Die einfachste Form des Messens, d.h. das niedrigste Messniveau tritt auf, wenn es ohne Bedeutung ist, welche Zahl den Klassen zugeordnet ist, d.h. unterschiedliche Zahlen nur unterschiedliche Klassen kennzeichnen. In dem Beispiel trifft dies auf das Geschlecht, das Studienfach und die Prüfungen zu. Es ist hier z.b. unerheblich, ob ‚männlich' mit 1 und ‚weiblich' mit 2 codiert wird oder ‚männlich' mit 6 und ‚weiblich' mit 3. Derartige Skalen werden als *Nominal-Skalen* bezeichnet.

Lässt sich anhand der Zahlenzuordnungen eine Rangordnung der Klassen angeben, so spricht man von *Ordinal- oder Rang-Skala*. Man kann die Einteilung der Berufe als solche Skala bezeichnen, wenn der Forscher diese berufliche Abstufung des sozialen Ranges theoretisch begründet. So lässt sich z.b. sagen, dass die Einordnung des Vaters in die Kategorie ‚unterer Angestellter' oder ‚Beamter' diesen im sozialen Rang höher einstuft als einen ungelernten Arbeiter (G 1).

Geben zusätzlich zu dieser Rangordnung die Differenzen zwischen den Merkmalsausprägungen den Unterschied zwischen den Klassen an und lassen sich diese Unterschiede vergleichen, so spricht man von einer *Intervall-Skala*. Die Noten der Studenten bilden eine solche Skala. Die Notenabstände geben annähernd den Leistungsunterschied an (was allerdings in der statistischen Literatur nicht unumstritten ist, zur Verdeutlichung in diesem Beispiel simplifizierend so angenommen wird). Kennzeichnend für Intervallskalen ist auch, dass Werte definiert sind, die zwischen den festen Punkten der Skala liegen, z.b. die Note 3,3. Addition und Subtraktion sind auf diesem Messniveau erstmalig erlaubt, d.h. es können z.b. sinnvolle Mittelwerte gebildet werden.

Existiert zusätzlich ein absoluter Nullpunkt, wie z.b. bei dem Alter, der Semesterzahl oder dem Einkommen der Familie, so spricht man von einer *Ratio-Skala*. Auf diesem Messniveau sind erstmalig Multiplikation und Division sinnvoll. So lässt sich z.b. sagen, ein 40-jähriger ist doppelt so alt wie ein 20-jähriger; dagegen ist es wenig sinnvoll, jemanden mit der Note 4 als doppelt so schlecht wie jemanden mit der Note 2 zu beurteilen.

Man sollte sich bei der Anwendung statistischer Verfahren immer bewusst sein, welches Messniveau die Daten haben. Die meisten sozialwissenschaftlichen Messskalen müssen als Ordinalskalen eingestuft werden, erreichen mit Einschränkungen jedoch oft auch Intervallskalenniveau.

Man sollte noch kurz auf die Gliederung der Merkmale in *diskrete* und *stetige* Merkmale eingehen; hat ein Merkmal nur ganzzahlige oder anders abgestufte Ausprägungen (wie z.b. Alter oder Notenstufen), spricht man von diskreten Variablen. Stetige oder kontinuierliche Variablen können beliebig fein und genau gemessen werden (z.b. Zeit, Länge, Gewicht).

8.4 Beschreibende Statistik

8.4.1 Darstellung von Häufigkeiten

Bei der Erhebung des monatlichen Bruttoeinkommens von 200 männlichen Arbeitern eines Betriebes ergaben sich Bruttolöhne von 1200 Euro bis 3200 Euro. Da die Löhne genau erfasst wurden, und genau gleicher Verdienst kaum vorkommt, wurden wegen der besseren Übersichtlichkeit der Verteilung Kategorien gebildet. In der Tabelle sind die Kategorienhäufigkeiten angegeben.

Diese Kategorien mit ihren Häufigkeiten lassen sich jetzt in einem *Histogramm* darstellen.

In solch einem Histogramm sind die Höhen der Rechtecke proportional den Kategoriehäufigkeiten. Ein Histogramm eignet sich vor allem zur Darstellung einer diskreten Variablen.

Kategorie i	Bruttoverdienst von … bis …	abs. Häufigkeit f_i	rel. Häufigkeit in %	kumulierte abs. Häufigkeit	kumulierte rel. Häufigkeit
1	1200–1600	8	4	8	4
2	1600–2000	46	23	54	27
3	2000–2400	68	34	122	61
4	2400–2800	64	32	186	93
5	2800–3200	14	7	200	100
		Σ = 200	Σ = 100		

Abbildung 8-7

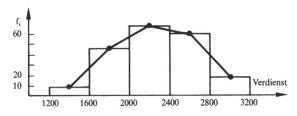

Abbildung 8-8

Um eine stetige Variable zu kennzeichnen (wie in unserem Beispiel), lässt sich auch eine andere Darstellungsart anwenden. Man konstruiert einen Linienzug, der durch die Punkte geht, die jeweils durch die Kategorienmitte und die Kategorienhäufigkeit bestimmt sind. Ein solcher Linienzug wird *Polygon* genannt. Durch dieses Polygon erhält man ein Bild von der Verteilungsform der Daten.

Bei der Darstellung von Häufigkeitsverteilungen ist es wesentlich darauf zu achten, wie viel Kategorien bestimmt werden (und damit auch die Kategorienbreite). Durch zu wenige Kategorien wird Information verschenkt, zu viele Kategorien mindern die Übersichtlichkeit. In verschiedenen Statistikbüchern sind für eine sinnvolle Kategorienbildung Hinweise gegeben (z.B. Bortz, 1999).

Es soll noch eine graphische Darstellungsform erwähnt werden, die sich zur Veranschaulichung von nominalskalierten Daten eignet – das *Kreisdiagramm*. Die Aufteilung der weiblichen Erwerbspersonen nach ihrer Stellung im Beruf 1978 ergibt folgendes Bild:

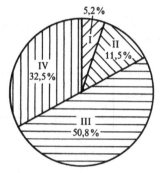

I = Selbständige
II = mithelf. Familienang.
III = Beamtinnen und Angest.
IV = Arbeiterinnen

Abbildung 8-9

Der Winkel des Kreissektors i ergibt sich durch folgende Formel:

$$\text{Winkel i} = \frac{\text{Prozentwert} \cdot 360°}{100}$$

8.4.2 Statistische Maßzahlen

Die wichtigsten statistischen Maßzahlen sind Maße der zentralen Tendenz oder einfacher *Mittelwerte* sowie *Streuungsmaße*, welche angeben, wie stark die Merkmalsausprägungen um einen Mittelwert streuen, sowie Maße für den Zusammenhang von Variablen, im Allgemeinen *Korrelationswerte*. Man unterscheidet folgende Mittelwerte:

a) Der *Modus* oder Modalwert einer Verteilung wird durch die Kategorie mit der größten Kategorienhäufigkeit bestimmt. Als Modus wird die Kategorienmitte dieser Kategorie angenommen.

Bei einer diskreten Variablen, bei der keine Kategorien gebildet wurden, ist der Modus der am häufigsten vorkommende Wert. Für kontinuierliche Variablen ist der Modus *keine* sinnvolle Maßzahl.

b) Der *Median* ist der Wert, der eine Häufigkeitsverteilung in zwei gleich große Hälften teilt (d.h. „über" und „unter" dem Median befinden sich gleich viele Beobachtungswerte). Für diskrete, mindestens ordinal skalierte, nicht gruppierte Variablen ist der Median leicht zu ermitteln; sind nur Kategorienhäufigkeiten gegeben, kann der Median nur etwas umständlich als Schätzwert bestimmt werden.

c) Das *arithmetische Mittel* als gebräuchlichstes Maß der zentralen Tendenz gibt das an, was umgangssprachlich als „Durchschnitt" bezeichnet wird. Allgemein wird das arithmetische Mittel $\bar{x}$ berechnet nach:

$$\bar{x} = (x_1 + x_2 + \ldots + x_n) : n = \frac{1}{n} \sum_{i=1}^{n} x_i$$

Für diskrete, ungruppierte Variablen ergibt sich

$$\bar{x} = n = \frac{1}{n} \sum_{i=1}^{k} x_i \cdot f_i$$

wobei k die Anzahl der vorkommenden Merkmalsausprägungen ist, und die Häufigkeit der Merkmalsausprägung i.

Für gruppierte Daten gilt dieselbe Formel; für die x_i werden die Kategorienmitten eingesetzt.

Für Nominaldaten ist das arithmetische Mittel kein sinnvoller Wert.

An einem einfachen Beispiel sollen diese Mittelwerte bestimmt werden. Bei einer Schulklasse mit 30 Kindern ergaben sich folgende Deutschnoten:

Noten x_i	Häufigkeit f_i
1	3
2	6
3	7
4	8
5	4
6	2

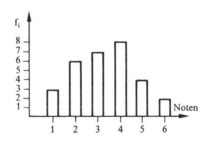

Abbildung 8-10

Der Modus ist der häufigste Wert, d.h. die Note 4. Der Median ist die Note des 15. besten Schülers, d.h. die Note 3. Das arithmetische Mittel errechnet sich nach

$$\bar{x} = \frac{1}{30} \cdot (1 \cdot 3 + 2 \cdot 6 + 3 \cdot 7 + 4 \cdot 8 + 5 \cdot 4 + 6 \cdot 2) = 3{,}33$$

Allgemein gilt, dass die drei Mittelwerte nicht übereinstimmen.

Nehmen wir eine Vergleichsklasse mit ebenfalls 30 Schülern mit folgenden Deutschnoten:

Noten x_i	Häufigkeit f_i
1	7
2	5
3	5
4	3
5	4
6	6

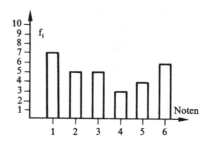

Abbildung 8-11

so ist der Notendurchschnitt (das arithmetische Mittel) wie oben, nämlich 3,33. Es ist jedoch deutlich zu erkennen, dass die Noten ganz anders um den Mittelwert $\bar{x}$ verteilt sind. Ein Maß, dass die Variabilität der Messwerte misst, ist die *Varianz* s^2. Sie wird berechnet, indem die quadrierten Abweichungen der einzelnen Messwerte vom Mittelwert aufsummiert werden und durch die Anzahl der Werte geteilt wird; die Varianz ist also die durchschnittliche quadrierte Abweichung vom Mittelwert.

$$s^2 = \frac{1}{n} [(x_1 - \bar{x})^2 \cdot f_1 + (x_2 - \bar{x})^2 \cdot f_2 + \ldots + (x_n - \bar{x})^2 \cdot f_n] =$$

$$= \frac{1}{n} \sum_{i=1}^{k} (x_1 - \bar{x})^2 \cdot f_i$$

Für kontinuierliche, nicht gruppierte Daten gilt:

$$s^2 = \frac{1}{n} \sum_{i=1}^{n} (x_i - \bar{x})^2$$

Die Varianzen der Werte der beiden Schulklassen sind

$$s_I^2 = \frac{1}{30} [(1 - 3{,}33)^2 \cdot 3 + (2 - 3{,}33)^2 \cdot 6 + \ldots$$

$$+ (6 - 3{,}33)^2 \cdot 2] = 1{,}88$$

$$s_{II}^2 = \frac{1}{30} [(1 - 3{,}33)^2 \cdot 7 + (2 - 3{,}33)^2 \cdot 5 + \ldots$$

$$+ (6 - 3{,}33)^2 \cdot 6] = 3{,}42$$

8. Verwendung mathematischer und statistischer Verfahren

Man erkennt nun deutlich, dass die Varianz der zweiten Klasse deutlich größer ist; da dieses quadratische Maß aber schlecht interpretierbar ist, ist es sinnvoll, durch Berechnung der Wurzel ein annähernd lineares Maß zu bestimmen, nämlich die *Standardabweichung* oder, vereinfacht gesagt, die *Streuung*.

$$s = \sqrt{s^2}$$

In unserem Beispiel ergeben sich als Streuungen bei den beiden Vergleichsklassen:

$$s_I = \sqrt{1{,}88} = 1{,}37; \quad s_{II} = \sqrt{3{,}42} = 1{,}85$$

Die Streuung, die man als durchschnittliche Abweichung bezeichnen kann (durch die vorherige Quadrierung werden größere Abweichungen allerdings überproportional berücksichtigt), ist in der zweiten Klasse deutlich größer; durchschnittlich weichen die Noten um 1,85 vom Mittelwert ab, gegenüber 1,37 in Klasse I.

Will man statistische Maßzahlen für sehr große Grundgesamtheiten ermitteln und es werden Stichproben gezogen, so bezeichnet man den Mittelwert der Grundgesamtheit mit μ und die Varianz mit σ^2, während die aus Stichproben ermittelten Schätzwerte wie bisher $\bar{x}$ und s^2 genannt werden. Allgemein muss für Stichproben bei der Berechnung von s^2 der Bruch $\frac{1}{n}$ durch $\frac{1}{n-1}$ ersetzt werden, um methodisch bedingte Verzerrungen auszugleichen. Die Stichprobenvarianz als Schätzwert für die Grundgesamtheit ist also

$$s^2 = \frac{1}{n-1} \sum_{i=1}^{n} (x_i - \bar{x})^2$$

Die Standardabweichung s ist wiederum die Wurzel aus s^2.

8.4.3 Korrelation und Regression

Bei den bisher betrachteten Problemen wurden ein bzw. mehrere isolierte Merkmale untersucht. Mehrere Merkmale gleichzeitig zu betrachten und die Zusammenhänge zwischen ihnen zu analysieren, ist Aufgabe der *Korrelations- und Regressionsanalyse*.

Studenten	Einkommen der Eltern x_i	Prüfungsnoten y_i
1	1060,–	4,0
2	4920,–	1,3
3	1460,–	4,7
4	3240,–	2,7
5	4130,–	2,0
6	2400,–	5,0
7	2570,–	3,3
8	3580,–	2,0
9	3140,–	3,3
10	5500,–	1,7

Abbildung 8-12

Um dies zu verdeutlichen wollen wir auf das Beispiel zurückgreifen, in dem nach dem Zusammenhang zwischen den Leistungen eines Studenten und dessen sozialer Herkunft gefragt wurde. Eine Dimension der sozialen Herkunft ist das Einkommen der Eltern der Studenten. In einer Stichprobe der Größe n = 10 ergeben sich die in der obigen Tabelle aufgeführten Werte.

Die Mittelwerte sind $\bar{x} = 3200,-$ und $\bar{y} = 3,0$

Die Werte lassen sich in einem so genannten *Streudiagramm* aufzeichnen, in dem jeder Punkt durch ein Wertepaar (x_i, y_i) bestimmt wird.

8.4.3.1 Korrelation

Aus dem Diagramm wird deutlich, dass gute Noten anscheinend mit relativ hohem Einkommen der Eltern zusammenfallen und umgekehrt. Besteht ein solcher Zusammenhang wie hier gezeigt, d.h. kleine y-Werte (gute Noten) entsprechen großen x-Werten (hohes Einkommen), so heißen die Merkmale *negativ korreliert*. Entsprechen große x-Werte großen y-Werten, so spricht man von *positiver Korrelation*. Eine Maßzahl für die Eindeutigkeit des linearen Zusammenhanges ist der *Korrelationskoeffizient r*, der maximal den Wert +1 für extrem positive Korrelation und minimal den Wert von –1 für extrem negative Korrelation annehmen kann. Der Betrag von r ist umso kleiner, je geringer der lineare Zusammenhang zwischen den Merkmalen ist.

8. Verwendung mathematischer und statistischer Verfahren

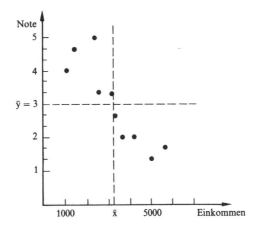

Abbildung 8-13

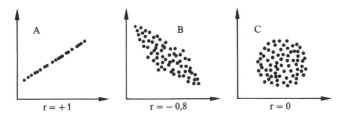

Abbildung 8-14

In unserem Beispiel ergibt sich ein Korrelationskoeffizient[4] von r = − 0,87, was auf einen deutlichen linearen Zusammenhang zwischen Einkommen und Prüfungsnoten hinweist. Dieser Korrelationskoeffizient allein sagt allerdings noch nichts über kausale Zusammenhänge aus, weder über die Stärke noch über die Richtung. Ohne theoretische Fundierung lässt sich z. B. nicht behaupten, niedriges Einkommen der Eltern bedinge schlechte Prüfungsleistungen eines Studenten. So könnten nämlich hinter den Variablen Einkommen und Prüfungsleistungen andere Merkmale stecken, die beide Variablen bedingen, so z. B. die Intelligenzquotienten der Elternteile. Der Zusammenhang zwischen Einkommen und Prüfungsleistungen wäre dann in kausaler Betrachtungsweise nicht mehr gegeben.

---

4 Der hier angesetzte Korrelationskoeffizient von Bravais-Pearson für Daten auf mindestens Intervallskalenniveau ergibt sich aus:

$$r = \frac{\sum_{i=1}^{n}(x_i - \bar{x}) \cdot (y_i - \bar{y})}{\sqrt{\sum_{i=1}^{n}(x_i - \bar{x})^2 \cdot \sum_{i=1}^{n}(y_i - \bar{y})^2}}$$

8.4.3.2 Regression

Der Korrelationskoeffizient gibt uns Auskunft über die „Stärke" des linearen Zusammenhanges zweier Merkmale. Ist der Betrag des Korrelationskoeffizienten hoch, so heißt das demnach, dass der Punkteschwarm recht gut einer linearen Funktion, d.h. einer Geraden, angenähert werden kann. Die *Regressionsanalyse* ist das Hilfsmittel, solch eine *Regressionsgerade* zu finden. Aus der allgemeinen Geradengleichung

$$y = a + bx$$

ist schon ersichtlich, dass die Regressionsanalyse explizit von einer unabhängigen (x) und einer abhängigen Variablen (y) ausgeht. Die Gerade, d.h. die Parameter a und b werden nun so bestimmt, dass die Summe der quadrierten Abweichungen der Punkte von der Geraden minimiert wird. Für das Beispiel ergibt sich folgende Regressionsgerade[5]

$$y = 5{,}527 - 0{,}00079x$$

Im Streudiagramm lässt sich diese Gerade nun einzeichnen (der Schnittpunkt mit der y-Achse ist a = 5,527, die Steigung ist b = – 0,00079, siehe folgende Abb.).

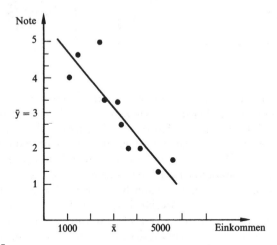

Abbildung 8-15

---

5 Die Berechnung ergibt sich durch folgende Formeln

$$b = \frac{\sum\limits_{i=1}^{n}(x_i - \bar{x}) \cdot (y_i - \bar{y})}{\sum\limits_{i=1}^{n}(x_i - \bar{x})^2}$$

$$a = \bar{y} - b\bar{x}$$

Mithilfe der Regressionsgeraden lassen sich nun auch Schätzungen bestimmter Noten aus dem Einkommen der Eltern vornehmen, natürlich nur für Notenstufen zwischen 1 und 5. (Wie weit dieses Vorgehen sinnvoll ist, soll an dieser Stelle nicht diskutiert werden.) Die statistische Sicherheit, mit der ein solcher Schluss möglich ist, lässt sich unter zusätzlichen statistischen Annahmen ebenso bestimmen wie die Wahrscheinlichkeit, dass die Abweichungen von der Regressionsgeraden zufällig sind.

Aus der Steigung b und den Standardabweichungen der Variablen x und y lässt sich wiederum der Korrelationskoeffizient bestimmen nach der Formel

$$r = b \cdot \frac{s_x}{s_y}$$

$$s_x = \sqrt{\frac{1}{9} \sum_{i=1}^{10} (x_i - 3200)^2} = \sqrt{1989666{,}67} = 1410{,}56$$

$$s_y = \sqrt{\frac{1}{9} \sum_{i=1}^{10} (x_i - 3)^2} = \sqrt{1{,}64} = 1{,}28$$

$$r = -0{,}00079 \cdot \frac{1410{,}56}{1{,}28} = -0{,}87$$

Unter Umständen ergeben sich aus Streudiagrammen auch Vermutungen über Zusammenhänge, die nicht linear, sondern polynomial oder exponentiell sind.

Z.B. könnte sich für den Zusammenhang zwischen Einkommen und Miete folgendes Streudiagramm ergeben:

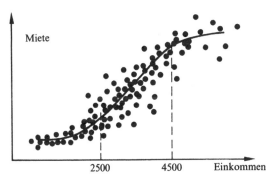

Abbildung 8-16

In diesem Fall lässt sich jedoch für einen bestimmten Bereich (Einkommen: 2500–4500 Euro) ein linearer Zusammenhang annehmen und durch eine Regressionsgerade approximieren.

Sind andere, deutlich nichtlineare Zusammenhänge zu vermuten, so sollten nichtlineare Korrelations- bzw. Regressionsanalysen durchgeführt werden (vgl. Bortz, 2005).

8.4.4 Theoretische Häufigkeitsverteilungen

In diesem Abschnitt müssen wir am Anfang kurzzeitig den direkten Bezug auf die empirische Sozialforschung aufgeben, da die hier angeführten Häufigkeitsverteilungen grundsätzlich mathematische Konstrukte sind. Ihre Anwendungsmöglichkeiten in der Empirie sind allerdings vielfältig.

Verschiedene Ereignisse können nur in zwei Alternativen auftreten, z. B. bei einem Münzwurf „Kopf" und „Zahl", gerade und ungerade Zahl beim Würfelwurf oder das Geschlecht „männlich" und „weiblich" bei der zufälligen Auswahl eines Menschen aus einer größeren Menge; das letzte Beispiel wollen wir im Folgenden fortführen.

Für eine beliebige zufällige Stichprobe der Größe n lässt sich berechnen, wie groß die Wahrscheinlichkeit für das Auftreten eines bestimmten Prozentsatzes an Männern oder Frauen in dieser Stichprobe ist (ohne dass der Leser das in diesem Rahmen nachzuvollziehen braucht). Als Prozentanteile der Frauen (für Männer gilt das Äquivalente) sind nur n + 1 diskrete Werte möglich; z. B. bei einer Stichprobe von 2 Personen 0 % (= keine Frau), 50 % (= 1 Frau) oder 100 % (= 2 Frauen); bei einer Stichprobe von 10 Personen 0 %, 10 %, ..., 100 %. Für diese beiden Beispiele lassen sich die Wahrscheinlichkeitsverteilungen angeben; die Verteilung der Männer und Frauen in der Grundgesamtheit sei 50 : 50.

Aus dem rechten Diagramm kann man z. B. ablesen, dass die Wahrscheinlichkeit für beispielsweise genau 50 % Frauen in der Stichprobe mit 10 Personen knapp 0,25 ist.

Die hier vorliegende diskrete Wahrscheinlichkeitsverteilung wird *Binomialverteilung* genannt; in dem vorgestellten Fall handelt es sich um eine symmetrische Binomial-Verteilung, da die Wahrscheinlichkeiten für die beiden alternativen Ereignisse genau 0,5 waren.

Eine Ausdehnung der Stichprobe mit n $\to \infty$ oder, um auf ein voriges Beispiel zurückzukommen, eine unendlich große Zahl von Münzwürfen führen von einer symmetrischen Binomialverteilung zu einer kontinuierlichen Verteilung: der Normalverteilung. Da es hierbei unendlich viele mögliche Prozentwerte gibt, ist es nicht mehr sinnvoll, von der Wahrscheinlichkeit für das Auftreten genau eines bestimmten Wertes zu sprechen. Man kann bei kontinuierlichen Verteilungen nur noch Wahrscheinlichkeiten dafür angeben, dass ein Wert in einem bestimmten Intervall liegt. Die graphische Darstellung einer Normalverteilung (genauer gesagt: ihrer Dichtefunktion) kann man aus der nachfolgenden Zeichnung ersehen.

8. Verwendung mathematischer und statistischer Verfahren

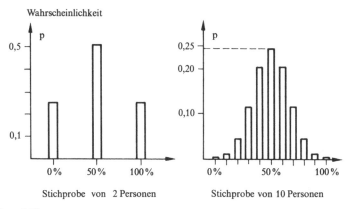

Abbildung 8-17

Die Normalverteilung besitzt die charakteristische Glockenform; sie ist charakterisiert durch zwei Maßzahlen der zugehörigen Grundgesamtheit: das arithmetische Mittel μ und die Standardabweichung σ; μ gibt dabei die Lage des Maximums der Funktion an, während σ die „Breite" kennzeichnet. Die Normalverteilung wird durch N $(\mu; \sigma)$ abgekürzt.

Eine besondere Eigenschaft der Normalverteilung (wie auch aller kontinuierlichen Wahrscheinlichkeitsverteilungen) ist, dass die gesamte Fläche unter der Kurve gleich 1 ist. Die Wahrscheinlichkeit, dass ein zufälliger Wert x aus der Grundgesamtheit im Intervall [a, b] liegt, ist gegeben durch den Flächenanteil über [a, b].

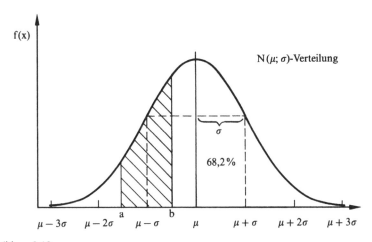

Abbildung 8-18

Zum Beispiel ergibt sich für die Normalverteilung, dass die Fläche über dem Intervall [$\mu - \sigma, \mu + \sigma$] gleich 0,682 ist (dieser Wert lässt sich aus tabellierten Normalverteilungen in vielen Statistikbüchern entnehmen), d.h. die Wahrscheinlichkeit, dass ein zufälliger Wert in dieses Intervall fällt, ist 68,2 %.

Ebenfalls aus der Tabelle erhält man, dass im Intervall [$\mu - 2\sigma, \mu + 2\sigma$] 95,5 % aller Werte und im Intervall [$\mu - 3\sigma, \mu + 3\sigma$] 99,7 % aller Werte liegen.

Empirische Häufigkeitsverteilungen können oft durch eine Normalverteilung gut angenähert werden, so z.B. die Verteilung der Körpergrößen einer bestimmten Grundgesamtheit von Menschen. An diesem praktischen Beispiel wollen wir noch einmal kurz zeigen, wie eine kontinuierliche Wahrscheinlichkeitsverteilung zu handhaben und zu lesen ist.

Der Mittelwert der Verteilung ist 174, die Standardabweichung σ ist 8. Das heißt im Intervall 174 ± 8 liegen ca. 68 % aller Werte, oder, 68 % aller Menschen der Grundgesamtheit sind zwischen 1,66 m und 1,82 m groß. Im Intervall [$\mu - 3\sigma, \mu + 3\sigma$] liegen 99,7 % aller Werte, d.h. nur 3 von 1000 Menschen sind kleiner als 1,50 m oder größer als 1,98 m. Will man z.B. wissen, wie viel Prozent aller Menschen aus der Population zwischen 1,60 m und 1,80 m groß sind, so lässt sich die entsprechende Fläche unter der Funktion aus einer Tabelle ablesen. Im Allgemeinen ist allerdings nur die N(0; 1)-Verteilung tabelliert, die so genannte *Standardnormalverteilung* mit $\mu = 0$ und $\sigma = 1$. Da sich aber sämtliche anderen Normalverteilungen durch einfache Transformation in die Standardnormalverteilung überführen lassen, ist dies ausreichend. Jeder so genannte z-Wert der Standardnormalverteilung wird folgendermaßen berechnet:

$$z_i = \frac{x_i - \mu}{\sigma}$$

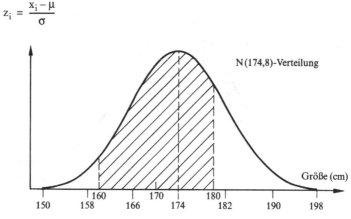

Abbildung 8-19

In unserem Beispiel wären die den Werten 1,60 m und 1,80 m entsprechenden z-Werte der N (0, 1)-Verteilung:

$$z_1 = \frac{160 - 174}{8} = 1,75; \quad z_1 = \frac{1,80 - 1,74}{8} = 0,75$$

Die Fläche F_1 unter der (Dichtefunktion der) standardisierten Normalverteilung bis zum Wert 0,75 ist 0,7734, die Fläche F_2 bis zum Wert –1,75 ist 0,0401 (vgl. z.B. Bortz, 2005). Die Differenz ergibt den Flächenanteil zwischen –1,75 (was 1,60 m entspricht) und 0,75 (was 1,80m entspricht); $F_1 - F_2$ = 0,7333. Ca. 73 % aller Menschen haben also eine Körpergröße zwischen 1,60 m und 1,80 m.

Neben der Bedeutung der Normalverteilung als guter Approximation für viele empirische Verteilungen ergibt sie sich als grundlegende theoretische Verteilung in der schließenden Statistik.

Nehmen wir z.B. an, wir hätten eine große Grundgesamtheit von Personen, aus der Stichproben von jeweils 100 Personen gezogen werden. Ziehen wir nun sehr viele solcher jeweils verschiedenen Stichproben, so sind die Mittelwerte dieser Stichproben annähernd normal verteilt.

Im Abschnitt über die Prüfung von Hypothesen werden wir noch ausführlicher auf diesen Sachverhalt eingehen.

8.5 Stichproben

Von Ausnahmen abgesehen (Volkszählung; Totalerhebung einer relativ kleinen Bevölkerungsgruppe) sind Vollerhebungen von Grundgesamtheiten für die empirische Sozialforschung zu langwierig und zu teuer. Außerdem lässt sich meist nur ein Teil der Zielgruppe genauer befragen, da hierfür geschultes Personal bereitsteht, während sonst auf Hilfskräfte zurückgegriffen werden müsste. Man erhebt daher meist nicht das Datenmaterial für die betreffende Gesamtheit, sondern nur für einen Teil davon, der als Stichprobe (*sample*) bezeichnet wird (Abb. 8-20).

Das Problem besteht nun darin, die Stichprobe so auszuwählen, dass sie möglichst repräsentativ für die zugrunde liegende Gesamtheit ist, d.h. unter anderem, dass sich die gemessenen Werte der Variablen hinsichtlich ihrer statistischen Maßzahlen (Mittelwerte, Streuungen etc.) in Sample und Ausgangsmenge nicht zu sehr unterscheiden, sodass von der Stichprobe auf die Gesamtheit geschlossen werden kann.

Die folgenden Ausführungen können die Problematik nur kurz anreißen (ausführlich bei Cochran, 1972).

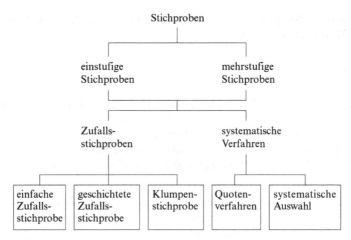

Abbildung 8-20

8.5.1 Stichprobenarten

8.5.1.1 Zufallsstichproben

a) Die einfache Zufallsstichprobe

Bei einem zufälligen Sample hat jede Untersuchungseinheit die gleiche Chance, in die Stichprobe einbezogen zu werden. Durch die zufällige Auswahl lassen sich mithilfe der Wahrscheinlichkeitstheorie Aussagen über die wahrscheinlichkeitsbehaftete Gültigkeit der Ergebnisse für die Grundgesamtheit machen.

Sofern die Grundgesamtheit *homogen* bezüglich der zu untersuchenden Merkmale sowie vollständig bekannt ist (z.B. lückenlose Adresslisten), kann eine reine Zufallsauswahl vorgenommen werden. Grundüberlegung bildet dabei das so genannte Urnenmodell: Für jede Einheit der Grundgesamtheit wird eine Kugel oder ein Zettel in einer Urne deponiert und der Inhalt gut vermischt. Im Umfang der notwendigen Stichprobe werden nun wahllos Kugeln oder Zettel aus dieser Urne herausgenommen. Auf diese Weise hat jede Einheit der Grundgesamtheit die gleiche Chance (oder Wahrscheinlichkeit), für die Stichprobe ausgewählt zu werden. Je größer man die Stichprobe auswählt, desto bedeutungsloser werden zufällige Abweichungen und desto größer ist die Wahrscheinlichkeit, dass sie der Struktur der Gesamtheit entspricht.

Das Urnenmodell, das vor allem der besseren Anschauung dient, ist für größere Grundgesamtheiten natürlich nicht sehr tauglich. Wesentlich praktikabler sind andere, ebenbürtige Behelfsmittel. Bekannt ist vor allem die Verwendung von Zufallszahlen-Tabellen. Mit durchnummerierten Adresslisten oder Karteikarten der Gesamtgruppe werden die auf der Tabelle vermerkten Zufallszahlen als Einheiten für die Stichprobe ausgewählt.

b) Geschichtete Zufallsstichproben

Wenn die Grundgesamtheit bezüglich der interessierenden Merkmale sehr heterogen ist, d. h. sich aus verschiedenen Teilmengen (Schichten) zusammensetzt, so empfiehlt sich eine Aufteilung der Stichprobe, sodass in jeder Schicht eine einfache Zufallsstichprobe gezogen wird. Sind die einzelnen Schichten homogen, d. h. ist innerhalb der Teilmenge die Standardabweichung klein, so bringt diese Aufspaltung in mehrere Zufallsstichproben oft einen beträchtlichen Genauigkeitsgewinn für die Schätzwerte der Grundgesamtheit.

Ein Beispiel für eine heterogene Struktur mit homogenen Schichten bezogen auf Einstellung und Verhaltensmerkmale ist die Bevölkerung der Bundesrepublik Deutschland, die sich nach Groß-, Mittel- und Kleinstädten sowie Dörfern schichten lässt. Die Streuung in Bezug auf parteipolitische Orientierung, Wertesystem oder Freizeitverhalten dürfte zwischen den Schichten wesentlich größer sein als innerhalb einer Schicht.

Die Chance für jede Einheit, in die Stichprobe aufgenommen zu werden, ist natürlich nur noch innerhalb der Schichten gleich groß, schwankt jedoch von Schicht zu Schicht. Da die Anzahl der jeweiligen Schichtelemente bekannt ist, sind auch wahrscheinlichkeitstheoretische Aussagen über die Validität der Ergebnisse möglich.

c) Klumpenstichproben

Mit Klumpenstichproben werden Stichproben bezeichnet, die jeweils „Klumpen" von nebeneinander liegenden Elementen in das Sample einbeziehen. Die Untersuchungseinheiten können z. B. in einer Liste nebeneinander stehen oder räumlich benachbart sein wie z. B. die Wohnungen in einem Häuserblock (man spricht hier auch von Flächenstichproben). Vor allem zwei Gründe sprechen für die Auswahl von Klumpen oder Flächen für ein Sample:

- Oft existiert keine zuverlässige Liste aller Einheiten der Grundgesamtheit.
- Konzentriert man die Untersuchung auf bestimmte, geographisch begrenzte Flächen, so hat das oft eine deutliche Zeit- und Kostenersparnis zur Folge.

So ist es z. B. sinnvoll, bei der Befragung von Bewohnern eines bestimmten Stadtteiles zufällig Blöcke auszuwählen, deren Einwohner dann jeweils einer Totalerhebung unterzogen werden.

Die Klumpen, die selbst durch eine Zufallsauswahl bestimmt werden, brauchen nicht jeweils gleich viel Einheiten zu umfassen. So dürften z. B. die oben erwähnten Blöcke eine unterschiedlich große Anzahl von Bewohnern haben.

d) Mehrstufige Stichproben

Bei mehrstufigen Stichproben handelt es sich im Prinzip um eine Kombination mehrerer Verfahren. So kann z.b. zuerst durch das Klumpenverfahren eine Anzahl Flächen ausgewählt werden. In einer zweiten Phase kann man innerhalb der Flächen durch eine einfache Zufallsstichprobe jene Einheiten bestimmen, welche endgültig in die Untersuchung einbezogen werden sollen. Beispiel: Es sollen die Hausfrauen einer Region befragt werden. Die einzelnen Ortschaften werden als „Klumpen" durchnummeriert. Mit einer Zufallszahlen-Tabelle wird eine Anzahl von Ortschaften ausgewählt. Durch eine weitere Zufallsauswahl (z.B. aufgrund von Adresslisten) werden innerhalb der betreffenden Ortschaften die effektiv zu befragenden Haushalte festgelegt.

8.5.1.2 Systematische Stichproben

a) Das Quotenverfahren

Dieses Verfahren ist in der Sozialforschung allgemein und in der Markt- und Meinungsforschung speziell stark verbreitet. Es hat – oberflächlich betrachtet – eine gewisse Ähnlichkeit mit dem geschichteten Zufallssample.

So geht man dabei ebenfalls von der Überlegung aus, dass die zu untersuchenden Merkmale in der Grundgesamtheit stark unterschiedlich verteilt sind. Man teilt deshalb die Gesamtheit in verschiedene Quoten auf (z.B. Aufteilung nach Geschlecht, nach Altersklassen, nach Bildungsgrad etc., je nach dem zu untersuchenden Problem). Mithilfe statistischer Unterlagen (z.B. statistischer Jahrbücher) können die prozentualen Anteile der Quoten an der Gesamtheit bestimmt werden (bei einer Quotenfestlegung nach Bildungsgrad kann man ermitteln, wie viel Prozent der Gesamtbevölkerung oder der Berufstätigen eine Hochschulbildung, wie viel Prozent eine Mittelschul- oder eine Volksschulbildung haben). Die beabsichtigte Stichprobe wird nun – je nach den ermittelten Prozentanteilen – auf die einzelnen Quoten verteilt. Der einzelne Interviewer erhält dann die genaue Anweisung, wie viele Befragungen er innerhalb jeder Quotengruppe durchzuführen hat. (Ein solcher Auftrag lautet z.B.: Befragen Sie 4 Frauen und 6 Männer, und zwar 3 in der Bildungsklasse I, 2 in der Bildungsklasse II und 5 in der Bildungsklasse III.)

Die Gesamtheit der Befragungen aller Interviewer muss mit den errechneten Quotenanteilen übereinstimmen. Innerhalb der Quotenanweisung hat aber der einzelne Interviewer freie Wahl, welche konkreten Personen er befragen will. Daher handelt es sich hier nicht um eine reine Zufallswahl, da die Neigung des Interviewers, innerhalb der ihm gesetzten Anweisungen zusätzlich nach Aussehen, Kleidung oder anderen nicht erfassten Merkmalen auszuwählen, leicht eine Verzerrung der Schätzwerte verursachen kann.

Da es sich um keine Zufallswahl mehr handelt, lässt sich die Gültigkeit der Ergebnisse nicht mehr wahrscheinlichkeitstheoretisch begründen; die Erfahrung und Kenntnis des Forschers muss hier ein Indikator für die Zuverlässigkeit der Resultate sein.

b) Systematische Auswahl

Sind die Untersuchungseinheiten bereits in Karteien, Listen o. Ä. erfasst, sodass auf eine fortlaufende Nummerierung zurückgegriffen werden kann, ist folgendes Vorgehen denkbar: Ausgehend von einem zufälligen Merkmalsträger mit Nummer a wird jeder i-te für die Stichprobe ausgewählt, sodass im Sample dann alle Untersuchungseinheiten mit den Nummern a, a + i, a + 2i, ... enthalten sind.

Die Genauigkeit der so erzielten Schätzwerte hängt naturgemäß vom Aufbau der Grundgesamtheit ab. Weist die Anordnung der Merkmalsträger beispielsweise bereits einen linearen Trend oder gar ein periodisches Anwachsen und Abnehmen auf, so können die Ergebnisse wesentlich schlechter als bei einfachen Zufallsstichproben ausfallen. Andererseits gibt es viele Anwendungsbeispiele aus der Praxis, bei denen systematische Stichproben geschichteten überlegen waren. Ohne Kenntnisse über den Aufbau der Grundgesamtheit lässt sich daher die Frage, ob man eine systematische Auswahl der Stichprobenelemente einer zufallsgesteuerten vorziehen sollte, nicht beantworten.

8.5.2 Systematische Fehlerquellen

Bei Zufallsstichproben lassen sich, wie schon erwähnt, wahrscheinlichkeitstheoretische Aussagen über die Gültigkeit der Ergebnisse für die Grundgesamtheit treffen. Voraussetzung dafür ist das Vorliegen von unverfälschten Messwerten für *alle* Untersuchungseinheiten.

In der Praxis – vor allem bei komplexeren Untersuchungen – trifft diese Voraussetzung jedoch nur teilweise zu. Verschiedene Fehlerquellen können hierfür die Ursache sein:

- Für bestimmte Untersuchungseinheiten werden keine Messwerte erhoben. Dies trifft z.B. bei mündlichen Befragungen zu, bei denen Personen nicht angetroffen werden oder sich nicht äußern wollen, oder noch häufiger bei schriftlichen Interviews, bei denen die Rücklaufquote oft gering ist. Vielfach wird dieser Fehler vernachlässigt, wenn man die verminderte Stichprobengröße trotzdem noch für ausreichend erachtet. Dabei können jedoch große Verfälschungen entstehen, insbesondere wenn die Verteilung der interessierenden Merkmale bei den erfassten und nicht erfassten Untersuchungseinheiten differiert.

- Häufig entstehen Verfälschungen, weil die Stichprobe nicht aus der vollen Grundgesamtheit, sondern nur aus einem Teil der Gesamtheit ausgewählt wurde. So kann z. B. mithilfe des Telefonbuchs keine repräsentative Stichprobe für die Gesamtbevölkerung gezogen werden, da nur ein Teil der Grundgesamtheit, nämlich die Telefonbesitzer, erfasst werden.

- Grundsätzlich besteht eine systematische Fehlergefahr vor allem dann, wenn bei der Auswahl des Samples nicht das Zufallsprinzip angewendet wird. Dies gilt insbesondere für jede unwissenschaftliche Auswahl von Stichproben aufs „Geratewohl". Stellt man sich z. B. zwischen 10 und 11 Uhr vor den Haupteingang des Bahnhofs, um wahllos vorbeikommende Passanten über ihre Meinung zum Bau der Untergrundbahn zu befragen, dann wäre es völlig falsch, von einer repräsentativen Befragung der Einwohner der betreffenden Stadt zu sprechen.

Es existiert noch eine ganze Reihe weiterer systematischer Fehlerquellen, die durch die Untersuchungsanlage, die Auswahl der Stichprobe, den Einsatz von Interviewern u. v. m. bedingt sein können. In diesem Rahmen konnten wir nur ganz oberflächlich auf einige dieser Verzerrungsfaktoren hinweisen. Die Auswirkungen, d. h. mögliche Verfälschungen der Ergebnisse, sind – obwohl verschiedene Ansätze bereits existieren – bedauerlicherweise immer noch nicht genügend erforscht.

8.5.3 Stichprobenschätzwerte

Zu den statistischen Kennwerten einer Grundgesamtheit gehören der Mittelwert μ und die Varianz σ^2. Ziehen wir eine einfache Zufallsstichprobe der Größe n, so erhalten wir die Stichprobenkennwerte $\bar{x}$ und s^2, von denen wir erwarten, dass sie gute Schätzwerte für μ und σ^2 darstellen sollen. Wie gut diese Schätzung ist, soll im Folgenden behandelt werden.

Dazu stellen wir uns vor, wir ziehen nicht nur eine, sondern sehr viele verschiedene Zufallsstichproben der Größe n (n > 30). Wir bekommen eine Anzahl von Stichprobenwerten $\bar{x}_1, \bar{x}_2, \ldots$ Aus mathematischen Überlegungen ergibt sich, dass das arithmetische Mittel dieser Mittelwerte $\bar{x}$ dem Wert μ entspricht. Deswegen ist $\bar{x}$ ein unverzerrter Schätzwert für μ. Weiter ergibt sich aus wahrscheinlichkeitstheoretischen Überlegungen, dass die Verteilung der Stichprobenmittelwerte $\bar{x}_i$ um $\bar{x}$ einer Normalverteilung mit der Standardabweichung

$$z_i = \frac{x_i - \mu}{\sigma}$$

entspricht. Die Standardabweichung hängt also sowohl von der Varianz der Grundgesamtheit als auch von der Stichprobengröße n ab. Im Allgemeinen ist die Varianz der Grundgesamtheit jedoch unbekannt; deswegen muss für σ^2 der Stichprobenschätzwert s^2 gesetzt werden.

8. Verwendung mathematischer und statistischer Verfahren 279

$$s_{\bar{x}} = \sqrt{\frac{s^2}{n}}$$

Um dies zu verdeutlichen, nehmen wir an, die Kennwerte einer Grundgesamtheit seien bekannt mit $\mu = 10$ und $\sigma^2 = 32$. Ziehen wir eine große Anzahl von Stichproben mit der Größe n = 50, so erhalten wir $s_{\bar{x}} = \sqrt{\frac{32}{50}} = 0{,}8$ und somit folgende Häufigkeitsverteilung der Stichprobenmittelwerte (eine N(10; 0,8)-Verteilung).

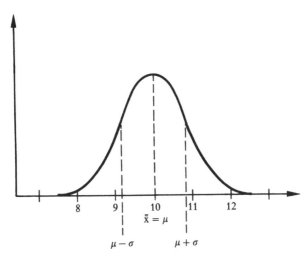

Abbildung 8-21

Wie wir bereits aus dem Kapitel über theoretische Verteilungen wissen, liegen 68,2 % der Stichprobenmittelwerte im Bereich $\mu \pm \sigma$, d.h. zwischen 9,2 und 10,8; 99,7 % aller Werte liegen im Bereich $\mu \pm 3\sigma$, also zwischen 7,6 und 12,4. Wir kennen also die Wahrscheinlichkeit, mit der ein Stichprobenmittelwert einen bestimmten Betrag vom tatsächlichen Wert μ abweicht.

Bisher hatten wir uns überlegt, mit welcher Wahrscheinlichkeit ein Stichprobenmittelwert einen bestimmten Betrag von μ abweicht. Genauso können wir uns überlegen, mit welcher Wahrscheinlichkeit ein uns unbekannter Mittelwert der Grundgesamtheit μ von dem uns bekannten Stichprobenmittelwert $\bar{x}$ abweicht.

Unsere Grundgesamtheit seien 500 Arbeiter eines Betriebes. Durch eine Stichprobe von 50 Arbeitern wollen wir den durchschnittlichen Bruttomonatsverdienst schätzen. Es ergibt sich ein Stichprobenmittelwert $\bar{x} =$

2 350 Euro und eine Stichprobenvarianz $s^2 = 31\,250$. Daraus ergibt sich die geschätzte Varianz der Stichprobenmittelwertverteilung mit

$$s_{\bar{x}} = \sqrt{\frac{31\,250}{50}} = 25$$

Mit einer Wahrscheinlichkeit von 68,2 % trifft es also zu, dass unser Stichprobenmittelwert $\bar{x}$ in dem Bereich $\mu \pm \sigma$ liegt. Genauso lässt sich formulieren, dass die Wahrscheinlichkeit, dass μ in dem Intervall $\bar{x} \pm s_{\bar{x}}$ liegt, 68,2 % beträgt. Das heißt, wir können sagen:

- Mit 68,2 % Wahrscheinlichkeit liegt der zu schätzende Wert der Grundgesamtheit μ im Intervall $[\bar{x} - s_{\bar{x}}, \bar{x} + s_x]$, d.h. zwischen 2325 Euro und 2375 Euro.
- Mit 95,5 % Wahrscheinlichkeit liegt μ zwischen 2300 Euro und 2400 Euro ($\bar{x} \pm 2s_x$).
- Mit 99,7 % Wahrscheinlichkeit liegt μ zwischen 2275 Euro und 2425 Euro ($x \pm 3s_{\bar{x}}$).

Das Intervall, in dem sich der gesuchte Kennwert mit einer bestimmten Wahrscheinlichkeit befindet, heißt *Vertrauensintervall*; die Ober- und Untergrenzen des Intervalls heißen *Vertrauensgrenzen*. Die „Restwahrscheinlichkeit", d.h. die Wahrscheinlichkeit, dass sich μ nicht im angegebenen Intervall befindet, nennen wir *Irrtumswahrscheinlichkeit* α. Im letzten Fall ist die Irrtumswahrscheinlichkeit $\alpha = 0,3$ %, d.h. mit 0,3 % Wahrscheinlichkeit irren wir uns in der Aussage, daß μ zwischen 2275 Euro und 2425 Euro liegt; wir können auch sagen, mit einer Wahrscheinlichkeit von jeweils $\alpha/2 = 0,15$ % liegt μ unter bzw. über den Vertrauensgrenzen.

Nun ist es üblich, statt solcher „krummer" Irrtumswahrscheinlichkeiten, die Vertrauensintervalle für 1 %, 5 % oder 10 % Irrtumswahrscheinlichkeit anzugeben. Wir müssen in der allgemeinen Darstellung des Vertrauensintervalles $[\bar{x} - z_{(\alpha/2)} \cdot s_{\bar{x}}, \bar{x} + z_{(\alpha/2)} \cdot s_{\bar{x}}]$ den Wert $z_{(\alpha/2)}$ durch die entsprechenden Zahlen der tabellierten Standardnormalverteilung ersetzen. $z_{(\alpha/2)}$ ist als derjenige Wert definiert, der vom positiven Teil der Standardnormalverteilung $\alpha/2$ % abschneidet.

8. Verwendung mathematischer und statistischer Verfahren

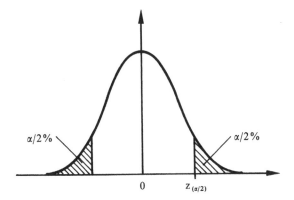

Abbildung 8-22

Die entsprechenden Werte sind

Irrtumswahrscheinlichkeit	Vertrauensintervall
$\alpha = 1\%$	$\bar{x} - 2{,}58\, s_{\bar{x}},\ \bar{x} + 2{,}58\, s_{\bar{x}}$
$\alpha = 5\%$	$\bar{x} - 1{,}96\, s_{\bar{x}},\ \bar{x} + 1{,}96\, s_{\bar{x}}$
$\alpha = 10\%$	$\bar{x} - 1{,}64\, s_{\bar{x}},\ \bar{x} + 1{,}64\, s_{\bar{x}}$

So liegt z. B. mit 99 % Wahrscheinlichkeit (Irrtumswahrscheinlichkeit $\alpha = 1\%$, $z_{0,5\%} = 2{,}58$) der durchschnittliche Bruttomonatsverdienst aller 500 Arbeiter zwischen 2285,50 Euro und 2414,50 Euro. Die Breite des Vertrauensintervalls ist $2 \cdot z_{\alpha/2} \cdot s_{\bar{x}} = 129$ Euro.

Die Überlegungen, die hier über die Schätzung des Mittelwertes μ der Grundgesamtheit gemacht wurden, lassen sich in ähnlicher Weise auch über die Schätzung anderer Kennwerte, wie z. B. der Varianz oder Standardabweichung machen. Dabei ist jedoch zu berücksichtigen, dass die Normalverteilung als Stichprobenkennwerteverteilung nicht die Regel darstellt. So sind zwar Stichprobenmittelwerte unabhäng von der Verteilung der Grundgesamtheit immer normal verteilt um den Wert μ; andere Stichprobenkennwerte sind dagegen nur normal verteilt, wenn auch die Grundgesamtheit annähernd normal verteilt ist.

8.5.4 Bestimmung der Stichprobengröße

Bei der Planung einer empirischen Untersuchung besteht das Problem zunächst nicht darin, Vertrauensintervalle oder Irrtumswahrscheinlichkeiten zu bestimmen, sondern zu überlegen, welche Stichprobengröße notwendig ist, um eine erwünschte Schätzwertgenauigkeit der Kennwerte der Grundgesamtheit zu erreichen.

Das Ausmaß des verantwortbaren Schätzfehlers hängt ja von der notwendigen Genauigkeit der Untersuchungsergebnisse und damit im Wesentlichen von der Problemstellung der Untersuchung ab. Geht es z.B. darum, den Ausgang einer Wahl zu prognostizieren, so muss man mit möglichst hoher Genauigkeit arbeiten (vor allem dann, wenn ein knappes Resultat zu erwarten ist). In einer Pilot-Studie, etwa zur Abklärung der Einstellung von Jugendlichen zum obligatorischen Militärdienst, dürfte andererseits eine kleinere Stichprobe und damit ein Verzicht auf sehr hohe Genauigkeit, vertretbar sein.

Sofern die Größe der Grundgesamtheit N nicht sehr klein ist, spielt sie bei der Bestimmung der Stichprobengröße eine zu vernachlässigende Rolle. Damit bleibt der erforderliche Stichprobenumfang praktisch gleich, ob man nun die Bevölkerung eines ganzen Landes oder nur einer Stadt erfassen will. Aus dem letzten Abschnitt ist zu entnehmen, dass die Irrtumswahrscheinlichkeit bzw. die Breite des Vertrauensintervalls von der Varianz σ^2 der Grundgesamtheit (bzw. dem Stichprobenschätzwert s^2) und der Stichprobengröße n abhängt. Umgekehrt interessiert uns nun, wie die Stichprobengröße von einer gegebenen (bzw. erwünschten) Irrtumswahrscheinlichkeit und dem erwünschten Vertrauensintervall abhängt.

Aus den schon bekannten Formeln (die Breite des Vertrauensintervalls bezeichnen wir mit b) erhalten wir

$$b = 2 \cdot z_{\alpha/2} \cdot s_{\bar{x}} = 2 \cdot z_{\alpha/2} \sqrt{\frac{\sigma^2}{n}}$$

und nach Auflösung der Gleichung nach n

$$n = \frac{4 \cdot z_{\alpha/2}^2 \cdot \sigma^2}{b^2}$$

Wir sehen also, dass die erforderliche Stichprobengröße n von der Irrtumswahrscheinlichkeit α, der Breite des Vertrauensintervalls und von der normalerweise unbekannten Varianz σ^2 der Grundgesamtheit abhängt. Der Forscher muss dieses Problem lösen, indem er die Varianz entweder aus Erfahrungswerten oder – noch besser – aus einer Voruntersuchung schätzt.

Für die Schätzung des durchschnittlichen monatlichen Bruttoverdienstes der männlichen Arbeiter in der Bundesrepublik wollen wir als Beispiel die erforderliche Stichprobengröße bestimmen. Aus einer Voruntersuchung sei die Varianz mit 94 300 geschätzt. Wir wollen nun den Mittelwert auf 50 Euro genau mit einer Irrtumswahrscheinlichkeit (die Breite des Vertrauensintervalls b ist 100) von 1 % schätzen (der entsprechende Wert $z_{0,5\%}$ ist 2,58).

$$n = \frac{4 \cdot 2{,}58^2 \cdot 94300}{100^2} \approx 251$$

8. Verwendung mathematischer und statistischer Verfahren

Die erforderliche Zufallsstichprobe sollte also einen Umfang von ca. 250 besitzen; eine Erhöhung der Genauigkeit auf ein Vertrauensintervall von 20 Euro (Genauigkeit ± 10 Euro) würde den erforderlichen Umfang auf über 6000 erhöhen, wäre also 25-mal so aufwendig. Grundsätzlich ist hier noch anzumerken, dass die Ziehung einer sinnvoll geschichteten Stichprobe den notwendigen Stichprobenumfang gegenüber einer reinen Zufallsstichprobe deutlich verringert.

8.6 Prüfung von Hypothesen

Im letzten Kapitel stellten wir dar, wie sich mithilfe von Zufallsstichproben bestimmte Kennwerte der Grundgesamtheit schätzen lassen, und machten Aussagen über die „Güte" dieser Schätzungen.

Im Folgenden wird der andere Weg beschritten: Wir formulieren bestimmte Hypothesen über Eigenschaften der Grundgesamtheit und versuchen, diese Hypothesen mithilfe von Zufallsstichproben zu bestätigen oder zu widerlegen. Diese Verifizierung oder Falsifizierung wird immer wahrscheinlichkeitsbehaftet sein, da Stichprobenergebnisse zufälligen Schwankungen unterliegen. Wir unterscheiden verschiedene Arten von Hypothesen:

- *Hypothesen über die Verteilung der Merkmalsausprägungen in der Grundgesamtheit*. Eine solche Hypothese könnte lauten: „Die Einkommensverteilung der Erwerbstätigen in der Bundesrepublik entspricht einer Normalverteilung."
- *Unterschiedlichkeitshypothesen*, d.h. Hypothesen, dass zwei oder mehrere Stichproben aus unterschiedlich verteilten Grundgesamtheiten stammen. Die Prüfung der Hypothesen erfolgt anhand der statistischen Kennwerte der Stichprobe. Ein Beispiel einer solchen Hypothese: „Die durchschnittlichen Prüfungsleistungen von Studenten aus einer niederen sozialen Schicht sind schlechter als die von Studenten aus höheren Schichten."
- *Zusammenhangshypothesen*, also Hypothesen über den Zusammenhang bestimmter Merkmale in der Grundgesamtheit. Die Überprüfung der Hypothese erfolgt mithilfe der Korrelations- bzw. Regressionsrechnung. Eine Zusammenhangshypothese wäre beispielsweise: „Es besteht ein Zusammenhang zwischen Prüfungsleistungen von Studenten und deren sozialem Engagement."

8.6.1 Hypothesentests

Die formulierte Hypothese wird im Allgemeinen als die so genannte *Alternativhypothese* (H_1) bezeichnet, sie beinhaltet eine zu bisherigen Aussagen alternative, „innovative" Erkenntnis. Demgegenüber steht die bisherige Aussage, die inhaltlich logisch komplementäre Hypothese, die *Nullhypothese*

(H_0). Diese Nullhypothese stellt im Grunde genommen die Basis von Hypothesenprüfungen dar; wird sie aufgrund der Stichprobe abgelehnt, kann die Alternativhypothese akzeptiert werden.

Verfahren zur Prüfung von Hypothesen liefern uns im Allgemeinen Aussagen darüber, wie groß Irrtumswahrscheinlichkeiten für eine fälschliche Annahme oder Ablehnung der Alternativhypothese sind.

Um dies zu verdeutlichen: Erhalten wir aus einer Stichprobe den interessierenden Schätzwert für die Grundgesamtheit, und ist unter der Annahme der Nullhypothese der Wert wenig wahrscheinlich, sprechen wir von einem *signifikanten* Ergebnis. Wir werden die Nullhypothese ablehnen, d.h. die Richtigkeit der Alternativhypothese annehmen. Nun kann es natürlich geschehen, dass der wenig wahrscheinliche Wert zufällig aufgetreten ist, obwohl die Nullhypothese richtig ist; in diesem Fall hätten wir uns mit der Ablehnung von H_0 geirrt. Wir sprechen also von der *Irrtumswahrscheinlichkeit* für eine fälschliche Ablehnung der Nullhypothese. Allgemein ist es üblich, Ergebnisse mit einer Irrtumswahrscheinlichkeit von kleiner als 5 % als signifikant, mit einer Wahrscheinlichkeit von kleiner als 1 % als stark signifikant zu bezeichnen. Bei einem stark signifikanten Ergebnis ist die Wahrscheinlichkeit für einen Irrtum bei der Ablehnung von H_0 also nur 0,01 oder 1 %.

Ein Beispiel zur Verdeutlichung:

Der Notendurchschnitt der Abiturnoten aller ca. 18000 bayerischen Abiturienten sei 2,9. Als Hypothese sei aufgestellt:

H_1: Die durchschnittlichen Prüfungsleistungen von Abiturienten aus Arbeiterfamilien sind schlechter als der Durchschnitt.

H_0: Die durchschnittlichen Prüfungsleistungen von Abiturienten aus Arbeiterfamilien sind gleich dem Durchschnitt.

Das Ergebnis einer Stichprobe von 200 Abiturienten aus Arbeiterfamilien ist ein Notendurchschnitt von $\bar{x} = 3{,}1$.

Wir wollen nun die Wahrscheinlichkeit für das Auftreten dieses Wertes unter der Annahme H_0 feststellen:

Die Varianz s^2 in der Stichprobe sei 2,4. Mithilfe der Formeln aus 5.3 können wir schreiben:

$$\bar{x} - z_\alpha \cdot s_{\bar{x}} = \mu\ ^6$$

und eingesetzt

$$3{,}1 - z_\alpha \cdot \sqrt{\frac{2{,}4}{200}} = 2{,}9$$

Durch algebraische Umformung erhält man

$$z_\alpha = \frac{3{,}1 - 2{,}9}{\sqrt{\frac{2{,}4}{200}}} = 1{,}83$$

Für den Wert $z_a = 1{,}83$ ergibt sich aus der Tabelle der standardisierten Normalverteilung eine Fläche von 0,9664; d.h. bei einer Stichprobe von 200 ist die Wahrscheinlichkeit für einen Notendurchschnitt von 3,1 oder schlechter unter der Annahme von H_0 ca. 3,4 % (= 1 − 0,9664). Wir können also mit einer Irrtumswahrscheinlichkeit von 3,4 % die Nullhypothese ablehnen und die Alternativhypothese anerkennen; das Ergebnis ist signifikant.

8.6.2 χ^2-Test (Chi-Quadrat-Test)

Oft ist es interessant zu wissen, ob eine Grundgesamtheit nach bestimmten hypothetischen Annahmen verteilt ist. Die Annahme einer bestimmten theoretischen Verteilung bleibt dabei im Allgemeinen dem Forscher überlassen; oft ist es jedoch auch wichtig zu wissen, ob die Grundgesamtheit annähernd normal verteilt ist, um weitere statistische Verfahren durchführen zu können.

Der χ^2-Test ist eine geeignete Prüfmethode für Hypothesen über bestimmte Verteilungsannahmen. Über die Differenzen zwischen den jeweils erwarteten, theoretischen Häufigkeiten und den tatsächlichen, empirischen Häufigkeiten wird eine Maßzahl χ^2 berechnet.

$$\chi^2 = \sum_{j=1}^{k} \frac{(f_{b(j)} - f_{e(j)})^2}{f_{e(j)}}$$

$f_{b(j)}$ = beobachtete Häufigkeiten
$f_{e(j)}$ = erwartete Häufigkeiten
k = Anzahl der Summanden, $j = 1, \ldots, k$

Würden wir eine Vielzahl von Stichproben aus einer Grundgesamtheit mit gegebenen theoretischen Verteilungen ziehen, so wären die entsprechenden Maßzahlen χ^2 annähernd einer bestimmten Verteilung, eben der χ^2-Verteilung, verteilt[7]

Erhalten wir unter Annahme von H_0 (der Annahme einer bestimmten Verteilung) einen χ^2-Wert, so können wir aus der tabellierten χ^2-Verteilung

---

[7] Genau gesagt, handelt es sich bei der χ^2-Verteilung um eine Familie von Verteilungen, die durch die Anzahl der ‚Freiheitsgrade' bestimmt werden. Dabei gibt die Zahl der Freiheitsgrade die Anzahl der beim Zustandekommen von χ^2 frei bestimmbaren (von einander unabhängigen) Variablen an.

entnehmen, wie wahrscheinlich ein zufälliges Zustandekommen dieses Wertes ist. Ist diese Wahrscheinlichkeit kleiner als 5 % (kleiner als 1 %), so können wir H_0 auf dem 5 %-Niveau (1 %-Niveau) ablehnen. Die Abweichungen von der angenommenen Verteilung sind in diesem Fall signifikant (stark signifikant).

Am Beispiel einer Vierfelder-Tafel – wie sie häufig aus Auszählungen resultiert, bei denen die betrachteten Merkmale jeweils nur zwei Ausprägungen besitzen (dichotome Merkmale) – soll die Anwendung eines χ^2-Tests erläutert werden:

In einer Stichprobe mit n = 500 wurde gefragt, ob die Testpersonen Hochschulabschluss besitzen. Es ergaben sich die Zahlen aus der nachstehenden Tabelle.

	mit Hochschulabschluss	ohne Hochschulabschluss	Randsumme
männlich	28 (21)	182 (189)	210
weiblich	22 (29)	268 (261)	290
Randsumme	50	450	500

Abbildung 8-23

Die Hypothese H_0 sei, dass der Anteil von Männern und Frauen mit Hochschulabschluss gleich sei (Gleichverteilung von Männern und Frauen mit Hochschulabschluss). Unter der Annahme der Hypothese H_0 ergeben sich die in Klammern gesetzten erwarteten Häufigkeiten. Es ergibt sich ein χ^2-Wert

$$\chi^2 = \frac{(28-21)^2}{21} + \frac{(182-189)^2}{189} + \frac{(22-29)^2}{29} +$$

$$+ \frac{(268-261)^2}{261} = 4{,}47$$

Die Anzahl der Freiheitsgrade ist 1, da ein Wert durch die festen Randsummen alle anderen Werte bestimmt. Gemäß der tabellierten χ^2-Verteilungen erhalten wir auf dem 5 %-Niveau einen χ^2-Wert von $\chi^2_{(1;\,95\,\%)} = 3{,}84$; d.h. 5 % aller zufälligen χ^2-Werte sind größer als 3,84. Da unser errechneter χ^2-Wert deutlich über der Grenze liegt, können wir H_0 auf dem 5 %-Niveau ablehnen. Das heißt aus unserer Stichprobe kann eine Gleichverteilung von Männern und Frauen mit Hochschulabschluss nicht angenommen werden. Eine Absicherung des Ergebnisses auf dem 1 %-Niveau ist allerdings nicht möglich (der entsprechende Wert $\chi^2_{(1;\,99\,\%)} = 6{,}63$).

8.7 Varianzanalyse und multivariate Methoden

In den bisherigen Kapiteln wurden elementare mathematische und statistische Verfahren vorgestellt, die jedem empirisch arbeitenden Sozialwissenschaftler geläufig sein sollten. In diesem Abschnitt dagegen wollen wir noch einen kurzen Ausblick geben auf die vielfältigen Fragestellungen und Verfahren der fortgeschrittenen Statistik.

Die erste Gruppe von Verfahren, die hier erwähnt werden soll, ist die Gesamtheit der *varianzanalytischen Methoden*. Grundsätzlich kann man die ihnen zugrunde liegende Fragestellung wie folgt formulieren:

Wie lässt sich die Variabilität (Varianz) eines abhängigen Merkmals durch den Einfluss einer oder mehrerer unabhängiger Variablen erklären?

Von *Neurath* (1966, S. 317 ff.) wird ein Beispiel angeführt, in dem versucht wird, die Unterschiedlichkeit von Einstellungen von Studenten auf ihre Zugehörigkeit zu einer bestimmten Fakultät bzw. Altersgruppe zurückzuführen.

Die zweite Gruppe von Verfahren, auf die wir hier noch eingehen wollen, sind die *multivariaten Methoden*. Die Gemeinsamkeit dieser Methoden besteht darin, dass sowohl mehrere abhängige als auch mehrere unabhängige Variablen in die statistische Analyse eingehen können. Dabei kann es sich genauso um multivariate Mittelwertvergleiche, um multivariate Varianzanalysen wie um multiple Korrelations- und Regressionsanalysen handeln. Besonders erwähnt sei hier die *Faktorenanalyse*, mit deren Hilfe versucht wird, mehrere hoch korrelierende Variablen auf einen hypothetischen Faktor zurückzuführen, welcher „hinter" diesen Variablen steht, d.h. diese – im statistischen Sinn – „erklärt".

Die Anwendung dieser Verfahren setzt eine eingehende Beschäftigung mit den mathematischen und statistischen Grundlagen voraus; an dieser Stelle sollte nur ein kurzer Überblick gegeben werden.

Anregung zur Selbstkontrolle für die aktiven Leser

1. Worin liegen die Unterschiede bei der Anwendung mathematischer und statistischer Methoden in den Natur- und in den Sozialwissenschaften?
2. Wo liegen die Grenzen der statistischen Analyse in den Sozialwissenschaften?
3. Nennen Sie bitte Beispiele für das Auftreten von Wahrscheinlichkeiten. Wie lässt sich im konkreten Fall mit ihnen rechnen?
4. Beschreiben Sie bitte ein Beispiel zur Anwendung der Matrizenrechnung.
5. Welche Funktionen spielen in der Statistik eine große Rolle?
6. Mit welcher Methode lässt sich rationales, menschliches Entscheidungsverhalten mathematisch beschreiben?

7. Welche zwei wesentlichen Bereiche umfasst die Statistik?
8. Welche Messniveaus lassen sich unterscheiden?
9. Welche Möglichkeiten gibt es, Häufigkeiten graphisch darzustellen?
10. Welches sind die wichtigsten statistischen Maßzahlen?
11. Welche Methoden eignen sich, um Zusammenhänge zwischen Merkmalen zu analysieren?
12. Worin liegt die Bedeutung der Normalverteilung in den Sozialwissenschaften?
13. Weshalb ist die sozialwissenschaftliche Forschung in der Regel auf Stichprobenuntersuchungen angewiesen?
14. Welche Stichprobenarten sind besonders wichtig, weil man sie häufig braucht?
15. Welche systematischen Fehlerquellen können die Qualität von Stichprobenuntersuchungen beeinträchtigen?
16. Was bedeuten die Begriffe „Vertrauensintervall" und „Irrtumswahrscheinlichkeit"?
17. Welche Faktoren spielen bei der Bestimmung der Stichprobengröße eine Rolle?
18. Welche Arten von Hypothesen lassen sich unterscheiden?
19. Was versteht man unter einem signifikanten Ergebnis?
20. Wozu dient der Chi-Quadrat-Test?
21. Welche Methoden sind charakteristisch für die fortgeschrittene Statistik?

Weiterführende Literatur

Bamberg, G. (2002): Statistik. 12., überarbeitete Aufl., München. Das Buch enthält das Standardprogramm sozial- und wirtschaftswissenschaftlicher Studiengänge: deskriptive Statistik, Wahrscheinlichkeitsrechnung, induktive (analytische) Statistik, Überblick auf andere bzw. weiterführende Teilgebiete der Statistik. Es wird besonderer Wert auf die Voraussetzungen der Verfahren gelegt. Trotzdem werden wichtige statistische Verfahren in „Rezeptform" zusammengefasst und anhand von Beispielen erläutert. Es kann denjenigen empfohlen werden, die sich etwas gründlicher mit statistischen Grundlagen befassen möchten und die vor etwas Mathematik nicht zurückschrecken.

Backhaus, K. et al. (2006): Multivariate Analysemethoden – eine anwendungsorientierte Einführung. 11. überarb. u. erw. Aufl., Berlin. Diese sehr praxisbezogene Einführung in die gebräuchlichsten multivariaten Verfahren behandelt beispielsweise kontingenz-, varianz-, regressions-, cluster- und faktoranalytische Methoden. Ein ausführliches Beispiel dient zur Demonstration der verschiedenen Verfahren. Es wurde zwar aus dem Marketing-

Bereich übernommen, was die Nutz- und Übertragbarkeit für Sozialwissenschaftler aber nicht beeinträchtigt. Alle Beispiele wurdenmit SPSS 13.0 neu berechnet und ausführlich mit Prozeduren und Ergebnisausdrucken dokumentiert.

Bortz, J. (2005): Statistik für Sozialwissenschaftler. 6., vollständig überarbeitete und aktualisierte Aufl., Berlin. Das Lehrbuch informiert über elementarstatistische, varianzanalytische und multivariate Methoden und umfasst damit die wichtigsten Bereiche der in den Sozialwissenschaften verwendeten Auswertungsverfahren. Es wendet sich in erster Linie an Studenten der Psychologie, der Soziologie, der Pädagogik und Medizin und will systematisch aufbauend mit anwendungsbezogenen Zahlenbeispielen, verständlicher Formelentwicklung und Übungsaufgaben auch den mathematisch wenig geschulten Leser an komplizierte Verfahren heranführen. Dem fortgeschrittenen Studenten eröffnet das Buch die Möglichkeit, den mathematischen Hintergrund einzelner Verfahren zu vertiefen und neuere, in der deutschsprachigen Literatur bisher noch nicht behandelte Ansätze kennen zu lernen. In einem Anhang sind SPSS-Beispiele beigefügt.

Cochran, W. G. (1972): Stichprobenverfahren. Berlin. Die vorliegende umfassende Darstellung der Stichprobentheorie bietet vor allem eine ausführliche Einführung in das Gesamtgebiet. Sie erschöpft sich jedoch nicht in einer Ausbreitung der Grundlagen, sondern gibt wesentlich den neueren theoretischen Erkenntnissen und ihrer praktischen Anwendung breiten Raum. So werden z.B. die Probleme der geschichteten Stichprobe ausführlich behandelt und die in diesem Zusammenhang diskutierten Fragen beantwortet. Auch statistische Methoden, mit denen große Stichproben nach unterschiedlichen Gesichtspunkten bzw. Teilgesamtheiten ausgewertet werden, sind Gegenstand umfangreicher Erörterung. Ein drittes wesentliches Thema sind die nicht zufallsbedingten Fehler. Besonderer Wert wird auf die umfassende Darstellung der Formeln für unterschiedliche Stichprobenverfahren gelegt. Das Buch ist zwar nicht mehr auf dem Markt, aber in vielen Bibliotheken nach wie vor zu finden.

Diekmann, A. (2006): Empirische Sozialforschung. Grundlagen, Methoden, Anwendungen. 11., durchgesehene Aufl., Reinbek. Kapitel VIII: Experimentelle und quasi-experimentelle Designs.

Kromrey, H. (2006): Empirische Sozialforschung. 11., korrigierte Aufl., Opladen.

Roth, E.; Heidenreich, K. (Hrsg.) (1999): Sozialwissenschaftliche Methoden. Lehr- und Handbuch für Forschung und Praxis. 5. Aufl., München.

9. Auswertung der erhobenen Daten

Bislang wurden in diesem Buch die verschiedenen Methoden der empirischen Sozialforschung vorgestellt und ihre jeweiligen Besonderheiten und Probleme bei der Anwendung beschrieben. Wie die mit diesen Methoden erhobenen Daten jedoch ausgewertet werden, darauf wurde bisher nur methodenspezifisch eingegangen, obwohl der Auswertungsphase im Verlauf eines empirischen Forschungsprojektes eine sehr hohe Bedeutung zukommt. Wie später noch zu zeigen sein wird, müssen die Probleme der Auswertung nahezu im gesamten Forschungsprozess bedacht werden. *Zur Auswertung werden dabei sämtliche Arbeiten gezählt, die in irgendeiner Form mit der Aufbereitung, Analyse und Interpretation zu tun haben, unabhängig davon, zu welchem Zeitpunkt diese innerhalb des Forschungsablaufs anfallen.*

Angesichts der Bedeutung der Auswertung ist es aber notwendig, den Stellenwert und die Durchführung detailliert darzustellen. Wir werden uns in diesem Kapitel auf eine spezifische Art der Auswertung beschränken, nämlich auf die Aufbereitung, Analyse und Interpretation von quantitativen Daten, die durch strukturierte Instrumente erhoben wurden.

Da die Probleme der Auswertung für alle strukturierten Instrumente vergleichbar sind, wird der Auswertungsprozess am Beispiel von Befragungsergebnissen, die ohnehin am häufigsten der sachgemäßen Interpretation bedürfen, geschildert. Die angesprochenen Aspekte müssen genauso bei der Auswertung einer strukturierten Beobachtung beachtet werden.

Die Vermittlung von theoretischen und praktischen EDV-Grundkenntnissen gehört inzwischen ebenso zum Ausbildungsstandard bei Sozialwissenschaftlern wie der Umgang mit Personal-Computern. Daher wird davon ausgegangen, dass die Aufbereitung und Analyse der Daten EDV-gestützt erfolgt. Allerdings kann in diesem Rahmen nur auf die Grundlagen und ein „Minimalprogramm" von Auswertungen eingegangen werden. Für vertiefende und speziellere Analysemethoden (wie z.B. tiefer gehende statistische Analysen, Verfahren der Inhaltsanalyse, Auswertungen qualitativer Daten) muss auf die Besonderheiten in Kapitel 6 und auf die weiterführende Literatur verwiesen werden.

Im Gegensatz zu Kapitel 8, in dem mathematische und statistische Grundlagen dargestellt wurden, wird nun vor allem der Aspekt der praktischen Durchführung von Aufbereitung, Analyse und Interpretation beleuchtet.

Im weiteren Verlauf dieses Kapitels wird zunächst einmal allgemein auf die Stellung der Auswertungsphase innerhalb eines Forschungsprozesses eingegangen, um danach gemäß der zeitlichen Abfolge innerhalb des Auswertungsprozesses auf folgende Punkte einzugehen:

- Aufbereitung der erhobenen Daten
- Analyse der Daten
- Interpretation der analysierten Daten und Abfassung des Ergebnisberichtes.

9.1 Vorbereitung der Erhebung

9.1.1 Hypothesen und Operationalisierung

In den vorangegangenen Kapiteln wurde schon dargelegt, wie aus einem zunächst nur vage formulierten Forschungsproblem und abstrakten Vorstellungen konkrete Hypothesen entstehen. Sobald diese Hypothesen vorliegen, müssen die darin enthaltenen relevanten Begriffe operationalisiert werden. Operationalisierung heißt, dass man die theoretischen Begriffe der Hypothesen durch konkrete Indikatoren, Merkmale (bzw. Variablen) zu fassen versucht und dadurch messbar macht. Sind die Merkmale festgelegt, so geht es dann darum, wie diese gemessen werden, d.h. welche Daten zu den einzelnen Merkmalen erhoben werden müssen. Es handelt sich also um einen Übersetzungsvorgang, bei dem durch eine weitere Aufgliederung der Hypothesen in deren relevante Begriffe, die Operationalisierung der Begriffe und die Messung der entsprechenden Merkmale jene Daten erhoben werden, welche die Überprüfung der Hypothesen letztendlich ermöglichen (siehe Kapitel 2).

Durch den Prozess der Operationalisierung der Hypothesen wird festgelegt, welche Daten zur Überprüfung der aufgestellten Hypothesen notwendig sind; gleichzeitig ergibt sich durch die *Festlegung des Merkmals- oder Variablenkatalogs* eine empirische Konkretisierung und Umsetzung der einzelnen Fragestellungen, die durch die Untersuchung angegangen werden sollen. Weit vor Beginn der Datenerhebung und der Auswertung muss also schon weitest gehende Klarheit über die späteren Auswertungsschritte und -methoden herrschen. Zum Teil werden diese Modalitäten durch die Art der Hypothesen bereits vorgegeben. So macht beispielsweise eine bestimmte Hypothese einen Vergleich zwischen unterschiedlichen sozialen Gruppen nötig; dadurch wird die Verwendung bestimmter statistischer Analyseverfahren bereits durch die Hypothesenformulierung impliziert.

Die durch die Hypothesen vorgegebenen *Auswertungsnotwendigkeiten müssen schon vor der Konstruktion des Erhebungsinstrumentes so weit wie möglich präzisiert werden*, um die Anforderungen an das zu erhebende Datenmaterial und damit unmittelbar auch an das Erhebungsinstrument rechtzeitig festlegen zu können. Um eine vernünftige und valide Hypothesenprüfung durchführen zu können, wird also nicht konzeptionslos Material gesammelt und hinterher überlegt, wie dies ausgewertet werden soll. Vielmehr müssen die erhobenen Merkmale, die gemessenen Daten an den Erfordernissen der Hypothesen ausgerichtet werden. Diese logische und in der Reihenfolge klare und eindeutige Vorgehensweise wird in der praktischen empirischen Sozialforschung oft nicht eingehalten. Allerdings muss darauf hingewiesen werden, dass die beschriebene Reihenfolge auch „mehrstufig" sein kann: In einem Pretest erhobene Daten können zur Präzisierung, Modifikation oder sogar Neuformulierung von Hypothesen führen, die dann wiederum mit einer folgenden Datenerhebung und Auswertung getestet werden.

9.1.2 Erhebungsinstrument und EDV-Unterstützung

Nachdem festgelegt ist, welche Merkmale oder Indikatoren zur Überprüfung der Hypothesen gemessen werden sollen, steht im nächsten Schritt die Entscheidung darüber an, mit welcher Methode bzw. mit welchen Methoden der empirischen Sozialforschung die benötigten Daten erfasst werden sollen.

Die Entscheidung für eine bzw. unter Umständen mehrere Methoden ist im Wesentlichen abhängig von den zu prüfenden Hypothesen. Werden beispielsweise Aussagen über Einstellungen benötigt, so wird als Instrument am ehesten eine Befragung sinnvoll sein. Dagegen wird bei der Erfassung von tatsächlichem sozialen Verhalten eher die Beobachtung als taugliches Erhebungsinstrument gewählt werden.

Auch andere Faktoren wie beispielsweise die Personal- und Finanzkapazität innerhalb eines Projektes spielen eine in der Praxis nicht zu unterschätzende Rolle bei der Wahl des Erhebungsinstrumentes (und auch der Größe der Stichprobe). Auf den Einfluss dieser Aspekte kann jedoch hier nur hingewiesen werden.

Nach der grundsätzlichen Entscheidung für die Art des Erhebungsinstrumentes geht es im nächsten konkreten Schritt um das geeignete „Anpassen" des Instrumentes an die Fragestellung, die vorgesehenen Hypothesenprüfungen und damit an den gewünschten Merkmalskatalog. Wie man das Erhebungsinstrument gestaltet, um schließlich die benötigten Daten zu erhalten, darauf wurde in den vorherigen Kapiteln schon eingegangen. Es sei daher nur noch einmal darauf hingewiesen, dass die dort angeführten Grundsätze zu berücksichtigen sind.

Bei der Entwicklung des Erhebungsinstrumentes müssen in Bezug auf die Auswertungsschritte und -methoden verschiedene Gesichtspunkte berücksichtigt werden.

9.1.2.1 Wahl der EDV-Instrumente

Kenntnisse der für die Dateneingabe und Auswertung vorgesehenen Programme und die ebenfalls notwendigen Kenntnisse im Umgang mit PCs und Workstations sind unerlässlich, will man EDV-gestützt arbeiten. Der Anwender muss vorher über die spezifischen Anwendungsfelder, Eigenheiten und Probleme der jeweiligen Programme Bescheid wissen. Denn beispielsweise schon die Gestaltung eines Fragebogens hängt in gewisser Weise davon ab, auf welche Art und Weise die Daten erfasst werden sollen.

Die für den Bereich der empirischen Sozialforschung wichtigen statistischen Analyseprogramme heißen SPSS, SAS, S-Plus und BMDP (von SPSS übernommen). Sie sind inzwischen sowohl für Großrechner als auch für PCs verfügbar. Die Dateneingabe erfolgt entweder direkt mit diesen Programmen oder mithilfe eines Datenbankprogramms wie beispielsweise dBASE. Solche Programme bieten im Allgemeinen die sehr komfortable Möglichkeit, Eingabemasken zu erstellen. Solche dem Fragebogen angepassten Eingabemasken und Datenprüfungen direkt bei der Eingabe mindern die Zahl der Falscherfassungen gegenüber früher üblichen Methoden (wie z.B. der direkten spaltenweisen Eingabe in Dateien). Im Allgemeinen erlauben „Schnittstellen" den problemlosen Austausch von Daten beispielsweise zwischen SAS, SPSS, SimStat und dBASE. Neben diesen weit verbreiteten Statistik- und Datenbankprogrammen gibt es eine Vielzahl weiterer Programme, die es ebenfalls ermöglichen Daten zu erfassen, zu verwalten und auszuwerten. So sind etwa in manchen integrierten Office-Programmen für PCs neben Datenbank-, Kalkulations-, Graphik- und Textmodulen auch Statistikbausteine enthalten (wie z.B. in EXCEL und ACCESS).

Die wesentlichen Kriterien dafür, ob Auswertungen am PC, an Workstations oder am Großrechner durchgeführt werden sollen, sind neben der Verfügbarkeit von Rechner und Programmen die Menge der Daten sowie die vorgesehenen statistischen Prozeduren. Die Leistungsfähigkeit der heute verbreiteten PCs reicht selbst für umfangreiche Datenmengen durchaus aus. Bei großen Datenmengen und sehr speicher- und rechenintensiven Methoden ist nach wie vor die Arbeit an Workstations und Großrechnern sinnvoller. Allerdings wird die rasante Entwicklung bei der Leistungsfähigkeit von PCs diese Aussage schon bald hinfällig machen.

Die Eigenschaften und vor allem die Beschränkungen der einzelnen Programme (und deren unterschiedlicher Versionen) müssen bei der Erstellung des Erhebungsinstrumentes bekannt sein, um späteren Schwierigkeiten bei der eigentlichen Datenauswertung vorzubeugen. Es ist also genau abzuklären, welche Dateneingabe- und -analysesysteme zur Verfügung stehen und welche Restriktionen sich daraus für das Erhebungsinstrument ergeben. Man kann davon ausgehen, dass bei der Vielzahl und der Leistungsfähigkeit der heute verfügbaren Programme die eigene Programmierung von Auswertungsmethoden mit höheren Programmiersprachen (z.B. FORTRAN, COBOL, PASCAL, C, JAVA) im Regelfall unnötig sein wird. Die Erstellung von Datenaufbereitungs- oder Statistikprozeduren ist im Prinzip allerdings mit Programmierung vergleichbar.

9.1.2.2 Angemessenheit des Erhebungsinstrumentes

In den einzelnen Kapiteln zu den verschiedenen Methoden der empirischen Sozialforschung wurde bislang hauptsächlich darauf abgestellt, dass das jeweilige Erhebungsinstrument auf das jeweilige Befragungs- oder Beobachtungsobjekt ausgerichtet sein sollte. Zugleich ist es jedoch wesentlich, dass das jeweilige Erhebungsinstrument auch auf die Möglichkeiten, Fähigkeiten und Kapazitäten derjenigen zugeschnitten ist, die die Erhebung vornehmen. Die Erhebungsinstrumente sind so zu konzipieren, dass jenen, die Daten erheben, eine möglichst einfache und fehlerfreie Arbeit ermöglicht wird. Die Messung der Merkmale und damit die Datenerhebung muss eindeutig und einfach sein, damit nicht bei diesem Arbeitsschritt schon erhebliche Fehlerquellen entstehen. Fehler bei der Primärdatengewinnung können die Auswertung außerordentlich erschweren, teilweise sogar unmöglich machen. Wenn Fehler bei der Erhebung z.B. Rückfragen nötig machen, so ist bei Einschätzungs- oder Verhaltensmerkmalen keine Gewähr mehr für eine Vergleichbarkeit gegeben.

9.1.2.3 Berücksichtigung von anderen Untersuchungen

Die Beachtung von Untersuchungen zu einem gleichen oder ähnlichen Forschungsthema ist nicht nur in der explorativen Phase eines Forschungsprojektes und bei der Hypothesenformulierung von Belang, sondern beeinflusst auch die Entwicklung des Erhebungsinstrumentes. Die Erfahrungen, die andere Forscher bei gleichen oder ähnlichen Forschungsprojekten in der Erhebungsphase gewonnen haben, sollten im eigenen Forschungsprojekt ihren Niederschlag finden. *Andere Untersuchungen sind insbesondere auch dann zu berücksichtigen, wenn beabsichtigt ist, deren Untersuchungsergebnisse mit den eigenen Ergebnissen zu vergleichen.* So ist z.B. bei der Formulierung von Antwortkategorien darauf zu achten, dass diese einen Vergleich mit anderen Untersuchungen erlauben.

9.1.3 Gütekriterien und Pretest

Hat man das Erhebungsinstrument ausgewählt und konkretisiert – beispielsweise einen Fragebogen erstellt –, so sollte im nächsten Schritt ein *Pretest*, d.h. eine Vor- oder Testerhebung, durchgeführt werden. Ein Pretest dient dazu, das erstellte Erhebungsinstrument auf seine Tauglichkeit hin zu testen und zu prüfen, inwieweit sich die beabsichtigten Hypothesenprüfungen durchführen lassen. Dabei sollte für den Pretest das gleiche Auswahlverfahren (also z.B. Quotensample oder Zufallsstichprobe) verwendet werden, das auch für die Hauptuntersuchung beabsichtigt ist. Neben der notwendigen Vergleichbarkeit des Samples bei Vor- und Hauptuntersuchung sowie dem notwendigen Bezug auf dieselbe Grundgesamtheit kann damit zusätzlich die

Praktikabilität des Auswahlverfahrens getestet werden. Die Zahl der Untersuchungsobjekte im Pretest wird in der Regel allerdings wesentlich kleiner als in der Hauptuntersuchung sein. Bei der Durchführung und Auswertung des Pretests ist vor allem auf vier wesentliche Punkte zu achten: die Zuverlässigkeit und Gültigkeit, die Verständlichkeit von Fragen, die Eindeutigkeit von Kategorien und die konkreten Erhebungsprobleme.

9.1.3.1 Zuverlässigkeit (Reliabilität) und Gültigkeit (Validität)

Jedes Erhebungsinstrument innerhalb der empirischen Sozialforschung ist darauf hin zu überprüfen, inwieweit es zuverlässige (reliable) und gültige (valide) Ergebnisse liefert (Friedrichs, 1999, S. 100 ff.). *Unter Reliabilität versteht man dabei das Ausmaß, in dem die Anwendung eines Erhebungsinstrumentes bei wiederholten Datenerhebungen unter gleichen Bedingungen und bei denselben Probanden das gleiche Ergebnis erzielt. Die Validitätsprüfung gibt an, inwieweit die Anwendung eines Erhebungsinstrumentes tatsächlich die Variable misst, die es zu messen vorgibt,* inwieweit beispielsweise durch Klausuren an der Universität das tatsächliche Fachwissen von Studierenden gemessen werden kann. Die Reliabilität eines Instrumentes ist die Voraussetzung dafür, dass dieses Instrument auch valide sein kann; dagegen kann jedoch eine reliable Messung erfolgen, ohne dass diese gleichzeitig auch valide ist.

Die Prüfung dieser beiden Aspekte ist unerlässlich, da von ihrem Ausmaß die Zielerreichung der gesamten Untersuchung abhängig ist. Der Erfolg der gesamten Untersuchung und die Aussagefähigkeit der Ergebnisse wird in Frage gestellt, wenn es nicht gelingt, die zu prüfenden Hypothesen zuverlässig und gültig zu operationalisieren. Eine genaue Prüfung der Reliabilität und Validität hat besonders dann zu erfolgen, wenn aus mehreren Variablen zusammengesetzte Indizes konstruiert werden.

9.1.3.2 Verständlichkeit von Fragen

Bei der Prüfung der Verständlichkeit der Fragen sind zwei Aspekte zu beachten: die sprachliche und die inhaltliche Verständlichkeit.

Dem Aspekt der *sprachlichen Verständlichkeit* wird Rechnung getragen, indem die Fragen auf einem Sprachniveau formuliert werden, das dem der Befragten entspricht. Man sollte also beispielsweise auf die Verwendung von Fachausdrücken innerhalb einer Frage verzichten, wenn diese einem der Befragten möglicherweise unbekannt oder unklar sind. Zeigt sich im Verlauf oder bei der Auswertung des Pretests, dass verwendete Fachausdrücke entgegen der ursprünglichen Annahme nicht als bekannt vorausgesetzt werden können, so sind die Fragen entsprechend umzuformulieren. Der zweite Aspekt richtet sich auf das *inhaltliche Verständnis* der Fragen. Es ist zu prüfen, ob die Fragen ihrer Intention entsprechend verstanden werden. Das Ziel ist es, Ausdrücke oder Redewendungen zu vermeiden, die in unterschiedlichen inhaltlichen Kontexten verwendet werden können und so unterschiedliche Interpretationen vonseiten der Befragten ermöglichen. Die Prüfung des inhaltlichen Verständnisses ist durch die Verwendung von Kontrollfragen während des Pretests möglich. Kontrollfragen können beispielsweise durch eine andere Fragestellung denselben Aspekt nochmals abfragen, oder sie können das inhaltlich genaue Gegenteil abfragen, sodass sich die Antworten bei Frage und Kontrollfrage zu 100 Prozent ergänzen müssten.

9.1.3.3 Klarheit von Kategorien und Kategorienbildung

Werden den Befragten Beantwortungskategorien genannt oder vorgelegt, müssen diese Kategorien ebenfalls den oben dargelegten Anforderungen der sprachlichen und inhaltlichen Verständlichkeit genügen.

Darüber hinaus dient der Pretest zur Prüfung, ob die gebildeten Kategorien eindeutig sind, ob sie ausschließlich und vollständig sind. *Eindeutigkeit* heißt, dass jede mögliche Antwort auf eine Frage eindeutig einer bestimmten Kategorie zugeordnet werden kann. *Ausschließlichkeit* besteht dann, wenn sich die genannten Kategorien gegenseitig ausschließen, d.h. keine Kategorie zugleich eine andere beinhaltet oder sich mit einer anderen „überdeckt". *Vollständigkeit* ist gegeben, sofern alle Antwortmöglichkeiten auf eine Frage durch die Kategorien erfasst werden. Die Forderung nach Vollständigkeit heißt auch, dass bei einer schriftlichen Befragung meist die Kategorien „weiß nicht" und „keine Antwort" angegeben werden. Die Kategorie „keine Antwort" kann auch erst bei der Dateneingabe berücksichtigt werden, d.h. nicht als explizite Antwortkategorie im Fragebogen angegeben sein. Das Problem allzu häufiger Nennungen gerade dieser Kategorien kann durch entsprechende Frageformulierungen (z.B. „Nennen Sie diejenige Kategorie, die Ihrer Meinung am ehesten entspricht") gemildert werden.

Die Prüfung der gebildeten Kategorien auf Eindeutigkeit, Ausschließlichkeit und Vollständigkeit ist notwendig, da es dem Ersteller eines Fragebogens kaum möglich ist, theoretisch alle Antwortmöglichkeiten durchzuspielen. Trotz sehr sorgfältiger Vorbereitung wird man im Pretest immer wieder feststellen, dass die Phantasie des Forschers der Realität der Befragung kaum gewachsen ist. Geschieht diese Prüfung im Verlauf des Pretests, so bleibt die Möglichkeit, durch „saubere" Kategorienbildung Fehlerquellen auszuschließen. Stellt man Probleme mit den gebildeten Kategorien während oder erst nach der Haupterhebung fest, führt dies meist zu unüberbrückbaren Schwierigkeiten bei der Auswertung.

Oftmals dient der Pretest erst zur Kategorienbildung. Man verwendet zunächst offene Fragen, um aus den genannten Antworten eindeutige, ausschließliche und vollständige Kategorien zu entwickeln. Diese Vorgehensweise hat sich vor allem dann bewährt, wenn es wenig begründete Vermutungen über das Spektrum der Antwortmöglichkeiten gibt. Unter Umständen kann es durchaus notwendig sein, die durch einen Pretest gefundenen Kategorien nochmals zu testen, beispielsweise im Fall einer Panel-Studie, die auf die gebildeten Kategorien in aufeinander folgenden Befragungen mehrfach zurückgreifen muss.

Offene Fragen erfordern gegenüber kategorisierten Fragen einen erheblichen Mehraufwand an Zeit. Es wird mehr Zeit bei der Erhebung, bei der Eingabe der Daten und bei der Auswertung benötigt. Alle Antworten auf offene Fragen müssen einzeln und ausführlich notiert werden. Nach der Erhebung müssen aus den Antworten entsprechende Kategorien gebildet werden. Schließlich müssen alle Erhebungsbögen durchgesehen werden, um die Antworten dann den entsprechenden Kategorien zuzuordnen. Zudem ist die Antwortbereitschaft bei kategorisierten Fragen, die oft durch einfaches Ankreuzen beantwortet werden können, deutlich größer. Dennoch werden manchmal offene Fragen gestellt. Dies ist sinnvoll, wenn trotz des Pretests keine geeigneten Kategorien konstruiert werden konnten, wenn man den Befragten bewusst keine bestimmten Antworten vorgeben möchte (um beispielsweise die „spontane" Antwort zu erhalten) oder wenn man den unvermeidlichen Informationsverlust bei einer Beantwortung in Kategorien nicht in Kauf nehmen möchte.

Die Art und die Zahl der Kategorien bei geschlossenen Fragen hängt im Wesentlichen davon ab, welche Differenzierung der Merkmalsausprägungen im Hinblick auf das Forschungsziel und die formulierten Hypothesen der Forscher als sinnvoll ansieht. Die Zahl der Kategorien ist allerdings auch vom Stichprobenumfang abhängig. Beispielsweise besteht bei einer kleinen Stichprobe und einer großen Anzahl von Kategorien die Möglichkeit, dass aufgrund der geringen Belegung der Kategorien keine sinnvollen Aussagen mehr getroffen werden können.

9.1.3.4 Probleme der Erhebung

Durch den Pretest ergibt sich die Möglichkeit, den Ablauf der Haupterhebung zu simulieren. Mit einer Testerhebung können Unstimmigkeiten und Schwierigkeiten in der Organisation schon im Vorfeld der Erhebung festgestellt werden. Beispielsweise können Verweigerungen, Ausfälle, unklare Angaben stark auf die Qualität der Ergebnisse durchschlagen. Durch den Test des eigentlichen Erhebungsvorganges lassen sich vorher nicht vermutete Schwierigkeiten und Probleme erkennen und möglicherweise ausräumen. Durch die Erkenntnisse aus dem Pretest kann man das Erhebungsinstrument wie auch die Stichprobenziehung von erkannten Unstimmigkeiten und Auswertungshindernissen befreien.

Mit den Daten des Pretests sollten dieselben (Grund-)Auswertungen vorgenommen werden, wie sie bei der Haupterhebung beabsichtigt sind. Das heißt, die Datenerfassungs- und Auswertungsprogramme sollen bereits erstellt und mit den Testdaten geprüft werden. *Vor Beginn* der Haupterhebung muss also für alle zu erhebenden Daten beschrieben werden, welche Aspekte des Forschungsproblems, welche Hypothesen mit ihnen überprüft werden sollen. Auf diese Weise wird einerseits festgestellt, ob das Erhebungsinstrument möglicherweise Aspekte erfasst, die bei der Auswertung gar nicht benötigt werden; andererseits kann auch der umgekehrte Fall auftreten, dass zur Auswertung benötigte Daten im Erhebungsinstrument nicht berücksichtigt sind. Das Festlegen des Auswertungsplanes, das Erstellen und Testen der Auswertungsprogramme ist also eine Kontrolle auf Vollständigkeit der zu erhebenden Daten und auf eine mögliche Überfrachtung des Erhebungsinstrumentes mit bei der Auswertung nicht benötigten Daten.

So stellt sich im Pretest oft heraus, dass das Erhebungsinstrument und die Datenstruktur manche der beabsichtigten Auswertungen und Hypothesenprüfungen gar nicht erlauben. Entsprechend muss eine Korrektur des Erhebungsinstrumentes, bei einer schriftlichen Befragung eine Änderung der problematischen Fragen erfolgen. Der Umfang der erfolgten Korrekturen entscheidet darüber, ob ein weiterer Pretest notwendig ist oder ob die Haupterhebung direkt angeschlossen werden kann.

9.1.3.5 Der Umgang mit Restriktionen

Der geschilderte Ablauf ist im Wesentlichen eine idealtypische Darstellung, die in der Praxis oft genug nicht durchgehalten wird oder werden kann. Finanzielle und zeitliche Restriktionen führen oftmals zum Vernachlässigen oder sogar zur Unterlassung des Pretests. Bei sehr einfachen, kurzen und unproblematischen Erhebungen mag dies noch zu vertreten sein. Bei komplexen Untersuchungen führt die Unterlassung eines Pretests oder die mangelnde Berücksichtigung vergleichbarer anderer Untersuchungen oft zu gravierenden Auswertungsproblemen. Nicht selten werden die Auswertungen trotz der Mängel dann dennoch gemacht und veröffentlicht; kein Forscher wird es sich leisten, aufgrund eigener Versäumnisse in der Vorphase einer Erhebung die Unzulänglichkeit seiner Ergebnisse einzugestehen. Gerade deswegen sollte man stets bemüht sein, eine Erhebung gründlich vorzubereiten und die beschriebenen Forschungsschritte einzuhalten. Nur so können gravierende Fehler und die mangelnde Qualität von empirischen Erkenntnissen vermieden werden. In der Gesamtsicht einer Erhebung ist dies meist auch der Weg des geringsten Zeit- und Arbeitsaufwandes, da Fehler und Unstimmigkeiten im Erhebungsinstrument und in den Daten in der Auswertungs- und Interpretationsphase oft einen großen „Bereinigungsaufwand" erfordern, der im Endeffekt mehr Zeit und Arbeit kostet als ein Pretest.

9.2 Aufbereitung der erhobenen Daten

Während bzw. nach der Datenerhebung erfolgt eine genaue *Rücklaufkontrolle der Erhebungsbögen*. Hier wird in einem ersten Schritt geprüft, ob die Daten vollständig und plausibel sind. Unvollständigkeiten, Mängel und Unklarheiten sind, wenn immer möglich, nachträglich zu beheben (beispielsweise Versendung von Mahnungen an Personen, welche bei einer schriftlichen Befragung nicht geantwortet haben, Nachfragen bei ungenauer oder lückenhafter Beantwortung, Korrekturen von offensichtlichen Falschangaben, wo dies eindeutig möglich ist).

Im nächsten Schritt kann mit der konkreten Aufbereitung der Daten begonnen werden. Voraussetzung dafür ist – wie oben beschrieben –, dass bereits parallel zur Entwicklung des Erhebungsinstruments die Vorgehensweise der Datenaufbereitung und -auswertung geplant wurde. Es muss klar sein, ob und wie die Daten codiert und kategorisiert werden sollen und auf welche Art die Daten auf EDV-Datenträger übernommen werden. Die Erfassung der Daten kann etwa mithilfe von Dateibearbeitungsprogrammen (Editoren), von Datenbanksystemen (z.B. ACCESS), Tabellenkalkulationsprogrammen (EXCEL) oder direkt mit der Statistiksoftware (SPSS, SAS, SYSTAT) erfolgen. Schließlich muss klar sein, wie die erfassten Daten dem Auswertungsprogramm übergeben werden können und ob die Codierungen und Kategorisierungen der Daten den beabsichtigten Auswertungen angemessen sind. Die einzelnen Schritte der EDV-gerechten Datenaufbereitung werden im Folgenden näher erläutert.

Neben der direkten Dateneingabe am Bildschirm werden bei größeren Erhebungen und professionellen Anwendungen auch maschinenlesbare Fragebogen und Online-Fragebogen verwendet. Steht zur Dateneingabe kein Datenerfassungs- oder Datenbankprogramm zur Verfügung, so wird dies mit einem Text- oder Dateibearbeitungsprogramm (Editor) geschehen. Mit der Hilfe von Editoren werden Daten in der Form in Dateien „geschrieben", wie sie früher auch auf Lochkarten standen. Jedes Merkmal hat in einem Datensatz eine genau definierte Stelle, an der der entsprechende Wert stehen muss. Die Daten beispielsweise eines Fragebogens stehen also hintereinander in genau festgelegten Spalten in der Datei. Diese Dateneingabe ist sehr unübersichtlich und fehleranfällig.

Bei kleinen Datenmengen ist es ebenfalls möglich, die Daten direkt ins Auswertungsprogramm aufzunehmen, also beispielsweise in die SPSS-Programmdatei. Die Probleme sind allerdings die gleichen wie bei der Dateneingabe mithilfe von Editoren, da die Daten ebenfalls „hintereinander", d.h. spaltengenau eingegeben werden müssen.

Im Allgemeinen kann man zur Datenerfassung jedoch auf dafür geeignete Programme zurückgreifen. Dabei muss man sich darüber klar sein, dass jedes

9. Auswertung der erhobenen Daten 301

Programm oder Programmpaket, jede Statistik-, Tabellenkalkulations- oder Datenbanksoftware für jeweils ganz bestimmte Anwendungsfelder entwickelt worden sind. Datenbanksoftware eignet sich vor allem zur Erfassung von Daten, zu deren Verwaltung und zur Aufbereitung und Ausgabe von Daten nach bestimmten logischen Kriterien. Zur Erfassung der Daten lassen sich oftmals relativ einfach Bildschirmmasken entwickeln, die beispielsweise der äußeren Form eines Fragebogens entsprechen und so die Dateneingabe ganz wesentlich erleichtern. Oftmals haben solche Erfassungssysteme die Eigenschaft, dass bereits direkt bei der Eingabe der Daten bestimmte Fehleingaben geprüft werden können (z.B. die Eingabe eines Buchstabens statt einer Zahl oder zu große Zahlen). Damit lassen sich allerdings nur sehr grobe Fehler vermeiden; Zahlendreher oder andere „unauffällige" Falscheingaben sind kaum zu kontrollieren. Datenbanksysteme eignen sich hervorragend, die eingegebenen Daten übersichtlich darzustellen und damit die Fehlersuche zu erleichtern. Oftmals haben Datenbankprogramme auch Möglichkeiten – meist sehr eingeschränkter Natur –, die Daten statistisch aufzubereiten.

Auf der anderen Seite sollte man nicht versuchen, datenbanktypische Aufgaben, wie die Verwaltung der Daten oder deren Aufbereitung und Ausgabe nach verschiedensten logischen Kriterien, mit einem statistischen Programmpaket zu meistern. Zwar ist dies grundsätzlich meist genauso möglich, der Aufwand ist im Allgemeinen jedoch wesentlich größer. Statistische Programmpakete haben meist ihre einzige Stärke bei den statistischen Aufbereitungen.

Fast alle modernen statistischen Programmpakete, Datenbanken und Tabellenkalkulationsprogramme verfügen heute über ein bedienerfreundliches Menüsystem und sind daher leicht anwendbar. Dabei werden die verschiedenen Möglichkeiten des Programms in einem Menü angeboten; die Auswahl eines Menüpunktes führt zur Ausführung der entsprechenden Aktion.

Einige Programme (wie z.B. SPSS) bieten zusätzlich bzw. parallel zum Menüsystem einen speziellen Kommandoeditor an. Damit lassen sich die „hinter den Menüpunkten" stehenden Kommandos direkt eingeben, bearbeiten oder editieren. Diese Form der Befehlseingabe war noch vor einigen Jahren Standard und wurde erst mit der Verbreitung von menügesteuerten „Fenster-Programmen" verdrängt. Die Arbeit mit Kommandozeilen bzw. -dateien ist auch heute immer noch sinnvoll, um ein besseres Verständnis der ablaufenden Statistikprozeduren zu gewinnen oder bei sich häufig gleich oder ähnlich wiederholenden Auswertungen.

Die Anwendung der einfacheren Menütechnik enthebt den Forscher nicht von der Pflicht genau nachzuprüfen, ob mit den vorliegenden Daten die beabsichtigten Statistikprozeduren überhaupt durchgeführt werden können. Wenn beispielsweise die Anweisung zur Berechnung von Mittelwerten gegeben wird, muss geprüft werden, ob die vorliegenden Daten zumindest Intervallskalenniveau haben. Erst ab diesem Skalenniveau werden Mittelwertsberechnungen überhaupt sinnvoll. Gerade mit dem Vordringen der Menütechnik kann nicht oft genug darauf hingewiesen werden, dass das „Ausprobieren" von Anweisungen und Prozeduren nicht nur unsinnig, sondern bei mangelndem Verständis der ausgewählten Prozeduren sogar gefährlich – im Sinne von möglichen weit reichenden Fehlinterpretationen – ist.

Um die Daten beispielsweise eines Fragebogens eingeben zu können, müssen sie teilweise codiert bzw. kategorisiert werden. Dies gilt für alle qualitativen Merkmale wie z.B. Geschlecht, Beruf oder Einstellungen; werden solche Daten codiert, sind sie nominalskaliert (siehe Kapitel 8, Abschnitt 3.2; Kapitel 7, Abschnitt 3.1). Qualitative Merkmale müssen aber nicht unbedingt codiert werden; beispielsweise können die Namen von Probanden oder Befragten entweder direkt eingegeben oder durch Nummern codiert und damit anonymisiert werden. Die Vercodung kann sowohl numerisch als auch alphanumerisch erfolgen. Eine numerische Codierung ist angebracht, wenn die Daten zumindest ordinal skaliert sind. Bei nominalskalierten Daten ist eine alphanumerische Codierung (Kennzeichnung der Merkmale durch Buchstaben oder andere Zeichen) genauso möglich wie eine Codierung durch Ziffern.

Sind bei der Datenerfassung bereits Kategorien vorgegeben, ist die Codierung einfach. Den jeweiligen Kategorien muss nur eine Zahl oder ein alphanumerisches Zeichen zugeordnet werden. Der entsprechende Code wird dann am Bildschirm eingegeben. Im Allgemeinen sollte dem entsprechenden Auswertungsprogramm durch so genannte „Labels" oder „Wert-Etiketten" mitgeteilt werden, was die jeweiligen Codierungen bedeuten. Beispielsweise wird angegeben, dass beim Merkmal „Familienstand" die Codierung „1 = ledig", „2 = verheiratet", „3 = geschieden", „4 = verwitwet" und „5 = getrennt lebend" bedeutet.

Kategorien sollten zunächst nur gebildet werden, wenn eine zu große und nicht auswertbare Zahl qualitativer Antworten vorliegt wie beispielsweise bei offenen Fragen. Merkmale, deren Ausprägungen ordinal-, intervall- oder ratioskaliert sind, sollten als Zahlen codiert werden. Oder vereinfacht formuliert: *Daten, die in Zahlen erhoben werden können, sollten auch als Zahlen eingegeben werden. Die Bildung von Kategorien hat in diesen Fällen im Allgemeinen einen Informationsverlust zur Folge.* Beispielsweise ist es ein Informationsverlust, wenn das Alter nur durch Kategorien erfasst wird. Durch die sofortige Zusammenfassung in Altersgruppen werden einige statistische Auswertungen unmöglich gemacht; zudem ist eine nachträgliche Zusammenfassung zu Kategorien jederzeit möglich.

Wenn allerdings zu erwarten ist, dass die Befragten keine genauen Angaben machen wollen (z.B. über das genaue Einkommen) oder genaue Angaben

9. Auswertung der erhobenen Daten

beispielsweise aufgrund mangelnden Erinnerungsvermögens nicht möglich sind, sollten – auch wenn genaue Zahlen „besser" wären – Kategorien vorgegeben werden.

Nach der Eingabe der Daten am Bildschirm müssen die Daten auf Richtigkeit kontrolliert werden. Die bei der Eingabe kaum zu vermeidenden Fehler müssen, bevor mit der eigentlichen Auswertung begonnen wird, korrigiert werden. Neben der „Sichtprüfung" in übersichtlich aufbereiteten Listen werden die Daten mit *Prüfprogrammen* geprüft. Diese Programme werden mit der gleichen Datenbank- oder Statistiksoftware erstellt, mit der auch die Datenerfassung und -auswertung erfolgt bzw. erfolgt ist. Mit den Prüfprogrammen werden die Daten sowohl auf Vollständigkeit als auch auf logische Konsistenz und Plausibilität überprüft. Die logische Konsistenzprüfung prüft die Stimmigkeit der Antworten innerhalb eines Falles.

Diese Prüfungen geschehen in einem ersten Schritt, indem Werte gesucht werden, die außerhalb zulässiger Angaben liegen. In einem zweiten Schritt wird nach Antworten gesucht, die für bestimmte Befragte nicht zulässig sind oder deren Antwortkombination nicht möglich ist. So dürfen Minderjährige beispielsweise nicht angeben, welche Partei sie bei der letzten Bundestagswahl gewählt haben. Geschah dies trotzdem und ist das Merkmal damit falsch codiert und eingegeben worden, dann müssen in solchen Fälle die Daten entsprechend korrigiert werden.

In einem weiteren Schritt können durch die Berechnung von Mittelwerten, von Median oder Modus (Kapitel 8), durch die Ausgabe von Minimal- und Maximalwerten, durch Häufigkeitsauszählungen und Summenbildungen sowie durch die Berechnung von Relativzahlen Auffälligkeiten innerhalb der Daten herausgefunden werden. Werte, die besonders aus der Menge der anderen Daten „herausfallen", sollten jeweils auf fehlerhafte Eingaben geprüft werden.

Sind allerdings Daten fehlerhaft eingegeben worden, die weder außerhalb gültiger Werte liegen noch logisch inkonsistent noch besonders auffällig sind, so sind solche Fehler kaum zu erkennen. In diesen Fällen gibt es nur zwei gleichermaßen aufwendige Möglichkeiten der Kontrolle. Zum einen können die Daten nochmals vollständig anhand der Fragebögen geprüft werden. Zum anderen kann man die Daten doppelt – am besten von verschiedenen Personen – eingeben lassen und diese beiden Datensätze daraufhin auf Gleichheit prüfen. Sind die Datensätze an bestimmten Stellen ungleich, sind Eingabefehler zu finden. Das zuletzt beschriebene Verfahren findet im professionellen Bereich vielfach Anwendung.

Erst nach vollständigem Abschluss der Prüfung und der Korrektur der Daten kann mit der eigentlichen Auswertung der Daten begonnen werden.

9.3 Analyse der aufbereiteten Daten

Der Begriff der Analyse bezeichnet die statistische Beschreibung der Beobachtungs- oder Befragungsdaten (deskriptive Statistik) wie auch die Überprüfung von Hypothesen mithilfe der schließenden (analytischen) Statistik. Die Betonung dieser zwei unterschiedlichen Aspekte ist deswegen so wichtig, weil diese in der Praxis der empirischen Sozialforschung vielfach vergessen bzw. nicht beachtet werden. Oft wird beispielsweise aus der Beschreibung von Gruppenunterschieden in der Stichprobe ohne Zögern darauf geschlossen, dass diese Unterschiede auch für die Grundgesamtheit gelten, ohne dass entsprechende statistische Tests überhaupt vorgenommen worden wären. In Kapitel 8, das sich einführend mit mathematischen und statistischen Verfahren befasst, sind bereits verschiedene Möglichkeiten der Darstellung und Analyse empirischer Daten aufgezeigt worden. Einige davon werden in den folgenden Ausführungen wieder aufgegriffen. Im Gegensatz zu den stärker methodisch orientierten Ausführungen dort soll hier vor allem auf die *Voraussetzungen bestimmter Analysen* eingegangen werden und auf die Abhängigkeit bestimmter Darstellungsweisen und Analyseverfahren von dem Messniveau der Merkmale.

Neben dem Unterschied deskriptiver und analytischer Verfahren sind vier verschiedene Kriterien für die Analyse der Daten und die Darstellung der Ergebnisse wichtig:

- *Das Skalenniveau der Daten.* Für nominalskalierte Daten gibt es im Allgemeinen ganz andere Darstellungsformen und Analyseverfahren als beispielsweise für ratioskalierte Daten.
- *Die Zahl der Variablen*, die im Zusammenhang dargestellt und analysiert werden sollen. Tabellen und statistische Analysen für eine einzige Variable sehen anders aus als entsprechende Ergebnisse für mehrdimensionales Datenmaterial.
- *Die Zahl der möglichen Nennungen* bei bestimmten Fragen und Beobachtungen. Es macht einen großen Unterschied, ob Fragen mit Mehrfachnennungen ausgewertet werden (wie z.B. die Frage nach gelesenen Zeitschriften) oder Fragen mit nur einer möglichen Antwort (z.B. die Frage nach der zuletzt gewählten Partei).
- *Die Zahl und Verbundenheit von Stichproben.* Beispielsweise lassen sich verschiedene Stichproben miteinander vergleichen. Solche Stichproben können unabhängig oder voneinander abhängig sein, wie etwa die mehrfache Befragung derselben Personen in gewissen Zeitabständen.

In diesem Rahmen kann nicht auf sämtliche Möglichkeiten der Darstellung und Analyse eingegangen werden. Dazu sind, wie leicht ersichtlich ist, die möglichen Kombinationen der oben erwähnten Kriterien zu groß. Dafür muss

9. Auswertung der erhobenen Daten

auf gängige bzw. im Nachspann zusammengestellte Literatur (vergleiche auch Kapitel 8) verwiesen werden. An dieser Stelle werden wir uns auf einige der gebräuchlichsten Fälle der Analyse und Ergebnisdarstellung beschränken.

Um die Vorgehensweise bei der Analyse verständlicher zu machen, wird das Beispiel aus Kapitel 8 nunmehr in leicht modifizierter Form aufgegriffen. Allerdings beschränken wir uns in stark vereinfachender Form auf nur wenige Merkmale. Sollte die im Folgenden beschriebene Fragestellung tatsächlich untersucht werden, müsste dies wesentlich differenzierter geschehen als in diesem Beispiel. Die Studienleistung müsste beispielsweise detaillierter abgefragt werden, die berufliche Stellung des Vaters wäre weiter zu differenzieren, das Einkommen der Eltern würde nur in Klassen abgefragt werden, und es müssten weitere Merkmale zur Erfassung, etwa die Karrierevorstellung, herangezogen werden. Für die einzelnen Analyseschritte bietet dieses vereinfachte Beispiel jedoch durchaus realistisches Anschauungsmaterial.

In einer empirischen Befragung ging es um den Zusammenhang zwischen den Leistungen und Karrierevorstellungen von Studenten und deren sozialer Herkunft. Dazu wurden verschiedene Hypothesen formuliert (die in den Auswertungsbeispielen jeweils genannt werden).

Um die formulierten Hypothesen prüfen zu können, wurden sechs Merkmale festgelegt, zu denen die Daten erhoben wurden:

- *Geschlecht;* männlich und weiblich ist als „1" und „2" codiert; das Merkmal ist kategorial und nominalskaliert.
- *Studienfächer;* es sind maximal fünf Nennungen – auch Mehrfachnennungen – möglich: Soziologie, Psychologie, Geschichte, Germanistik und Politologie; es wurden fünf dichotome Merkmale (nur zwei Werte sind möglich) mit den Werten „ja" oder „nein", codiert mit 1 und 0 gewählt. Diese Merkmale sind ebenfalls kategorial und nominalskaliert.
- *Diplomnote;* es sind die Noten 1, 1,3, 1,7, 2,0 usw. bis 5,0 möglich; das Merkmal ist intervallskaliert. (In Kap. 8 wurde bereits erwähnt, dass dies in der statistischen Literatur teilweise anders gesehen wird; hier wird von Intervallskalenniveau ausgegangen, da bei den im Folgenden vorgestellten Verfahren die mathematischen Voraussetzungen sinnvoll interpretierbare Ergebnisse erlauben.)
- *Berufliche Stellung des Vaters;* vier Nennungen sind möglich: Arbeiter, Angestellter, Beamter, Selbständiger; das Merkmal ist kategorial und nominalskaliert.
- *Einkommen der Eltern;* es wurde das Einkommen direkt – ohne die Vorgabe von Klassen – abgefragt; damit ist das Merkmal ratioskaliert.
- *Karrierewunsch;* durch eine geschlossene Frage wurde erfragt, welche der folgenden drei Meinungen der eigenen am nächsten käme: „Berufliche

Karriere ist mir wichtiger als Familie und Freizeit", „Ich will beruflich vorankommen; dennoch sind mir Familie und Freizeit ebenso wichtig", „Familie und Freizeit sind mir wichtiger als der Beruf". Zusätzlich gab es die Antwortmöglichkeit „Weiß nicht". Die drei Meinungen wurden mit 1 bis 3 codiert, „Weiß nicht" mit 9; das Merkmal ist kategorial und nominalskaliert.

Die folgenden Ausführungen demonstrieren die Analysemöglichkeiten im Allgemeinen anhand der Prozeduren von SPSS, einem der gebräuchlichsten statistischen Programmpakete. Die Ergebnisdarstellungen in den Abbildungen entsprechen der Ausgabe von SPSS. Die Analyse- und Darstellungsmöglichkeiten bei anderen Programmen wie SAS oder SYSTAT unterscheiden sich davon aber nicht wesentlich.

9.3.1 Auswertung einzelner Merkmale

9.3.1.1 Beschreibende Auswertungen

Den Ausgangspunkt der Analyse der erhobenen Daten bildet in der Regel die Auswertung einzelner Merkmale. Die Auswertung ist abhängig vom Skalenniveau der Daten. Bei kategorialen Daten (nominal- und ordinalskalierte Merkmale) wird jeweils eine Häufigkeitstabelle am Anfang der Auswertungen stehen, die durch eine graphische Umsetzung in Form von Balken- (Histogrammen) oder Kreisdiagrammen verdeutlicht werden kann.

Im Beispiel sind vier Merkmale nominalskaliert: das Geschlecht, die Studienfächer, die berufliche Stellung des Vaters und der Karrierewunsch. Für die berufliche Stellung des Vaters ergibt sich die eindimensionale Häufigkeitstabelle aus Abb. 9-1.

Bei ordinalen, d.h. rangskalierten Daten – die in dem Beispiel nicht vertreten sind – gibt es weitere hilfreiche Kenngrößen, die etwas über die Verteilung der Daten aussagen: z.B. der Median (der Wert, „über" und „unter" dem jeweils 50 % der Werte liegen) oder verschiedene Perzentile (Werte, „über" oder „unter" denen z.B. 10 % aller Werte liegen).

In unserem Beispiel wird man bei der Auswertung der Studienfächer nicht nur die Häufigkeiten in den einzelnen Studienfächern auszählen wollen, sondern alle Studienfächer gemeinsam. Bei Merkmalen mit Mehrfachnennungen sind bei jedem statistischen Programmpaket besondere Auswertungen notwendig, da die summierte Zahl der Nennungen weit mehr als 100 % ergeben kann. In Abb. 9-2 ist die Auszählung des Merkmals „Studienfächer" – genauer: der fünf dichotomen Merkmale „Soziologie" usw. – dargestellt (mit den Prozeduren MULT RESPONSE – im Menü unter ⟨Mehrfachantworten⟩ – oder TABLES bei SPSS).

9. Auswertung der erhobenen Daten

Berufliche Stellung des Vaters

Value Label	Value	Frequency	Percent	Valid Percent	Cum Percent
Arbeiter	1	33	30,6	30,6	30,6
Angestellter	2	43	39,8	39,8	70,4
Beamter	3	17	15,7	15,7	86,1
Selbständiger	4	15	13,9	13,9	100,0
	TOTAL	108	100,0	100,0	

COUNT	VALUE
33	1,00
43	2,00
17	3,00
15	4,00

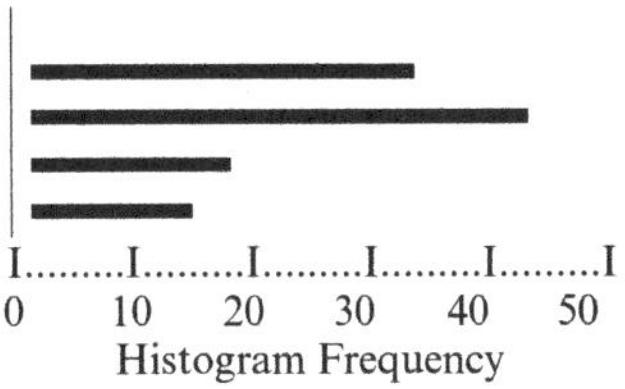

```
I........I........I........I........I........I
0   10   20   30   40   50
     Histogram Frequency
```

Valid Cases   108   Missing Cases   0

Abbildung 9-1: Eindimensionale Häufigkeitstabelle

Bei intervall- und ratioskalierten Daten (die man auch mit den Begriffen „kardinalskaliert" oder „metrisch" beschreiben kann), lassen sich verschiedene statistische Maßzahlen zur Beschreibung der Verteilung der Daten berechnen: Mittelwert, Standardabweichung, Minimum und Maximum sind nur die wichtigsten dieser Maßzahlen.

Häufigkeitstabellen sind bei kardinalskalierten Merkmalen zwar auch sinnvoll, lassen sich direkt allerdings nicht erstellen, da im Prinzip so viele unterschiedliche Merkmalsausprägungen möglich sind, wie Fälle in der Stichprobe vorhanden sind. Will man die Verteilung dennoch durch z.B. ein Histogramm verdeutlichen, so müssen zuerst Klassen gebildet werden. Prozeduren, wie z.B. FREQUENCIES (im Menü unter ⟨Deskriptive Statistik⟩ → ⟨Häufigkeiten ...⟩) bei SPSS, erleichtern dies, indem solche Klassenbildungen „automatisch" angefordert werden können.

	Zahl der Antw. insg.	Prozent der Fälle insg.	Prozent der Antw. insg.
Studienfach			
Soziologie	47	43,5 %	27,0 %
Psychologie	41	38,0 %	23,6 %
Geschichte	15	13,9 %	8,6 %
Germanistik	32	29,6 %	18,4 %
Politologie	39	36,1 %	22,4 %
Antworten insgesamt	174	161,1 %	100,0 %
Fälle insgesamt	108	100,0 %	

Abb. 9-2: Eindimensionale Häufigkeitstabelle bei Mehrfachantworten

Einzelauswertungen der Daten sollten am Beginn jeder Analyse stehen, da die Durchsicht der statistischen Kennwerte und die Betrachtung der graphischen Auswertungen Hinweise auf Fehler im Datenmaterial geben.

9.3.1.2 Analytische Verfahren

Auch bei einzelnen Merkmalen kann die Anwendung von Verfahren der analytischen (schließenden) Statistik sinnvoll sein. Beispielsweise ist ein Test auf Normalverteilung der Daten oft angebracht, da diese Verteilung bei verschiedenen weiter gehenden Verfahren Voraussetzung für sinnvolle Berechnungen ist. Mithilfe bestimmter Methoden kann geprüft werden, ob aufgrund der Stichprobe auf eine Normalverteilung der Merkmalsausprägungen in der Grundgesamtheit geschlossen werden kann. In Abb. 9-3 ist das Ergebnis dieses Tests am Beispiel der Diplomnoten wiedergegeben. Die Prüfung wird mit dem so genannten Kolmogorow-Smirnow-Test der SPSS-Prozedur NPAR TESTS (im Menü unter ⟨Nichtparam. Tests⟩ → ⟨1 – Stichproben K–S⟩) durchgeführt. Das Ergebnis sagt aus, dass wir uns bei der Annahme einer Normalverteilung für die Diplomnoten mit einer Wahrscheinlichkeit von 12,9 % irren (in Abb. 9-3 finden wir die Angabe der „2-tailed-Probability" mit dem Wert 0,129). Etwas vereinfacht und umgekehrt gesagt: Mit einer Wahrscheinlichkeit von 87,1 % handelt es sich bei der Verteilung der Noten um eine Normalverteilung.

		Diplomnote
N		108
Parameter der Normalverteilung[a,b]	Mittelwert	2,9896
	Standardabweichung	,9545
Extremste Differenzen	Absolut	,112
	Positiv	,112
	Negativ	–,069
Kolmogorov-Smirnov-Z		1,117
Asymptotische Signifikanz (2-seitig)		,129

a. Die zu testende Verteilung ist eine Normalverteilung.
b. Aus den Daten berechnet.

Abbildung 9-3: Kolmogorov-Smirnov-Anpassungstest

Andere Tests prüfen beispielsweise die Verteilung nominalskalierter Merkmale. So ließe sich etwa folgende Hypothese prüfen: „Die Berufsverteilung der Väter der Studenten und Studentinnen entspricht nicht der Berufsverteilung aller Männer in der Bundesrepublik Deutschland." Dahinter steht die Vermutung, dass beispielsweise weniger Arbeiterkinder unter den Studierenden vertreten sind. Aus der Volkszählung weiß man, dass in der Bundesrepublik 10 % der erwerbstätigen Männer selbständig sind, 12 % Beamte, 31 % Angestellte und 47 % Arbeiter. Wie aus Abb. 9-1 ersichtlich ist, ist die Berufsverteilung der Väter in der Studentenstichprobe eine andere. Mit einem statistischen Test lässt sich nun prüfen, ob die Null-Hypothese („Die beiden Verteilungen entsprechen sich") abgelehnt werden muss. Das Ergebnis des Chi-Quadrat-Tests (der Prozedur NPAR TESTS – im Menü unter ⟨Nichtparam. Tests⟩ → ⟨Chi-Quadrat⟩ – von SPSS) ist in Abb. 9-4 wiedergegeben. Danach wird die Null-Hypothese mit einer Irrtumswahrscheinlichkeit von 0,0008 oder 0,08 % abgelehnt, oder wiederum vereinfacht gesagt: Die Berufsverteilung der Väter aller Studenten und Studentinnen weicht mit großer Wahrscheinlichkeit (größer als 99 %) von der Berufsverteilung aller Männer ab.

Berufliche Stellung des Vaters

	Beobachtetes N	Erwartete Anzahl	Residuum
Arbeiter	33	27,0	6,0
Angestellter	43	27,0	16,0
Beamter	17	27,0	–10,0
Selbständiger	15	27,0	–12,0
Gesamt	108		

Statistik für Test

	Berufliche Stellung des Vaters
Chi-Quadrat[a]	19,852
df	3
Asymptotische Signifikanz	,0008

a. Bei 0 Zellen (,0 %) werden weniger als 5 Häufigkeiten erwartet. Die kleinste erwartete Zellenhäufigkeit ist 27,0.

Abbildung 9-4: Chi-Quadrat-Test für einfache Stichproben

Dies waren nur zwei Beispiele, wie verschiedene statistische Tests bereits auf einzelne Merkmale angewandt werden können. Teilweise dient dies zur Prüfung von vor der Erhebung formulierten Hypothesen, teilweise werden Verteilungsvoraussetzungen für andere Verfahren geprüft.

9.3.2 Auswertungen mehrerer Merkmale im Zusammenhang

Auswertungen, die mehrere Merkmale im Zusammenhang darstellen und analysieren, sind der nächste Schritt zu einer differenzierteren Analyse des Datenmaterials. Die Zahl der möglichen Darstellungsweisen, statistischen Tests und Verfahren ist hier sehr groß; es ist leicht einsichtig, dass die möglichen Kombinationen der vorne genannten Kriterien bzw. Voraussetzungen – Skalenniveau der einzelnen Daten, Zahl der Variablen, Einfach- oder Mehrfachnennungen sowie Zahl und Verbundenheit der Stichproben – sehr vielfältig sind. Damit ist die Auswahl der zutreffenden Verfahren und Tests zunächst sehr unübersichtlich. Der empirisch arbeitende Wissenschaftler wird jedoch schnell bemerken, dass bestimmte Auswertungen und Tests relativ häufig angewandt werden können. Die Auswahl von zutreffenden Verfahren kann durch Übersichten erleichtert werden, die die Anwendbarkeit und Voraussetzungen der verschiedenen uni-, bi- und multivariaten deskriptiven und analytischen Methoden in Tabellen oder in Form von Entscheidungsbäumen darstellen (z.B. Bamberg/Baur, 1998, S. 183 ff., Klassifikation von Signifikanztests). Im Folgenden werden nur einige der gebräuchlichsten Auswertungen beispielhaft vorgestellt. Dabei werden wir die analytischen Verfahren mit ihren Ergebnissen den beschreibenden Auswertungen jeweils direkt nachstellen, um hierdurch den Unterschied zwischen der *Beschreibung* der Merkmalsausprägungen in der Stichprobe und der *schließenden Statistik* deutlich zu machen. Damit soll nochmals betont werden, wie wichtig es ist, beschriebene Auswertungen mit Signifikanz-Aussagen zu verbinden.

Die übliche Darstellungsform von nominalen bzw. ordinalen Daten im Zusammenhang sind so genannte Kreuztabellen. Die einfachste Möglichkeit ist die Gegenüberstellung zweier dichotomer Variablen, also von Merkmalen mit jeweils nur zwei Merkmalsausprägungen; damit liegt der einfachste Fall einer zweidimensionalen Kreuztabelle (auch Vier-Felder-Tafel genannt) vor. Eine Kreuztabelle mit Variablen mit mehr als zwei Merkmalsausprägungen weist eine entsprechend höhere Anzahl von Feldern oder Zellen auf. Bezieht man in die Kreuztabellierung zusätzlich weitere Variablen mit ein, so spricht man von drei- bzw. höherdimensionalen Kreuztabellen. Bevor wir das Beispiel einer Kreuztabelle näher betrachten, sei an dieser Stelle darauf hingewiesen, dass die ständig steigende Kapazität von (Groß-)Rechnern nicht dazu verleiten sollte, „auf Verdacht" alle nominalen bzw. ordinalen Variablen kreuztabellieren zu lassen und dann aus dem so gewonnenen Material die signifikanten Zusammenhänge herauszufiltern. Auf die Problematik eines solchen Vorgehens wird später etwas genauer eingegangen.

Im folgenden Beispiel ist die Kreuztabellierung der Merkmale „Geschlecht und Karrierewunsch" dargestellt. Anlass dieser Auswertung war die Hypothese, dass sich der Karrierewunsch von Studenten und Studentinnen unterscheidet. Zu testen war damit die Null-Hypothese, dass es keine Unterschiede in den Karrierevorstellungen der beiden Geschlechter gibt. In Abb. 9-5 ist zunächst die Kreuztabelle wiedergegeben, wie sie als Standardtabelle (von der Prozedur CROSSTABS – im Menü unter ⟨Deskriptive Statistik⟩ → ⟨Kreuztabellen⟩ – von SPSS) ausgegeben wird. In den einzelnen Zellen der Tabelle sind jeweils die absoluten Häufigkeiten und die Prozentteile an den Gesamthäufigkeiten der jeweiligen Zeilen und Spalten (der Randsummen) aufgeführt. In der Tabelle sind die Häufigkeiten der unterschiedlichen Karrierevorstellungen bei Männern und Frauen deutlich ungleich. So geben beispielsweise 37,5 % der Studenten an, dass ihnen der Beruf am wichtigsten wäre, gegenüber nur 11,4 % der Studentinnen. Diese Unterschiede in der Stich-

9. Auswertung der erhobenen Daten

probe sagen zunächst allerdings noch nichts darüber aus, ob dieser Unterschied auch mit ausreichender Wahrscheinlichkeit für die Grundgesamtheit vermutet werden kann; schließlich sind nur 108 Studenten und Studentinnen befragt worden.

Mit dem Chi-Quadrat-Test (siehe Kapitel 8) kann die Null-Hypothese geprüft werden. Das Ergebnis dieses Tests ist in Abb. 9-5 ebenfalls angegeben. Durch den Vergleich der erwarteten Häufigkeiten in den Zellen mit den tatsächlichen Werten hat sich ein Chi-Quadrat-Wert von 11,5 ergeben; bei drei Freiheitsgraden (in der Abb. mit D. F. angegeben) führt dies zu einer Irrtumswahrscheinlichkeit bei einer Ablehnung der Null-Hypothese von 0,92 %. Das heißt, die zu testende Hypothese, dass sich die Karrierewünsche von Studenten und Studentinnen unterscheiden, kann auf dem 1 %-Signifikanzniveau angenommen werden.

Karrierewunsch – Geschlecht Kreuztabelle

			Geschlecht		Gesamt
			Männlich	Weiblich	
Karrierewunsch	Beruf am wichtigsten	Anzahl % von Karrierewunsch % von Geschlecht	24 82,8 % 37,5 %	5 17,2 % 11,4 %	29 100,0 % 26,9 %
	Beruf auch wichtig	Anzahl % von Karrierewunsch % von Geschlecht	24 58,5 % 37,5 %	17 41,5 % 38,6 %	41 100,0 % 38 %
	Familie/ Freizeit am wichtigsten	Anzahl % von Karrierewunsch % von Geschlecht	10 45,5 % 15,6 %	12 54,5 % 27,3 %	22 100,0 % 20,4 %
	keine Antwort	Anzahl % von Karrierewunsch % von Geschlecht	6 37,5 % 9,4 %	10 62,5 % 22,7 %	16 100,0 % 14,8 %
Gesamt		Anzahl % von Karrierewunsch	64 59,3 %	44 40,7 %	108 100,0 %

Chi-Quadrat-Tests

	Wert	df	Asymptotische Signifikanz (2-seitig)
Chi-Quadrat nach Pearson	11,516[a]	3	,009
Likelihood-Quotient	12,209	3	,007
Zusammenhang linear-mit-linear	10,624	1	,001
Anzahl der gültigen Fälle	108		

a. 0 Zellen (,0 %) haben eine erwartete Häufigkeit kleiner 5. Die minimale erwartete Häufigkeit ist 6,52.

Abbildung 9-5: Zweidimensionale Kreuztabelle mit Chi-Quadrat-Test

Dies soll als Beispiel der Zusammenhangsdarstellung und -analyse nominal- bzw. ordinalskalierter Merkmale genügen. Entsprechende Kreuztabellen werden in empirischen Forschungen vielfach erstellt und interpretiert. Es ist jedoch zu betonen, dass solche Auswertungen nur ein „Minimalprogramm" darstellen. Beispielsweise lassen sich zu Kreuztabellen weitere statistische Kenngrößen berechnen, oder es lassen sich – bei Berücksichtigung von mehr als zwei Variablen – multivariate Analysen durchführen.

Um Zusammenhänge zwischen intervall- bzw. ratioskalierten Merkmalen auf der einen Seite und nominal- oder ordinalskalierten Merkmalen auf der anderen Seite darzustellen, benutzt man Verfahren, die Gruppenunterschiede innerhalb einer Stichprobe darstellen und analysieren. Am Beispiel der Leistungen der Studenten und Studentinnen, gemessen durch die Diplomnote (intervallskaliert) und die berufliche Stellung der Väter (nominalskaliert) wird eine solche Auswertung demonstriert. Hinter dieser Auswertung steht die Hypothese, dass sich die Leistungen der Studenten und Studentinnen nach der sozialen Herkunft – hier operationalisiert durch die berufliche Stellung der Väter – unterscheiden.

In Abb. 9-6 (berechnet mithilfe der Prozedur MEANS von SPSS – im Menü unter ⟨Mittelwertvergleiche⟩ → ⟨Mittelwertvergleiche⟩) sind u. a. die durchschnittlichen Diplomnoten (unter „Mean") der Studenten und Studentinnen in vier Gruppen angegeben; die Gruppen unterscheiden sich durch die berufliche Stellung der Väter. Die durchschnittlich besten Noten haben die Beamtensöhne und -töchter (2,8), die schlechtesten die Studenten und Studentinnen, deren Väter als Selbständige arbeiten (3,2).

Bericht
Diplomnote

Berufliche Stellung des Vaters	Mittelwert	N	Standardabweichung
Arbeiter	2,9970	33	1,0561
Angestellter	2,9420	43	,8206
Beamter	2,8176	17	,8383
Selbständiger	3,2467	15	1,2094
Insgesamt	2,9815	108	,9535

ANOVA-Tabelle

		Quadratsumme	df	Mittel der Quadrate	F	Signifikanz
Diplomnote – Berufliche Stellung des Vaters	Zwischen den Gruppen (kombiniert)	1,587	3	,529	,575	,633
	Innerhalb d. Gruppen	95,696	104	,920		
	Insgesamt	97,283	107			

9. Auswertung der erhobenen Daten

Zusammenhangsmaße

	Eta	Eta-Quadrat
Diplomnote – Berufliche Stellung des Vaters	,128	,016

Abbildung 9-6: Einfache Varianzanalyse

In einem zweiten Schritt ist zu prüfen, ob – vereinfacht gesagt – diese Unterschiede signifikant sind. Dies geschieht mithilfe der einfachen Varianzanalyse; „einfach" deswegen, weil nur der Einfluss einer einzigen Gruppierungsvariablen auf die so genannte „abhängige" Variable (die Diplomnoten) geprüft wird. Mit der Varianzanalyse wird die Null-Hypothese geprüft, dass die Mittelwerte der einzelnen Gruppen gleich sind (also beobachtete Unterschiede zwischen den Gruppen nur auf Zufälligkeiten zurückzuführen sind). In Abb. 9-6 ist die Irrtumswahrscheinlichkeit bei der Ablehnung derNull-Hypothese („Sig.") mit 0,6329 oder 63,29 % angegeben, d.h. sie muss als zutreffend angenommen werden. Damit ist die zu prüfende Hypothese, dass sich die Diplomnoten zwischen den einzelnen Gruppen unterscheiden, nicht zu verifizieren.

Es ist auch möglich, metrische Daten zu gruppieren und damit Varianzanalysen durchzuführen, wobei allerdings ein gewisser Informationsverlust in Kauf genommen werden muss.

In empirischen Untersuchungen interessiert oftmals der Einfluss verschiedener nominaler Variablen auf eine abhängige intervall- oder ratioskalierte Variable. In unserem Beispiel könnte als Hypothese formuliert sein, dass sowohl die soziale Herkunft als auch das Geschlecht von Bedeutung für die Leistung sind. Solche Zusammenhänge zwischen mehr als zwei Variablen werden durch multivariate Varianzanalysen untersucht. Darüber hinaus gibt es verschiedene zusätzliche statistische Testgrößen, die Aussagen über Zusammenhänge und Strukturen des Datenmaterials geben.

Zusammenhänge zwischen metrischen (intervall- und ratioskalierten) Daten stellt man mithilfe der Korrelations- und Regressionsrechnung dar. In Kapitel 8 wurde bereits einiges zu Vorgehensweise und Aussagefähigkeit der Korrelations- und Regressionsrechnung gesagt. Wie wir aus dem dort Beschriebenen bereits wissen, können Korrelationskoeffizienten Werte zwischen +1 und −1 annehmen, wobei negative Werte auf einen negativen, d.h. umgekehrten Zusammenhang und positive Werte auf einen positiven, also „gleichgerichteten" Zusammenhang hinweisen. Die absolute Größe des Koeffizienten gibt eine Aussage über die Stärke des Zusammenhangs.

In unserem Beispiel gibt die Hypothese „Es besteht ein positiver Zusammenhang zwischen dem materiellen Wohlstand des Elternhauses und der Leistung der Studenten und Studentinnen" den Anlass, die Korrelation zwischen Einkommen der Eltern und der Diplomnote zu berechnen. In Abb. 9-7 sind die Ergebnisse dargestellt (berechnet mit der Prozedur CORRELATION – im Menü unter ⟨Korrelation⟩ → ⟨Bivariat ...⟩ – von SPSS). Der Korrelationskoeffizient ist +0,0969; damit besteht ein zwar geringer, aber dennoch positiver Zusammenhang. In Abhängigkeit von der Größe der Stichprobe bzw. von der Zahl der gültigen Fälle wird die Null-Hypothese geprüft, nach der kein Zusammenhang zwischen den Merkmalen besteht bzw. in der Stichprobe vorhandene Zusammenhänge zufällig sind. Mit einer Irrtumswahrscheinlichkeit von 17,4 % („P = .174") wird die Null-Hypothese abgelehnt. Selbst auf einem Signifikanzniveau von 10 % ist der Korrelationskoeffizient also nicht groß genug, um die Hypothese, dass ein positiver Zusammenhang zwischen materiellem Wohlstand des Elternhauses und der Leistung der Studenten und Studentinnen besteht, zu verifizieren.

Der hier verwendete Korrelationskoeffizient ist der *Bravais-Pearsonsche-* oder *Produkt-Moment-Korrelationskoeffizient*. Diese Abgrenzung ist wichtig, da für Daten auf anderem Skalenniveau, z. B. ordinalskalierte Merkmale, andere Korrelationskoeffizienten berechnet werden müssen.

Korrelationen

		Diplomnote	Berufliche Stellung des Vaters
Diplomnote	Korrelation nach Pearson	1,000	,097
	Signifikanz (1-seitig)	,	,174
	N	96	96
Einkommen	Korrelation nach Pearson	,097	1,000
	Signifikanz (1-seitig)	,174	,
	N	96	96

Abbildung 9-7: Korrelationsrechnung

Es gibt eine ganze Reihe weiterer Möglichkeiten, Zusammenhänge zwischen mehr als zwei metrischen Merkmalen zu analysieren. Mit der multiplen Korrelation oder Regression können Beziehungen zwischen mehr als zwei Variablen untersucht werden. Auch andere Verfahren, wie die Faktorenanalyse oder Diskriminanzanalyse, seien als Beispiele genannt, ohne darauf an dieser Stelle näher eingehen zu können.

Beim Umgang mit Korrelationsrechnungen sollten zwei Dinge berücksichtigt werden, die bei der Datenanalyse und -interpretation eine wesentliche Rolle spielen können: *Partialkorrelation und Scheinkorrelation*.

Partialkorrelation: Geht man davon aus, dass eine abhängige Variable nicht nur durch eine unabhängige, sondern zusätzlich durch weitere Variablen (die aus Sicht der Forschungsfragestellung uninteressant sind) beeinflusst wird, so stellt sich das Problem, bei der Korrelationsrechnung den Einfluss dieser zusätzlichen Variablen zu eliminieren. Wenn wir also annehmen, die Diplomnote der Studenten und Studentinnen sei auch von der Studiendauer abhängig und nicht nur von der sozialen Herkunft bzw. dem materiellen Wohlstand des Elternhauses, so gilt es bei der Berechnung des Zusammenhanges zwischen Diplomnote und Einkommen der Eltern den Einfluss der Variablen „Studiendauer" auszuschalten. Dies kann gewährleistet werden, indem man in die Stichprobe nur Personen mit gleicher Studiendauer aufnimmt. Ist dies nicht möglich, so kann der Einfluss dieser oder weiterer Variablen durch bestimmte Verfahren – Berechnung von Partialkorrelationen – eliminiert werden.

Scheinkorrelation: Eine Scheinkorrelation liegt vor, wenn zwei Variablen korrelieren, aber nach der Einführung einer dritten Variablen diese Korrelation nicht mehr besteht, d.h. die Partialkorrelation gleich Null ist. (vgl. Friedrichs, 1990, S. 390). Es wird ein Zusammenhang zwischen Geschlecht und Autounfällen hergestellt: Frauen verursachen weniger Autounfälle als Männer. Führt man zusätzlich die Fahrleistung (in km) als Variable ein, so weisen Frauen und Männer eine gleich hohe Zahl von Unfällen auf. Die ursprüngliche Korrelation existiert nicht mehr.

Für alle Zusammenhangsanalysen – unabhängig vom Skalenniveau – gilt eine wichtige Kernaussage: *Durch statistische Verfahren werden nie Kausalzusammenhänge ermittelt; Ursache-Wirkungs-Beziehungen zu formulieren bleibt den theoretischen Überlegungen im Rahmen der Forschungskonzeption vorbehalten.*

Bereits oben haben wir davor gewarnt, planlos Kreuztabellen zwischen allen möglichen Variablen zu erstellen und dann die signifikanten Zusammenhänge auszuwählen. Um dies nochmals eindringlich zu betonen, sollen kurz einige ausgewählte Kritikpunkte, die von *Kriz* angemerkt wurden, angeführt werden (Kriz, 1978, S. 116 ff.):

Signifikanztests besitzen dann keine Aussagekraft, wenn die Hypothesen nicht vor der Untersuchung und unabhängig von den Daten formuliert werden, an denen sie getestet werden. Je mehr Signifikanztests verwendet werden, umso zahlreicher werden per Zufall signifikant. Testet man bei 50 Variablen einer Studie alle bivariaten Zusammenhänge, so sind 1 225 Signifikanztests durchzuführen. Nach der Wahrscheinlichkeitsrechnung ergeben 61 dieser Tests auf einem Signifikanzniveau von 5 % signifikante Ergebnisse, selbst wenn dies tatsächlich nicht der Fall wäre (d.h. wenn alle Null-Hypothesen zuträfen). Dieses Beispiel macht die Sinnlosigkeit der oben angedeuteten Vorgehensweise deutlich, eine Vielzahl Zusammenhangsanalysen ohne die vorherige Formulierung von Hypothesen durchzuführen.

Darüber hinaus ist zu beachten, dass Signifikanz keinen Ersatz für Relevanz darstellt. Ein statistisch signifikanter Unterschied ist nicht mit einem sozialwissenschaftlich relevanten Unterschied gleichzusetzen. Relevanz kann nur durch theoretische Überlegungen des Sozialwissenschaftlers, die über die bloße Verwendung statistischer Modelle hinausgehen, bestimmt werden. Die Relevanz von Zusammenhängen (oder Unterschieden) muss in sozialwissenschaftlichen Untersuchungen die statistische Signifikanz ergänzen.

9.4 Interpretation und Forschungsbericht

Obwohl wir die Datenanalyse und Interpretation hier in zwei gesonderten Abschnitten behandeln, sind diese beiden Phasen des Forschungsprozesses doch untrennbar miteinander verbunden. So besitzt z.B. die Analyse von mehrdimensionalen Tabellen oder das Berechnen und Vergleichen von statistischen Kennwerten bereits einen bestimmten interpretativen Stellenwert, denn das Sichten und Ordnen des Datenmaterials wird, wie schon erwähnt, nicht planlos, sondern in einem spezifischen theoretischen Kontext vollzogen. Bei der Interpretation geht es einzig und allein um die Fragen und Probleme, die Auslöser für die Forschung waren.

Genauso wie ein Forschungskonzept nicht erarbeitet wird, ohne in einer „explorativen Phase" bereits vorhandene Literatur und Forschungsansätze zu unserem Problem aufzuarbeiten, werden die erhobenen Daten nicht in einem „luftleeren Raum" analysiert und interpretiert. Wir werden die eigenen Ergebnisse auch mit denen anderer Untersuchungen zu ähnlichen Fragestellungen vergleichen. *Die Interpretation findet also auf zwei Ebenen statt. Zum einen werden die empirischen Ergebnisse innerhalb der Untersuchung interpretiert. Zum anderen werden Ergebnisse und Folgerungen aus der Untersuchung mit bestehenden Theorien oder anderen Forschungsergebnissen verglichen und verknüpft.* Es liegt auf der Hand, dass Forschung und Forschungsergebnisse eine „Außenwirkung" – im Sinne eines Beitrages zu Problemlösungen – erzielen und erzielen sollen. Damit diese Außenwirkung auch stattfindet, ist es notwendig, die Forschungsergebnisse in einem Bericht festzuhalten, diesen entsprechend zu gestalten und zugänglich zu machen. Forschungsergebnisse stehen damit einerseits offen für eine kritische Betrachtung, andererseits kann dadurch weitere Forschung angeregt werden.

Der Forschungsbericht muss bestimmten Anforderungen genügen, die unter anderem von der Zielgruppe – für die der Bericht in erster Linie vorgesehen ist – abhängig sind. So wird ein Bericht, der in einer Fachzeitschrift erscheint, anders aussehen als ein Bericht, der für das „breite Publikum" gedacht ist.

Vier Aspekte sollten in jedem Forschungsbericht enthalten sein, in Abhängigkeit von der Zielgruppe allerdings in unterschiedlicher Ausführlichkeit:

- Problemstellung
- Vorgehensweise

- Ergebnisse
- Folgerungen.

Der Forschungsbericht sollte mit einer *Beschreibung der Frage- bzw. Problemstellung*, die die Untersuchung veranlasst hat, beginnen. In diesem Zusammenhang wird i.d.R. ein Abriss über den theoretischen Bezugsrahmen der Untersuchung und eine Übersicht über die zum Thema vorliegende Literatur gegeben. Wendet sich der Bericht an Forscher mit hohem Kenntnisstand in dem betreffenden Gebiet, so kann dieser Teil des Berichts knapper gehalten werden.

Ein weiterer wichtiger Bestandteil des Berichtes ist die Darstellung der *Vorgehensweise und der Forschungsmethode*. Um den Lesern ein vollständiges Bild der Untersuchung zu vermitteln, sollten diese mehrere Fragen beantwortet finden:

- Welche Methode wurde zur Datenerhebung angewandt? Wurden Interviews oder Beobachtungen durchgeführt, bietet sich die Wiedergabe von Fragebögen bzw. Beobachtungsschemata in einem Anhang an?
- Wie war die Untersuchungsgruppe strukturiert?
- Wurde eine Vollerhebung durchgeführt oder eine Stichprobe gezogen? Falls eine Stichprobe gezogen wurde, sollten das zugrunde liegende Auswahlverfahren und der Auswahlumfang angegeben werden.
- Wie vollständig ist die vorgesehene Stichprobe oder Vollerhebung (Rücklauf von Fragebögen, Ausfälle bei der Beobachtung)?

Neben einer Erläuterung der Erhebungsphase (und der dort aufgetretenen Probleme) sollte auch ein Hinweis auf die bei der Datenanalyse verwendeten statistischen Verfahren nicht fehlen.

Die *Darstellung der Ergebnisse* empirischer Untersuchungen birgt zumeist die Schwierigkeit, dass eine Vielzahl von Daten beschrieben und analysiert werden bzw. werden können. Das Hauptproblem ist oft die Auswahl der relevanten Resultate. Es gibt drei Möglichkeiten, Tabellen und andere Ergebnisdarstellungen in den Forschungsbericht aufzunehmen (Friedrichs, 1999, S. 400):

- Alle relevanten Tabellen werden fortlaufend in den Text eingefügt.
- Alle Tabellen werden in einem Anhang abgedruckt, im Text wird auf die jeweilige Tabelle verwiesen.
- Wenige wichtige Tabellen sind im Text, der Rest ist im Anhang wiedergegeben.

Welche dieser drei Möglichkeiten man schließlich auswählt, richtet sich auch nach der Art der Publikation und der Zielgruppe, die angesprochen werden soll. Bei der Erstellung der Tabellen und anderer Ergebnisdarstellungen ist besondere Sorgfalt erforderlich. So ist beispielsweise darauf zu achten, dass alle Kategorien eines Merkmals – z. B. bei einer Frage auch die Nennungen „Sonstiges" und „Weiß nicht" – enthalten sind oder dass die Tabelle durch entsprechende Beschriftungen aus sich heraus verständlich ist und keiner weiteren Erläuterung bedarf.

Der Teil des Berichtes, der die Ergebnisse einer Untersuchung schildert, sollte keineswegs nur auf Resultate beschränkt bleiben, die zur Lösung von sozialwissenschaftlichen Problemen beitragen. *Vielmehr ist auch über „Fehlversuche" zu berichten, wenn also die am Beginn des Projektes aufgestellten Hypothesen nicht verifiziert werden konnten.* Auch eine nicht bestätigte Hypothese kann ein wichtiges Ergebnis darstellen, das im weiteren Diskussionsprozess der Forschung seinen Stellenwert hat. Offen gebliebene Fragen und Probleme interessieren nicht nur die am Forschungsprojekt unmittelbar beteiligten Forscher, sondern können auch andere Wissenschaftler zu weiterer Forschung anregen. Gute Berichte enthalten meist programmatische Hinweise für zukünftige Forschung.

Die bloße Darstellung der Ergebnisse genügt nicht, um ihre Bedeutung aufzuzeigen; es müssen *Folgerungen* gezogen werden. Wie bereits ausgeführt wurde, werden die Ergebnisse vor dem Hintergrund der aufgestellten Hypothesen interpretiert und möglicherweise Handlungsempfehlungen formuliert. Oft werden solche Schlussfolgerungen unmittelbar nach den jeweiligen Tabellen oder Ergebnisdarstellungen angefügt. Eine andere Möglichkeit besteht darin, hierfür einen eigenen Abschnitt im Bericht zu wählen. In beiden Fällen ist es wichtig, zwischen Vermutungen und echten, d. h. statistisch abgesicherten Befunden scharf zu trennen. Der Leser muss wissen, wann eine bloße Projektion des Forschers geäußert wird (die er annehmen oder ablehnen kann) und wann es sich um gesicherte Ergebnisse handelt (empirisch geprüfte Hypothesen).

Abschließend muss noch darauf hingewiesen werden, dass sozialwissenschaftliche Ergebnisse in ihrer Außenwirkung häufig politische Reaktionen nach sich ziehen, *sodass insbesondere nicht genügend gesicherte Resultate deutlich als solche kenntlich gemacht werden müssen.*

Anregung zur Selbstkontrolle für die aktiven Leser

1. Wie hängen die drei einzelnen Schritte der Auswertung miteinander zusammen?
2. Welche Hilfen gibt die EDV bei der Datenerfassung, -aufbereitung und -auswertung?
3. Welche Kontrollen müssen vor der Aufbereitung der Daten durchgeführt werden?

4. Welche Funktion hat die Bildung von Kategorien, und welche Bedingungen müssen sie erfüllen?
5. Welche Kriterien sind für die Wahl der Auswertungsverfahren von Bedeutung?
6. Beschreiben Sie verschiedene Möglichkeiten der Hypothesenprüfung.
7. Welche Anhaltspunkte zur Interpretation empirischer Daten liefern Signifikanztests?
8. Welche Formen der Darstellung und Analyse von Variablenzusammenhängen kennen Sie?
9. Welche Aspekte sollten im Forschungsbericht angesprochen werden?
10. Welche Kriterien sollen bei der Abfassung eines Forschungsberichts generell maßgebend sein?

Weiterführende Literatur

Backhaus, K. et al. (2006): Multivariate Analysemethoden. Eine anwendungsorientierte Einführung. 11., überarb. und erw. Auflage, Berlin (Erläuterungen in Kapitel 8).

Benninghaus, H. (2005): Einführung in die sozialwissenschaftliche Datenanalyse. 7., unwes. veränd. Auflage, München. Mit CD-ROM. Diese Einführung in die sozialwissenschaftliche Datenanalyse ist an der praktischen Forschung ausgerichtet und orientiert sich in Inhalt und Aufbau an den ersten Schritten, die der empirische Sozialforscher normalerweise unternimmt, wenn die Datenerhebung abgeschlossen ist. Das Buch greift auf reale Daten eines sozialwissenschaftlichen Forschungsprojektes zurück. Alle Beispiele stützen sich auf die Statistik-Software SPSS; sämtliche Proceduranweisungen zur Berechnung der Ergebnisse werden aufgeführt. Eine Diskette mit SPSS-Beispieldateien ist beigefügt.

Bortz, J. (1984): Lehrbuch der empirischen Forschung – für Sozialwissenschaftler. Berlin. Dieses Lehrbuch behandelt beschreibende und Hypothesen prüfende Untersuchungen zur Erkundung von Hypothesen, zur Beschreibung von Grundgesamtheiten und Stichproben. Die ausführliche und durch viele Beispiele gestützte Behandlung der empirischen Verfahren wird durch die wichtigsten Datenerhebungsmethoden sowie durch die detaillierte Beschreibung der mit der Planung, Durchführung und Auswertung empirischer Untersuchungen verbundenen Teilschritte ergänzt. Das Buch wendet sich sowohl an Studienanfänger als auch an fortgeschrittene Studenten. In diesem Buch ist die Behandlung statistischer Probleme weitgehend reduziert bis auf einige sonst wenig behandelte Verfahren und die Grundprinzipien des statistischen Messens und Schließens. Sie sind ausführlich im Statistiklehrbuch von Bortz (2004) (vgl. Kapitel 8) zusammengefasst. In dieser Hinsicht ergänzen sich die beiden Lehrbücher von Bortz gegenseitig. Immer noch ein Standardwerk.

Brosius, F. (2004): SPSS12. Bonn. Mit CD-ROM.

Brown, T. A. (2006): Confirmatory Factor Analysis for Applied Research. Guilford Press, New York, London. Brown legt eine Übersicht über Programme vor, die im Zusammenhang mit der Faktoranalyse in der Praxis häufig verwendet werden. Ziel des Autors ist es, durch Beispiele unterlegt eine benutzerfreundliche Anwendung verschiedener Computerprogramme zu erreichen.

Bühl, A. und Zöfel, P. (2002): SPSS 14. Einführung in die moderne Datenanalyse unter Windows. 10., überarbeitete u. erweiterte Aufl., München. Mit CD-ROM. Die Handbücher behandeln nicht nur die Möglichkeiten des statistischen Programmpakets SPSS, sondern geben auch Hinweise zum Umgang mit Rohdaten. Ohne ein ergänzendes Statistiklehrbuch sollte der Student ohne Erfahrungen mit empirischen Auswertungen allerdings nicht mit diesen Büchern arbeiten. Zu vertiefenden Auswertungen ist es in jedem Fall notwendig, auch die Original-SPSS-Handbücher der verschiedenen Programmversionen heranzuziehen.

Diekmann, A. (2006): Empirische Sozialforschung. Grundlagen, Methoden, Anwendungen. 13., Aufl., Reinbek b. Hamburg.

Friedrichs, J. (1990): Methoden empirischer Sozialforschung. 14. Aufl., Nachdr. 2002, Opladen. Das Buch ist eine Einführung in die Methodologie, Methoden und Praxis der empirischen Sozialforschung. Die Methoden werden ausführlich dargestellt und an zahlreichen Beispielen aus der Forschung erläutert. Weiterführendes aus dem Inhalt (für dieses Kapitel): Theorie und Hypothesen, Forschungsplanung, Konzeptualisierung und Untersuchungsplan, Pretest, Auswertung und Publikation. In das Buch sind viele Anregungen von Studenten aus Seminaren eingegangen.

Krug, G. (2010): Fehlende Daten bei der Verknüpfung von Prozess- und Befragungsdaten. Ein empirischer Vergleich ausgewählter Missing Data Verfahren. In: MDA (Methoden – Daten – Analysen) Jg. 4, Heft 1, S. 27 ff. Krug hat ebenfalls einen wesentlichen Beitrag zu einer ebenfalls höchst aktuellen und für die Zukunft zentralen Zielsetzung verfasst. Es wird immer schwieriger, Daten für gesellschaftsrelevante Untersuchungen mit Hilfe der Befragung zu erhalten. So etwa bei epidemiologische Erhebungen.

Steinkopf, L., Bauer, G., Best, H. (2010): Nonresponse und Interviewer-Erfolg im Telefoninterview. Empirische Untersuchungen zum Einfluss stimmlicher Eigenschaften der Interviewer, in: MDA (Methoden – Daten – Analysen) Jg. 4, Heft 1, S. 3 ff. Nachdem die überwiegende Zahl der Interviews durch Telefon geschieht, wird systematische Interviewer-Auslese und -Schulung immer wichtiger. Die Autoren legen einen höchst aktuellen und durch empirische Forschung belegten Trendreport vor.

IV. Zukunftsaussichten

10. Entwicklung der empirischen Sozialforschung in Deutschland seit 1945 – Aufgaben in der Zukunft

10.1 Vorbemerkung: Perspektive eines Zeitzeugen

Für dieses Kapitel möchte ich die selbst formulierte Prämisse der Objektivität teilweise verlassen. Die Gründe sind einerseits, dass es sich nicht um eine Geschichte der empirischen Sozialforschung mit dem Anspruch der Vollständigkeit handelt. Anderseits war ich zum Teil Zeitzeuge der Entwicklung, die ich zunächst aus der Perspektive meiner beruflichen Tätigkeit in den USA (1952–55) und der Schweiz (Genf 1963–65/Bern 1960–71), anschliessend während 27 Jahren in der Bundesrepublik Deutschland miterlebt habe.

In den USA arbeitete ich während 3 Jahre als Forschungsprofessor (Visiting Fellow) bei Prof. William Foote Whyte an der University of Corrnell, NY. Diese Professur wurde durch Prof. George C. Homans, Harvard University, vermittelt. Nach meiner Rückkehr aus den USA wurde ich Forschungsleiter am Forschungsinstitut für Soziologie an der Universität zu Köln (1955–57). Damaliger Leiter war Prof. Dr. René König. Die im Auftrag von René König bei massgebenden empirischen Sozialforschern gesammelten Arbeiten, wurden zum wesentlichen Teil von Königs „Handbuch der empirischen Sozialforschung" (Stuttgart, 1962). Das durch den 2. Weltkrieg noch immer teilweise zerstörte Köln lernte ich bereits 1948 anlässlich des von den Studentenschaften der Universitäten Zürich und Köln veranstalteten Professoren Austausch kennen. Dort begegnete ich mit Prof. René König vielen der Pioniere der Wiedereinführung der Empirischen Sozialforschung. Sozialwissenschaftler kamen bald nach Kriegsende sozusagen im Schlepptau der amerikanischen Besatzungsmacht als Berater und Wiederaufbauhelfer, so eine Reihe von der Columbia University vom damaligen Bureau for Social Research, meist Schüler Lazarsfelds. Erste empirische Untersuchungen wurden durchgeführt und können als Beginn des soziologischen Forschungsinstitutes der wieder formierten Gewerkschaften angesehen werden, während gleichzeitig Max Ralis, Doktorand von König und Mitglied der Columbia-Gruppe, erste systematische Höreranalysen des in München stationierten Radio Free Europe initiierte. Besondere Erwähnung gehört dem Unesco Institut für Sozialwissenschaften in Köln, dessen Direktor, Nels Anderson, prominentes Mitglied der Chicagoer Schule (Autor des Klassikers ‚The Hobo'), der neben der von ihm aufgebauten modernen Bibliothek, enge Beziehungen zum Soziologischen Institut an der Universität zu Köln unterhielt, und mit dem Mitbegründer und Past-President der Internationalen Gesellschaft für Soziologie Rene König und seinen Mitarbeitern pflegte. Das Umfeld für die Sozialforschung in Köln ist excellent beschrieben in Ute Scheuch: Erwin. K. Scheuch, eine Biographie, (Bad Schussenried, 2008, S. 114 ff.). Meine Erinnerung an diese Zeit siehe ‚Wege zur Soziologie'.

Während meiner Zeit in der Schweiz war ich u. a. Sekretär der Schweizerischen Gesellschaft für Soziologie und als solcher Mitherausgeber von „Soziologische Arbeiten I" (Bern/Stuttgart, 1966). Darin wurden die Anfänge der Soziologie in der Schweiz behandelt. Als systematische Darstellung der Soziologie in der Schweiz empfehle ich: Zürcher, Markus, Unterbrochene Tradition: Die Anfänge der Soziologie in der Schweiz, Zürich, 1995.

Schliesslich folgte ich 1971 dem Ruf an die neu gegründete Universität Augsburg, der ich bis zu meiner Emeritierung treu blieb.

Diese skizzenhaften biographischen Angaben mögen als Hintergrund für meine selektiven und gelegentlich wertenden Ansichten auf den folgenden Seiten gesehen werden.

10.2 Empirische Daten zwischen Wissen und Nichtwissen

Der Bedarf zur Erforschung der Gesellschaft steigt. Die wachsende Komplexität moderner Gesellschaften erhöht die Nachfrage nach Informationen über Funktionen und Strukturen ihrer Gebilde. Der Einzelne ist einer täglichen Flut von Informationen aller Art ausgesetzt. Viele dieser Informationen werden durch Presse, Fernsehen und durch Gedrucktes in vielfältiger Form vermittelt. Die Nachrichten aus aller Welt, die jeden Tag mehrmals über Fernsehschirme ins private Wohnzimmer flimmern (die auch vermehrt über Mobiltelefone allzeit abrufbar geworden sind), zeigen Symptome vielfältiger sozialer Konflikte, verkürzt, dramatisiert und selektioniert dargestellt. Nur ausnahmsweise werden ausführliche Kommentare mit gesendet. Der Zuschauer wird mit Symptomen dieser Konflikte fremder Gesellschaften gefüttert, ohne die Gelegenheit zu erhalten, die Ursachen und Ausmasse zu ermessen, geschweige den zu analysieren.

Diese alltägliche Erfahrung der Menschen spaltet sich dadurch in zwei Bereiche: Die tatsächlichen sozialen Erlebnisse der Menschen nehmen im Verhältnis zu der vorhandenen Fülle von durch Medien vermittelten Informationen, die weder kontrollierbar noch hinterfragbar sind, ab. Ein zunehmender Anteil dieser vermittelten Wahrnehmung ist Information, die auf Daten empirischer Sozialforschung beruht. Die Kontrolle des Einzelnen über Entstehen und Bedeutung der Informationen sinkt, da die Informationen selbst nicht nur vermittelt, sondern, von der jeweiligen sozialen Situation abstrahiert sind.

Dem steigenden Bedarf steht ein stärker werdendes Misstrauen gegenüber. Die Darstellung von Umfrageergebnissen ist weitgehend zu einem Medienspektakel geworden. Kaum vergeht ein Tag, an dem nicht irgendwo eine Lücke in der Zeitung mit Trivialergebnissen gefüllt wird. So erfahren wir etwa, wie oft sich der Deutsche im Durchschnitt die Zähne putzt. Beliebtheitskurven von Politikern füllen ganze Magazinseiten. Viele Politiker äußern sich widersprüchlich, wenn es um Zahlen geht, die sie selbst betreffen. Sind sie günstig, dann ist Demoskopie selbst schon Beweis, sind sie ungünstig, braucht man sich um Umfragen nicht zu kümmern. Steigendes Misstrauen gegenüber Befragungen ist zu messen an der immer größer werdenden Zahl von Verweigerungen bei Umfragen. Mehr Fragen und mehr Beobachtungen würden in der Tat mehr Daten, mithin mehr Informationen ergeben. Dies allerdings bedeutet nicht gleichzeitig ein Mehr an Erkenntnis. Der in den vergangenen Jahren gestiegene Umsatz in Marktforschung und Demoskopie vermag dem steigenden Orientierungsbedarf nicht gerecht zu werden, da in der Regel nur eingegrenzte Ziele verfolgt werden.

Es scheint, dass die Soziologie, die zu Beginn aufgebrochen war, die Welt, in der wir leben, „zu erklären und vorauszuschauen um zuvorzukommen", entweder in hohem Maße selbstgenügsam geworden ist, oder möglicherweise vor den gewaltigen Erwartungen, die an sie gestellt werden, resigniert hat. Dem Anspruch *Auguste Comtes* stand immer ein gesellschaftlicher Bedarf gegenüber. Mit der zunehmenden Praktikabilität empirischer Sozialforschung entstand ein Zustand permanenter Überforderung durch die Erwartung, sie vermöge wesentliche Daten für alle gesellschaftlichen Probleme rasch und eindeutig zu liefern. Dies ohne die dazu notwendigen Mittel bereitzustellen und bei gleichzeitig latenter Missachtung, die immer dann zum Ausdruck gebracht wurde, wenn die erhobenen Befunde politischer Absicht entgegenstanden.

Es wäre billig, Überforderung nur äußeren Umständen zuschreiben zu wollen. Überforderung entsteht überall da, wo in die Sozialforschung auch von Soziologen selbst unangemessene Erwartungen gesetzt werden, so etwa bei *Zetterberg*: „In einer heute noch utopischen Zukunft, in der wir alle relevanten soziologischen Theorien kennen, werden wir sagen können, warum irgendeine beliebige soziale Gruppe ... sich in ihrem gerade gegebenen Zustand befindet, und wir werden voraussagen können, wie sie unter bestimmten anderen Bedingungen voraussichtlich aussehen wird" (Zetterberg, 1973, S. 107).

Zutreffender ist wahrscheinlich die Perspektive von Lynd: „The history of human thought ... is the record, not of a progressive discovery of truth but our gradual emancipation from error" (Lynd, 1945, S. 122). Es ist denkbar, dass *Adorno* zu Beginn der Wiederaufnahme seiner wissenschaftlichen Arbeit in Frankfurt die Möglichkeiten der empirischen Sozialforschung überschätzte. Damals verwies er auf viele konkrete Beispiele um zu belegen, dass alle Aspekte der Soziologie durch empirische Untersuchungen bereichert werden können (Adorno, 1952, S. 30 ff.). Er kämpfte gegen das weit verbreitete Vorurteil, Sozialforschung sei eine Erfindung und ein Import aus den Vereinigten Staaten. Erst später wendete er sich vehement gegen einen um sich greifenden Empirismus: „Kein Kontinuum besteht zwischen kritischen Theoremen und den naturwissenschaftlich-empirischen Verfahrensarten. Beides hat divergente historische Ursprünge und ist nur mit äußerster Gewalttätigkeit zu integrieren" (Adorno, 1969, S. 123).

Die Geschichte der empirischen Sozialforschung wird Paul F. Lazarsfeld, geboren in Wien 1901, gestorben in New York 1976, ohne jeden Zweifel einen überragenden Platz einräumen. In der Einleitung von ‚Von Wien nach New York' schildern die Herausgeber der ‚Ausgewählten Schriften' Fleck, S. und Stehr, N. (Lazarsfeld, P. F. 2007, S. 7–58), dass ohne *Lazarsfelds* wegweisende Beiträge die moderne Sozialforschung undenkbar ist.

Einer Anregung *Lazarsfelds* folgend können wir zum einen feststellen, dass im Bereich der Meinungsforschung, insbesondere der repräsentativen Umfragen in den letzten Jahrzehnten ein gewaltiger Schub erfolgte. Konzepte und Strategien sind allerdings mit einer Epoche verbunden, die wir heute als ausgehende Moderne bezeichnen können. Die Bedeutung etwa der statistischen Repräsentativität ist in vielschichtiger und komplexer werdenden Gesellschaften immer schwerer nachzuvollziehen (Atteslander et al., 1993). Die offensichtliche Willfährigkeit in der Anwendung von im wahrsten Sinne billigen Techniken der empirischen Sozialforschung mag in der Tat in eine „Verbraucherfreundlichkeit" münden: *Meinungs- und Marktforschung ist in jenen Bereichen am wohlfeilsten, die von Fragen gesellschaftlichen Überlebens am entferntesten sind.* Unzureichend im Ausmaß und unwirksam für eine Veränderung menschlichen Verhaltens zeigt sich die empirische Sozialforschung etwa in den Bereichen der Umweltbedrohung, der Arbeitslosigkeit und bei AIDS (Atteslander/Bender, 1988).

Ein Merkmal der Postmoderne ist die Tendenz zur Polarisierung von Meinungsstrukturen (Atteslander, 1985). Unsere Gesellschaft lebt geradezu in der Spannung „zwischen wenigen allgemein geteilten und vielen partikularen Werten und Normen" (Hondrich, 1988, S. 121 f.). Diese Spannung wird täglich durch die Massenmedien bewirkt. „Daß die Dinge geschehen, ist nichts, daß sie gewußt werden, ist alles", schrieb *Friedell* in seinen Aphorismen in den 30er Jahren. Heute müsste man wohl zutreffender schreiben: Dass sie veröffentlicht werden, ist alles.

In keiner vormodernen Gesellschaft standen dem Individuum so viele Wahlmöglichkeiten offen – bei gleichzeitig wirkenden Verhinderungsfaktoren sie auch zu nutzen – wie in der heutigen (Berger et al., 1975). Auf die Gesamtgesellschaft bezogen ist individuelles Verhalten in steigendem Maße von Wahrnehmungsdefiziten geprägt. Dies führt zunehmend zu Realitätskonstruktionen. *Beck* hat aufgezeigt, wie die fortschreitende Technologie und ihre Auswirkungen unsere Gesellschaft zu einer Risikogesellschaft werden lassen, wobei die meisten Risiken für einzelne Menschen gar nicht mehr wahrnehmbar sind (Beck, 1986). Nicht das Risiko als Realität, sondern möglicherweise das Risiko als Konstrukt und dieses medial verbreitet kann allenfalls Einstellungen beeinflussen.

In Zukunft wird somit in zunehmender Weise nicht das Wissen, sondern das Nicht-Wissen verhaltensprägend. Wesentlich wird dabei die Erkundung des Verhältnisses zwischen Wissen und Nicht-Wissen. Das Nicht-Wissen als Schutzfunktion, überhaupt handeln zu können, bleibt bis heute weitgehend unerforscht (Hondrich, 1988). Somit stellt sich die Frage, ob und wie die modernen Methoden empirischer Sozialforschung diese Dimension überhaupt erfassen können.

Das Erkunden des Verhältnisses zwischen Wissen und Nicht-Wissen kann sich nicht nur auf das strategische Verwenden einzelner Techniken beziehen, sondern richtet sich nach forschungsleitenden Theorien insgesamt. *Touraine* hat dies mit unzweifelhafter Deutlichkeit ausgedrückt. Er hält die traditionelle Soziologie insgesamt für unfähig, entscheidende moderne soziale Bewegungen in ihrem Wesen zu ergründen (Touraine, 1982, S. 94 ff., und 1986, S. 15 ff.). In jüngster Zeit hat *Geser* darauf hingewiesen, dass zumindest die bisherigen Handlungstheorien sich zur Erklärung moderner Verhaltensweisen als inadäquat erweisen. Er kritisiert die Überbetonung des menschlichen Handelns. Die Erforschung offensichtlicher Erscheinungen dieses Handelns verliere an Bedeutung angesichts der gesellschaftlichen Strukturen, die immer stärker nicht durch sichtbares, aktives Handeln von Menschen geprägt sind, sondern durch das Unterlassen, das Nicht-Handeln-Wollen, ja das Nicht-Handeln-Können oder Nicht-Handeln-Dürfen.

Die Gesellschaft der Nach-Moderne zeichnet sich nach Geser aus durch höhere Spezialisierung bei gleichzeitiger Nivellierung. Die Spezialisierung beruht auf kollektiv erforderlichen Aktivitäten, die Nivellierung sieht er als Funktion des Unterlassens (Geser, 1986). Das Nicht-Handeln hat offensichtlich ähnliche Schutzfunktionen wie das Nicht-Wissen. Angesichts neuer gesellschaftlicher Risiken und Gefahren kann das Nicht-Wissen-Wollen eine Verengung der Selektionsfilter bei dem Einzelnen bewirken und so zu einer Einschränkung des Handelns führen, möglicherweise zu einer Verfestigung des Verhaltens, das sich in vielen Fällen als schmerzliche Fehlanpassung erweisen kann. Berger hat in diesem Zusammenhang auf die erhebliche Unterinstitutionalisierung des Privaten verwiesen (Berger et al., 1975, S. 35). Andererseits werden gesellschaftliche Institutionen angesichts moderner Gefahren dazu gezwungen zu handeln, um Handeln zu vermeiden (atomarer Overkill, atomarer oder chemischer GAU).

Zu verweisen ist insgesamt auf die Vielfältigkeit des Nicht-Wissens und die daraus folgende Vielfältigkeit der Laienrollen. Dadurch entstehen Prozesse der Selbstdisziplinierung: Je komplexer die soziale Umwelt, desto mehr Unterlassungen sind nötig, wobei immer mehr Menschen unter immer größeren Zeitdruck des Handelns bzw. des bewussten Unterlassens geraten.

Nach diesen freilich sehr allgemeinen Hinweisen auf Strukturelemente und Merkmale postmoderner nachindustrieller Gesellschaften ist hier zu untersuchen, welche Bedeutung der empirischen Sozialforschung tatsächlich zukommt: Verstärkt oder vermindert sie die Polarisierung von Meinungsstrukturen (Atteslander, 1985)? Zweifellos ist ihre ausufernde Verwendung einem Bedarf zuzuschreiben, die offensichtliche Uneinsichtigkeit komplexer Strukturen einsichtiger und durchsichtiger zu gestalten. Es sei im Folgenden nicht von Sozialforschung allgemein, sondern von deren erfolgreichstem, weil am meisten verwendeten Typ, die Rede: von der repräsentativen Meinungsumfrage (Social Survey, Public Opinion Poll). Die Frage stellt sich, welche Realitäten moderner Sozialordnungen sie in ihrer heute üblichen Form tatsächlich erfasst, welche sie dagegen selbst konstruiert. Ist sie in der Lage, Komplexität zu reduzieren, oder ist sie nicht vielmehr Anlass für eine dauernde „Selbstalarmierung" der Gesellschaft (Luhmann, 1986)?

Ohne Theorie ist – wie wir ausführlich dargestellt haben – die Anwendung von Instrumenten der empirischen Sozialforschung Empirismus. Ohne empirische Überprüfung sind Theorien über die Gesellschaft entweder unverbindlich oder erleichtern eine Ideologisierung. Verwendung von beidem, Instrumenten und Theorien, ohne methodologische Kontrolle führt in der Regel zu deren missbräuchlicher Verwendung.

So steht empirische Sozialforschung oft zugleich zwischen Überforderung und Missachtung. Die Gefahr ihres Missbrauchs ist u. a. gesellschaftlich bedingt. Die Institutionalisierung der Sozialforschung wird verhältnismäßig weniger von den Interessen der Forscher geleitet als vielmehr von denjenigen, die Macht in Staat und Gesellschaft ausüben.

Trotz des heute beinahe unübersichtlichen Schrifttums, das unter dem Stichwort empirische Sozialforschung und ihren theoretischen Implikationen besteht, sind einige Grundfragen bisher offen geblieben. Jene Forscher – ob in kommerziellen Instituten oder an den wenigen Hochschulen, die in der Lage sind, repräsentative Erhebungen durchzuführen –, die zu einem Übergewicht von kaum mehr überschaubaren Daten und Tabellen beisteuern, scheinen moderne Nachfahren *Quetelets* zu sein. Freilich ist das Gewand schillernder geworden, aber die Quantifizierungsmanie ist geblieben, ja durch die elektronischen Instrumente sogar verstärkt worden. Zahlenmäßig sicher weniger ins Gewicht fallen die vom sicheren, aber unbequem ausgestatteten Hochschulplatz aus operierenden späten Nachfahren von *Le Play*, die oft unnötig sektiererisch ihren explorativen und explikativen Standpunkt propagieren.

Eine dritte Gruppe schließlich, im Produzieren von Schriftlichem nicht weniger fleißig, sind von der sozialen Wirklichkeit abgehobene Theoretiker, die allenfalls empirische Sozialforschung postulieren, sie aber selbst kaum betreiben. Bei näherem Zuschauen wiederholen nicht wenige von ihnen jene Fehler *Comtes*, der just seine eigenen Postulate dann vergaß oder unterdrückte, wenn es um die „Reinheit" der metatheoretischen Ansprüche ging.

Wenn *Lazarsfeld* vor 20 Jahren schrieb, dass augenblickliche Strömungen in der Soziologie nur durch den Rückgriff auf ihre Geschichte zu verstehen seien, so scheint mir die Erinnerung an die Pioniere der empirischen Sozialforschung nützlich zu sein (Lazarsfeld, 1960). Die Struktur der empirischen Sozialforschung von heute ist durch die Entwicklungen seit Ende des Zweiten Weltkrieges geprägt.

10.3 Wiedereinführung der empirischen Sozialforschung in der Bundesrepublik

Die Anfänge der empirischen Sozialforschung in Deutschland können auf die 50er Jahre des vergangenen Jahrhunderts datiert werden. Ihre weitere Entwicklung ist durch mehrere Unterbrechungen gekennzeichnet. *Weber* legte im Verein für Sozialpolitik die erste deutsche Untersuchung über die Berufswahl der Arbeiter vor. Er plante die Studie 1908, und er schrieb eine Arbeit „Zur Psychophysik der industriellen Arbeit", zeigte aber später kaum mehr großes Interesse an empirischer Arbeit (Weber, 1924). Vor ihm schlug *Tönnies* die Gründung von „Soziologischen Observatorien" vor, weil er die Wichtigkeit der Verbindung von theoretischen Überlegungen und systematischen Beobachtungen postulierte. Zusammen mit dem Holländer *Steinmetz* propagierte er Arbeiten unter dem Titel „Soziographie" (Tönnies, 1931). Erst zu Beginn der 30er Jahre konnte sich seine Auffassung auch in der Deutschen Gesellschaft für Soziologie durchsetzen. *Lazarsfeld* berichtet: „Endlich, im Jahre 1930, gab es eine eigene Untergruppe für Soziographie, in der Tönnies selbst in einem Referat das Wort ergriff. Eine lange Diskussion zeigte, daß niemand mehr an der Wichtigkeit empirischer Untersuchungen zweifelte: Meinungsverschiedenheiten bestanden nur in Bezug auf die Stellung der Soziographie im System der Sozialwissenschaften. Die Machtübernahme durch die Nationalsozialisten schnitt ein zweites Mal die Entwicklung einer deutschen Soziographie ab" (Lazarsfeld, 1960, S. XIII).

Auch andere Forscher mussten ihre begonnenen Arbeiten jäh unterbrechen, so *Fromm, Geiger, Lewin, Horkheimer, Adorno, Polock*. Wenig später mussten aus Österreich auch *Lazarsfeld, Zeisel* und *Jahoda* emigrieren. Soziologie als eigenständiges Fach und damit empirische Sozialforschung wurden im Dritten Reich unterdrückt. Der Zweite Weltkrieg hat nichts mehr unterbrochen, sondern lediglich die Agonie des Faches verlängert. Unter dem Titel „Über das vermeintliche Ende der deutschen Soziologie vor der Machtergreifung des Nationalsozialismus" setzt sich *König*, selbst Emigrant, mit *Schelsky* auseinander, der nachzuweisen vorgab, die Soziologie sei, wenn auch unter anderem Namen, während des Dritten Reiches keineswegs von den Universitäten verschwunden (König, 1984, S. 1 f.; Schelsky, 1980, S. 120 f.). Der Aufsatz *Königs* ist nicht nur wegen der notwendigen Richtigstellungen lesenswert, er gibt auch ein wichtiges Kapitel deutscher Soziologiegeschichte wieder. Bei der Aufarbeitung dieses Themas hat sich *Cobel* besonders verdient gemacht (Cobel, 1988).

Nachdem tatsächlich keine nennenswerte Sozialforschung während rund zwei Jahrzehnten möglich war, ist erklärlich, dass Ende der 40er Jahre die empirische Sozialforschung von vielen als Import aus den Vereinigten Staaten angesehen wurde, von einigen unkritisch und enthusiastisch aufgenommen, von Zahlreichen aber mit Vorurteilen belegt. Eine Polarisierung zwischen Ablehnung und Epigonentum ist bis heute keineswegs völlig überwunden. Erst in jüngster Zeit beginnt eine Aufarbeitung und Auseinandersetzung mit dieser Zeit (Lepsius, 1970; König, 1981; 1984, Kern, 1982; Cobel 1988). Ähnlich verliefen die Entwicklungen in der Schweiz und Österreich (siehe Zürcher, M., 1995, für die Schweiz und Preglan, M./Richter, R., 1998, für Österreich).

Für die Erprobung der in den Vereinigten Staaten weiterentwickelten Methoden boten sich die damals drängenden Fragen geradezu auf. Es wurden die Eingliederung des ungeheuren Flüchtlingsstromes untersucht, der Wiederaufbau der Städte und der Industrien. Es wurde rege Feldarbeit geleistet. Es wurde befragt, beobachtet, und auch Gruppengespräche waren üblich. Hochschulinstitute schossen aus dem Boden und private Meinungsforschungsinstitute entstanden zu Dutzenden. Eine Übersicht findet sich bei *Kern* (1982, S. 217 f.). Es konnte u. a. das erste Institut für Sozialforschung, seinerzeit vom damaligen Oberbürgermeister *Adenauer* in Köln gegründet, das 1934 geschlossen werden musste, 1945 von *Leopold von Wiese* wieder eröffnet werden. Es entstand die Sozialforschungsstelle in Dortmund, und auch das Frankfurter Institut für empirische Sozialforschung nahm seine Arbeit wieder auf. Viele der heute als klassisch geltenden empirischen Studien sind in den 50er Jahren entstanden, einer Periode, die retrospektiv durchaus als „goldene Zeit" der empirischen Sozialforschung erscheint. Viele dieser Untersuchungen wurden von den damaligen Besatzungsmächten, insbesondere von den Vereinigten Staaten finanziert. Ein reger Austausch von Wissenschaftlern fand statt, das Deutsche UNESCO-Institut in Köln begann mit der systematischen Dokumentation von Forschungsergebnissen. Die anfänglich enge Zusammenarbeit zwischen Hochschule und kommerzieller Forschung löste sich leider in den 50er Jahren.

Gegen Ende der 60er Jahre ergab sich eine Situation, die wie folgt beschrieben werden kann: Kommerzielle Institute arbeiteten mit steigendem Auftragsvolumen aus Wirtschaft und Politik und vor allem Medien. Die Distanz zwischen ihnen und den Forschern an den Hochschulen vergrößerte sich. An den Hochschulen selbst entbrannten heftigste Auseinandersetzungen über Gesellschaftstheorie und empirische Sozialforschung, die in den Publikationen zum „Positivismusstreit" teilweise ihren Niederschlag fanden (Adorno et al., 1969).

10. Entwicklung der empirischen Sozialforschung in Deutschland seit 1945

Mit wenigen Ausnahmen erlahmte in der Folge die universitäre empirische Sozialforschung. Vom Theorienstreit kaum betroffen, erhöhten sich dagegen Umsatz und Geltung kommerzieller Institute. Die Deutsche Gesellschaft für Soziologie war über Jahre nicht in der Lage, Fachtagungen abzuhalten und wissenschaftliche Diskussionen zu gewährleisten. Wiederum war eine Unterbrechung festzustellen. Diesmal lag der Grund in den internen Zwistigkeiten über Sinn und Notwendigkeit der empirischen Sozialforschung. Erst Mitte der 70er Jahre glätteten sich die Wogen, und die empirische Forschung konnte sich an den Hochschulen wieder ausbreiten.

Eine ähnliche Entwicklung ist auch in anderen Ländern festzustellen. So wird berichtet: „Hier kann ich eine Kritik an die Generation der goldenen Jahre einschieben. Vergessen hatte sie das Programm der klassischen politischen Soziologie und Ökonomie, die Untersuchung der gesellschaftlichen Institutionen, deren Genese, deren Funktionsweise und Wandel. Zu sehen, wie Wirtschaft neue Organisationsformen hervorbringt, wie Verwaltung Wirtschaft beeinflußt, oder wie Organisation das Parlament beeinflußt.

Meine Hauptkritik an Teilen der akademischen Sozialforschung ... ist, daß sie allzu ichbezogen wurde. Dies gilt nicht zuletzt für viele Studenten, die ein allzu literarisches Verhältnis zur Gesellschaft haben. Rasch werden sie eingenommen von Schulstreitereien und akademischen Zwisten, ein entsprechendes Interesse an den gesellschaftlichen Verhältnissen fehlt. Damit ist diese Kritik keineswegs theoriefeindlich. Es galt schon immer, daß nichts so praktisch ist, wie eine gute Theorie. Eine Theorie der Gesellschaft sollte einen rasch hineinführen in sie. Sowohl die Klassiker, als auch deren Kritiker müssen sich durch die gesellschaftlichen Verhältnisse, über die sie aussagen, korrigieren lassen." Der Autor dieser Zeilen ist *Hernes*, das Land, über dessen Verhältnisse er berichtet, Norwegen (Hernes, 1982, S. 21).

Es mag tröstlich sein, dass andernorts ähnliche Verhältnisse zu beklagen sind wie hierzulande. Möglich, dass solch ein Ratschlag aus einem anderen Lande besser aufgenommen wird, als wenn er von jemandem stammt, der, möglicherweise gröblich etikettiert, einer der verfeindeten Schulen im eigenen Lande zugerechnet wird.

Um eine Gesellschaft verstehen zu können, ist es notwendig, dass wir mehr darüber wissen, wie sie tatsächlich funktioniert. *Hernes* setzt als unbedingt notwendig für die empirische Sozialforschung voraus 1. Fachkompetenz, 2. persönliches Selbstbewusstsein und 3. kritische Kollegialität. Er spricht von zwei Fallen, in die Sozialforscher leicht tappen können: „Die erste Falle nenne ich *empirieloser Theorismus*. Vertreter dieser Richtung kennen *Webers* Rationalitätsbegriffe, sind mit *Habermas*' drei Modi des Erkenntnisinteresses vertraut und mit *Parson's* pattern variables'. Aber mein Eindruck ist, daß wenn sie, außerhalb der Universität, auf den Arbeitsmarkt gehen und sich ernähren müssen, sie gelegentlich in die große Frustration verfallen. Denn dort brauchen sie substantielle Kenntnisse, die sie nicht bekommen haben. In der Praxis führt dies dazu, dass sie ihre Aufgaben in besonders systemkonformer Weise und mit dem stursten Positivismus erledigen werden. Sie erleben einen Kulturschock, wenn sie von der Metadebatte etwa zum Statistischen Zentralbüro kommen, von der Apokalypse zur Trivialität. Selbst wenn sie wollten, können sie nicht.

Die zweite Falle nenne ich *theorieloser Empirismus*. Sie können, aber wollen nicht. Sie bringen lose Kommentare zu mehr oder weniger glücklich gewählten Zusammenhängen, Zahlenreihen oder Korrelationen, ab und zu mit gekonnten Analysen von Kovarianzmatrizen im linearen Modell" (Hernes, 1982, S. 23).

10.4 Überwindung gegensätzlicher Annahmen über das Verhältnis von Theorie und Empirie

Baier schrieb 1969: „Der Streit zwischen den soziologischen Positivisten und Dialektikern hat – sichtbar auf dem Frankfurter Soziologentag im April 1968 – schon längst das Stadium eines Streits um die angemessene Methode soziologischer Erkenntnis und soziologischen Handelns verlassen" (Baier, 1969, S. 9). Er berief sich dabei auf den so genannten Positivismusstreit, der in den 60er Jahren, von *Adorno* und *Popper* ausgehend, vor allem zwischen *Albert* und *Habermas* ausgetragen wurde. Es ist unmöglich, in wenigen Worten Inhalt und Ausmaß dieser Diskussion wiederzugeben. Wollte man ein stark vergröbertes und verkürztes Bild zeichnen, so ergäbe sich Folgendes: Auf der einen Seite wären die Positivisten, die mit rigorosen Prüfverfahren eingegrenzte Hypothesen mithilfe der empirischen Sozialforschung zu falsifizieren oder vorläufig zu verifizieren suchten. Auf der anderen Seite stünden die Anhänger der Kritischen Theorie, deren Hauptmerkmal es ist, die Gesellschaft insgesamt in Frage zu stellen. Empirische Forschung selbst ist für die Letzteren von geringer Bedeutung, da sie stets von gesellschaftlichen Bedingungen abhängig sei, die es gerade zu durchschauen und zu durchbrechen gelte. So sahen sich die einen als „Fliegenbeinzähler" etikettiert, die anderen als „emanzipatorische Gesellschaftsveränderer".

König fordert in Anlehnung an *Durkheim* in einer Auseinandersetzung mit der Kritischen Theorie, dass zwischen einer „Gesellschaftstheorie" und einer „soziologischen Theorie" zu unterscheiden sei. Er postuliert eine Soziologie, die „nichts als Soziologie" (nach Durkheim) ist. Er glaubt an eine reine Soziologie im Gegensatz zu den kritischen Theoretikern, die sich in Spekulationen ergehen würden, wobei sie „Datenmaterial in unkritischer und unkontrollierter Art benutzen und zu voreilig und zu schnell zu ihren Schlüssen kommen würden. Die Forschung hat in sich selbst keine Bedeutung, z.B. um eine Hypothese zu stützen oder zu widerlegen, sondern wird lediglich gebraucht, um eine revolutionäre Aktion zu unterstützen" (König, 1959, S. 286). In der Folge hatte *König*, und dies ist für die oben angezeigte Polarisierung symptomatisch, in seinem Handbuch der empirischen Sozialforschung der Kritischen Theorie, ja der dialektischen Philosophie insgesamt, keinen Platz eingeräumt.

Besonders deutlich wird *Königs* Auffassung auch von *Scheuch* vertreten: „Die Theorie der Gesellschaft ist nicht sachlich interessiert und sachlich neutral, sondern sie bemüht sich um die ‚Deutung' der Totalität des sozialen Daseins. Sie führt damit die Anliegen der Soziallehren der Kirchen fort, ist ‚Sozialtheologie'. Die soziologische Theorie jedoch bezieht sich auf abgrenzbare Probleme und baut auf bestehende, empirisch begründete Erkenntnisse weiter auf ... Im Gegensatz zu einer universal gemeinten ‚allgemeinen Theorie der Gesellschaft' sind die Aussagen der soziologischen Theorie immer von begrenzter Art. Sie richte sich nach den Erkenntnismöglichkeiten einer Erfahrungswissenschaft und nicht nach den Erkenntnisinteressen" (Scheuch/Kutsch, 1972, S. 14).

Seltsam, die beiden Autoren bemühen sozusagen nur den halben *Durkheim*: Wohl ist eine Trennung von ihm vorgeschlagen worden, sie hat aber analytischen Charakter. Denn *Durkheim* schrieb: „Wenn wir die theoretischen Probleme sorgsam von den praktischen trennen, so nicht, um die letzteren zu vernachlässigen, sondern umgekehrt, um uns in die Lage zu versetzen, sie besser zu lösen" (Durkheim, 1895).

Die dialektische Methode kann nicht vom Erkenntnisprozess der Soziologie ausgeschlossen werden. *Gurvitsch* hat dies in seinem Buch „Dialectique et sociologie" eindrucksvoll dargestellt. Seine Position ist die einer *operationalen Dialektik*, die er als wichtiges Werkzeug der soziologischen Forschung sieht. Allerdings warnt er davor, aus der Dialektik ein Allheilmittel zu machen. Es ist sowohl der Widerspruchsfetischismus als auch der Konzeptfetischismus gefährlich (Gurvitch, 1962).

Die Ausschließlichkeit der Positionen, wie sie sich etwa in den 60er Jahren zwischen den Kölnern und der Frankfurter Schule einerseits, zwischen *Habermas* und *Albert* andererseits ergaben, müssen heute als Übergangserscheinung gewertet werden. Es ist schließlich in diesem Zusammenhange nicht zu vergessen, dass *Adorno* selbst bei Wiederaufnahme seiner wissenschaftlichen Arbeit in Frankfurt postulierte, dass der Fortschritt der Soziologie vom Fortschritt der empirischen Sozialforschung abhänge. In seinen Ausführungen über die Rolle der empirischen Sozialforschung verwies er auf viele konkrete Beispiele um zu beweisen, dass alle Aspekte der Soziologie durch empirische Untersuchungen bereichert werden können (Adorno, 1952, S. 30 ff.).

Er wollte damit die seinerzeit herrschenden Vorurteile gegen die empirische Sozialforschung bekämpfen. Ist seine spätere Wendung, sind seine scharfen Angriffe insofern Folge eines Missverständnisses? Er wollte, so meine ich, nicht gegen die Empiriker insgesamt, wohl aber gegen Empiristen vom Leder ziehen, die Welt sozusagen von einer medialen Quotendiktatur retten.

Auch *Lazarsfeld* kommt bezüglich der späteren Angriffe *Adornos* zu folgendem Schluss: „Allen sind zwei Merkmale gemeinsam. Erstens ist der Empiriker ein verallgemeinertes Gegenüber – es werden keine Beispiele von konkreten Untersuchungen angeführt. Zweitens wird die Nutzlosigkeit empirischer Forschung nicht durch ihre Produkte bewiesen, sondern von der Überzeugung abgeleitet, daß spezifische Untersuchungen keinen Beitrag zum großen Ziel der Sozialtheorie machen können, die Gesellschaft in ihrer Gesamtheit zu erfassen. Die empirische Forschung war zu einem weiteren Fetisch geworden, der die wahre Natur des gegenwärtigen sozialen Systems verschleierte" (Lazarsfeld, 1972, S. 114).

Wenn *Adorno* lapidar feststellt: „Theorie ist unabdingbar kritisch" (Adorno, 1968, S. 512), kann dies sowohl heißen, Theorie ist Kontrollinstanz für empirisches Erfassen der sozialen Wirklichkeit, als auch, Theorie stellt Gesellschaftliches grundsätzlich in Frage. Kritische Theorie, und das ist das Gemeinsame von *Popper* und *Adorno*, ist antidogmatisch, ideologiefeindlich und dem Prinzip steter Revision unterworfen.

Die wissenschaftliche Polarisierung der 60er Jahre und der erkenntnistheoretische Dogmatismus sind heute weitgehend überwunden.

Rückblickend kann gesagt werden, dass nicht Erkenntnisvorgänge Hauptgegenstand der Diskussionen waren, sondern Bedingungen, unter denen Erkenntnis entsteht. Der aktuellen sozialen Wirklichkeit weitgehend enthoben, haben viele nicht Soziales verhandelt, sondern Meta-Soziologie.

Man hat eingesehen, dass die Auseinandersetzung, wie sie im Positivismusstreit als Problem von Theorie und Praxis diskutiert wurde, von einem äußerst eingeschränkten Praxisbegriff ausging: Praxis war nicht auf die erfahrbare soziale Wirklichkeit bezogen, sondern wurde beinahe ausschließlich als Praxis der Sozialwissenschaften selbst verstanden. Ergab sich damals die Polarisierung aus einer sektiererischen Forderung des „Entweder-Oder", hat sich heute die wachsende Einsicht eines „Sowohl-als-auch" durchgesetzt.

Es lassen sich weder einzelne empirische Befunde zu einer Theorie zusammensetzen noch gibt es Theorien, die eine totale empirische Überprüfung erlauben. In dieser Spannweite verläuft empirische Sozialforschung. Die Bedeutung der empirischen Sozialforschung für die heutige Gesellschaft verbietet einen naiven Empirismus. Andererseits sind bei den bemerkenswerten gesellschaftspolitischen Fortschritten gerade die ungelösten Probleme eine wissenschaftliche Herausforderung. Die Probleme sollten stets wichtiger sein als die Methode. Aus dem Problembewusstsein der Forscher allein kann eine methodische Originalität der Untersuchung entstehen. Dies allerdings setzt eine fundierte Kenntnis der Methoden voraus, denen wir die bisherigen Kapitel widmeten.

Die nachfolgenden Fragen liegen nicht im Bereich der Methode, sondern in der Ethik und Verantwortlichkeit des Forschers: Was taugt die Theorie, von der wir ausgegangen sind, wirklich? Wo liegen mögliche Fehler, was ist aus den Fehlern zu lernen? Wie ist der Forschungsprozess tatsächlich abgelaufen, welche Aussagen können wir aufgrund gewonnener Daten wirklich verantworten? Wie oft wird formale Exaktheit mit Trivialität der Ergebnisse erkauft? Wird nicht allzu oft Wissenschaftlichkeit mit Quantifizierbarkeit verwechselt? Fehlt nicht insgesamt die Neigung, auch unsere eigenen Fehler systematischer Kontrolle zu unterziehen – sie auch der öffentlichen Diskussion zugänglich zu machen? Das folgende Beispiel ist mehr als 80 Jahre alt; m. E. trägt es trotzdem höchst aktuelle programmatische Aussagen.

10.5 Exaktheit bis ins Bedeutungslose?

Fromm hat mit Mitarbeitern am Frankfurter Institut für Sozialforschung 1929 eine Erhebung durchgeführt, die, aus Fragmenten zusammengestellt, erst 1980 veröffentlicht werden konnte. Durch Vertrauensleute der Gewerkschaft wurden schriftliche Fragebögen mit 271 Positionen an 3 300 Arbeiter und Angestellte verteilt. Repräsentativität wurde zwar angestrebt, genügt jedoch den heutigen Kriterien keineswegs. Dann ging *Fromm* von einem Erklärungsmodell aus, das sich als völlig untauglich erwies: Es sollte festgestellt werden, dass autoritärer Charakter zum Konservatismus, ein ambivalenter zum Liberalismus und ein revolutionärer schließlich zum Sozialismus neige. Von den seinerzeit 3 300 verteilten Fragebögen konnten nach der 1930 erzwungenen Flucht *Fromms* nach New York lediglich etwas über 500 ausgewertet werden. Die Methode bestand zunächst darin, die jeweiligen Äußerungen nach einem relativ einfachen Rechts-Links-Schema zu ordnen.

Wie ist *Fromm* mit dem Torso des Materials umgegangen? Er wollte nicht nur eine einfache deskriptive Darstellung der Antworten zusammenstellen, sondern die Meinungen der Befragten in ihrer Abhängigkeit vom ökonomischen Status analysieren und mit deren politischen Orientierungen vergleichen: „Es sei ausdrücklich betont", schreibt *Fromm*, „daß hiermit keine bestimmten Thesen ‚bewiesen' werden sollen. Unser Material ist sowohl quantitativ als auch qualitativ viel zu gering, um dies leisten zu können. Es ging uns vielmehr darum, die angesichts des Datenmaterials naheliegenden theoretischen Schlußfolgerungen zu erörtern und Anregungen für neue empirische und theoretische Studien zu geben. Die Analyse der Antworten konzentrierte sich darauf, die Beziehung zwischen den emotionalen Antrieben eines Individuums und seinen politischen Meinungen herauszuarbeiten. Die Ereignisse in Deutschland nach Beendigung der Erhebung haben gezeigt, wie wichtig die Frage danach ist, in welchem Ausmaß die jeweiligen politischen

Meinungen mit der Gesamtpersönlichkeit übereinstimmen; denn der Triumph des Nationalsozialismus enthüllte einen erschreckenden Mangel an Widerstandskraft in der deutschen Arbeiterpartei, der im scharfen Gegensatz zu der numerischen Stärke stand, wie sie sich in den Wahlergebnissen und Massendemonstrationen vor 1933 gezeigt hat" (Fromm, 1980, S. 52 f.).

Fromm hat die geretteten Fragebögen sozusagen als Dokumente betrachtet, die er nicht von „außen" analysierte, sondern einer sehr aufwendigen Inhaltsanalyse unterwarf. Die Bedeutung der Antworten wurde nicht von vorneherein durch Analytiker festgelegt, sondern den Bezugsrahmen bildete der individuell ausgefüllte Fragebogen selbst. So versuchte er, sog. Syndromgruppen zusammenzustellen, die Hinweise über die Gewichtung der Antworten durch die Befragten selbst ergaben. Nicht quantitative Datenauswertung oder statistische Korrelationen waren nun das Wesentliche, sondern der Kontext, in dem eine angegebene Antwort zu betrachten und auch auszuwerten war. Diese Art der Analyse setzt erhebliche methodologische und auch psychologische Kenntnisse voraus und ist außerordentlich aufwendig: Der Stil jedes Individuums, das antwortet, lässt Rückschlüsse auf seine Charakterstruktur zu, und diese wiederum ist der Schlüssel für das Verhalten.

Nachdem die ursprünglich angenommene Konvergenz von sozialistisch-antiautoritärer Haltung sich empirisch nicht belegen ließ, wurde in dieser Analyse schließlich eine neue Hypothese formuliert: *Fromm* erbrachte den Nachweis einer erheblichen Diskrepanz zwischen manifesten politischen Einstellungen und latenten Charakterstrukturen. Die meisten der Befragten ließen sich dabei keineswegs in rein autoritäre, ambivalente oder revolutionäre Charaktere einteilen, weil sie bei dem einen Einstellungssyndrom autoritäre, bei einem anderen hingegen ambivalente oder auch revolutionäre Haltungen aufwiesen, also im Grunde Inkonsistenz festzustellen war. Gerade diese Inkonsistenz ist das wesentliche Ergebnis. Dies bedeutet, dass viele Menschen in ihren unmittelbaren politischen Anschauungen sehr fortschrittlich sein können, in ihren emotionalen Haltungen aber reaktionär sind. Diesen Dualismus hat *Fromm* insbesondere anhand der Einstellung der Befragten zur Autorität entwickelt (Atteslander, 1983, S. 3 f.).

Fromm hat also nicht nur inhaltsanalytisch gearbeitet, sondern hat in einer Sekundäranalyse einen experimentellen Untersuchungsstil erprobt.

Es ging ihm nicht um eine möglichst extensive Anwendung von Instrumenten, sondern um deren kreative Weiterentwicklung. Die theoretischen Konstruktionen waren schon im Verlauf der Untersuchung stets in Frage gestellt. Er hat die Einbahnstraße des Forschens vermieden, die üblicherweise beschritten wird, wenn von feststehenden theoretischen Ansätzen aus operationalisiert wird, worauf eine mechanische Anwendung von Instrumenten folgt. Ziel war nicht Exaktheit. Er entging der Gefahr, um der Exaktheit willen bis ins Bedeutungslose auszuwerten. Er versuchte vielmehr, und dies sehr erfolgreich, allgemeine Zusammenhänge herzustellen und zu überprüfen.

In diesem Sinne konnte theoretischer Dogmatismus nicht aufkommen, und seine Kritik an Ideologien machte vor der eigenen nicht Halt. Im Grunde war sein Vorgehen nichts anderes als die Entwicklung einer Falsifikationstheorie, und dies zu einem Zeitpunkt, da *Popper* möglicherweise an Ähnliches dachte, jedoch Publiziertes in dieser Form noch nicht vorlag. *Fromms* Vorgehen im Rahmen seiner Kritischen Theorie ist also bestimmten Formen des Kritischen Rationalismus sehr ähnlich. Jeder Versuch, hier Gegensätze konstruieren zu wollen, hielte der näheren Analyse kaum stand.

Dieses Beispiel ist deshalb wichtig, weil es zeigt, dass es keinen Automatismus gibt, bei dem der Forschungsprozess in allen Teilen vorgeschrieben ist und mechanisch abgerollt werden kann, um gültige Ergebnisse zu produzieren. Im Falle *Fromms* sind mehr Störfaktoren im Verlaufe des Forschungsprozesses, insbesondere der Felderhebung, aufgetreten als üblich. Repräsentativität wurde nie erreicht, und die Gültigkeit des Instrumentes ist in wesentlichen Bereichen äußerst fraglich. Durch die beschriebene Methode wurde trotzdem ein hohes Maß an Erkenntnis gewonnen. Bei der Sekundäranalyse, gepaart mit qualitativer Inhaltsanalyse und quasi-experimentellen Verfahren ist *Fromm* auf Zusammenhänge gestoßen, die heute von eminenter Aktualität sind. Möglicherweise stellt sie die übliche Demoskopie in Frage: Er hat eine Hypothese aufgestellt, die eine Diskrepanz zwischen manifester politischer Einstellung und latenter Charakterstruktur postuliert.

Die übliche Demoskopie erfasst beinahe ausschließlich manifeste politische Einstellungen. Sie erfasst im Sinne *Fromms* nur die eine Hälfte der Wahrheit. Gerade wenn man die schwierige Erfassung neuer politischer Bewegungen versucht, taugen Fragebatterien, die sich vornehmlich auf traditionale Parteien beziehen, wenig. *Fromms* Beispiel zeigt auch, dass bei aller Notwendigkeit systematischer Kontrolle im Forschungsablauf die Erkenntnis maßgeblich von der Kreativität des Forschers abhängt. *Prüfungsregeln sind die Knochen, Vorstellungskraft das Fleisch und Ethik das Rückgrat des Forschers.*

10.6 Zukunftsaussichten

10.6.1 Die Verantwortung der Forscher wächst

Wir haben in Kapitel 2 drei Bereiche der empirischen Sozialforschung unterschieden: Entdeckungs-, Begründungs- und Verwertungszusammenhang (siehe Abb. 2-10, S. 52). Bei der Darstellung einzelner Forschungsmethoden und -instrumente nahm der Begründungszusammenhang relativ viel Raum in Anspruch. Diese Tatsache spiegelt den Stand der Forschung wider. In diesen Bereich des Forschungsverlaufes wird am meisten investiert, Geld, Interesse und öffentliche Diskussion unter Wissenschaftlern.

Vor den ebenfalls in diesem Kapitel skizzierten zukünftigen Anforderungen an die empirische Sozialforschung liegt gerade in diesem Ungleichgewicht zwischen den Bereichen eine große Gefahr. Sie wird wesentlich verstärkt durch die immer wohlfeilere Hilfestellung durch die Mikroelektronik in der Verarbeitung jener sozialen Befunde, die in Zahlen ausgedrückt werden können. Sie hilft beispielsweise wenig bei der Analyse von Antworten auf offene Fragen. Diese bleibt arbeitsintensiv, ebenso wie die sprachliche Analyse qualitativer Befunde. Der Trend zur Quantifizierung wird deshalb noch weiter verstärkt.

So wird es in Zukunft leichter werden, Exaktheit in immer trivialere Bereiche hineinzutragen, dies unter Wahrung scheinbarer Wissenschaftlichkeit. Diese wird in Zukunft aber entscheidend davon abhängen, inwiefern Logik, Kontrolle und Neugier im Bereich der Entdeckungszusammenhänge eingesetzt werden. Die ethische Entscheidung des Forschers sollte darin liegen, wesentliche Zusammenhänge gesellschaftlicher Erscheinungen zu erforschen, auch wenn die Schwierigkeiten außerordentlich groß sind. „Theorien mittlerer Reichweite" taugen möglicherweise wenig, wenn es darum geht, in nachindustriellen Gesellschaften Auswirkungen der Mikroelektronik auf die Arbeitswelt zu untersuchen. Arbeitslosigkeit, steigende Anonymisierung, endemische Einsamkeit, psychische Krankheiten und Suchtepidemien aller Art ergeben soziale Probleme, schon vor *Durkheim* als Anomie bezeichnet, die vordringlich und so umfassend wie möglich zu erforschen wären.

Die offensichtliche Zurückhaltung, solche Aufgaben in Angriff zu nehmen, wird oft mit mangelnder theoretischer Vorarbeit oder weitgehend fehlendem Instrumentarium begründet. Diese Begründungen sind aber zumindest teilweise Ausflüchte. Das Streben, mit methodologischer Sicherheit zu präsentablen Ergebnissen zu kommen, ist möglicherweise eine individuelle Schranke, die insbesondere jüngere Forscher nicht zu durchbrechen wagen. Andererseits ist die Unsicherheit durchaus auch ein institutionelles Hindernis: Forschungsförderung verlangt Zusicherungen erfolgreichen Forschens, die nach den heutigen Regeln der Antragstellung nur in wenigen Fällen gewährleistet werden können. Selbst wenn die Sozialforscher sich ihrer eigenen Verantwortung bewusst werden, sehen sie sich vor Vergaberegeln gestellt, die sie kurzfristig nicht zu verändern vermögen.

Dazu kommt die nach wie vor bestehende weit verbreitete ambivalente Einstellung gegenüber der empirischen Sozialforschung: Das Instrumentelle an ihr, die Umfragemethoden beispielsweise, werden in steigendem Maße verwertet, die angemessene Förderung der Ausstattung für empirische Sozialforschung scheint dabei weder notwendig noch wünschbar. Für die umfassenden gesellschaftlichen Probleme fühlt sich in ihrer Gesamtheit niemand zuständig. Keine Stelle sieht sich deshalb auch veranlasst, umfassende langfristige „unsichere Forschung" zu finanzieren. Demgegenüber steigt der Umfang an eingeschränkten, zeitlich begrenzten Analysen, die oft unreflektiert direkt zur Begründung von bereits durchgeführten oder geplanten politischen Entscheidungen verwendet werden. In besonders eindrücklicher Weise zeigt sich die Problematik bei den immer zahlreicheren epidemiologischen Erhebungen über den Gesundheitszustand von spezifischen Bevölkerungen. In der Regel ist der professionelle Standard nicht gewährleistet. Sozialdaten werden mit nicht validierten Instrumenten gewonnen, die Interpretation der Befunde ohne theoretische Grundlegung vorgenommen. Das Ergebnis ist, dass oft mit Artefakten und Spekulationen gesundheitsspezifische Maßnahmen getroffen werden.

Wie aufwendig international vergleichende Forschung sein kann, wird durch die in unterschiedlichen Kulturen durchgeführte Anomieforschung belegt (Atteslander et al., 1999).

So ist festzustellen, dass über die tatsächliche Verwertung empirisch erhobener Daten wenig bekannt ist. Die Erforschung der Verwertungszusammenhänge ist im Verhältnis zu den anderen Bereichen zu gering.

Wenn von der Verantwortung des Forschers gesprochen wird, dann deshalb, weil empirische Sozialforschung, wie wir aufzuzeigen versuchten, keinesfalls irgendwelchen festgesetzten, ein für alle Mal geltenden Automatismen oder Rezepten gehorcht. Die Wissenschaftlichkeit empirischer Sozialforschung gründet in hohem Maße auf Konventionen. Es werden kaum je genügend Mittel und Zeit und ausgebildete Mitarbeiter für ein Forschungsprojekt zur Verfügung stehen. Es bedarf deshalb einer Entscheidung, mithin einer Konvention, welcher Kompromiss für die gestellten Aufgaben noch akzeptiert werden kann.

Es bedarf schließlich der Konvention, welcher Teil des gesamten Materials, welche Auswertungen dem immer knappen Raum der Veröffentlichung zuzuleiten sind. Selbst wenn wir unbegrenzte Möglichkeiten in den angezeigten Bereichen hätten, würde sich Knappheit durch die begrenzte Kapazität der Aufnahme durch andere ergeben.

Eine der wesentlichsten Konventionen der Zukunft empirischer Sozialforschung wird in der Entscheidung darüber liegen, welcher Anteil der ebenfalls knappen Forschungsressourcen der qualitativ-explorativen und der quantitativ-repräsentativen Ausrichtung zu widmen ist. Dass hier kein Entweder-Oder, sondern ein Sowohl-als-auch impliziert ist, dürften die vorausgegangenen Kapitel belegt haben.

Es ergibt sich ein zumindest bis heute völlig ungelöstes Problem: nämlich die Ermöglichung qualitativ-explorativer Forschung, wo diese vom Forschungsgegenstand her notwendig erscheint, aber durch die Öffentlichkeit nicht finanziert wird. Wie kann Erkenntnis in Form qualitativer wissenschaftlicher Aussagen wirksam werden in einer Welt, die überwiegend nur quantifizierte Zusammenhänge zur Kenntnis nehmen will?

Die Hauptaufgabe empirischer Sozialforschung wird auch in Zukunft im Anspruch auf eine Erklärung sozialer Realitäten liegen. Sie ist und bleibt Erfahrungswissenschaft. Indes: „Erfahrungen werden nicht deduziert, sie werden in der Regel unvermittelt gemacht. Erfahrung in diesem Sinne gehört zum Leben und nicht zur Theorie. Daß Erfahrungen begrifflich gemacht werden können, bedeutet nicht, daß alle Erfahrungen begrifflich gemacht werden sollen" (Mittelstraß, 1985, S. 118 f.).

Dem Philosophen Mittelstrass verdanken wir auch die Unterscheidung zwischen Verfügungswissen und Orientierungswissen. Der Bedarf an Orientierungswissen steigt, gerade weil im Bereich der empirischen Sozialforschung die Mittel in überwiegendem Maße für eine Vermehrung des sozialen Verfügungswissens eingesetzt werden. Verfügungswissen soll vor allem der Frage nach dem *„Wie"* dienen, nämlich wie etwas effizienter gestaltet werden kann, wie sich Marktstrukturen ändern, wie politisches Wahlverhalten verändert werden kann. Orientierungswissen widmet sich der Frage des *„Wozu"* und des *„Warum"*.

Erkenntnisse, die aus der empirischen Sozialforschung gewonnen werden, führen nur dann zu nachhaltiger gesellschaftlicher Entwicklung, wenn sich eine Ausgewogenheit zwischen Verfügungs- und Orientierungswissen erreichen lässt. Da die Bedeutung eigenkultureller Entwicklung in Zukunft wachsen wird, ist insgesamt den so genannten informellen Verhaltensweisen größere Bedeutung zukommen zu lassen. Wenn des Weiteren die Beobachtung gesellschaftlicher Abläufe in Mikro-, Meso- und Makrobereich unterteilt wird, ist einerseits der qualitativen Erfassung von Mikrostrukturen und andererseits den Untersuchungen institutioneller Gebilde auf der Mesoebene Vorrang zu geben, um das gegenwärtige Übergewicht der Makroebene zu vermindern.

Damit ist zweifellos eine Zukunftsaufgabe skizziert, die besondere theoretische und methodologische Anforderungen aufweist. Es darf deshalb nicht verwundern, dass solche Versuche selten sind. Es sei deshalb in einer Zeit, in der Spontaneität und Flexibilität besonders gefragt sind, auf einen Klassiker der „Soziologie der Gruppe" hinzuweisen, auf *Jacob L. Moreno*, den Autor des Buches „*Who Shall Survive? A New Approach to the Problem of Human Interrelations*" (Moreno, 1934). Seine Schriften sind weitgehend vergessen, während die von ihm erfundene Soziometrie und sein Messinstrument sozialer Beziehungen auch heute noch in zahlreichen gruppendynamischen Anwendungen in Betrieben und in Armeeausbildungen Verwendung finden. Seine Zielsetzung, insbesondere seine Bemühungen, das Phänomen Gruppe interdisziplinär zu erfassen und Erkenntnisse aus gruppendynamischen Prozessen für praktische psychohygienische Therapien zu verwenden, bedürfen bei aller Kritik, die *Morenos* Arbeiten nach sich zogen, einer neuerlichen Überprüfung. *Moreno* hatte theoretische Ansichten entwickelt, die eng mit Wahlhandlungen (choices) verknüpft sind und die insbesondere in der Wahl- und Konsumentenforschung verwendet werden. Wenn heute seine Verfahren vor allem in der Psychotherapie nach wie vor Anwendung finden, kann eine direkte Linie zu durchaus aktuellen Praktiken gezogen werden, wie sie in Gruppendiskussionen bei Friedensverhandlungen Anwendung finden. Als Beispiel sind die zahlreichen „Runden Tische" zu nennen und die auf *Moreno* zurückzuführenden Methoden, die es erlauben, dass in scheinbar ausweglosen Situationen Interessenverbände und Institutionen sich ohne Gesichtsverslust von ihren institutionellen Zwängen befreien können.

Gerade wenn ein Ziel empirischer Sozialforschung darin besteht, zerstörerische „anomische" Folgen des beschleunigten sozialen Wandels zu minimieren, indem soziales Lernen erleichtert wird, sind *Morenos* Ansätze vermehrt pädagogisch zu nutzen.

Auch wer Soziologie nicht als „Krisenwissenschaft" versteht, muss von ihr verlangen, dass sie an offensichtlichen gesellschaftlichen Krisen nicht vorbeischaut. Zu ihrer Hauptaufgabe wird in Zukunft das Benennen sozialer Krisen, ihre Analyse und auch Vorschläge für deren institutionelle Regelungen gehören müssen. Dass dabei weitere Irrtümer unvermeidlich sind, gehört zur Natur der Sache (Atteslander, 1989, S. 296).

10.6.2 Neue Herausforderungen durch Globalisierung

Die Anwendung empirischer Forschungsmethoden nimmt weltweit zu. Internationale Organisationen wie Weltbank, der Internationale Währungsfonds (IMF), schließlich die Vereinten Nationen veröffentlichen periodisch Berichte über gesellschaftliche Entwicklungen, die aufgrund von weltweiten Erhebungen entstanden sind. Darin spiegeln sich in erster Linie soziale und ökonomische Entwicklungen von Regionen und Ländern wider. Es ist ein globaler Versuch, den sozialen Wandel, d.h. die weltweit damit verbundenen sozialen Disparitäten und Wohlstandsbefunde der Öffentlichkeit zur Verfügung zu stellen mit dem Ziele, gesellschaftspolitische Maßnahmen vorzuschlagen (Atteslander 2007).

Im besonderen Maße gilt dies für umfangreiche Untersuchungen der WHO (Weltgesundheitsorganisation), die über Krankheiten, Seuchen, aber auch das Wohlbefinden in der gesamten Welt Auskunft geben sollen. Vor diesen Zielsetzungen erhöhen sich allerdings die Anforderungen an die empirische Forschung. Auch wenn die genannten Untersuchungen aufgrund von Befragungen in überwiegendem Maße quantifizierbare Daten erheben, ergeben sich bis heute eine Reihe von ungelösten Fragen der Vergleichbarkeit.

Ohne in die Tiefe dieser Problematik einsteigen zu können, sei darauf verwiesen, dass die Kriterien der Vergleichbarkeit insgesamt einer Klärung bedürfen. Insbesondere sind weitere Forschungen über interkulturelle Validierung der Erhebungsinstrumente notwendig. Wer solche Untersuchungen analysiert, wird rasch zur Ansicht gelangen, dass in vielen Fällen ein so genanntes „ASQ-Syndrom" vorliegt: Wird dieselbe Frage gestellt (Asking the Same Question)? Die in Kapitel 2 und 4 aufgeführten Probleme und Zusammenhänge potenzieren sich, wenn es darum geht, in völlig verschiedenen kulturellen Situationen Fragen zu formulieren. Es geht keineswegs nur darum, eine Frage in verschiedene Sprachen zu übersetzen. Validierung heißt Abklärung,

1. ob die Frage funktional einheitlich wirkt,
2. ob sie verbal adäquat wiedergibt, was intendiert wird, schließlich
3. ob in unterschiedlichen Kulturen deren Bedeutung äquivalent ist.

Forschung darüber wird in Zukunft dringend notwendig sein, andernfalls potenzieren sich Artefakte und Fehlschlüsse.

Es erhebt sich in vielen Fällen die Notwendigkeit sich zu entscheiden, was an qualitativen Aspekten geopfert werden muss, um Vergleichbarkeit herzustellen. Der so genannte vertretbare kleinste gemeinsame Nenner bei interkulturellen Befragungen bedarf sowohl der theoretischen Vorüberlegung wie auch ausgiebiger praktischer Vorabklärungen. Dafür sind meistens weder Zeit noch Geld noch Kapazität, d.h. genügend ausgebildete Forscher, vorhanden. Die Frage, was eigentlich verglichen wird, stellt sich in vielen Fällen zu Recht. Selten werden Forschungsberichte darüber Auskunft geben, welche der vorgenommenen Vergleiche gar nicht erreicht werden konnten. Ebenfalls völlig ungelöst ist das Verhältnis von qualitativer und quantitativer Forschung, wenn es darum geht, kulturspezifische Verhaltensweisen von Menschen nicht nur zu erfassen, sondern sie auch zum Zwecke des Vergleiches darzustellen.

Ein weiteres Feld zukünftiger Aufgaben ergibt sich im Umgang mit erhobenen Daten. Wie werden sie archiviert? Wem stehen sie zur Verfügung? In welcher Form sind genügend Angaben über die Entstehung der Daten verfügbar, um sie fruchtbar der Sekundäranalyse zur Verfügung zu stellen? Es braucht zweifellos eine neue „Kultur der Dokumentation". Dabei geht es nicht darum, Archivierung zum Selbstzweck zu betreiben, sozusagen unermessliche Datenfriedhöfe zu generieren, sondern vielmehr darum, nicht nur punktuelle und zeitlich isolierte interkulturelle Vergleiche zu ermöglichen, sondern sozialen Wandel auch über Zeitreihen zu dokumentieren, was systematisch konzipierte Wiederholungserhebungen voraussetzt.

Als besonders gute Beispiele für Datendokumentation sind im deutschen Sprachbereich das Zentralarchiv für empirische Sozialforschung an der Universität Köln zu nennen sowie SIDOS, eine Datenarchivierung und Aufbe-

10. Entwicklung der empirischen Sozialforschung in Deutschland seit 1945

reitungsinstitution der Schweizerischen Akademie für Geisteswissenschaften in Neuenburg. Ähnliches besteht in anderen Ländern, und im Augenblick ist ein Verbund im Entstehen, der systematischen Datenaustausch einerseits, aber auch Zusammenarbeit in Bezug auf Konzepte und Zielsetzungen andererseits zum Ziele hat. Dies zu fördern ist umso wichtiger, da es in unseren als Wissenschaftsgesellschaften bezeichneten Nationen auch darum geht, das Wissen für die Praxis zu „kapitalisieren". Dass dafür weitere Arbeit an einer systematischen Grundlegung der Interpretation von Daten geleistet werden muss, liegt auf der Hand (siehe auch Kapitel 2). Eine aktualisierte Liste der Archive für Daten der empirischen Sozialforschung findet sich unter http://www.nsd.uib.no/cessda/europe.html (verfügt auch über Links zu anderen Archiven weltweit), und http://www.sidos.ch/links/data.asp?lang=d&menu=0. Beide Links sind auch gute Einstiegspunkte für weitere Informationen über Archive im WWW.

Die Zukunft wird nicht darin bestehen können, lediglich mehr empirische Sozialforschung zu betreiben als vielmehr darin, eine qualitativ hoch stehende und theoriebezogene Sozialforschung zu perfektionieren. Der kulturellen Validierung ist dabei Priorität zuzuordnen, auch wenn sie zeitaufwendig und kostenintensiv sein wird. Nichts ist allerdings auf die Dauer kostengünstiger als valide Daten. Nichts ist in Zukunft auch dringlicher als neue Wege in der praktischen Anwendung von Kenntnissen, die durch Methoden der empirischen Sozialforschung gewonnen werden können. Der beschleunigte soziale Wandel, geprägt durch fortschreitende Globalisierung, lässt die empirische Sozialforschung in einem neuen Lichte erscheinen und hebt ohne jeden Zweifel deren Stellenwert. Besonders gefordert sind die Forscher, neue Wege zu finden, um eine unerlässliche interkulturelle Validierung der Instrumente zu erreichen. Sie alleine erlaubt eine systematische Auswertung sozialer Daten und deren gesellschaftliche Interpretation.

Zusammenfassend: Das Buch ist voll von Hinweisen auf Schwierigkeiten, die bei der ernsthafter und für die Gesellschaft relevanter Sozialforschung zu überwinden sind. Dies bedeutet aber keineswegs, dass davon die Hände zu lassen sei. Ganz im Gegenteil. Der heutige Forschungstand ist bemerkenswert hoch. Was nützt es jedoch, wenn hoher Professionalität der Forscher eine weit verbreitete und mangelnde Professionalität jener Verantwortlichen gegenübersteht, die für eine Umsetzung gesicherter sozial-wissenschaftlicher Befunde in und für die Gesellschaft verantwortlich sind?

Durch mangelnde Professionalität der Verwender, insbesondere bei den politisch verantwortlichen Entscheidungsträger, sind zuweilen erschreckende Mängel festzustellen. Dazu gehören:

1. Unwissen, Ablehnung und sowohl Überschätzung, als auch Unterschätzung der Möglichkeiten empirischer Sozialforschung. Daraus folgt:

2. Inadäquate Bereitstellung der notwendigen Mittel und Wertung der Befunde und somit der effizienten Umsetzung in die Praxis.
3. Aufmerksamkeit ist in Zukunft der Problemregelung der in 1–3 aufgezeigten Mängel zu widmen. Es sind mit den bereits vorhandenen Methoden und den theoretischen Grundlagen vor allem neue Strategien zu entwickeln, die zur Umsetzung vorhandener und gesicherter Befunde führen. Ein Ziel muss die erhöhte Professionalisierung im Umgang mit sozialen Daten sein.

10.6.3 Wachsender Aufwand für repräsentative Auswahl von zu Befragenden durch die Verbreitung von Mobiltelefonen

Um verlässliche Zahlen der Leserschaftsanalysen, die jährlich durchgeführt werden, zu erhalten, stehen Forscher seit über 10 Jahren vor Problemen. Wer seine Handynummer nicht registrieren lässt, bleibt für diese Analyse praktisch unauffindbar. Im Zeitalter von Gratiszeitungen und individuellem Nachrichtenabruf über internetfähige Handys, besteht die Gefahr, dass eine nicht zu vernachlässigende Gruppe von Marktteilnehmern nicht erfasst werden können. Die Erreichbarkeit nimmt in unserer Gesellschaft insgesamt ab. So berichtet die Neue Zürcher Zeitung (Nr. 210, S. 15) bereits am 11. September 2001 über die Situation in der Schweiz: „Seit der Aufhebung der Eintragungspflicht von Telefonnummern im Jahr 1998 und mit dem Aufkommen der Mobiltelefone bieten die elektronischen Verzeichnisse aber keinen perfekten Überblick über die Schweizer Haushalte mehr. Immer mehr Handybenützer haben keinen Festnetzanschluss mehr, und weil sie in bestimmten Bevölkerungsteilen überproportional vertreten sind, liefern Telefonregister kein genaues Abbild der Grundgesamtheit der Schweizer Bevölkerung mehr. Die Repräsentativität von Meinungsumfragen wird dadurch beeinträchtigt. (…) Das Luzerner Meinungsforschungsinstitut Link hat ermittelt, dass im Jahr 2000 rund 12 Prozent der Schweizer Haushalte mit herkömmlichen Methoden der Stichprobenziehung nicht mehr erreichbar waren: Über 7 Prozent der Haushalte verfügten über keinen Festanschluss mehr und benutzten nur noch ein eingetragenes Handy, ein weiteres Prozent ohne Festanschluss liess die Handynummer nicht eintragen. Dazu kamen 2 Prozent, die zwar über einen Festanschluss verfügten, diesen aber nicht eintragen liessen, sowie 2 Prozent, die überhaupt ohne Telefon lebten. (…) Einige Umfrageinstitute haben deshalb damit begonnen, parallel Stichproben mit eingetragenen Handynummern angelegt, um auch in Zukunft repräsentative Stichproben ziehen zu können. Hierfür werden im Schneeballverfahren Personen telefonisch befragt, ob in ihrem Bekanntenkreis nicht eingetragene Handys benutzt werden. Inwieweit das Anlegen solcher Pools mit dem Datenschutz vereinbar ist, wurde bisher gemäss Auskunft des Datenschutzbeauftragten des Bundes juristisch nicht abgeklärt. (…) In naher Zukunft werde man bei der Ziehung der Stichprobe Handynummern wohl proportional zu ihrer effektiven Verbreitung mitberücksichtigen, um die Repräsentativität der Erhebung zu garantieren; entsprechende Machbarkeitsstudien jedenfalls seien in Arbeit. Die Gewährleistung der Repräsentativität dürfte in Zukunft zu erheblichen Mehrkosten führen. 2001 betrug der Aufwand insgesamt bereits 2,5 Millionen Franken".

Wenn schon 2001 die Kosten der erwähnten Leserschaftsanalyse nahezu 2 Millionen Euro kostete, dürfte dieser Betrag bereits heute erheblich höher sein. Dies bedeutet, dass nicht nur die Auswahl schwieriger wird, sondern für Analysen mit geringeren finanziellen Mitteln faktisch unbezahlbar werden. Dies könnte mithin zu einem Ungleichgewicht zugunsten der grossen kommerziellen Institute und zu Ungunsten universitärer Forschung führen.

V. Orientierungshilfen

11. Wer, wann, wo und wie?

Am Ende der einzelnen Kapitel wurden Fragen formuliert, die zum Selbststudium anregen sollen und als Hinweise auf wesentliche Aspekte, die darin behandelt wurden, dienen. Die vorliegenden Orientierungshilfen haben im Grunde eine ähnliche Funktion für den gesamten Text dieses Bandes: Es sind recht grobe Zuordnungsmöglichkeiten der ungemein vielfältigen Formen von Berichten, die sich auf sozialwissenschaftliche Erhebungen berufen. Diese begegnen uns täglich in unterschiedlichster Weise, von streng wissenschaftlicher Analyse bis zum medial verkürzt aufbereiteten Feature. Worum handelt es sich im Einzelnen? Sind wir in der Lage, uns über sie ein eigenes Urteil zu bilden? Welche gesicherte Erkenntnis liegt jeweils vor uns?

Die nachfolgenden Raster sind als erste vorläufige Orientierung gedacht. Sie erleichtern eine Systematisierung von Merkmalen, sind indes in keiner Art und Weise als ‚Schubladisierungs-Vorlagen' zu verstehen: Einzelne Merkmale sind immer in Beziehung zu anderen zu setzen, und diese ersten Orientierungen sind im Einzelnen aufgrund der früher dargelegten differenzierten Betrachtungsweise zu werten.

11.1 „Qualis", „Quantis" und ihr Kampf ums letzte Wort

Unter diesem Titel schrieb Anna Chudizilov eine ebenso amüsante Einführung in das Fach (NZZ Campus, Mai 2009, S. 50 ff.). Obiger Überschrift fügte sie folgenden Untertitel bei: „Alles Zwischenmenschliche ist Gebiet der Soziologie. Dieses erforschen Soziologiestudierende mit einer breiten Palette von Theorien und Methoden, bis hin zum Selbstversuch an Partys".

Nun ist freilich für die wenigsten professionellen Forscher nach Partys zumute, wenn sie das Wagnis empirischer Erforschung sozialer Gegebenheiten zu untersuchen haben. Auch geht es nicht um das letzte Wort, wie wir zu Beginn des Buches erfassen haben: Das letzte Wort kommen der Vernunft der in jedem Schritt nachvollziehbaren Forscherlogik zu.

Der Kampf der Ideologien ist vorbei. Wie aber kann sich der Laie ein Bild darüber machen, welcher Art die verwendeten Methoden eines vor ihm liegenden Forschungsbereiches zu zuordnen sind? Wesentlich ist in jedem Fall die Zugänglichkeit des Feldes.

Es wäre eine Illusion anzunehmen, die „Konsumenten" von Forschungsberichten hätten genügend Zeit, das zu tun, was Chudozilov den Studenten rät: „Wer Soziologie studiert, muss lernen, im unübersichtlichen Theoriehaufen zu finden, was zu einer bestimmten Fragestellung passt. Ebenso wichtig sind im Grundstudium die Methodenveranstaltungen. Dort lernt man empirische Daten zu erfassen und auszuwerten. Grundsätzlich werden dabei qualitative und quantitative Ansätze unterschieden. Bei Quantitativen Ansätzen geht es darum, gut vergleichbare Daten statistisch auszuwerten. Wer untersuchen möchte, ob die Anzahl der Kinder mit der Ausbildung der Mutter zusammenhängt, kann diese Angaben in einem standardisierten Fragebogen erfassen und dann statistisch auswerten. Da diese Veranstaltungen zu den quantitativen Methoden aber einiges an Mathematikkenntnissen verlangen, ersticken sie schon die eine oder andere Soziologenkarriere im Keim rein statistisch gesehen natürlich. Hoffentlich lernt man auch, wie Befunde zu interpretieren sind."

Für eine erste Orientierung was qualitativ, was quantitativ erhoben wurde, soll an folgender Tabelle, in Ergänzung zu Lamnek (2005), S. 272, gezeigt werden. Sie kann als erste grobe Orientierung dienen.

11.2 Tendenzen bei qualitativen und quantitativen Erhebungen

	quantitative Sozialforschung	qualitative Sozialforschung
Ziele	erklären nomothetisch Theorien-prüfend	verstehen idiographisch Theorie-entwickelnd
Vorgehen (Methodik)	deduktiv objektiv ätiologisch ahistorisch geschlossen	induktiv subjektiv interpretativ historisierend offen
Verhalten der Forscher	Prädetermination des Forschers Distanz statisch starres Vorgehen partikularistisch Zufallsstichprobe	Relevanzsysteme der Betroffenen Identifikation dynamisch-prozessual flexibles Vorgehen holistisch theoretical sampling
Merkmale	Datenferne Unterschiede reduktive Datenanalyse hohes Messniveau	Datennähe Gemeinsamkeiten explikative Datenanalyse niedriges Messniveau

Abbildung 11-1: Analysekriterien

11.3 Kulturelle Validierung von Fragebögen

Im Zuge der Globalisierung werden sich neuartige und bis jetzt kaum gelöste Fragen der Vergleichbarkeit stellen. Ein Spaßvogel hat folgendes Schema gezeichnet:

A worldwide survey was carried out with the following question:
"Please give us your opinion on the lack of food in the rest of the world."
No result was achieved, since the following problems were faced during the survey's implementation:

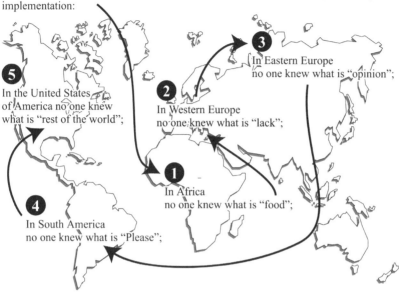

Abbildung 11-2: Interkulturelle Vergleichbarkeit

Die Darstellung ist bewusst in englischer Sprache gehalten. Dies aus zwei Gründen: Erstens würde bereits eine Übersetzung grosse Schwierigkeiten bereiten, zweitens wird wohl die überwiegende Zahl interkultureller Erhebungen auf Fragebögen basieren, die ursprünglich in Englisch oder Amerikanisch formuliert worden sind. Wer annimmt, die oben dargestellte Geschichte sei stark übertrieben, irrt leider. Schon 1996 ist im Grunde eine ‚Magna Charta' für eine Forschungspolitik internationaler quantitativer Surveys veröffentlicht worden, der nur wenige der unzähligen Projekte genügen (siehe insbesondere Erwin K. Scheuch; Cross-National Comparisons Using Aggregate Data: Some Substantive and Methodological Problems, in: Merritt, Richard L. and Rokkan, Stein, (Ed); Comparing Nations. The Use of Quantitative Data in Cross- National Research, New Haven and London, 1996, S. 131 ff.).

Meist wird unterlassen, die einzelnen, den Fragen vorgegebenen Items in mühsamer Arbeit interkulturell zu validieren. Heißt, dass beispielsweise in vielen Ländern durchgeführten epidemiologischen Untersuchungen nicht nur einzelne medizinische Begriffe dahingehend zu überprüfen sind, ob sie sich in verschiedenen Kulturen bei Ärzten auf ein und dieselbe Krankheit beziehen, sondern es muss auch sichergestellt werden, dass befragte Menschen in unterschiedlichen Kulturen, womöglich sogar schichtspezifisch dasselbe verstehen. In vielen Fällen wird die methodisch und finanziell aufwendige Überprüfung einzelner Begriffe in unterschiedlichen Kulturen weiterhin höchst oberflächlich unternommen. So werden auch in Zukunft Äpfel und Birnen zusammengezählt, daraus ineffiziente Maßnahmen abgeleitet, die ein Mehrfaches von dem kosten, als für professionelle Sorgfalt aufzuwenden gewesen wäre.

Die kulturelle Validierung des Instrumentes Fragebogen ist der möglicherweise bedeutendste zeitliche, intellektuelle und auch finanzielle Aufwand bei weltumspannenden sozialwissenschaftlichen Erhebungen. Was weltweit gilt, ist in gemilderter Form auch für einzelne Länder zutreffend. Auch dort fehlt zuweilen eine systematisch kontrollierte „Übersetzung" von Items und Begriffen in Fragen.

Es sei in Erinnerung gerufen, wie wichtig es ist, ausgehend von alltäglicher Erfahrung in der eigenen Kultur oder Umgebung, durch qualitative Tests auszuschliessen, dass verwendete Worte und Begriffe vom „Befragten" verstanden werden, bevor die Antwort auf Fragen erfolgt. Nur auf diese Weise sind Missverständnisse möglichst zu vermeiden.

Mindestens 5 Bereiche von Missverständnissen sind möglich:
1. Zwischen dem, was der, oder die Befragte denkt, und dem, was er oder sie sagen will;
2. Zwischen dem, was sie glauben zu sagen, und dem tatsächlich Gesagten
3. Zwischen dem, was sie hören wollen, und dem, was sie hören;
4. Zwischen dem, was sie zu verstehen glauben, und dem, was sie verstehen wollen:
5. Zwischen dem, was Befragte tatsächlich verstehen, und dem, was der Interviewer eigentlich erfragen wollte

(nach M. Sottanella)

Beispiel: Bei einer Befragung von Zuzüglern in die Stadt Zürich wollte der Forscher wissen, auf welche Weise der Zuzügler eine Wohnung fand. Im ersten Drittel des Fragebogens deshalb die Frage: „Wie fanden Sie ihre Wohnung?" Antworten: „Zu teuer, zu lärmig, oder zu weit weg vom Arbeitsplatz, ... etc." (Die mündliche Befragung wurde in schweizerischem Dialekt durchgeführt).

Dies wollte der Forscher eigentlich nicht in Erfahrung bringen. Die Antworten waren für die Auswertung irrelevant. Mit wenigen Probedurchläufen hätte sich ergeben, dass diese Fragestellung anders hätte formuliert werden müssen. Z.B.: „Was haben Sie unternommen, in der Stadt Zürich ein Wohnung zu finden" (Atteslander 1955).

Im ganzen Buch ist noch und noch darauf hingewiesen worden, welche wesentlichen Kriterien bei Befragungen, Beobachtungen und Sekundäranalysen sozialwissenschaftlicher Logik genügen müssen.

11.4 Bedingungen von Wissenschaftlichkeit empirischer Erhebungen

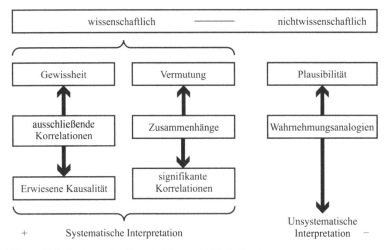

Abbildung 11-3: Analyseraster für sozialwissenschaftliche Erhebungen

Angewandte Sozialwissenschaft heißt: Theoretisch formulierte Hypothesen entstehen aus Vermutungen. Erklärungen gesellschaftlicher Phänomene können aufgrund der Tatsache, dass ein Forscher immer Teil dessen bleibt, was er erforscht, kaum dem in den Naturwissenschaften üblichen Gewissheitsanspruch genügen. Ergebnis sorgfältigen Forschens führt allerdings zu signifikanten Korrelationen, mithin zu nachvollziehbarer und zumindest vorläufiger Erkenntnis. Wie dies zu geschehen hat, ist ab Seite S. 21 dieses Bandes nachzulesen. Forschungsberichte heben sich ab von Untersuchungen, bei denen ein systematischer Nachvollzug der einzelnen Forschungsschritte nicht möglich ist. Ausgehend von Plausibilität, führen über Wahrnehmungsanalogien gewonnene Daten im Grunde zu unsystematischer Interpretation, wie sie in Medien häufig und nicht leicht durchschaubar vorkommen. Was in der Zuordnung und Analyse und Interpretation vorliegender Forschungsberichte zu beachten ist, siehe Abb. 2-15, S. 63 und Abb. 2-16, S. 66.

Welche Hauptkriterien für eine Evaluation sozialer Daten sind denkbar? In der folgenden Abbildung 11-4 finden sich einige erste Fragestellungen an Forschungsberichte, insbesondere nach der Relevanz von Daten, und Hinweise auf ihre Qualität.

11.5 Hauptkriterien für eine Evaluation sozialer Daten

Hauptkriterien für eine Evaluation sozialer Daten

Relevanz von Daten:	▪ Auf was beziehen sie sich? ▪ Welchen Geltungsbereich betreffen sie? (z.b. Region, Nation) ▪ In welcher Wechselwirkung zu anderen Gebieten steht das erfasste Gebiet?
Qualität von Daten:	1. Wie werden die Regeln angewandter Sozialforschung beachtet im Sinne der Anwendung theoretischer Ansätze sozialer Phänomene? 2. Welche theoretischen Kriterien erlauben eine Quantifizierung sozialer Phänomene? 3. Welche theoretischen Kriterien erlauben Vergleiche mit anderen quantitativen Erhebungen? 4. Welche theoretischen Kriterien sind bei der Interpretation erhobener Daten zu beachten: was sagen sie verlässlich aus, was sagen sie keinesfalls aus?

Abbildung 11-4: Hauptkriterien für eine Evaluation sozialer Daten: Relevanz und Qualität von Daten

Es mag bei der Frage, wer Daten produziert, wie sie ausgewählt wurden und zu welchem Zweck, sinnvoll sein, verschiedene Ebenen zu unterscheiden.

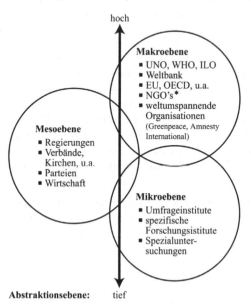

* NGO's Nichtregierungsorganisationen

Abbildung 11-5: Datenbedarf-Datenproduzenten

11. Wer, wann, wo und wie?

Es wird unterschieden in Makro-, Meso- und Mikroebene. Zur Makroebene gehören etwa UNO – Vereinte Nationen, WHO – Weltgesundheitsorganisation, ILO-Weltarbeitsorganisation, Weltbank, EU – Europäische Union, OECD und andere. Sie führen mit großem Aufwand regelmäßige Untersuchungen durch. Zu dieser Ebene gehören auch die NGO, weltumspannende Nichtregierungsorganisationen wie Greenpeace, Amnesty International, zahlreiche Weltkonzerne und viele andere.

Zur Mesoebene zählen Regierungen und ihre Verwaltung sowie Verbände, Parteien, Kirchen, aber auch multinationale Wirtschaftsunternehmen. Ihre Umfragen sind oft, aber nicht ausschließlich, auf einzelne Märkte, Nationen, Regionen und andere fest umrissene Gebiete beschränkt. Sowohl auf der Makro- wie der Mesoebene werden vornehmlich quantitativ ausgerichtete Sondagen durchgeführt.

Auf der Mikroebene sind private und öffentliche Umfrageinstitute zu nennen. Sie führen für unterschiedlichste Auftraggeber Erhebungen aus, daneben so genannte regelmäßige Omnibus- Befragungen mit einer Vielzahl unterschiedlichster Themen. Diese stammen aus Einzelaufträgen. Hauptsächlich für Printmedien bieten sie so genannte Meinungsbarometer oder tägliche Blitzumfragen zu aktuellen Einzelfragen an. Darüber hinaus wird Gruppenverhalten untersucht. Besonders verbreitet sind die regelmäßigen Messungen von Radio- und Fernsehquoten. Zur Mikroebene sind ebenfalls Universitätsinstitute zu zählen, die spezifische Gruppen und Fragestellungen erforschen. Das Verhalten von Menschen wird auch unter Verwendung qualitativer Erhebungsmethoden erfasst, dies oft als Vorstufe zu umfassenderen quantitativen Erhebungen.

Je nach der Ebene kommen nicht nur unterschiedliche Forschungsinstrumente zur Anwendung, es unterscheiden sich auch Geltungsbereiche. Alle Bereiche sind untereinander verbunden. Befunde auf globaler Ebene wirken sich auch im Mikrobereich aus. Es sei neben dem grossen ungelösten Problem der Vergleichbarkeit auf der Makro- und Mesoebene darauf hingewiesen, dass sich gerade in der Mikroebene ausserordentlich relevante Fragestellungen ergeben, die im Grunde umfassend auf sämtlichen Ebenen in systematischer Verbindung zu untersuchen wären.

Dies könnten wir am Beispiel der sich verändernden Alterspyramiden in der gesamten Weltbevölkerung einerseits, in der nationalen Bevölkerung entwickelter Industriegesellschaften andererseits darstellen. Auf der Mikroebene gibt es unerforschte Gebiete, für die sich im Augenblick niemand verantwortlich fühlt. In der Folge stehen kaum genügende Mittel für notwendige qualitative Erhebungen bereit. Zu nennen wären etwa die so genannte Überalterung und der heute schon absehbare Pflegebedarf.

Zwei weitere „Check-Listen" sollen der steigenden Bedeutung der Verwendung von Indikatoren Rechnung tragen.

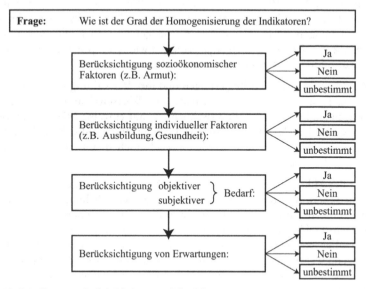

Abb. 11-6: Indikatoren: Berücksichtigung sozialer Faktoren

Insbesondere auf der Makro- und Mesoebene werden für Entwicklungstendenzen und gesellschaftliche Strukturmerkmale vermehrt ökonomische und weniger kulturelle Indikatoren verwendet. In der Operationalisierung im Laufe des Forschungsprozesses werden diese Indikatoren als Grundelement der Skalierung zur Erstellung von Rangordnung von Befragten verwendet. Das folgende Orientierungsraster spricht dagegen von Indikatoren als Zusammenfassung von Ergebnissen aus empirischen Erhebungen

Aus theoretisch abgesicherten wesentlichen Faktoren zusammengesetzt sind sie als Indikator für ganz bestimmte Zusammenhänge zu verstehen. Dies allerdings sagt zunächst nichts darüber aus, wie vor allem gesellschaftliche Aspekte bei der Erstellung dieser Indikatoren berücksichtigt worden sind. Dazu gehört in erster Linie die Berücksichtigung sozialer Faktoren. Dies gilt für alle hier skizzierten Orientierungshilfen.

Zur sachgerechten Interpretation von sozialen Indikatoren dient schliesslich das nächste Raster.

Das Interpretationsraster für sozioökonomische Indikatoren unterscheidet sechs Problemkreise. Auch wenn im Einzelnen Forschungsergebnisse in quantitativer Darstellung vorliegen, die nicht explizit als Indikatoren bezeichnet werden, kann dies Interpretationsraster mindestens zum Teil auch für andere

Darstellungen sozialer Daten verwendet werden. Einmal mehr sei dabei auf die im gesamten Buch hinlänglich dokumentierte Notwendigkeit der Differenzierung der jeweiligen Fragestellung hingewiesen.

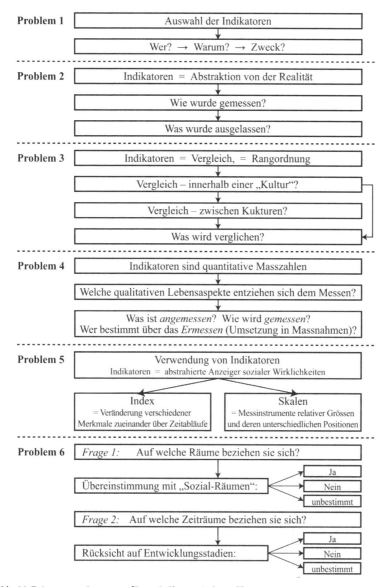

Abb. 11-7: Interpretationsraster für sozioökonomische Indikatoren

11.6 Orientierung ist ein schwieriges Unterfangen

Zwei Umstände sind dafür verantwortlich:
1. Die ungemein grosse Vielfalt von sozialen Daten
2. Nicht fundierte Interpretationen der Befunde

11.6.1 Das verwirrende Spiel mit „Umfragen" aller Art

Scheinbar haben die Massenmedien, insbesondere Gratiszeitungen und Boulevard Zeitungen eine offensichtlich rege benützte Möglichkeit an der öffentlichen Meinungsbildung teilzunehmen: Die beinahe alltägliche Abstimmung zu einem aktuellen Thema unterschiedlicher Relevanz. Über Nacht werden die Ja und die Nein Eingänge gesammelt und dem Leser zum Frühstück auf den Tisch geliefert. Infotainment pur, den die einzige Feststellung ist, dass die Zahl der Nein-Stimmen überwiegen. Wie viele an der Onlineabstimmung teilgenommen haben, wird in den wenigsten Fällen offengelegt. Niemand weiss auch, aus welchen Gründen sie oder er zu einem Ja oder Nein gelangte. Wer eine solche Teilnahme aufbringt, mag besonders engagiert sein an der Fragestellung, oder er nimmt die ganze Angelegenheit als Spielerei wahr. Dies mag allenfalls zur Leserbindung an die Zeitung beitragen, nicht aber an einer Meinungsbildung der Öffentlichkeit.

Mit dieser Erscheinung hat die empirische Sozialforschung nichts zu tun, ebenso wenig mit der Tatsache dass auch der einst ehrenwerte Verkäufer an der Wohnungstüre nun vermehrt aus halb Europa Verkaufsgespräche per Telefon führt, die mit der Bemerkung beginnen, es handle sich um Marktforschung und erst am Schluss der Befragung kommt dann das einmalige Sonderangebot aus dem italienischen Tirol. Die Bevölkerung wird zunehmend befragungsmüde, deshalb vermehrt befragungsresistent. Unterschiedliche Interpretation von Politikern und Persönlichkeiten aus der Wirtschaft helfen mit, dass erhebliche Zweifel an Sinn und Zweck politischer und wirtschaftlicher Meinungsforschung um sich greift. Möglicher Weise mit folgender Ausnahme:

11.6.2 Woher kommen die verführerisch exakten Hochrechnungen am Wahlabend?

Kaum haben die Wahllokale geschlossen, erscheinen auf allen Bildschirmen erste Hochrechnungen. Diese werde periodisch ergänzt und in den meisten Fällen wächst die Präzision bis zur Mitteilung der vorläufigen amtlichen Wahlergebnisse. Wie ist diese Präzision zu erreichen? Im Gegensatz zu den oben erwähnten „Quasi Umfragen", sind in diesem Falle erhebliche Einsätze empirischer Methoden und Erhebungen längst vor dem Wahltag und den Exit Polls notwendig. Im Zentrum steht, dass die Repräsentativität nicht

11. Wer, wann, wo und wie?

durch die Auswahl der Menschen hergestellt wird, die nach dem Verlassen der Wahl der Wahlkabinen nach repräsentativen Regeln ausgewählt werden, sondern die Auswahl von Wahlkreisen nach typischen Merkmalen.

Die Antworten der Befragten betrafen nicht die zukünftigen Meinungen, sondern Angaben bereits vollzogener Wahlhandlungen. Die so erhaltenen Daten wurden nicht nur höchst professionell aufbereitet, sondern auch sachkundig moderiert. Die Exit Polls stammen aus den USA. Die anfänglichen Flops und Fehler sind mittlerweile Geschichte.

Einer der Pioniere, Warren Mitofsky, hat 1967 für das CBS Fernsehen die erste bedeutende Erhebung durchgeführt. Dann wurden Exit Polls bei weiteren Präsidentschaftswahlen durchgeführt. 1980 hatte NBC drei Stunden vor Schliessung der Wahlbüros in Kalifornien bereits den Wahlsieg von Reagan verkündet, eine krasse Wahlbeeinflussung. Im Jahre 2000 gründen die grossen Fernsehnetze eine eigene Firma für zukünftige Exit polls, den Voter News Service VNS, der sich schon im ersten Jahr reichlich blamierte: In der Wahlnacht riefen sie nacheinander Gore, dann Bush zum neuen Präsidenten aus, bis sie sich zur Mitteilung durchrangen, die Daten seien so nahe beieinander, dass keine Aussage über den Ausgang der Wahlen möglich sei. Dies war in der Tat ein sehr präzises Resultat, denn Gore sammelte mehr Stimmen als Bush, der aber mehr Wahlmänner auf sich vereinigte und somit zum Präsidenten gewählt wurde. 2002 brachen die VNS Computer zusammen, die Firma wurde aufgelöst, 2004 ein neues Konsortium gegründet.

Die Wahlsendungen in Europa stehen der Professionalität der Amerikaner in keiner Weise nach. ARD und ZDF führen kontinuierlich wissenschaftliche Sondagen durch. Die Moderatoren sind umfassend orientierte Profis, die mittlerweile nicht nur über grosses Wissen, sondern auch über die notwendige Erfahrung von Interpretation, Bewertung und vor allem der Erklärung von Ergebnissen verfügen.

Zusammenfassend: Die Präzision der Hochrechnungen gründet auf einer ausreichenden Verwendung verschiedener Forschungsmethoden und professioneller Analyse der erhobenen Daten und deren medialen Vermittlung. Dies trifft leider für die allzu vielen in den Medien erscheinenden Umfrageresultate nicht zu. Oft handelt es sich bei sogenannten Omnibus Fragebögen um Umfragen, in denen in letzter Minute noch zwischen allerlei Produkten eine Frage zu einem tagesaktuellen politischen Problem eingefügt wird. Solche telefonische Umfragen sind dann besonders kritisch zu hinterfragen, wenn sie durch sogenannte Call-Centers von ungeschultem Personal durchgeführt werden.

11.6.3 Missbrauch von Sozialforschung entsteht nicht durch bewusste Fälschung von Befunden, sondern durch Mängel bei deren Interpretation

Die empirische Sozialforschung ist ein aufregendes Abenteuer, das in seiner Vielfalt das immer rascher sich ausfächernde Sozialverhalten der Menschen auszuleuchten. In diesem Buch sind vor allem Methoden und Theorie geleitete Forschung, und die Umsetzung der gewonnen Erkenntnisse in die Praxis umzusetzen, behandelt worden. Weitere Grundlagenforschung ist notwendig. Der grösste Bedarf besteht indes in der mangelnden Professionalität der Interpretation von gesicherten sozialwissenschaftlichen Befunden.

Literaturverzeichnis

Adorno, T. W. (1952): *Empirische Sozialforschung*, Frankfurt a. M.
Adorno, T. W. (1968): Soziologie und empirische Forschung, in: E. Topitsch (Hrsg.), *Logik der Sozialwissenschaften*, Köln, S. 511–525
Adorno, T. W. (1969): *Stichworte, Kritische Modelle 2*, Frankfurt a. M.
Adorno, T. W., u. a. (1969): *Der Positivismusstreit in der deutschen Soziologie*, Neuwied, Berlin
Alemann, H. v. (1977): *Der Forschungsprozeß*. Eine Einführung in die Praxis der empirischen Sozialforschung, Stuttgart
Allerbeck, K. (1977): Computergestützte Datenaufbereitung und Datenanalyse, in: J. v. Koolwijk, M. Wiecken-Mayser (Hrsg.), *Techniken der empirischen Sozialforschung, Band 7, Datenanalyse*, München, Wien
Anders, M. (1982): *Das Telefoninterview in der Bevölkerung*, München
Anderson, N. (1923): *The Hobo. The Sociology of the Homeless Man*, Chicago, London
Arbeitsgruppe Bielefelder Soziologen (Hrsg.), (1978): *Alltagswissen, Interaktion und gesellschaftliche Wirklichkeit*, 2 Bände, 4. Aufl., Reinbek b. Hamburg
Aster, R., Repp, M. (1989): Teilnehmende Beobachtung – zwischen Anspruch und Wirklichkeit, in: dies. u. H. Merkens, *Teilnehmende Beobachtung. Werkstattberichte und methodologische Reflexionen*, Frankfurt a. M., New York, S. 122–133
Aster, R., Repp, M., Mertens, H. (Hrsg.), (1989): *Teilnehmende Beobachtung: Werkstattberichte und methodologische Reflexionen*, Frankfurt a. M., New York
Atteslander, P. (1955): Dynamische Aspekte des Zuzugs in die Stadt. In: Kölner Zeitschrift für Soziologie und Sozialpsychologie. Küln/Opladen, Jg. 7, H.2, 1955, S. 253 ff.
Atteslander, P. (1954): *The Interactiogram*. A Method for Measuring Interaction and Activities of Supervisory Personal. Human Organisation, New York, Vol. 13, Nr. 1, S. 28 ff.
Atteslander, P. (1980): Vom Holzschnitt zum Holzhammer? Zur Rolle der empirischen Sozialforschung in der medialen Wählerbeeinflussung, in: T. Ellwein (Hrsg.), *Politikfeld-Analysen*, Opladen, S. 45–59
Atteslander, P. (1983): Arbeiter und Angestellte am Vorabend des Dritten Reiches. Notizen zu einer sozialpsychologischen Untersuchung von Erich Fromm, in: J. Becker (Hrsg.), *1933 – fünfzig Jahre danach. Die national-*

sozialistische Machtergreifung in historischer Perspektive, München, S. 89–103

Atteslander, P. (1988): Befragung, in: U. Ammon, N. Dittmar, K. J. Mattheier (Hrsg.), Sociolinguistics Soziolinguistik, Ein internationales Handbuch zur Wissenschaft von Sprache und Gesellschaft, Berlin, New York, S. 940–951

Atteslander, P. (1989): Soziologie – Eine freundliche Wissenschaft, in: *Soziale Welt 40*, Heft 1/2, S. 284–296

Atteslander, P. (1992): Offene Fragen über die Schwierigkeiten, bei Umfragen offene Fragen zu stellen, in: D. Jaufmann, E. Kistler, K. Meier, K.-H. Strech (Hrsg.), *Empirische Sozialforschung im vereinten Deutschland. Bestandsaufnahme und Perspektiven*, Frankfurt a. M., New York, S. 25–35

Atteslander, P. (1992): *Einer, der von aussen kommt*, Festvortrag zum 85. Geburtstag René Königs. In: René König, Gesamtverzeichnis der Schriften. In der Spiegelung von Freunden, Schülern, Kollegen. H. von Altmann, G. Kunz (Gg.), Opladen

Atteslander, P. (2006): Schriftliche Befragung, in: *Sociolinguistics/Soziolinguistik*. 2. Auflage, hrsg. v. Ulrich Ammon/Norbert Dittmar/Klaus J. Mattheier/Peter Trudgill. Berlin/New York

Atteslander, P., Fürstenau, U., Maurer, A. (1993): Verlust der Repräsentativität durch mangelnde Zentralität: Ein Instrumentenexperiment, in: *Soziale Welt*, Heft 3, S. 1–20

Atteslander, P. (1996): *Bruchstücke*, In: Wege zur Soziologie nach 1945, Biographische Notizen, Ch. Fleck (Hg.), Opladen

Atteslander, P., Bender, Ch. (1988): Aids und das Risiko der Intimität, in: E. v. Burkel (Hrsg.), *Der Aids-Komplex. Dimensionen einer Bedrohung*, Frankfurt a. M., Berlin, S. 144–156

Atteslander, P., Kneubühler K.-U. (1975): *Verzerrungen im Interview*. Zu einer Fehlertheorie der Befragung, Opladen

Atteslander, P., Gransow, B., Western, J. (Hrsg.) (1999): Comparative Anomie Research. Hidden Barriers – Hidden Potential for Social Development. Aldershot.

Atteslander, P. (2007): The Impact of Globalization on Methodology. Measuring Anomie and Social Transformation, in: International Review of Sociology – Revue Internationale de Sociologie, Vol. 17, No. 3, November 2007, S. 511– 524

Backhaus, K., u. a. (2000): *Multivariate Analysemethoden* – eine anwendungsorientierte Einführung, 9. Aufl., Berlin

Baier, H. (1969): Soziale Technologie oder soziale Emanzipation? Zum Streit zwischen Positivisten und Dialektikern über die Aufgaben der Soziologie, in: B. Schäfers (Hrsg.), *Thesen zur Kritik der Soziologie*, Frankfurt a. M., S. 9–25

Bain, R. K. (1972): Die Rolle des Forschers: Eine Einzelfallstudie, in: R. König (Hrsg.), Beobachtung und Experiment in der Sozialforschung, 8. Aufl., Köln, S. 115–129

Bales, R. F. (1972): Die Interaktionsanalyse: Ein Beobachtungsverfahren zur Untersuchung kleiner Gruppen, in: R. König (Hrsg.), Beobachtung und Experiment in der Sozialforschung, 8. Aufl., Köln, S. 148–171

Bandilla, W., Bosniak, M., Altdorfer, P. (2001) Effekte des Erhebungsverfahrens? Ein Vergleich zwischen einer Web-basierten und einer schriftlichen Befragung zum ZSSP-Modul Umwelt, in: *ZUMA Nachrichten* 49, S. 7–28

Bamberger, E., Vanecek R. (1984): *Lesen – Verstehen – Lernen – Schreiben. Die Schwierigkeitsstufen der deutschen Sprache*. Wien

Bamberg, G., Bauer, F. (2002): *Statistik*, 12. überarb. Aufl., München

Beck, U., Bonß, W. (1989): *Weder Sozialtechnologie noch Aufklärung?*, Frankfurt a.M.

Becker, H. S. (1973): *Außenseiter: Zur Soziologie abweichenden Verhaltens*, Frankfurt a.M.

Becker, H. S., Geer, B. (1989): Teilnehmende Beobachtung: die Analyse qualitativer Felddaten, in: K. Gerdes (Hrsg.), Explorative Sozialforschung. Einführende Beiträge aus ‚Natural Sociology' und Feldforschung in den USA, Stuttgart, S. 158–183

Behrens, K. C. (1966): *Demoskopische Marktforschung*, Wiesbaden

Benninghaus, H. (2005): *Einführung in die sozialwissenschaftliche Datenanalyse*, 7. unwesentl. veränd. Aufl., München

Berelson, B. (1971): *Content Analysis in Communication Resarch*, New York

Berelson, B., Lazarsfeld P. F. (1948): *The Analysis of Communication Content*, Chicago

Berger, H. (1974): *Untersuchungsmethode und soziale Wirklichkeit*, Frankfurt a.M.

Berger, P. L., Berger, B., Kellner, H. (1975): *Das Unbehagen in der Modernität*, Frankfurt a.M., New York

Berger, H., Wolf, H. F. (Hrsg.), (1989): *Handbuch der soziologischen Forschung*, Berlin

Bernard, H. R. (2000): *Social Research Methods*. Qualitative and Quantitative Approaches, London

Blalock, H. M. (1971): *Causal Models in the Social Sciences*, New York

Blumer, H. (1981): *Der methodologische Standort des symbolischen Interaktionismus in: Arbeitsgruppe Bielefelder Soziologen (Hrsg.). Alltagswissen, Interaktion und gesellschaftliche Wirklichkeit*, Opladen, S. 80–146

Bortz, J. (1984): *Lehrbuch der empirischen Forschung für Sozialwissenschaften*, Berlin, Heidelberg, New York, Tokio

Bortz, J. (2005): *Statistik für Sozialwissenschaftler*, 6. vollst. überarb. Aufl., Berlin

Brosius, G., Brosius, F. (1995): SPSS. *Base System und Professional Statistics*, Bonn

Brown, T. A. (2006): Confirmatory Factor Analysis for Applied Research. Guilford Press, New York, London

Bruyn, S. T. (1966): *The Human Perspective in Sociology. The Methodology of Participant Observation*, Englewood Cliffs

Bühl, A., Zöfel, P. (1999): *SPSS für Windows 9. Praxisorientierte Einführung in die moderne Datenanalyse.*

Bundesminister für Arbeit und Sozialordnung (Hrsg.), (1980): *Arbeits- und Sozialstatistik, Hauptergebnisse*, Bonn

Cannel, C. F. (1985): Interviewing in Telephonservice, in: T. W. Beed, R. J. Stimson (Hrsg.), *Servey Interviewing. Theory and Technics*, Sidney

Cicourel, A. (1974): *Methode und Messung in der Soziologie*, Frankfurt

Clemens, W., Strübing, J. (Hrsg.), (2000): *Empirische Sozialforschung und gesellschaftliche Praxis*. Bedingungen und Formen angewandter Forschung in den Sozialwissenschaften, Leverkusen

Cobel, C. (Hrsg.), (1988): *Einführung in Fragen der Soziologie in Deutschland nach Hitler (1945–50)*. HDG. Nr. 1, Frankfurt a. M.

Cochran, W. G. (1972): *Stichprobenverfahren*, Berlin, New York

Comte, A. (1830–1842): Cours de philosophie positive. 6 Bände, Deutsch: (1923): *Soziologie*, 3 Bände, Jena

Comte, A. (1844): *Der Positivismus in seinem Wesen und seiner Bedeutung*, Leipzig

Comte, A. (1973): *Plan der wissenschaftlichen Arbeiten, die für eine Reform der Gesellschaft notwendig sind*, München

Craig, Robert T. (1981): Generalization of Scott's Index of Intercoder Agreement. In: *Public Opinion Quarterly* 45: 260–264

Dechmann, M. D. (1978): *Teilnahme und Beobachtung als soziologisches Basisverhalten. Ein Lehrbuch für Sozialwissenschaftler und soziale Berufe*, Bern, Stuttgart

Degan, M. J. (2001): *The Chicago School of Ethnography. In: Attkinson, P.; Coffey, A.; Delamont, S.; Lofland, L. (Hrsg.): Handbook of Ethnolorapfy. Saga, London, New York*

Denzin, N. K., Lincoln, Y. S. (1994): *Handbook of Qualitative Research*. Thousand Qaks, London, New Delhi

Deppermann, A., Lucius-Hoene, G. (2004): Rekonstruktion narrativer Identität: Ein Arbeitsbuch zur Analyse narrativer Interviews. 2. Aufl., Wiesbaden.

Dias-Bone, R. (2006): Statistik für Soziologen, UTB basics, Konstanz

Dittmar, N. (2004): Transkription: Ein Leitfaden mit Aufgaben für Studenten, Forscher und Laien, 2. Aufl., Wiesbaden

Diekmann, A. (2002): *Diagnose von Fehlerquellen und methodische Qualität in der sozialwissenschaftlichen Forschung*, in: Bundesamt für Statistik (Hrsg.), *Statistikkultur und Statistikmarkt in der Schweiz*, Neuchâtel

Diekmann, A. (2006): *Empirische Sozialforschung*. Grundlagen, Methoden, Anwendungen, 13. Aufl., Reinbek bei Hamburg

Diekmann, A. (2006): *Methoden der Sozialforschung*. KZfSS-Sonderheft 44

Diekmann, A. (2002): Diagnose von Fehlerquellen und methodische Qualität in der sozialwissenschaftlichen Forschung, in: ITA-02-04, Institut für Technikfolgen-Abschätzung der Österreichischen Akademie der Wissenschaften

Durkheim, E. (1895): *Les regles de la methode sociologique*, Paris, Deutsch: R. König (Hrsg.), (1976): Die Regeln der soziologischen Methode, Neuwied

Engels, F. (1985, 1845): Die Lage der arbeitenden Klasse in England. Nach eigenen Anschauungen und Quellen, in: MEW Bd. 2, Berlin/DDR, S. 225–506

Erbslöh, E. (1972): *Interview*, Stuttgart

Etzioni, A. (1956): Mathematics for Sociologists?, *American Sociological Review Vol. 30*

Evans-Pritchard, E. E. (1978): *Hexerei, Orakel und Magie bei den Zande*, Frankfurt

Faas, T. (2004): Offline rekrutierte Access Panels: Königsweg der Online-Forschung? In: ZUMA-Nachrichten, 53. Jg., 27. Nov. 2003, S. 58 ff.

Faulbaum, F., Prüfer, P., Rexroth, M. (2009): *Was ist eine Frage? Die systematische Evaluation der Fragenqualität*, Wiesbaden

Festinger, L., Riecken, H. W., Schachter, S. (1964): *When Prophecy Fails*, New York

Feyerabend, P. K. (1978): *Der wissenschaftstheoretische Realismus und die Autorität der Wissenschaften*, Braunschweig

Feyerabend, P. K. (1981): *Probleme des Empirismus*, Schriften zur Theorie der Erklärung der Quantentheorie und der Wissenschaftsgeschichte, Braunschweig

Fischer, Peter Michael (1982): Inhaltsanalytische Auswertung von Verbaldaten. In: G. L. Huber, H. Mandl (Hrsg.): *Verbale Daten*. Weinheim und Basel: 179–196

Fischer, R. A. (1935): *The Design of Experiments*, London

Flick, U. (1995): *Qualitative Sozialforschung: eine Einführung*. 2. vollst. überarb. Neuaufl. Reinbek bei Hamburg

Flick, U. (1999): *Qualitative Forschung*: Theorie, Methoden, Anwendung in Psychologie und Sozialwissenschaften, 4. Aufl., Reinbek bei Hamburg

Frey, J. A., Kunz, G., Lüschen, G. (1990): *Telefonumfragen in der Sozialforschung*. Methoden, Techniken, Befragungspraxis, Wiesbaden

Friedrichs, J. (1971): *Teilnehmende Beobachtung*. Zur Grundlegung einer sozialwissenschaftlichen Methode empirischen Verhaltens, Stuttgart

Friedrichs, J. (1973): *Teilnehmende Beobachtung abweichenden Verhaltens*, Stuttgart

Friedrichs, J. (1990): *Methoden empirischer Sozialforschung*, 14. Aufl., Nachdr. 2002, Opladen

Friedrichs, J., Lüdtke, H. (1973): *Teilnehmende Beobachtung*. Einführung in die sozialwissenschaftliche Feldforschung, 2. Aufl., Weinheim, Basel

Fromm, E. (1980): *Arbeiter und Angestellte am Vorabend des Dritten Reiches*. Eine sozialpsychologische Untersuchung, Stuttgart

Froschauer, U., Lueger, M. (1992): *Das qualitative Interview zur Analyse sozialer Systeme*, Wien

Früh, W. (2004): *Inhaltsanalyse*. Theorie und Praxis. Unveränd. Nachdr. der 5. Aufl., Konstanz

Gabler, S., Hoffmeyer-Zlotnik, J. H. P., Krebs, D. (1994): *Gewichtung in der Umfragepraxis*, Opladen

Galtung, J. (1999): On the Epistemiology of Anomie Studies: Some Comments, in: Atteslander, P., Gransow, B., Western, J. (Hrsg.), *Comparative Anomie Research*. Hidden barriers – hidden potential for social development, Aldershot

Garfinkel, H. (1967): *Studies in Ethnomethodologie*, Englewood Cliffs

Geiger, T. (1953): *Ideologie und Wahrheit*. Eine soziologische Kritik des Denkens, Stuttgart, Wien

Gerdes, K. (Hrsg.), (1979): *Explorative Sozialforschung*, Stuttgart

Geser, H. (1986): Elemente zu einer soziologischen Theorie des Unterlassens, in: *KZfSS*. Jg. 38, Heft 4, S. 643 ff.

GESIS – Gesellschaft Sozialwissenschaftlicher Infrastruktureinrichtungen e.V. (Hrsg.): mda – methoden, analysen, daten (Zeitschrift für Empirische Sozialforschung), Bonn

Giddens, A. (1984): *Interpretative Soziologie*. Eine kritische Einführung, engl. Orig. 1976, Frankfurt a. M., New York

Girtler, R. (1980a): *Polizei-Alltag*. Strategien, Ziele und Strukturen polizeilichen Handelns, Opladen

Girtler, R. (1980b): *Vagabunden in der* Großstadt. Teilnehmende Beobachtung in der Lebenswelt der Sandler Wiens, Stuttgart

Girtler, R. (1985): *Der Strich*. Erkundungen in Wien, Wien.

Girtler, R. (1992): *Methoden der qualitativen Sozialforschung*, 3. Aufl., Wien, Köln, Weimar

Girtler, R. (2001): *Methoden der Feldforschung*, Wien, Köln, Weimar

Glogauer, W. (1988): *Videofilm – Konsum der Kinder und Jugendlichen*, Bad Heilbrunn

Goffmann, E. (1973): *Asyle*, Frankfurt a.M.

Goode, W. H., Hatt, P. K. (1952): *Methods in Social Research*, New York

Goode, W. H., Hatt, P. K. (1974): Beispiele für den Aufbau eines Fragebogens. in: R. König (Hrsg.), *Praktische Sozialforschung I. Das Interview. Formen, Technik, Auswertung*, 9. Aufl., Köln, Berlin

Gorden, R. L. (1977): *Interviewing strategy, techniques and technics*, 4th ed., Homewood/III

Greenwood, E. (1972): Das Experiment in der Soziologie, in: R. König (Hrsg.), *Praktische Sozialforschung II. Beobachtungen und Experimente in der Sozialforschung*, 8. Aufl., Köln, Berlin

Greve, W., Wentura, D. (1997): *Wissenschaftliche Beobachtung. Eine Einführung*, Weinheim

Grubitzsch, S., Rexilius, G. (1978): *Testtheorie – Testpraxis*. Voraussetzungen, Verfahren, Formen und Anwendungsmöglichkeiten psychologischer Tests im kritischen Überblick, Reinbeck b. Hamburg

Grümer, K.-W. (1974): *Techniken der Datensammlung*, Beobachtung, Bd. 2, Stuttgart

Gurvitch, G. (1962): *Dialectique et Sociologie*, Paris

Häder, M. (2002): Delphi-Befragungen. Ein Arbeitsbuch. Wiesbaden

Haferkamp, H. (1975): *Kriminelle Karrieren – Handlungstheorie*. Teilnehmende Beobachtung und Soziologie krimineller Prozesse, Reinbek b. Hamburg

Hagena, J. (1974): *Die berufstätige Frau in Illustrierten Zeitschriften*, Nürnberg, (Diss.)

Hammerich, K. (1978): Materialien zur Soziologie des Alltags, in: M. Klein (Hrsg.), *KZfSS*, Sonderheft 20, Köln

Hard, G. (1987): *Störche Kinder Orchideen Sonne*, Privatdruck, Berlin

Harder, T. (1974): *Werkzeug der Sozialforschung*, München

Harkness, J. A. (ed.) (2006): Conducting Crossnational and Crosscultural Surveys. Papers from the 2005 Meeting of the International Workshop on Comparative Survey Design and Implementation (CSDI), ZUMA, Mannheim

Hartfiel, G., Hillmann, K.-H. (1982): *Wörterbuch der Soziologie*, Stuttgart

Hartmann, H. (1972): *Empirische Sozialforschung*. Probleme und Entwicklungen, München

Heidenreich, K. (1999): Grundbegriffe der Meß- und Testtheorie, in: Roth, E., Holling, H. (Hrsg.), *Sozialwissenschaftliche Methoden*. Lehr- und Handbuch für Forschung und Praxis, 5. Aufl., München, Wien

Heidenreich, K. (1999): Entwicklung von Skalen, in: Roth, E., Holling, H. (Hrsg.), *Sozialwissenschaftliche Methoden*. Lehr- und Handbuch für Forschung und Praxis, 5. Aufl., München, Wien

Heinze, Th. (2001): *Qualitative Sozialforschung*, München

Helferich, C. (2004): Die Qualität qualitativer Daten. Manual für die Durchführung qualitativer Interviews. Wiesbaden

Hempel, C. G. (1965): *Aspects of scientific explanation*, New York

Henning, H. J. (1999): Skalierung qualitativer Daten und latenter Strukturen, in: Roth, E., Holling, H. (Hrsg.), *Sozialwissenschaftliche Methoden*. Lehr- und Handbuch für Forschung und Praxis, 5. Aufl., München, Wien

Hergesell, B. (1994): *Arbeiterkulturen im Betrieb*. Interethnische Beziehungen zwischen Produktionsarbeitern. Eine empirische Studie, Frankfurt/Main

Hermanns, H. (1981): *Das narrative Interview in berufsbiographisch orientierten Untersuchungen* (Arbeitspapiere des wissenschaftlichen Zentrums für Berufs- und Hochschulforschung an der GH Kassel Nr. 9), Kassel

Hernes, G. (1982): Zurück zur Gesellschaft, in: K. Papendorf (Hrsg.), *Rundbrief 10*, Universität Hamburg, Institut für Soziologie

Hinkle, R. L., Hinkle, G. N. (1960): *Die Entwicklung der amerikanischen Soziologie*. Eine Geschichte ihrer Motive und Theorien, eingel. und übers. von L. u. H. Rosenmayr, amerik. Orig. 1954, Wien

Hoff, E. H. (1985): Datenerhebung als Kommunikation. Intensivbefragung mit zwei Interviewern, in: G. Jüttemann (Hrsg.), *Qualitative Forschung in der Psychologie. Grundfragen*, Verfahrensweisen, Anwendungsfelder, Weinheim, Basel

Holsti, O. R. (1969): *Content Analysis of the Social Sciences and humanities*, Reading/Mass

Holweg, H. (2005): *Methodologie der qualitativen Sozialforschung. Eine Kritik*. Berner Reihe philosophischer Schriften Bd. 30. Bern/Stuttgart/Wien

Homans, G. C. (1972): *Was ist Sozialwissenschaft?*, Opladen

Homans, G. C. (1978): *Theorie der sozialen Gruppe*, 7. Aufl., Opladen

Hondrich, K. O. (1988): Risikosteuerung durch Nichtwissen. Paradoxien und Alternativen der Aidspolitik, in: E. v. Burkel (Hrsg.), *Der Aids-Komplex*, S. 121 ff.

Hopf, C. (1978): Die Pseudo-Exploration. Überlegungen zur Technik qualitativer Interviews in der Sozialforschung, in: *Zeitschrift für Soziologie. Nr. 2*, S. 97–115

Hormuth, S. E., Brückner, E. (1985): Telefoninterviews in Sozialforschung und Sozialpsychologie. Ausgewählte Probleme der Stichprobengewinnung, Kontaktierung, in: *KZfSS*. Jg. 37, Heft 3, S. 526–545

Huber, G. L. (1989): Analyse qualitativer Daten mit Computerunterstützung. Das Software-Paket AQUAD. In: W. Bos, Ch. Tarnai, (Hrsg.): *Angewandte Inhaltsanalyse in Empirischer Pädagogik und Psychologie:* 269–285

Huber, O. (1999): Beobachtung, in: E. Roth, K. Heidenreich (Hrsg.), *Sozialwissenschaftliche Methoden.* Lehr- und Handbuch für Forschung und Praxis, München, Wien, Oldenburg, S. 124–143

Huesmann, A. (1998): Zwischen Dialekt und Standard. Empirische Untersuchung zur Soziolinguistik des Varietätenspektrums im Deutschen. Tübingen: Niemeyer. (= Reihe Germanistische Linguistik 199)

Humphreys, L. (1973): Toiletten-Geschäfte. Teilnehmende Beobachtung homosexueller Akte, in: J. Friedrichs (Hrsg.), *Teilnehmende Beobachtung abweichenden Verhaltens*, Stuttgart, S. 254–288

Hyman, H. H. (1954): *Interviewing in Social Research*, Chicago, London

Inglehart, R. (1977): *The Silent Revolution:* Changing Values and Political Styles among Western Publics, Princeton

Inkeles, A. (1989): National Character Revisited, in: M. Aller, H.-J. Hoffmann-Nowotny, W. Zapf (Hrsg.), *Kultur und Gesellschaft*, Verhandlungen des 24. Deutschen Soziologentages des 11. Österreichischen Soziologentages, Frankfurt a.M., New York, S. 98–112

Jahoda, M., Deutsch, M., Cook, S. W. (1972): Beobachtungsverfahren, in: R. König (Hrsg.), *Beobachtung und Experiment in der Sozialforschung*, 8. Aufl., Köln, S. 77–97

Jahoda, M., Lazarsfeld P. F., Zeisel, H. (1960): *Die Arbeislosen von Marienthal*, Allensbach, Bonn

Jaufmann, D., Kistler, E., Jänsch, G. (1989): *Jugend und Technik.* Wandel der Einstellungen im internationalen Vergleich, Frankfurt a.M., New York

Jaufmann, D., Kistler, E., Meier, K., Strech, K.-H. (Hrsg.), (1992): *Empirische Sozialforschung im vereinten Deutschland.* Bestandsaufnahme und Perspektiven, Frankfurt a.M., New York

Jonas, F. (1982): Geschichte der Soziologie. Von der Jahrhundertwende bis zur Gegenwart, Bd. 2, 2. Aufl., Opladen

Jugendwerk d. Dt. Shell (Hrsg.), (1981): *Jugend '81.* Lebensentwürfe, Alltagskulturen, Zukunftsbilder, Band 1–3, Hamburg

Jugendwerk d. Dt. Shell (Hrsg.), (1992): Jugend '92. Lebenslagen, Orientierungen und Entwicklungsperspektiven im vereinigten Deutschland, Band 1–4, Opladen

Kelle, U., (2007): *Die Integration qualitativer und quantitativer Methoden in der empirischen Sozialforschung. Theoretische Grundlagen und methodologische Konzepte*, Wiesbaden

Kelle, U., Bird, K. (1996): An Overview of Current Trends in Computer-Aided Qualitative Data Analysis. In: Faulbaum, Frank, Wolfgang Bandilla (Hrsg.): *SoftStat '95*. Advances in Statistical Software 5. Stuttgart, 315–322

Keller, F. (2001): Archäologie der Meinungsforschung. Mathematik und die Erzählbarkeit des Politischen, Konstanz

Kemski, I. v. (1972): Zur Logik der Ordnungsbegriffe besonders in den Sozialwissenschaften, in: H. Albert (Hrsg.), *Theorie und Realität*, Tübingen

Kern, H. (1982): *Empirische Sozialforschung*. Ursprünge, Ansätze, Entwicklungslinien, München

Kern, H., Schumann, M. (1986): *Das Ende der Arbeitsteilung?* Rationalisierung in der industriellen Produktion, München

Kinsey, A. C. (1964): *Das sexuelle Verhalten des Mannes*, Frankfurt a. M.

Kirchhoff, S., Kuhnt, S., Lipp, P., Schlawin, S. (2008): *Der Fragebogen. Datenbasis, Konstruktion und Auswertung*, 4., überarbeitete Aufl., Wiesbaden

Klein, H. (1996): *Computerunterstützte Inhaltsanalyse mit INTEXT* – dargestellt am Vergleich von Nachrichtenfaktoren des Fernsehens. Münster

Klein, H. (1997a): Classification of Text Analysis Software. In: Klar, R., O. Opitz (Hrsg.): *Classification and Knowledge Organization*. Berlin, Heidelberg, New York, S. 355–362

Klein, H. (1997b): Overview on text analysis software. In: Bandilla, Wolfgang, Faulbaum, Frank (Hrsg.): *Advances in Statistical Software 6*. Stuttgart, S. 251–258

Klingemann, H.-D. (Hrsg.), (1984): *Computerunterstützte Inhaltsanalyse in der empirischen Sozialforschung*. Anleitung zum praktischen Gebrauch. Frankfurt a. M.

Kohli, M. (1978a): „Offenes" und „geschlossenes" Interview. Neue Argumente zu einer alten Kontroverse, in: *Soziale Welt Nr. 29*, S. 1–25

Kohli, M. (1978b): *Soziologie des Lebenslaufs*, Neuwied

Kollwijk, J. van, Wieken-Mayser, M. (Hrsg.), (1974): *Techniken der empirischen Sozialforschung*. 3. Band, Erhebungsmethoden: Beobachtung und Analyse von Kommunikation, München, Wien

König, R. (1959): On Some Recent Developments in the Relation between Theory and Research. *Transaction of the Fourth World Congress of Sociology*, London

König, R. (1967, 1969): *Handbuch der empirischen Sozialforschung*, 2 Bände, Stuttgart, als Taschenbuch: 14 Bände, (1973 ff.), Stuttgart

König, R. (1972): *Praktische Sozialforschung II*. Beobachtung und Experiment in der Sozialforschung 8. Aufl., Köln, Berlin

König, R. (1973): *Handbuch der empirischen Sozialforschung*. Grundlegende Methoden und Techniken der empirischen Sozialforschung. Erster Teil, Bd. 2, 3. Aufl., Stuttgart

König, R. (1999): *Leben im Widerspruch*. Versuch einer intellektuellen Autobiographie, in: Autobiographische Schriften, Bd. 18, München

König, R. (1984): Über das vermeintliche Ende der deutschen Soziologie vor der Machtergreifung des Nationalsozialismus, in: KZfSS März 84, S. 1–42

Krippendorff, K. (1980): *Content analysis*. An introduction to is methodology. Beverly Hills

Kriz, J. (1975): *Datenverarbeitung für Sozialwissenschaftler*, Reinbek b. Hamburg

Kriz, J. (1981): *Methodenkritik empirischer Sozialforschung*. Eine Problemanalyse sozialwissenschaftlicher Forschungspraxis, Stuttgart

Kriz, J. (1983): *Statistik in den Sozialwissenschaften*, 4. Aufl., Reinbek b. Hamburg

Krobarth, H., T. (2009): *Werte. Ein Streifzug durch Philosophie und Wissenschaft. Vorwort von H. Albert*, Würzburg

Kromka, F. (1984): *Sozialwissenschaftliche Methodologie*. Eine kritisch-rationale Einführung, Paderborn, Wien, München, Zürich

Kromrey, H. (2006): *Empirische Sozialforschung*. Modelle und Methoden der standardisierten Datenerhebung und Datenauswertung, 11. überarb. Aufl., Stuttgart

Kromrey, H. (1986): Gruppendiskussion. Erfahrungen im Umgang mit einer wenig häufigen Methode empirischer Sozialwissenschaft, in: J. H. P. Hoffmeyer-Zlotnik (Hrsg.), *Quantitative Methoden der Datenerhebung in der Arbeitsemigrantenforschung*, Berlin, S. 109–143

Krug, G. (2010): Fehlende Daten bei der Verknüpfung von Prozess- und Befragungsdaten. Ein empirischer Vergleich ausgewählter Missing Data Verfahren. In: MDA (Methoden – Daten – Analysen) Jg. 4, Heft 1, S. 27 ff.

Kuckartz, U. (2005): Einführung in die computergestützte Analyse qualitativer Daten, Wiesbaden

Kühl, R. (1971): *Die Darstellung des Dritten Reiches in der deutschen Presse*, Marburg

Kuhn, T. S. (1976): *Die Struktur wissenschaftlicher Revolutionen*, Frankfurt a.M.

Lamnek, S. (2005): Qualitative Sozialforschung, Lehrbuch, 4., vollst. überarb. Aufl., Weinheim

LaPiere, R. (1934): Attitudes Versus Actions. *Social Forces* 13, S. 230–237, Zitiert nach: J. C. Pierce, K. M. Beatty, P. R. Hagner (1982): *The Dynamics of American public Opinion*. Patterns and Processes, Glenview, Iee, S. 130

Lautmann, R. (1972): *Justiz – die stille Gewalt*. Teilnehmende Beobachtung und entscheidungssoziologische Analyse, Frankfurt a. M.

Lautmann, R. (1973): Teilnehmende Beobachtung in der Strafjustiz, in: J. Friedrichs (Hrsg.), *Teilnehmende Beobachtung abweichenden Verhaltens*, Stuttgart, S. 109–120

Lazarsfeld, P. F. (1960): Vorspruch zur neuen Auflage, in: M. Jahoda, P. F. Lazarsfeld, H. Zeisel (Hrsg.), *Die Arbeitslosen von Marienthal*. Ein soziologischer Versuch mit einem Anhang zur Geschichte der Soziographie, Bonn

Lazarsfeld, P. F. (1972): Soziologie, in: UNESCO (Hrsg.), *Hauptströmungen der wissenschaftlichen Forschung*, Berlin

Lazarsfeld, P. F. (2007): *Empirische Analyse des Handelns*. Ausgewählte Schriften. Suhrkamp taschenbuch wissenschaft Bd. 1822. Frankfurt/Main

Le Play, F. (1855): *Les ouvriers européens* – Etudes sur les travaux, la vie domestique et la condition morale des populations ouvrires de l'Europe, Paris

Leggewie, H. (1991): Feldforschung und teilnehmende Beobachtung, in: U. Fleck u. a. (Hrsg.), *Handbuch Qualitative Sozialforschung*, München, S. 189–208

Lenk, H. (1975): *Pragmatische Vernunft*, Hamburg

Lepsius, R. M. (1970): Die Entwicklung der Soziologie nach dem Zweiten Weltkrieg, 1945–1967. *KZfSS, Sonderheft* 2, S. 28 ff.

Lévi-Strauss, C. (1947): *Les structures élémentaires de la parenté*

Li, H., Atteslander, P., Tanur, J., Wang, Q. (1999): Anomie Scales: Measuring Social Instability, in: Atteslander, P., Gransow, B., Western, J. (Hrsg.), *Comparative Anomie Research*. Hidden barriers – hidden potential for social development, Aldershot

Lindemann, E. C. (1936): *Social Discovery*. An Approach to the Study of Functional Groups, New York

Lisch, R., Kriz, J. (1978): *Grundlagen und Modelle der Inhaltsanalyse*, Reinbek b. Hamburg

Lueger, M. (1984): *Das offene Interview*, Wien

Luhmann, N. (1986): *Ökologische Kommunikation*, Opladen

Lutynski, J. (1979): A Question as a Tool in Social Survey Research. *The Polish Sociological Bulletin*. Nr. 3, S. 39–58

Lynd, R. S. (1945): *Knowledge for what?*, Princeton

Lynd, R. S., Lynd, H. M. (1929): *Middletown. A Study in American Culture*, New York

Lynd, R. S., Lynd, H. M. (1937): *Middletown in Transition. A Study in Cultural Conflicts*, New York

Maccoby, E., Maccoby, N. (1974): Das Interview. Ein Werkzeug der Sozialforschung. in: R. König (Hrsg.), *Praktische Sozialforschung I, Das Interview. Formen, Technik, Auswertung*, 9. Aufl., Köln, Berlin

Madge, J. (1957): *The Tools of Social Science*, London

Mai, S. (1990): *Die Erprobung der Teilnehmenden Beobachtung als qualitative Methode in der industriesoziologischen Forschung*, Unveröffentl. Diplomarbeit

Maletzke, G. (1982): Probleme der Wirkungsforschung bei Film und Fernsehen, in: *Media Perspektiven*, Heft 9, S. 741–749

Malinowski, B. (1926): *Criminalization and Custom in Savage Society*, London

Mangold, W. (1967): Gruppendiskussionen, in: R. König (Hrsg.), *Handbuch der empirischen Sozialforschung*. Band I, Stuttgart, S. 210–225, (1973 als Taschenbuch, dort Bd. 2, S. 228–260)

Manning, P. K. (1967): Problems in Interpreting Interview Data. *Sociology and Social Research 51*, S. 302–316

Manz, W. (1974): Die Beobachtung verbaler Kommunikation im Laboratorium, in: J. van Kollwijk, M. Wieken-Mayser (Hrsg.), *Techniken der empirischen Sozialforschung*, 3. Band, Erhebungsmethoden: Beobachtung und Analyse von Kommunikation, München, Wien, S. 27–66

Marx, K., zitiert in: *Planung und Analyse* (1983), Jg. 10, Nr. 6, S. 248 f.

Maus, H. (1973): Zur Vorgeschichte der empirischen Sozialforschung, in: R. König (Hrsg.), *Handbuch der empirischen Sozialforschung*. Geschichte und Grundprobleme der empirischen Sozialforschung, 3. Aufl., Stuttgart, S. 21–56

Mayntz, R. K., Holm, K., Hübner, R. (1999): *Einführung in die Methoden der empirischen Soziologie*, Nachdr. der 5. Aufl. 1999, Opladen

Mayo, E. (1933): *The Human Problems of an Industrial Civilisation*, Cambridge, Mass

Mayring, P. (1990a): *Einführung in die qualitative Sozialforschung*. Eine Anleitung zu qualitativem Denken, München

Mayring, P. (2003): *Qualitative Inhaltsanalyse. Grundlagen und Techniken*. Weinheim, 8. Auflage

Mead, G. H. (1973): *Geist, Identität und Gesellschaft*, Frankfurt a.M.

Meltzer, B., Petras, J. W. (1972): The Chicago and Iowa School of Symbolic Interactionismus, in: J. G. Manis, B. Meltzer (Hrsg.), *Symbolic Interaction. A reader in social psychology*, Boston

Merrit, R. zus. mit Rokkan, S. (Ed.)(1996): Comparing Nations. The Use of Quantitative Data Cross-National Research, New Haven and London

Merten, K. (1981): Inhaltsanalyse als Instrument der Sozialforschung, in: *Analyse & Kritik*, Heft 1, S. 48–63

Merten, K. (1983a): *Inhaltsanalyse*. Einführung in Theorie, Methode und Praxis, Opladen

Merten, K. (1983b): Zweierlei Einfluß der Medien auf die Wahlentscheidung, in: *Media Perspektiven*, Heft 7, S. 449 ff.

Merten, K. (1996): Inhaltsanalyse. Einführung in Theorie, Methode und Praxis. 6. verb. Aufl., Opladen

Merton, R. K. (1964): *Social Theory and Social Structure*. 9. ed., Glencoe

Merton, R. K. (1995): *Soziologische Theorie und soziale Struktur*, Berlin

Mill, J. S. (1843): *A System of Logic*, London

Mittelstraß, J. (1985): *Von Realitäten, Begriffen und Erfahrungen*. in: R. Feyerabend, Ch. Thomas, (Hrsg.), *Grenzprobleme der Wissenschaft*, Zürich, S. 118 f.

Moreno, J. (1934): *Who Shall Survive? A New Approach to the Problem of Human Interrelations*, Washington

Mühlfeld, C., Windolf, P., Lampert, N., Krüger, H. (1981): Auswertungsprobleme offener Interviews, in: *Soziale Welt*. Heft 6, S. 326–352

Neller, K. (2005): Kooperation und Verweigerung: Eine Non-Response Study. In: ZUMA-Nachrichten, 57. Jg., 29. Nov. 2005, S. 9 ff.

Neurath, P. (1966): *Statistik für Sozialwissenschaftler*, Stuttgart

Niemann, M. (1989): Felduntersuchungen an Freizeitorten von Berliner Jugendlichen, in: R. Aster, H. Merkens, M. Repp (Hrsg.), *Teilnehmende Beobachtung. Werkstattberichte und methodologische Reflexionen*, Frankfurt a. M., New York, S. 71–84

Noelle-Neumann, E. (1978): Wie demokratisch sind unsere Studenten?, in: *Frankfurter Allgemeine Zeitung*, 2. Oktober 1978

Noelle-Neumann, E. und Köcher, R. (Hrsg.) (2002): Allensbacher Jahrbuch der Demoskopie 1998–2002. Balkon des Jahrhunderts. Bd. 11. München

Nutz, W. (1971): *Die Regenbogenpresse*. Eine Analyse der deutschen bunten Wochenblätter, Opladen

Opp, K.-D. (1976): *Methodologie der Sozialwissenschaften*. Einführung in Probleme ihrer Theorienbildung, Reinbek b. Hamburg

Opp, K.-D. (1999): Wissenschaftstheoretische Grundlagen der empirischen Sozialforschung, in: E. Roth, (Hrsg.), *Sozialwissenschaftliche Methoden*, München, Wien, S. 47–67

Osborn, F. u.a. (1950): Studies in Social Psychology in World War II, Vol. IV., *Measurement and Prediction*, Princeton, N. J.

Osgood, Ch. E. (1952): The Nature and Measurement of Meaning. *Psychological Bulletin, Bd. 49*

Pags, R. (1967): Das Experiment in der Soziologie, in: R. König (Hrsg.), *Handbuch der empirischen Sozialforschung I*, Stuttgart, S. 415–450

Park, R. E. (1974): Die Stadt als räumliche Struktur und als zeitliche Ordnung, in: P. Atteslander, B. Hamm (Hrsg.), *Materialien zur Siedlungssoziologie*, Köln, S. 90 ff.

Parsons, T. (1972): *The Social System*, Glencoe

Phillips, B. S. (1970): *Empirische Sozialforschung*. Strategie und Taktik, Wien, New York

Phillips, D. L. (1971): *Knowledge from What?*, Chicago

Phillips, D. L. (1973): *Abandoning Method*, San Francisco

Pierce, J. C., Beatty, K. M., Hagner, P. R. (1982): *The Dynamics of American Public Opinion*. Patterns and Processes. Glenview I11, S. 130

Polsky, N. (1973): Forschungsmethode, Moral und Kriminologie, in: J. Friedrichs (Hrsg.), *Teilnehmende Beobachtung abweichenden Verhaltens*, Stuttgart, S. 51–83

Popitz, H. u. a. (1957): *Das Gesellschaftsbild der Arbeiter*, Tübingen

Popper, K. R. (1963): *Conjectures and Refutations* – The Growth of Scientific Knowledge, London

Popper, K. R. (1995): *Objektive Erkenntnis*. Ein evolutionärer Entwurf, Hamburg

Porst, R. (2009): *Fragebogen. Ein Arbeitsbuch*, 2. Auflage, Wiesbaden

Preglan, M., Richter, R. (1998): Postmodernes Österreich. Konturen des Wandels in Wirtschaft, Gesellschaft und Kultur, Wien

Quetelet, A. (1835): *Soziale Physik über die Entwicklung der Fähigkeiten des Menschen*, Deutsch: Band 1, Jena, 1914, Band 2, Jena, 1921

Reichertz, J. (1986): *Probleme qualitativer Sozialforschung*. Zur Entwicklungsgeschichte der Objektiven Hermeneutik, Frankfurt a.M., New York

Reimann, H. (1985): *Soziologie und Ethnologie*, Augsburg

Reinecke, J. (1991): *Interviewer- und Befragtenverhalten*. Theoretische Ansätze und methodische Konzepte, Opladen

Reuband, K. H. (1984): Zur Rekrutierung und sozialen Zusammensetzung von Interviewerstäben, in: H. Meuhmann, K. H. Reuband (Hrsg.), *Soziale Realität im Interview*, Frankfurt a.M.

Reuband, K. H. (1986): Einflüsse der Interviewsituation auf den Inglehartschen Postmaterialismus Index. Die Bedeutung von Interviewermerkmalen für das Antwortverhalten der Befragten, in: Zentralarchiv für empirische Sozialforschung, Universität zu Köln (Hrsg.), *ZA Information 18*, Mai 1986

Reuband, K. H. (1990): Interviews die keine sind. Erfolge und Mißerfolge beim Fälschen von Interviews, in: *KZfSS*, Nr. 4, S. 706 ff.

Richardson, S. A., Dohrenwend B. S., Klein, D. (1965): *Interviewing. Its Forms and Functions*, New York

Ritsert, J. (1972): *Inhaltsanalyse und Ideologiekritik. Ein Versuch über kritische Sozialforschung*, Frankfurt a. M.

Roethlisberger, F. J., Dickson, W. J., Wright, H. A. (1949): *Management and the worker*, 9. ed., Cambridge/Mass.

Rogers, C. R. (1945): The Non-Directive Method as a Technique for Social Research, in: *American Journal of Sociology*, Vol. 15, S. 279–283

Roghmann, K. (1972): Skalierungsverfahren, in: W. Bernsdorf (Hrsg.), *Wörterbuch der Soziologie*, Frankfurt a. M.

Rokkan, S. zus. mit Merrit, R. (Ed)(1996): Comparing Nations. The Use of Quantitative Data Cross-National Research, New Haven and London

Roth, E., Holling, H. (Hrsg.) unter Mitarb. von Heidenreich, K., (1999): *Sozialwissenschaftliche Methoden. Lehr- und Handbuch für Forschung und Praxis*, 5. Aufl., München, Wien

Roy, D. F. (1965): The Role of the Research in the Study of Social Conflict, in: *Human Organization*, Vol. 24, Nr. 3.

Rugg, D., Cantrill, H. (1972): Die Formulierung von Fragen, in: R. König (Hrsg.), *Praktische Sozialforschung I*, Köln

Rust, H. (1980): *Struktur und Bedeutung. Studien zur qualitativen Inhaltsanalyse*, Berlin

Schelsky, H. (1980): Zur Entstehungsgeschichte der bundesdeutschen Soziologie, in: *KZfSS, Jg. 32*, S. 417–456

Scherpenzeel, A. (2001) *Mode Effects in Panel Surveys: a Comparison of CAPI and CATI*, Bundesamt für Statistik aktuell, Neuchâtel Gratis-Download: www.statistik.admin.ch

Scherpenzeel, A., Salis, W. E. (1995) Effects of data collection, technique on the quality of survey data: an evaluation of interviewer- and selfadministrated computerassisted data collection techniques, in: *A Question of Quality*, Scherpenzeel, A., KPN Research, Netherlands

Scheuch, E. (1973): Das Interview in der Sozialforschung, in: R. König (Hrsg.), *Handbuch der empirischen Sozialforschung*, Band 2, Grundlegende Methoden und Techniken, 1. Teil, Stuttgart

Scheuch, E., Kutsch, T. (1972): *Grundbegriffe der Soziologie I. Grundlegung und elementare Phänomene*. Stuttgart

Scheuch, E., Zehnpfennig, H. (1974): Skalierungsverfahren in der Sozialforschung, in: R. König (Hrsg.), *Handbuch der empirischen Sozialforschung*, Band 3a, Stuttgart, S. 97–203

Scheuch, E. (1996): Cross-National Comparisons Using Aggregate Data: Some Substantive and Methodological Problems. In: Merrit, R. and Rokkan, S. (Ed): Comparing Nations. The Use of Quantitative Data Cross-National Research, New Haven and London

Scheuch, E. (2005): Infrastruktur für die sozialwissenschaftliche Forschung. Gesammelte Aufsätze, im Auftr. des Vorstands der Arbeitsgemeinschaften Sozialwissenschaftlicher Institute e.V., hrsg. von Heiner Meulemann, Bonn

Scheuch, E. (2008): *Erwin K. Scheuch, eine Biographie*, Bad Schussenried

Schmid, C. (1990): *Die Randgruppe der Stadtstreicher*. Im Teufelskreis der Nichtseßhaftigkeit, Wien, Köln

Schmidtchen, G. (1962): *Der Anwendungsbereich betriebssoziologischer Umfragen*, Bern

Schnell, R., Esser, E., Hill, P. B. (2005): *Methoden der empirischen Sozialforschung*, 7. völlig überarb. Aufl., München, Wien

Schönbach, K. (1979): Elektronische Inhaltsanalyse in der Publizistikwissenschaft. In: *Publizistik* 24, 449–457

Schönbach, K. (1982): „*The Issues of the Seventies*". Elektronische Inhaltsanalyse und die langfristige Beobachtung von Agenda-Setting-Wirkungen der Massenmedien. In: *Publizistik* 27, 129–139.

Schrader, A., Malwitz-Schütte, M., Sell, J. (1971): *Einführung in die empirische Sozialforschung*. Ein Leitfaden für die Planung, Durchführung und Bewertung von nicht-experimentellen Forschungsprojekten, Stuttgart

Schröder, N. (1994): *Interpretative Sozialforschung*, Opladen

Schubö, W., u.a. (1991): *Handbuch der Programmversion 4.0 und SPSSX 3.0*, Stuttgart

Schulz, W. (1970): *Kausalität und Experiment in den Sozialwissenschaften*, Mainz

Schumann, H., Presser, S. (1981): *Questions and Answers in Attitude Surveys*. Experiments in Question, Form, Wording and Content, New York

Schütz, A., Luckmann, T. (1979): *Strukturen der Lebenswelt*. Band 1, Frankfurt

Schütze, F. (1978): *Die Technik des narrativen Interviews in Interaktionsfeldstudien* – dargestellt an einem Projekt zur Erforschung von kommunalen Machtstrukturen, Bielefeld (unver. Manuskript)

Scott, W. A. (1955): Reliability, Ambiguity and Content Analysis. In: *Psychological Review* 59: 119–129.

Selltiz, C., M. Johada, Deutsch, M., Cook S. W. (1972): *Untersuchungsmethoden der Sozialforschung*, Neuwied, Darmstadt.

Silbermann, A. Krüger, U. M. (1971): *Abseits der Wirklichkeit:* Das Frauenbild in deutschen Lesebüchern. Eine soziologische Untersuchung, Köln

Soeffner, H.-G. (1984): Hermeneutik – Zur Genese einer wissenschaftlichen Einstellung durch die Praxis der Auslegung, in: H.-G. Soeffner (Hrsg.), *Beiträge zu einer Soziologie der Interaktion*, Frankfurt

Spöhring, W. (1989): *Qualitative Sozialforschung*, Stuttgart

Spradley, J. R. (1980): *Participant Observation*, U.S.A.

Sprenger, A. (1989): Teilnehmende Beobachtung in prekären Handlungssituationen – Das Beispiel Intensivstation, in: R. Aster, H. Merkens, M. Repp (Hrsg.), *Teilnehmende Beobachtung. Werkstattberichte und methodologische Reflexionen.* Frankfurt a.M., New York, S. 35–57

Stachowiak, H. (1973): *Allgemeine Modelltheorie*, Wien, New York

Stapf, K. (1999): Laboruntersuchungen, in: Roth, E. (Hrsg.), *Sozialwissenschaftliche Methoden. Lehr- und Handbuch für Forschung und Praxis*, 5. Aufl., München.

Stegmüller, W. (1970): *Probleme und Resultate der Wissenschaftstheorie und Analytischen Philosophie*, Berlin

Steinkopf, L., Bauer, G., Best, H. (2010): Nonresponse und Interviewer-Erfolg im Telefoninterview. Empirische Untersuchungen zum Einfluss stimmlicher Eigenschaften der Interviewer, in: MDA (Methoden – Daten – Analysen) Jg. 4, Heft 1, S. 3 ff.

Stelzl, I. (1999): Experiment, in: Roth, E., Heidenreich, K. (Hrsg.), *Sozialwissenschaftliche Methoden. Lehr- und Handbuch für Forschung und Praxis*, 5. durchges. Aufl., München, Wien

Stieber, H. W. (1959): Interaktionen als Ausdruck der sozialen Organisation einer Arbeitsgruppe, in: P. Atteslander (Hrsg.), *Konflikt und Kooperation im Industriebetrieb*, Köln, Opladen

Stone, P. J., Dunphy, D. C., Smith, M. S., Ogilvie, M. (1966): *The General Inquirer:* A Computer Approach to Content Analysis. Cambridge, Mass.

Stouffer, S. A. (1954): Foreword, in: H. H. Hyman, *Interviewing in Social Research*, Chicago, London.

Stouffer, S. A. u.a. (1965): *The American Soldier*, 2 Bände, New York

Straßner, E. (1982): *Fernsehnachrichten – Eine Produktions-, Produkt- und Rezeptionsanalyse*, Tübingen

Strauss, A., Corbin, J. (1990): *Basics of Qualitative Research.* Grounded Theory Procedures and Techniques, Newbury Park, London, New Delhi

Struck, E., Kromrey, H. (1999, 2000): Methoden empirischer Sozialforschung. Lernprogramm zur Einführung in die Methoden empirischer Sozialforschung, CD-ROM, Opladen

Tefki, C. (1987): *Readability Formulas: An Overview.* In: Journal of Documentation 43 (3), S. 261–273

Tesch, R. (1990): *Qualitative Research:* Analysis types and software tools. New York

Teuscher, W. (1959): Die Einbeziehung des Forschers in die Untersuchungsgruppe durch Status- und Rollenzuweisung als Problem der empirischen Forschung, in: *KZfSS.* Jg. 11, S. 250–256

Thomas, W. J., Znaniecki, F. (1919/21): *The Polish Peasant in Europe and America*, (1959), 2. Aufl., New York

Thrasher, F. M. (1927): *The Gang.* A Study of 1.313 Gangs of Chicago, Chicago

Tönnies, F. (1931): Soziographie. *Verhandlungen des 7. Deutschen Soziologentages 1930*, Tübingen

Touraine, A. (1982): Soziale Bewegungen: Sozialgebiet oder zentrales Problem soziologischer Analyse, in: J. Matthes (Hrsg.), Verhandlungen des 21. Soziologentages Bamberg, *Krise der Arbeitsgesellschaft*, S. 94 ff.

Touraine, A. (1986): Krise und Wandel des sozialen Denkens, in: J. Berger (Hrsg.), Sonderband 4 der Sozialen Welt, *Die Moderne – Kontinuitäten und Zäsuren*, Göttingen, S. 15 ff.

Treinen, H. (1959): Formen der Beaufsichtigung: Soziale Faktoren bei der Abweichung von Produktionsvorschriften, in: Atteslander, P., *Konflikt und Kooperation im Industriebetrieb*, Opladen

Turner, Ch. F. (1984): Why do Surveys Disagree? Some Preliminary Hypotheses and some Disagreable Examples, in: Ch. F. Turner, E. Martin (Hrsg.) *Surveying Subiective Phenomena*, Band 2, New York

Vester, F., Hesler, A. v. (1980): *Sensitivitätsmodell*. Regionale Planungsgemeinschaft Untermain. Ökologie und Planung in Verdichtungsgebieten, Forschungsbericht 80, Frankfurt a. M.

Wax, R. H. (1971): Das erste und unangenehmste Stadium der Feldforschung, in: K. Gerdes (Hrsg.), *Explorative Sozialforschung*, Stuttgart

Weber, M. (2002): Schriften *1894–1922. Ausgewählt und herausgegeben von D. Kaesler*, Stuttgart

Weber, M. (1924): *Gesammelte Aufsätze zur Soziologie und Sozialpolitik*, Tübingen

Weber, M. (1964): *Wirtschaft und Gesellschaft.* Band I, Köln

Weidmann, A. (1974): Die Feldbeobachtung, in: J. v. Koolwijk, M. Wieken-Mayser (Hrsg.), *Techniken der empirischen Sozialforschung 3. Erhebungsmethoden: Beobachtung und Analyse von Kommunikation*, München, Wien, S. 9–26

Weingarten, E., Sack, E., Schenkhein, F. (1976): *Ethnomethodologie des Alltagshandelns*, Frankfurt

Weitzman, E., Miles, A., Matthew, B. (1995): *Computer Programs for Qualitative Data Analysis*. A Software Sourcebook. Thousand Oaks

Wellenreuther, M. (1982): *Grundkurs: Empirische Forschungsmethoden*, Königstein/Ts.

Wessels, B. (2005): Geheime Wahl. Was Meinungsforscher vor dem 18. September nicht wissen konnten. In: WZB-Mitteilungen, Wissenschaftszentrum Berlin, Heft 110, Dez. 2005, S. 7 ff.

Whyte, W. F. (1981): *Street Corner Society*. The Social Structure of an Italian Slum, 3. ed., Chicago

Whyte, W. F. (1990): *Particitiatory Action Research*, Newbury Park, London, New Delhi

Whyte, W. F. (1996): *Street-Corner-Society*. Die Sozialstruktur eines Italienerviertels, Deutsche Ausgabe, mit einer Einführung von Atteslander, P., Berlin, New York

Whyte, W. F., Whyte, K. (1984): *Learning from the field*. A guide from experience, Beverly Hills, London, New Delhi

Willis, G. (2004): Cognitive Interviewing. Tool for Improving Questionnaire Design. London, New York

Wiedemann, P. M. (1986): *Erzählte Wirklichkeit: Zur Theorie und Auswertung narrativer Interviews*, Weinheim

Wienold, H. (2000): *Empirische Sozialforschung*, Münster

Wildenmann, R. (1968): Auswirkungen von Wahlsystemen auf das Parteien- und Regierungssystem der Bundesrepublik, in: KZfSS Sonderheft 9, *Zur Soziologie der Wahl*, Köln

Witzel, A. (1982): Verfahren der qualitativen Sozialforschung. Überblick und Alternativen, Frankfurt a. M., New York

Zerback, T. (Hrsg.), Jackob, N., Schoen, H. (2009): *Sozialforschung im Internet. Methodologie und Praxis der Online-Befragung*, Wiesbaden

Zetterberg, H. L. (1973): Theorie, Forschung und Praxis in der Soziologie, in: R. König (Hrsg.), *Handbuch der empirischen Sozialforschung*. Bd. 1., Stuttgart, S. 103–160

Zimmermann, V. E. (1972): *Das Experiment in den Sozialwissenschaften*, Stuttgart

ZUMA Nachrichten: Zentrum für Umfragen, Methoden und Analysen e.V. (Hrsg.), Mannheim

Zürcher, M. (1995): Unterbrochene Tradition. Die Anfänge der Soziologie in der Schweiz, Zürich

Zurmühl, R. (1964): *Matrizen*, Berlin

Stichwortverzeichnis

A

Abstraktion 171
Ad-hoc-Theorie 34
Agenda-setting 221
Aktionsforschung 53
Allerton House Conference 201, 203
Alternativ-Frage 148
Alternativhypothese 283, 284
Analyse
  ~einheit 210
  ~verfahren 201
  soziolinguistische ~ 115
Anonymität
  Zusicherung 122
Antwort
  ~modell 238
  ~schema 239
  ~stil 129
  ~typ 239
  als Artefakt 170
  als Fakt 170
  Reichweite 140
Antwortkategorie 145
  relevante ~ 140
Aquad 222
Äquivalenzaussage 42
Arbeitslosigkeit 23
Artefakt 15, 121, 170, 171
Aspekt
  qualitativer 144
ASQ-Syndrom 342
Assoziation
  ~sfrage 149
  ~sverfahren 234
Auftragsforschung 58
Ausschließlichkeit 40
Auswertung 306
Autorenanalyse 207

B

Balken-Histogramm 306
Bedarfsforschung 58
  praktische ~ 58
Bedeutung
  ~sanalyse 234
  ~sdimension 41
Befragung 5, 6, 54, 109
  ~ mit Fragebogen 143, 144
  ~sinstrument 6
  alltägliche ~ 110
  direkte ~ 149
  Formen 131
  indirekte ~ 149, 150
  Künstlichkeit 121
  mündliche ~ 135
  schriftliche ~ 136, 143, 157
  Situation 111
  stark strukturierte ~ 134
  teilstrukturierte ~ 135
  wenig strukturierte ~ 134
  wissenschaftliche ~ 110
Begriff 40
  ~sdimension 41
Begründungszusammenhang 18, 53, 209
Beobachter 80, 84
Beobachtete 80, 84, 85
Beobachtung 5, 54, 73, 178
  ~seinheit 80, 82, 86
  ~sfeld 80, 86
  ~sform 86, 93
  ~skategorie 86
  ~sschema 86
  aktiv teilnehmende ~ 92
  alltägliche ~ 73
  Bestandteile 80
  offene ~ 91
  passiv teilnehmende ~ 92

qualitativ-teilnehmende ~ 74, 75, 77, 78, 94
quantitativ-teilnehmende ~ 75, 76
strukturierte ~ 86
teilnehmende ~ 74, 75, 94, 95
unstrukturierte ~ 88
verdeckte ~ 90, 91
wissenschaftliche ~ 73
Besonderheit
  sprachliche ~ 140
Bewertungsanalyse 208, 221
Bilanzfrage 154
Bilanzierungsphase 143
Binomialverteilung 270
Biographieforschung 214
Bradley-Effekt 127

C
CAAWQ 165
CAPI 165
CATI 165
Chicagoer Schule 74, 79, 94
Chi-Quadrat-Test 285, 309
Codeblatt (Codesheet) 205
Codierer 205, 219
Codierung 204, 216, 218, 220, 302
  interaktive ~ 218

D
Daten
  ~analyse 304, 306
  ~aufbereitung 300, 301
  ~auswertung 291
  ~eingabe 293
  ~erzeugungsfunktion 28
  empirische ~ 324
  Evaluation sozialer ~ 354
  Missbrauch 16
Delphi-Methode 143
Demokratieforschung 59
Demoskopie 7, 59
Dialektik
  operationale ~ 333

Dialektiker 332
Dialog-Frage 148
Digitalisierung 217
Dimension 234, 236, 237
Diskriminanzanalyse 314
Dokumentation 342
  Kultur der ~ 342
Dualismus 336

E
Eindeutigkeit 40, 297
Einleitung
  ~sfrage 139
Einschaltquote 7
Einstellung 234, 237
Einstellungsfrage 152
Einzelinterview 143
Empirie (empirisch) 6, 10
Empirische Sozialforschung
  Methoden 5, 6
Empirismus 6, 17, 34, 325
  empirieloser ~ 331
  naiver ~ 334
  theorieloser ~ 332
Enquêten 5, 12
Entdeckungszusammenhang 18, 19, 54, 209
Erfahrungsbericht 57
Erhebungsinstrument 293, 295
Erkenntnisprozess 333
Erreichbarkeit 344
Erscheinung
  singuläre ~ 25
Erzählphase 143
Ethnozentrismus 88, 92, 103
Evaluation sozialer Daten 354
evaluative assertion analysis 208
Exaktheit
  formale ~ 335
Experiment 54, 177, 179
  Art 181
  direktes ~ 179
  indirektes ~ 178

Kontrolle 185, 186
Laboratoriums~ 181
projektives ~ 181
Simultan~ 182
suksessives ~ 182
Experimentalgruppe 184
Experte 236
~nbefragung 142
~ninterview 141
ex-post-facto-Verfahren 181
externe Variable 221

F
Faktorenanalyse 287
Falsifikationstheorie 337
Falsifizierbarkeit 44
Falsifizierung 35, 45, 258
Familienforschung 214
Fehler-Auswahl-Methode 149
Feld
~beobachtung 82
~erhebung 337
~experiment 181
~zugang 37, 38
Forschung
~ethisch 105
~sablauf 208
~sbericht 316, 317
~serzeugungsfunktion 28
~sethik 104
~sethisch 103
Frage
Abfolge 139
Alternativ-~ 145
Assoziations-~ 149
Dialog-~ 148
direkte ~ 149
geschlossene ~ 126, 144, 146, 298
indirekte ~ 149, 150
kategorisierte ~ 298
Mehrfachauswahl-~ 148
Fragebogen 6, 113, 134, 135, 141, 143

stark strukturierter ~ 135
Fragebogendramaturgie 161
Frageformulierung
Faustregeln 155, 157
Fremd
~beobachtung 86
~einschätzung 235
~verstehen 212
Frequentielle Lesbarkeitsanalyse 208
Funktion 253, 254, 255

G
Gegensatzpaar 234, 235
Gegenstand
~sbenennung 37, 38, 39
~sbereich 38
Geltungsbedingung 42, 44
General Inquirer 217
Gesellschaft
Nach-Moderne 327
Gespräch
~sleitfaden 135
informelles ~ 141
going native 84, 95, 103
Grundgesamtheit 258, 271, 283
Grundlagenforschung 7, 58
Gruppe
~nbefragung 141
~ndiskussion 139, 141
~ninterview 141
Gültigkeit 6, 205, 228, 296
Gütekriterien 295

H
Handlungsregel 213
Häufigkeit 261
~stabelle 306
~sverteilung 186, 262, 270, 279
Hermeneutik 213
Histogramm 261, 306, 307
Hochrechnungen 359
HyperResearch 222

Hypothese 22, 35, 43, 44, 45, 179, 180, 182, 184, 196, 204, 258, 292, 293, 305
~nerzeugungsfunktion 28
Prüfung 35, 86, 88, 96, 177, 179, 198, 209, 258, 283, 293

I
Index 227
Indikator 228, 238, 239, 240, 356, 357
information retrieval 195, 221
Inhaltsanalyse 5, 54, 195
  Arbeitsablauf der computerunterstützten ~ 195, 218, 219, 220
  Arbeitsablauf der qualitativen ~ 211
  Arbeitsablauf der quantitativen ~ 211
  Definition 195, 196, 202
  deskriptive ~ 200
  Geschichte 198
  qualitative ~ 198, 202, 211, 221
  quantitative ~ 196, 198, 202, 210, 211, 214, 216
  Typologie 206, 208
Instrumentalisten 131
Interaktionisten 131
Intercoderreliabilität 206
Interpretation 316, 317
  ~sraster 357
interpretatives Paradigma 198
Interpretativität 212
intersubjektive Überprüfbarkeit 199
Interview
  Intensiv~ 142, 149
  narratives ~ 143
INTEXT 218, 221
Intracoderreliabilität 206, 220
Irrtumswahrscheinlichkeit 281, 284, 285, 309

K
Kategorie 200, 204, 205, 206, 297, 302
~nbildung 203, 204, 297
~nschema, semantisch differenzierendes 200
~nsystem 203, 204, 206, 210, 213, 218, 219
Kausal
~zusammenhang 315
Klumpenstichprobe 275
Kolmogorow-Smirnow-Test 308
Kommunikationsmodell 196
Kommunikativität 212
Kommunikator 207
~analyse 207
Konkordanz 218
Kontrollgruppe 181, 182, 185, 186, 187
Konvention 339
Korrelation 265, 266
~srechnung 314
~swert 262
multiple ~ 314
Kreisdiagramm 262, 306
Kreuztabelle 310

L
Laborbeobachtung 82
Leitfadengespräch 142
Lemmatisieren 195
Lesbarkeitsanalyse 208
Lexikographie 195

M
Makroebene 355
Manipulation 182
Marktforschung 326
Matrizenrechnung 251, 252
Median 263
Meinungsforschung 7, 59, 326
Memo 221
Merkmal 259

~sausprägung 259
dichotomes ~ 286
qualitatives ~ 259
quantitatives ~ 259
Mesoebene 355
Messniveau 229, 230, 259, 260
Messung 206
Methoden 5
Methodendiskussion 202
Methodendualismus 13
Mikroebene 355
Missbrauch 16
Mittel
~wert 237, 262, 264, 307
arithmetisches ~ 263, 271
Modus 262
Mutilation 64

N
Nachrichtenfaktor 221
Naturalistizität 212
Normalverteilung 270, 272, 308
Nullhypothese 284, 309, 310

O
Offenheit 86, 88, 90, 93, 212
Online-Befragungen 166
Operationalisierung 26, 37, 38, 46, 49, 246, 292
Orientierungswissen 340

P
Partialkorrelation 314
Planspiel 183
Polaritätsprofil 234, 236
Pretest 218, 219, 295, 296, 297
Prinzipien qualitativer Sozialforschung 94
Prüfungshypothese 44, 184, 187

Q
QDA 198, 201, 216, 217, 221, 222

Quasi Umfragen 358
Quotenverfahren 276

R
Rang 238, 239
~folge 238, 239
Regression 268, 269, 270
~sanalyse 268
~sgerade 268, 269
~srechnung 313
multiple ~ 314
Reliabilität 205, 206, 228, 240, 296
~skoeffizient 206
Repräsentationsmodell 208
Repräsentativität 66
Reproduzierbarkeitskoeffizient 239
Rolle als forschender Beobachter 83
Rückgriffsphase 143
Rückkoppelung 64

S
Sample 273, 274
Scannen 217
Scheinkorrelation 314, 315
Selbst
~alarmierung 328
~beobachtung 86
~einschätzung 235
self-destroying prophecy 188
self-fulfilling prophecy 188, 189
Semantik 207
semantisch 208
Signifikanz (signifikant) 315
~aussage 310
~niveau 311, 314
~test 237, 310, 315
Simulation 182, 183
Sinnstrukturen 214
Skala 227, 229, 230, 231
~-Frage 148
~typ 229, 232
Intervall-~ 230, 232, 233, 260

Kardinal-~ 230, 231
Nominal-~ 230, 232, 260
Ordinal-~ 230, 232, 233, 260
Rang-~ 260
Ratio-~ 230, 231, 232, 260
Relations-~ 230
Skalierung 259
~ latenter Strukturen 240
~sverfahren 227, 229, 230, 231, 232, 235
Skalogramm 238
Software, Inhaltsanalyse 202
Sonntags-Frage 153
Sozialforschung
interpretative ~ 213
Spieltheorie 256, 257
split-half-Verfahren 229
SPSS 300, 301, 306, 308, 309
Standardabweichung 265, 281
Standardnormalverteilung 272, 280, 281
Statement 236, 237
Statistik 258, 259
analytische ~ 258, 304, 308
beschreibende ~ 258, 262
deskriptive ~ 258
schließende ~ 258
Stichprobe 210, 258, 273, 274, 275, 276
~nart 274, 275, 276
~ngröße 281, 283
~nmittelwert 279
mehrstufige ~ 276
systematische ~ 276, 277
zufällige ~ 270
Stilanalyse 207
Stimulus 234, 236
Streudiagramm 266, 268
Streuung 265
~smaß 262
Strukturiertheit 86, 93
Suchbegriff 216, 218
Surveys 5

Symbolanalyse 200
Syntaktik 207
Systematik der Interpretation 65

T
Tatbestände
soziale ~ 3
Teilnahme 92, 93, 102
Teilnehmerrolle 78, 83, 98
Text
~analyse 195
~analysesoftware 215, 216, 221
~auswahl 209
~einheit 217, 221
~homogenität (TTR) 208
TextQuest 221
Themenanalyse 200, 208
Theorie 3
Theorismus
empirieloser ~ 331
TTR 208

U
Überprüfbarkeit 62

V
Validität 6, 205, 228, 229, 296
Variable 180, 182, 188
abhängige ~ 180, 181, 254
externe ~ 217, 221
intervenierende ~ 180
unabhängige ~ 180, 181, 254
Varianzanalyse 287
einfache ~ 313
multivariate ~ 313
Vercoder 205
Verfügungswissen 340
Vergleichbarkeit 341
Verifizierung 258, 283
Verlässlichkeit 6, 228, 229
Verständlichkeit 5, 296
~sanalyse 207
Versuchsgruppe 182, 186, 187

Vertrauensintervall 280, 281, 282
Verwertungszusammenhang 18, 54, 209
Vier-Felder-Tafel 310
Vollständigkeit 40, 297

W
Wahlforschung 59
Wahrnehmung 84, 102
Wahrscheinlichkeit 186, 187, 248, 250, 270, 271, 272
 ~stheorie 248, 250
 ~sverteilung 270, 271
 statistische ~ 186
Web Survey 166
WinMax 222

WordStat 221
Wortanalyse 208
Wörterliste 218

Z
Zähleinheit, Inhaltsanalyse 210
Zentralität 66, 67, 120, 150, 152
Zufall
 ~sauswahl 229
 ~sstichprobe 274, 275
 ~sstichprobe, einfache 274, 275
 ~sstichprobe, geschichtete 275
 ~sstreuung 186
 ~szahl 274
Zuverlässigkeit 296